中 华 探 源

李侃良 著

陕西新华出版 三秦出版社

图书在版编目（CIP）数据

中华探源 / 李侃良著 . -- 西安：三秦出版社，
2015.8（2024.5 重印）

ISBN 978-7-5518-1061-6

Ⅰ．①中… Ⅱ．①李… Ⅲ．①中华民族—民族历史
Ⅳ．① K28

中国版本图书馆 CIP 数据核字（2015）第 174002 号

书　　名	中华探源
作　　者	李侃良
出版发行	三秦出版社
社　　址	西安市雁塔区曲江新区登高路 1388 号
电　　话	（029）81205236
邮政编码	710061
印　　刷	河北省三河市华润印刷有限公司
开　　本	787mm×1092 mm
印　　张	26.5
字　　数	340 千字
版　　次	2015 年 8 月第 1 版
印　　次	2024 年 5 月第 2 次印刷
标准书号	ISBN 978-7-5518-1061-6

定　　价　　138.00 元

网　　址　　http://www.sqcbs.cn

　　西侯度遗址航拍照片（第 31 页参考图）。西侯度遗址位于晋、陕、豫三省交界处山西省芮城县风陵渡镇，北望中条山，南望华山，西临黄河，是世界上最重要的史前人类活动考古点之一，也是第 3 批全国重点文物保护单位，60 年前在此发现了人类最早用火的遗存，距今约 180 万年。（曹百强、曾天培摄影）

　　《山顶洞人生活场景》群雕（第 40 页参考图）。山顶洞人大约生活在距今 3.4 万年至 1.6 万年前，除采集和狩猎外、山顶洞人已学会了人工取火，懂得用磨光和钻孔技术制作装饰品、用骨针缝制衣物……。这组群塑表现了山顶洞人制作装饰品、缝制皮衣和烧烤兽肉等多个生活场景。锡长禧、刘上铭、刘小岑于 1974 年创作，国家博物馆藏。

查海遗址出土的 8000 年前的石堆塑龙（第 90 页）

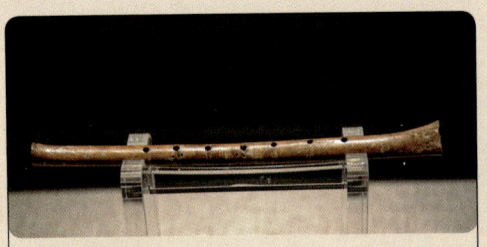

贾湖骨笛（第 92 页）。贾湖骨笛是中国在河南舞阳贾湖遗址出土的年代最早的吹奏乐器，也是全球范围内所知最早的可吹奏乐器。

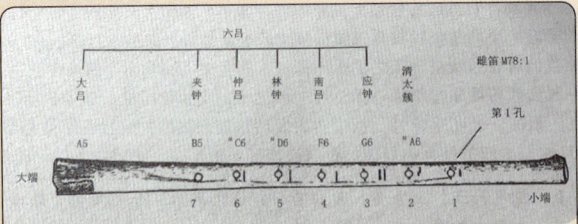

贾湖骨笛 M78:1 部分音孔对应六吕（第 92 页参考图，胡大军绘）。从 1986 年到 2013 年间，贾湖遗址共出土 40 多支骨笛，大多为 7 个音孔，皆以鹤类禽鸟截去两端的中空骨节制成。长度约在 20 厘米左右，管径 1.2—1.5 厘米。其中最完整的一件中部有等距离圆孔 7 个，在最下孔的上方还钻有一个小孔。

磁山文化陶盂、陶支脚（第 93 页）

裴李岗文化石磨盘、石磨棒（第 91 页）

仰韶文化人面鱼纹彩陶盆（第 119 页）。于 1955 年在陕西省西安市半坡遗址出土。彩陶盆材质为泥质红陶烧成，盆内绘有壁画，"人面纹"和"鱼纹"各两个，两种纹饰相间排列，形象十分生动。

仰韶文化彩绘鹳鱼石斧图陶缸（第 125 页）。1978 年河南省临汝县（今汝州市）阎村出土。画面效果粗犷有力，绘画具有中华民族远古时代的造型特征，是一件罕见的绘画珍品。

仰韶文化鹰形陶鼎（第 129 页）。1958 年陕西华县太平庄出土。鹰形陶鼎采用伫足站立的雄鹰造型，双腿与尾翼构成三个稳定的支点，将鼎形器物特征与鹰的动物形体巧妙地融为一体，它既是巫术活动中的敬神礼器，也是远古时期不可多得的陶塑艺术珍品。

仰韶文化人头形器口彩陶瓶（庙底沟类型）（第 132 页），出土于甘肃秦安邵店大地湾。这件人头形器口彩陶瓶运用了堆塑、雕刻等技法在陶壶顶部塑造出十分写实的人头人物形象，典雅端庄，古朴大方。

　　马家窑文化舞蹈纹彩陶盆（第133页），1973年青海上通上孙家寨出土。彩陶盆内有三组舞蹈图，绕盆一周组成圆圈，每组均为五人。展现出先民在重大活动中欢快的舞蹈场面。

　　马家窑文化蛙型彩陶盆（第132—134页参考图）。1959年出土于甘肃漳县。黑彩浓烈如漆，腹部双耳圆睁的变体蛙纹图案。

　　马家窑文化裸体浮雕彩陶壶（第132—134页参考图）。1974年出土于青海省乐都县柳湾，为新石器时代后期的酒器。

　　马家窑类型彩陶侧面鸟纹演变图（第133—134页参考图）

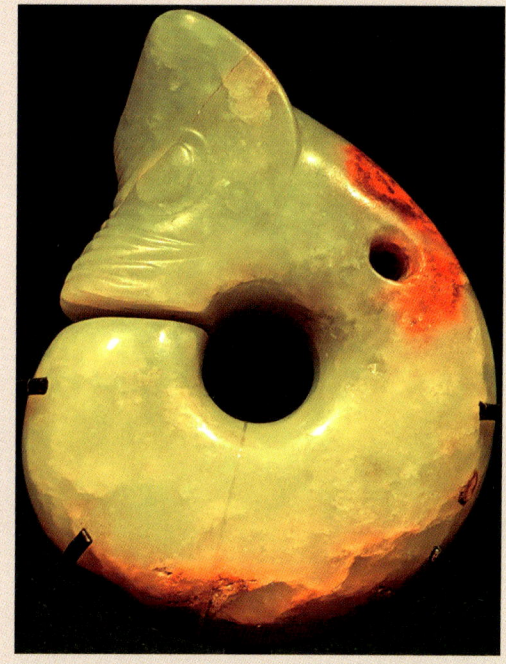

红山文化玉猪龙（第140页），辽宁省朝阳市牛河梁遗址出土。玉猪龙是红山文化的典型器物，上端兽首被认为是猪或熊的神灵化样貌。兴隆洼文化和赵宝沟文化都有龙崇拜、猪崇拜的观念，对后来的红山文化具有重要影响。

红山文化泥塑女神头像（第141页）。1983年，牛河梁女神庙遗址发现一尊相当于真人大小的陶制女人头像。其面部特征为高颧骨，浅眼窝，低鼻梁，薄嘴唇。眼珠是用晶莹碧绿圆玉片镶嵌而成。

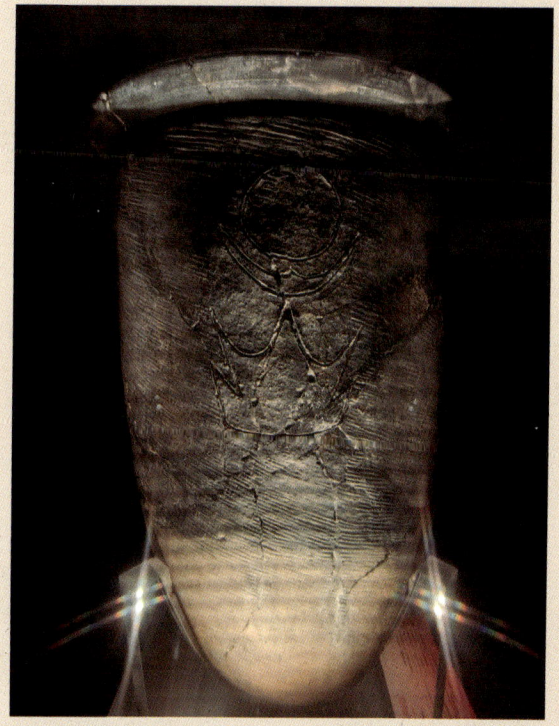

红山文化玉龙——三星他拉玉龙（第142页），1971年出土自内蒙古赤峰翁牛特旗三星他拉附近。被人们习惯性地称为"中华第一龙"，是一件征集自民间的文物。

大汶口文化陶尊（第148页）。距今四五千年的山东大汶口文化遗址中发现了刻有陶文的陶器，这些陶文与古文字已有相似之处。

河姆渡文化双鸟朝阳纹象牙蝶形器（第150页），1977、1978年在浙江河姆渡文化遗址出土。正面用阴线雕刻出一组图案，中心为一同心圆，外圆刻有光芒，形似太阳。两侧刻有昂首相望的双鸟，面向太阳，成对称形。

河姆渡文化猪纹陶钵（第151页），1973年在浙江余姚发现。猪的腹部运用了阴刻重圈和草叶纹等纹样。猪的形象为研究家猪的驯养过程提供了宝贵的物证。

河姆渡文化连釜陶灶（第149—151页参考图），田螺山遗址出土。

崧泽文化三足鸟形陶盉（第153页）

崧泽文化出土陶器（第153—155页参考图）。崧泽文化上启马家浜文化，下启良渚文化，距今6000—5300年。浙江省博物馆藏。

陶塑雕题纹面人头像（第172页），
于1986年在安徽蚌埠双墩遗址发现。

双墩文化鹿形刻符（第172页）

双墩文化猪形刻符（第172页）

双墩出土的部分刻符（第173页）

凌家滩遗址（第246页参考图，含山县委宣传部供图）

凌家滩文化玉鹰（第246页）。凌家滩遗址出土过一只玉鹰，是鹰、猪、太阳三位一体的复合器。这件刻有原始八卦图的长方形玉片和腹部刻有圆圈纹和八角星纹的玉鹰，蕴含着原始八卦、太阳崇拜、原始天文、宗教活动等丰富信息。

凌家滩文化玉版（第246页）。这块玉版出土时，夹在一只玉龟（见内文第246页左下角图）之中。有学者分析：玉版最中心的八角纹有可能代表太阳，两圆之间的八个"圭"形纹代表八个方位，玉版四角的"圭"形纹表示四维。四维和八方，即《史记·龟策列传》中记载的"四维已定，八卦相望"。学者由此推断：凌家滩遗址的玉版，其纹饰有可能是表示四时历法的原始"八卦图"。

凌家滩文化玉龙（第246页）。玉龙扁圆形，首尾相连，吻部突出，头部雕出两角，龙须、嘴、鼻、眼部雕刻得清清楚楚。虽然中国南北史前考古学文化中都有不同的龙的题材出现，但出土的5300年前圆雕玉龙，强烈而鲜明地表现出中国龙的传统特征，与人们想像中的龙的形象非常相似。

凌家滩07M23号墓（第246页）

良渚古城城址格局示意沙盘（第 249 页参考图）

良渚玉琮王及神人兽面纹（第 250 页）。良渚文化玉礼器包括琮、璧、钺等，一般出土于显贵者墓葬。其功能已经冲破丧葬功能，尤其是琮、璧等超越人体装饰的特定器形的创制，以及神人兽面图像在玉器上的运用，使得良渚文化玉器有着神灵崇拜的宗教功能和等级划分的功能。

良渚玉璧（第 250 页）和石钺（第 249—251 页参考图）

陶寺文化彩绘龙纹陶盘（第265页），
1980年山西省襄汾县陶寺遗址 M3072 墓
出土，陶寺遗址的代表性器物。

陶寺遗址出土的磨制石器（第264—
266页参考图），以农业生产工具和纺轮
最为常见，反映了其社会生产力的发展和
农业与手工业的社会化分工。

朱书文字陶扁壶（第265页），1984年山西
省襄汾县陶寺遗址出土。这件距今4000多年的扁
陶壶上写着一个醒目的朱书汉字"文"，与当代
汉字"文"相比，无论字形还是结构都完全一致，
这不仅表明中国文字的一脉相承，更体现了中华
文明不曾中断、连续发展的特征。

陶寺遗址出土的彩绘陶壶（第264页
参考图）

特磬（第266页），陶寺遗址出土，巨石制成，
可以悬挂敲击，是《尚书·尧典》中"予击石拊石，
百兽率舞"所使用的这类乐器。

陶寺遗址观象台想象复原图（第 266 页），图片来源于山西博物院。

1984 年陶寺遗址发掘现场（第 264—266 页参考图）

龙山文化陶鬲（第266—268页参考图），山西襄汾县陶寺出土。

大汶口文化立鸟异形陶器（第266—268页参考图）。此器出土于安徽蒙城尉迟寺遗址大汶口文化时期的广场。有学者据其出土位置和陶器上鸟的形象，认为其与太阳崇拜有关。

石家河文化玉团凤（第269—271页参考图），距今约4800年至4400年。被誉为"中华第一凤"。

石家河文化玉鹰攫人首佩（第271页）

　　二里头遗址出土的绿松石龙形器、铜铃、玉铃舌。2002年春，考古工作者在河南洛阳偃师二里头遗址发现了这件绿松石龙形器。其形体长大，巨头蜷尾，龙身曲伏有致，形象生动传神。龙头略呈浅浮雕状，鼻、眼则充填以白玉和绿松石，色彩艳丽，对比强烈。距今至少有3700多年的一个夏代的龙形器物，象征着华夏文明的龙图腾的形成。

二里头遗址出土的嵌绿松石兽面纹铜牌饰

二里头文化铜爵，二里头遗址出土。

　　二里头遗址一号宫殿基址复原图。二里头遗址内目前已揭露出10余座宫殿建筑基址，其中规模最大的1号宫殿基址略呈正方形，主体宫殿坐北朝南，殿前为广庭，四周有廊庑建筑。此种宫殿建筑形制多为后世沿用，开创了中国古代宫殿建筑的先河。

中国新石器时代部分考古学文化分布图

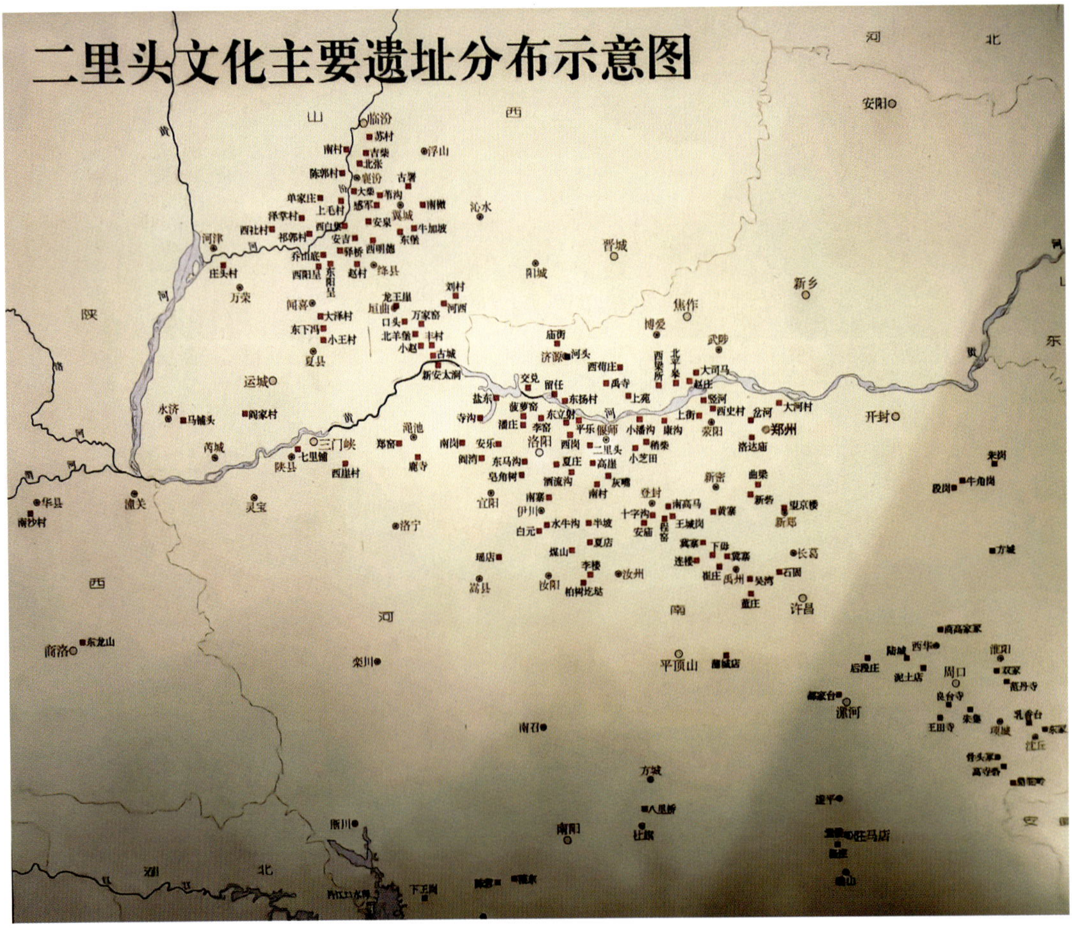

二里头文化主要遗址分布示意图

一部为中华民族梳理谱系的大书

——序李侃良先生新著《中华探源》

匡燮

　　侃良先生新著杀青，约我为序，我很惶惑。

　　侃良先生已是这方面的专家了，而我于中华史迹，学无专攻，所知甚浅，恐言不及义，有悖于宏旨。

　　好在侃良是我老友，上世纪60年代后期至70年代，我在华山脚下的小城华阴盘桓十年。侃良是小城人，当时刚从农村出来，先在一个小厂逗留，后因才华不群，旋被调入县委政研室工作，即此遂与之交，尔后四十余年不绝。当然，我在小城交厚者，原非一人，然侃良退休后，重拾旧好，著述迭出。先有《河声岳色录》一书问世，继以《人性论新探》及《社会主义"公有制主体"新探》再出，接着就是这部大著《中华探源》了。粗略算来，近百万言，而每一稿就，必先寄我。这样，近十年间，我与侃良之交远多于其他老友。尤其《中华探源》一书的写作，共为九章，则章章寄我先睹为快，使我所知日进，更令我感佩不已。

　　于是，窃以为，能专于为我中华民族梳理谱系者，自司马迁的《五帝本纪》后，两千年间，能够上及天地洪荒的三皇之世，由表及里，寻根溯源，奋然写成一部大著而又颇具新意的，似乎唯是侃良先生了。尽管有《尚书》及古之百家亦有及此者，然司马迁公言："《尚书》独载尧以来，而百家言黄帝，其文不雅驯，荐绅先生难言之。孔子所传宰予问《五帝德》及《帝系姓》，儒者或不传。"黄帝不传，遑论三皇。

　　近世有国学大师章太炎先生，论及中华民族生于华山周遭的雍梁二州，也只为"中华民国"立论，而未至详密，且又有"文化西来"说与之争锋，终使太炎先生之切论未能大张于世。及至当世，在考古成果日益彰显的情况下，遂又有考古界泰斗苏秉琦先生再出《华人，龙的传人，中国人——考古寻根记》一文，称中华民族为"满天星斗"之"多元一体"，

则又异于太炎先生之论。改革开放以来，随国势日隆，龙凤文化研究勃兴，成果丰硕，然亦多为论文结集。而系统论述、较有份量的专著，目之所及，好像也只有《中华探源》而已。或另有大著见世，只好恕我浅陋，敬请见谅了。

然而，侃良先生的这部《中华探源》，所以不同于别著的，还在于其研究方法上的独辟蹊径。

考古实践虽然发现了大量的诸如新石器时代、旧石器时代，乃至人类由猿到人的种种例证和存在，但在一个民族的形成发展过程中，在文字出现之前，比如我中华民族何为有巢氏、燧人氏、女娲氏、伏羲氏"三皇"之世，何为炎黄等"五帝"时期，似乎单凭考古是难以回答的了。而另一方面，"盘古开天辟地"、"巨灵劈山导河"、"女娲抟泥造人、炼石补天"、"精卫填海"、"夸父追日"、"羿射九日"、"嫦娥奔月"等等，这么多由上古流传下来的动人而宏大的神话传说，其中是否包含了中华民族在发生、发展中的一些真实的历史信息呢？不仅"儒者不传"，且现当世的许多学者亦不置可否。可是，司马迁信，章太炎先生信，李侃良先生亦信。为了重述黄帝这位人文初祖的史迹，司马迁说："余尝西至空桐，北过涿鹿，东渐于海，南浮江淮，至长老皆各往往称黄帝、尧、舜之处，风教固殊焉，总之不离古文者近是。予观《春秋》《国语》，其发明《五帝德》《帝系姓》章矣，顾弟弗深考，其所表见皆不虚"。于是，慨叹"非好学深思，心知其意，固难为浅见寡闻道也。"

侃良先生一生僻居小城一隅，却常存发奋之志，往往望华山而多思，观黄渭而兴叹，河声岳色，浸润襟怀者久。便将现已发现的考古成果与中华民族史前的神话传说一并考察梳理，由考古实物中剥离出神话传说的历史真实，由神话传说里再现附于考古实物上的那一幕幕波澜壮阔的史前活剧。继司马迁之后步，张太炎先生之确论，把中华民族从起源到发展，从史前到之后，联缀成一部完整的历史画卷，从而使夏夷同华，汉胡一体的大历史轨迹呈现于世。可喜可贺，功莫大焉，功莫大焉。

顾颉刚先生曾撰文指出："中华民族是一个，这是信念，也是事实。夷汉是一家，大可以汉族历史为证。即如我辈，北方人谁敢保证无

胡人的血统，南方人谁敢保证其无百越、黎、苗的血统。"此时，他正在我国西北、西南做民俗考察，便进一步举例道："我若发问谁是汉文化的代表者？大家一定会想到孔子。那么，孔子的后裔，是汉文化集团中份额分子，不再有什么疑问。可是，我这次走到甘肃，听说永靖县的孔家都做了回回，走到青海，又听说贵德的孔家都做了番子……"，以此来说明民族间在宗教文化上的互相渗透和融合，便是不争的事实。他又指出汉人、汉族的称谓原是不确切的。因从前还没有中华民族这个称谓，我们周围的人们无法称呼我们，"于是只得用了我们的朝代之名称呼我们，把我们唤作秦人、汉人、唐人了。"

顾颉刚先生的这篇文字写于一九三九年的抗战时期，旨在提醒国人警惕侵略中国的日本帝国主义与世界上一切我们的敌人，企图利用民族问题来达到分裂我们国家的罪恶目的。赤子之心，可鉴日月。

今侃良先生所捧出的这部大著《中华探源》，不仅从文化上证明了中华民族的融合过程，而且，从源头以考古发现为依据，以上古神话传说为脉络，具体生动地描述出我中华民族如何以华山为标帜，以"华胥之州"、"河洛之地"为圆心，向周遭极其广袤地开拓与生成，其赤心、其宏志、其历史与现实之意义，不必多言，亦大张于世矣。

但是，自清末以降，我们对于这一生成了中华民族的文化传统，却给了太多的贱视和批判。一切都是西方的好，甚至把西方的东西拿过来作为我们崇拜的图腾。"五四"时，听说年轻的胡适先生就曾说出过西方的月亮比中国的圆这样糊涂的话。后来，我们也是动不动便以"封建"和"四旧"名之。当然，我这里并非不同意向西方学习好的东西，也不是反对中西方文化的借鉴与融合，而是觉得我们对自己的文化传统在泼污水时，似乎是连孩子也泼掉了。

自改革开放以来，因国势日隆，我们终于发现了国有强弱之分，而文化则无优劣之别的道理，于是大张起国学来。不过，又往往把国学当作了可以在市场上叫卖的商品，比如据说有哪些头上冠以文化的学者，不仅因此博取了天下美名，还因此赚了大把的钱财。文化传统是一个民族的灵魂，把中华民族的灵魂拿来赚钱，我以为是十分不妥的。

侃良先生《中华探源》的出现，无疑在弘扬中华民族的文化传统上是

一种贡献。他在梳理中华民族"同源一体"谱系的同时，实际上也是在梳理着中华民族的传统文化谱系，在梳理中华民族比如《易》理的"天人合一"观、河洛文化的"和合"观、天下为公的"大同"观等等的历史文明和哲学思想，使中华民族的历史、文明、文化之精神不再虚无，而是放射出更加绚丽夺目的光彩来。

以上的这些话就是我在读《中华探源》这部大著时的一点思索和感想。也许侃良是我的老友，也出于对这部大著的偏爱，有些话说的可能过分地肯定了些，有些话也许不一定正确，不妥之处，还望就教于读者和高人。

是为序。

2014年10月 于悟道轩南窗

我的《中华探源》之寻根情结

（前 言）

2014年3月初，华阴市文联创刊《华山风》杂志，约我作访谈节目。这是"访谈专栏"记者就我创作《中华探源》一书情况的访谈录。现放于《中华探源》一书的前头，以代前言。

记：你好李老。时间过得真快，转眼间你就退休六七年了，见到你身体还是这么硬朗，容光焕发，十分欣慰。我今天是带着任务来专门采访你的。听说你现在每天都把时间安排得满满的，忙得不亦乐乎，占用你宝贵的时间，实在不好意思。

李：见到你很高兴。退休对我来说真是一种解脱和享受。我说的享受主要是指享受自由支配的闲暇时间，去干自己喜欢的事情。这样虽然天天忙得高乐不下，但过得很充实，大苦中有大乐在。

记：你前几年刚完成了一部《人性论新探》哲学专著，已经联系好了出版社，打印稿我在市文联已看到了。大家都说，你现在又正在写一部叫《中华探源》的专著，十分期待。我们这次来就是想了解一下这方面的情况。

李：两年前我把精力和兴趣又从哲学转向了中华历史之源的思考上。当头脑中基本捉摸出一些头绪之后，便在朋友圈里闲聊时讲了我的一些大的观点，以助谈资。大家都觉得有新意也很有道理，鼓励我一定写出来。说话的第二天，市文化馆的张长久君就把他珍藏多年的袁珂所著《中国神话故事》一本很权威的书送我参考，使我很受感动。我知道，我是又给自己揽了个大活。只是退休之人闲着还是闲着，又没有什么任务压力，更不存在什么功利思想，就像今天那些快乐的"驴友"一样，无非又选择了一条挑战自我、挑战极限的登山之旅。能否一定登上峰巅并不重要，要紧的是付之行动，享受过程。

不过，今天我终于可以告诉你，经过近两年的艰苦努力，现在已经完成了40多万字，基本到了收官的阶段，预计再有个把月就可完稿。

记：我想问一下，你一生从政，是什么原因使你对中华之源问题这么感兴趣，这么上心？

李：这个问题说来话长，可以说也是我多年的心结。

关于中华民族发源地问题的探讨，最早出自于国学大师的同盟会员章太炎先生一篇专为孙中山论证"中华民国"之名的文章。说是传说中的上古之帝多生于华山两侧的雍梁二州，故"中华之源"以华山之地为限，"中华之名"以华山之名为名。然而当时学术界还有另外一个观点，认为中华民族应发源于更边远的西部昆仑山，昆仑山传说曾是黄帝的帝都，古时也称作华山。

到了1987年，考古界的泰斗苏秉琦先生发表了一篇《华人、龙的传人、中国人—考古寻根记》的文章，影响更为广泛。他以华山地区为中心的仰韶古陶上的玫瑰花图案，强势向四方传播的文化现象，论证华山为"华族"的发源地；同时又以龙的图案实物集中出现在辽西地区的考古发现中，论证"龙族"的发源地应在东北；结论是不同源的"华族"与"龙族"最后相聚于中，故称中华民族，亦即中国人。苏先生领导的全国考古界，一直宣扬中华民族发源是"满天星斗"的"多元一体"论，否定传统的发源于黄渭流域之"同源一体"论。

作为一个中华民族的子孙，我对长期以来这样一些权威而混乱的结论感到困惑和纠结；而作为一个华山人，我对传说和考古两者又都将华人起源之地重叠于华山地区，而感到振奋，似乎又看到了一线希望。所以说，这一直是我几十年来念兹在兹的一个心结，亦即寻根探源的情结。

由于关注，几十年来便无形中积累了一批资料，并对日后考古的最新发现及时跟踪，对其进行反复综合分析，以求有所发现。退休后有了自己自由支配的时间，于是自然而然地就把中华探源作为了我的老年功课和作业，这个作业首先是作给自己的。这就是我的全部心路历程。

记：我们知道，中华探源是一项国家级的重大工程，无数知名专家学者经过前十多年的团队作战，才完成了距今4070年以来的"夏商周断代"子工程。后边第二个十年探源规划的子工程也只上推到距今5000年，再后边更远的子工程还不知道有多少并需要多长时间才能全面完成呢。而你以一己之微力，却去触碰这样一个庞大的工程，不知道你是如何考虑的。

李：这不光是你要问我的问题，也是我一直在问自己的问题。但最后让我下定决心动笔的，正是我对国家探源工程的进展和探源方案、方法的分析。原来探源工程的思想方法，仍是以考古学单打一地进行，它对自古以来心口相传的"三皇五帝"历史传说系统不屑一顾，虽然动员了许多高科技手段以及古天文、古气候、地球物理等相关学科，但都是为考古学服务的，最后还是和以往的考古一样"见物不见人"。要知道仅靠考古只是"单证法"的自证，它只能证明出土实物自身的历史存在，而不能告诉你创造或使用过这些实物的历史人物、及发生在这些人物身上的那段历史。

距今7000—5000年长达两千年的仰韶文化，是考古成果最为丰富也最引以为荣的，却至今说不清到底是女娲、伏羲、炎帝、黄帝谁的遗址，甚至连这两千年到底是母系氏族社会还是父系氏族社会也争论不休，难有定论。找不到历史人物，弄不清时代，不知道是谁创造的这段历史，考古探源也就失去了本来意义。所以我还是想用我的"双重证据法"去探险，成功了幸运，不成功无悔。对我来说这也是另一种活法，老来没事找事，找点乐在其中又有些价值的事做，总比没事闲得慌强。

记：听你这么一说，我就更有兴趣听听你自己独特的探源方法了。你能向我介绍一下这方面的情况吗？

李：我将我的"双重证据法"概括为两句话："用考古实物为历史传说立证，以历史传说为考古实物赋魂"。通俗说，就是将传说与考古对接互证，从而实证并复活神话传说的史前史。

我对这个问题的基本认识是：考古实物与历史上的神话传说原本是一体的，只是时间的长河将实物的遗迹留在了地下，而将这些实物主人——"三皇五帝"的故事心口相传地留给了后世。我们说中华民族是世界文明古国中唯一历史文明不曾中断的民族，主要就是指承载历史文明的传说体系没有中断。中华民族的信仰构成不是无根的西方虚无之"上帝"，而是人伦血缘的"祖宗崇拜"，大地自然的"社稷崇拜"，它是来自传说体系的自然生命与精神生命之根性崇拜。

应该知道，自古以来神话传说的真实性是完全靠信仰来维系的，它并不是需要谁来证明自己。但当后来之人开始出现信者恒信，不信者恒不信，甚至不断发生对其真实性怀疑和否定的现象，民族虚无主义便会甚嚣尘上。我们今天自称是大中华的伟大民族，却对自己民族之源如此莫衷一是，情感漠然；我们自称为炎黄的子孙，却对炎黄的存在如此模糊不清、似信非信。一个失根的没有精神信仰支撑的民族，就会自断筋脉，灵魂无依，就会出现精神危机，前途堪忧。所以，只有今天我们能够将考古与传说二者对接起来，才会使中华民族的整个历史因实证而得以复活，而不是放任它自我中断，自我消亡。这实在是一个天大的事情。

当然要完成这种对接并不是一件容易的事。因为在没有对接互证前，无论考古还是神话传说，如果分开来单打一的去破读，那一个都无异于"天书"。所以首先要有一个正确的思想方法，才能事半功倍，而不是瞎子摸象式地一边乱摸、一边乱下结论。我一直坚信，事物之间都是有自己内在联系和有机构成的，历史也一定是会有自己内在逻辑的。因为我们的目标是要从考古遗物上找到它的主人，所以就得看那一种独特遗物能告诉你主人的身份甚至名姓。今天的考古是找墓志、印章、器物铭文等，如果找不到那就谁也没有办法了。但史前时代根本没有文字可找，所以难度就更大。

怎么办？我的窍门就是去找与图章、墓志性质相似的"会说话"的东西，毫无疑问这便是出土的"图腾"之物了。因为传说中的氏族也都有代表自己姓氏身份的图腾，或蛙、或鸟、或牛、或鱼、或虎、或熊，当那一氏族的图腾在考古遗址中发现了，他们便和这些遗址直接对上了号，成为了这些遗址真正的主人。这样，这些图腾之物分布的地区和科学测定的年代，便就是实证这些族群生存之活动地区与年代；而这些图腾的族群其丰富的传说故事，也便就成了这些遗址遗物自己复活了的历史。然后，我们用这些对接点建立起各个时段的历史坐标系，并逐步将单个的坐标系按照时空关系再连接起来，于是大的整体历史框架就会完整复原。

我一开始告诉朋友圈的那些大观点，就是通过长期思考并按这个思想方法对接而破题的。那时我已完成了几个大的坐标对接，所以并不盲目，而是有一定信念和方法支撑的。

记：啊，原来是这样。但不知道这么庞大而冗杂的资料，你是怎么把它们整合到一块的。难道就没有遇到大的困难吗？

李：不是没有遇到大的困难，而是关山重阻，一言难尽。正确的思想方法只是给了你一条通向成功的正确道路，而成功更需要输出坚忍不拔的努力。

具体说，遇到的最大困难有两条：一个是对神话传说、历史典籍和考古发现资料的收集和占有，就像收集打碎一地的花瓶残片一样，丢失太多，最后完整的图案和器型就复原不起来。这一困难对于像自己这样个体而并非专业的研究者来说，几乎是不可想象的。虽然积累了几十年，临到用时还是少得可怜，于是又花费大量精力和微薄的养老金去购置去查找，最后也只能说是勉强对付。我知道将来如有大的缺憾，首先必在材料缺失方面。

另外一个困难就是对神话传说的正确破读，因为过去不明就理的传统解读都很少用得上，甚至还会将你引入歧途。如果解读不了，即就资料再全还是等于零。要解读时间跨度如此久远又如此众多的历史神话传说，实在是令人望而生畏。而且上一个破读了，下一个又会接踵而至，而一处破读不了，整个写作就得停下来；一段时代的历史坐标对接不上而留下空当或者相互抵牾，全部探源工程就会坍塌。所以其艰难程度，甘苦自知，无法言表。

其实，许多神话传说破解不了，问题并不在传说本身，而往往是因为一个大的学术误区其系统性障碍没有克服。这样的系统性障碍且不止一处，而是问题如麻。比如说母系氏族与父系氏族的关系问题，过去总认为母系氏族社会时期全是母系氏族，而进入了父系氏族社会阶段就应全变成了父系氏族。实际上一切历史都是一个量变到质变的渐变过程，哪有这样绝对分开的事？距今7000—5000年的仰韶时期，其仰韶早期的半坡文化实际已是炎帝的时代，而仰韶中期的庙底沟文化实际已是黄帝“大天下”的时代了，只是同类的遗址中多为单人葬、亦有母子葬的发现，考古界便将其定为母系社会，争论了几十年至今还没有结果。于是父系的炎帝、黄帝时代再也找不到了。问题出在哪？就是因为单打一，绝对化。仰韶文化遗址的发现达数以千计，是中国考古发现成果的重头戏，但却不能找到它的重要主人炎帝和黄帝，甚至连老祖宗黄帝入主中原前其生存之地在哪也说不清，这样的考古探源其希望就很渺茫。

要知道，伏羲父系就是在女娲母系氏族社会时期产生的，而当他成长壮大到在比例上绝对超过母系时，也便就逐渐演变为父系社会。所以说父系氏族社会必然仍是长期保留一定比例母系氏族存在的“双轨制”社会。以此来破解神话传说，关于伏羲女儿溺于洛水成为洛神、炎帝女儿溺于东海变为精卫鸟以衔石填海（蚩尤作为姜姓炎帝族成员，而变为东夷鸟族，似与此传说有关）、炎帝名叫朝云的小女儿变为巫山神女、并说她后来还帮助过来到这里治水的大禹，黄帝女儿魃（后称旱神）从干旱的西北部赶来助黄帝战胜蚩尤、如此等等。现在你就会明白，这些传说都是如实记载和传递着母系氏族在伏羲及炎黄时代生存繁衍的真实事件和历史足迹。她们有的在迁徙繁衍中险遭灭顶之灾，命运多舛，有的在和它族融合中保留了原族身份又与它族共其图腾，都说得很清楚。神话只是在那个"天人合一"、万物有灵的远古时代，其先民认知水平和真实情感的本然表达，读懂了你就会感到那融进生命而极富情感的表达，既准确传神，又独具魅力与意义，十分难能可贵。

不仅如此，事实证明神话传说也是有它完整体系的。正是因母系氏族向边远的西部及西南长期繁衍不绝，故不仅有"蛙"图腾在马家窑文化中的频频发现，更有昆仑天山西王母的神话传说流传至今。而证明这一传说真实性的亦不仅有后世周穆王与西王母、楚庄王与巫山神女相会的传说故事，更有《唐书》关于羌族"东女儿国"（今四川雅安、丹巴一带）来朝的记载，及今天你到四川泸沽湖地区所看到的母系氏族的存在。至于母系氏族在中原地区何时绝迹，考古中虽有一些蛛丝马迹可寻（如夫妻葬的开始出现），但真正明白告诉我们的还是传说所给予的可贵记载和回应。这就是传说将距今4500年前到了帝尧时，羿的妻子嫦娥族这个中原最后一个母系氏族最终变为父系而消亡的重大事件，浓墨重彩地描述为嫦娥奔月、成为月宫玉蟾（即蛙，母系氏族共同的图腾）的神话。其传说有始有终，细致入微，历史脉络十分清晰。明白于此，你就会知道古代中原民族将嫦娥奔月的八月十五这一天，确定为具有仪式意义的重要纪念日——祭祀月神嫦娥以祈国族团圆之"中秋节"，其所表达的对于母系先祖缅怀崇敬的根性情结，是多么的深情与神圣了。

所以写作的过程不光有困难的一面，更有困难终于被克服而破局后对自己新发现、新收获的激动、兴奋和享用的一面。知名作家匡燮是我的老朋友，一直认为我是在做一件很有意义的事情，倾情支持并热情参与其中，经常从西安打来电话询问写作进展情况。于是我每有一个大的突破或新解，必忍不住把电话打过去和他分享，听取他的意见和看法。到后来干脆每完成一个章节，便像给老师递交作业一样赶紧用电子邮件发了过去，接受老师和"第一个读者"的审查与评判。当听到他以同样激动和兴奋的心情，打回电话表示赞同和鼓励时，我的心一下踏实下来，那种沉醉和享用无以言表。

记：为了也能分享一份你的成功和喜悦，最后我有一个不情之请，就是想听听你已基本完成的中华探源之结论。

李：我的中华探源首先是写给自己的，所以做出的每一个结论都是慎重而真诚的，决不欺心，决不花费这么多的心血而用来自己欺骗自己。不欺心，才能不欺世。如果能与更多的人共同分享，对我来说那是最大的快乐和回报。

为了形象而简约地表述我的中华探源结论，我最后总结出了这样两句话："华山是中华之源的地标；华山是中华民族的族徽"。

先说为什么"华山是中华之源的地标"。

潼关黄河对岸的风陵渡紧邻，有一个距今180万年的西侯度古猿人遗址，比我们历史教科书上最早的云南元谋人遗址还要早10万年。问题的关键是，在中国最早从猿到人为数有限的5个原点性古猿人遗址中，其他遗址所衍生的后期遗址寥若晨星，只有它"后继有人"，且"子孙满堂"。在它身后的百余万年来，这一围绕华山地区的考古发现有：山西匼河人与蓝田猿人遗址（距今110—70万年），蓝田陈家窝猿人遗址（距今65—50万年），洛南猿人遗址（距今50—5万年），大荔人遗址（距今20万年），山西丁村人遗址（距今10—2.6万年），山西沁水下川文化遗址群(距今2.4—1万年)等等。到了新石器时代这里的众多遗址数以千计，更居全国之冠。

西侯度古猿人从秦岭深山走出，并与它众多的后来者如此集中的偎依于华山周围，以华山为中心形成了一个大写的C字型。在它的外围还有，汉中南郑梁山人和湖北郧县人遗址（距今100—80万年），河南灵井许昌人遗址（距今10—1万年），陕西韩城和黄龙人遗址（距今5—3万年），河南安阳小南海遗址(距今2—1.3万年)等等，它们又都是以华山为中心的C字型在不同年代的加粗和延伸。如果我们将与此承接的距今1万年新石器时代，其原始定居农业是从华山之下的渭河流域起源的历史连接起来，又与下边我要介绍的中华民族是由华山之下的华胥女娲血缘所繁衍联系起来，有这样一批考古大数据支撑，毫无疑义的"华山是中华之源的地标"之结论，便会自然得出。

下边再说为什么"华山是中华民族的族徽"。

距今约1万多年以前，黄河仍是一个内陆河，在华山之下今秦晋豫交汇处形成了古内陆湖，后因地震而冲开华山与中条山中间的断裂带，才始一泻千里，东流向海。它留下身后的运城盐湖古死海和原为湖底的渭、洛（北洛河）、汾冲积平原，又开始了向下游创造新的黄河冲积平原，从而成为了中华民族由西向东繁衍发展的母亲河。这一历史不仅是"巨灵擘山导河"的传

说告诉我们的，也被现代地质学所证明。

黄河东去使华山之下原为湖底的渭河冲积平原，成为称作"华胥之州"的原始农业发祥之地。生存于这里的以"花"（华）为图腾的华胥氏族首创母系氏族的"族外婚"，以改造自古以来族内血亲婚的原始群，并使这一更为文明的"族外婚"制度向外急剧扩展，从而在边远四周广大地区创造了更多的女娲族子孙后代（即传说的"女娲抟泥造人"），这便是为什么华胥女娲成为中华血缘始祖的起源。

到了距今八九千年时，华胥女娲族中又开始衍生出伏羲父系氏族（即传说的华胥女娲"履大人跡生伏羲于华阳"），从而又形成以"龙"为图腾的女娲与伏羲族携手向四周扩展繁衍的第二轮冲击波（"龙"为女娲和伏羲众多子孙"图腾"的集合），这便是为什么中华民族都是"龙"的传人的起源。辽宁阜新兴隆洼文化之查海"石摆龙"的出现，还有甘肃大地湾遗址、山东后李村遗址和湖南彭头山遗址，都正处在这个时期。到了距今8000年左右，黄河中下游新创造的冲积平原渐次形成，于是西部的女娲、伏羲族又从华山脚下的渭洛汾平原向东扩展，孽生了今郑州之黄河南北两岸平原的裴李岗和磁山文化新族群，使以华山为中心点的C型缺口，到这时才终于闭合成了O型圈。从此黄河流域由渭洛汾向东发展为更大的中原，成为了养育中华民族的中心发展地区。

距今7000—6000年，是以生存于黄渭流域的炎帝神农族为主导的发展时期（仰韶早期半坡文化）。距今6000—5000年是炎黄大战后，战胜了炎帝之蚩尤并从燕山南北入主中原的黄帝族为主导的发展期（仰韶中期庙底沟文化）。黄帝时期实现了各姓族（部族）的大联合，从而"龙聚中原"使"天下一家"的大华族得以形成，这便是自古以来我们都称自己为炎黄子孙的原因。要知道"帝"字在甲骨文中就是具象的"花蒂"，所以炎帝、黄帝时代的"帝"不仅都是龙族，而且都表明自己是"花蒂"结下的子实后代。所以"大天下"的大华族，是以"抟泥造人"的华胥女娲氏为其共同血缘始祖的。于是华胥女娲氏的"花"（华）图腾，便成为了大华族之图腾，成为以黄帝为"天子"时代凝聚并彰显华族精神的族徽，使其得以广泛传播。这便才有了前边苏秉琦先生所说仰韶中期庙底沟文化考古中，所发现的"华山玫瑰"强劲传播于九州的奇特文化景观。

至于苏先生所说的"龙"族发源于东北，"龙"与"花"（华）相聚于中而称"中国"与"中华",完全是考古"见物不见人"的"多元一体"论之臆断。其历史真实情况应是,到了距今4200多年时,在华山的黄河对岸,都之于襄汾的帝尧又以自己"夏族"为中心,第二次实现了与"四夷"族之邦族大联合,从而共同组成了以夏族为"中"的大华族,这才始改称"中华"的。随后再进入夏王朝,又以"夏族"之邦为中心,从而实现了中央方国与"四夷"方国而共同组成的有"中"的统一国家,这才正式成为"中国"的。

这样看来:华山既以其远古地缘的历史时空内涵,高擎巨灵的手迹而成为"中华之源的地标";又在华胥女娲诞生之地,如此天造地设地使她的"花"(华)图腾,直竖天心,凌空盛开,故以其形其神而作为"中华民族的族徽",便是唯一且不可替代的了。

最后我还要强调的是,探索中华历史之源,本质上也是在探中华民族根性精神和文化之源。未曾中断的中华优秀传统文化是我们最深厚的文化软实力,也是中国特色社会主义植根的精神文化沃土。我们今天遇到的很多事情都可以在历史上找到影子,历史上发生过的很多事情也都可以作为今天"返本开新"的镜鉴。当我们将史前考古与神话传说成功对接而复活,必将使其真正成为完整的中华文明之信史。这对于今天我们找回遗失的精神家园以克服民族虚无主义,树立和坚持正确的历史观、民族观、国家观、文化观,增强做中国人的骨气和底气,从而实现中华民族伟大复兴的中国梦,其意义将是重大而深远的。这些只有等到通读了全书,你才会和我一样深切感受得到。

作者 2014年10月20日

目 录

引　言

一

我是谁？我从哪里来？我到哪里去？这是作为万物之灵的人类，自从诞生以来就不断向自己追问的本真而几近终极的问题。

所谓本真，是因为这些追问都是与生俱来的，而且人类越是处于自己的童年，便越会本能地不断思考和追问这些问题。

所谓终极，是因为对于这些问题的思考和解答，将是与人类的存在和发展相始终的。虽然人类在自己不同的成长阶段，都会按照自身已有的认知和理解水平给出不同的各色答案，然而随着人类心智的进一步成熟，认知半径和经验参照系的进一步扩大，人类又会不再满意这些答案，从而提出新的追问，逼着自己去作新的探求。

然而细想起来，所有这些"我是谁？我从哪里来？我到哪里去？"的追问，又都并非一个囫囵的问题，而是包含三个不同层次且有着内在关联的有机组合。"我是谁"，亦即西方先哲"认识你自己"的大命题，它既是出发点，又是归宿点。人类要认识自己，回答"我是谁"的问题，就必须对人类自身的过去、现在和将来，作出全面地把握和定位。具体逻辑应该是：要回答"我是谁"的问题，就首先必须解决"我从哪里来"的问题。而要回答"我到哪里去"的问题，就必须解决我们现在应做什么和怎么做的问题；要回答我们现在应做什么和怎么做的问题，就必须总结我们过去做了什么及其经验和教训，于是还是要回到解决"我从哪里来"的问题。简而言之，"我从哪里来"的问题回答不了，"我到哪里去"的问题，以及最终"我是谁"的问题，就永远是个谜。

人类之所以能够进化为人类，那是因为人类的生存不再仅是同动物一样的自然存在，而是具有自我主体意识的自我认知和能动创造。这就告诉我们，作为万物之灵的人类，只能以"我"为师。面对成败难料的自我创造和前途未卜的自我命运，人类总希求并幻想着有一个主宰自己命运的万能的神灵启示。然而客观的现实却一再证明，真正的启示只能来自于人类自己，来

自于人类对自身历史经验教训的反思和总结。

历史是人类的根。我们这里不仅指的是人类自然生命的繁衍进化之根，更重要的是指人之为人的心灵之精神生命、亦即人文精神的历史进步之根。人类的每一个体生命是暂短而有限的，然而人类的伟大之处在于，他能将自己历史长河中一代又一代人的重大成败得失，予以记忆和传承，从而形成一个巨大的生命根系，为人类这棵大树源源不断地输送着智慧的液汁。历史是最明智而深刻的老人。割断历史血缘之根，人类将永远无法认识自己而走向成熟和文明进步的明天，甚或还会出现迷茫倒退，走向自己的反面。

二

中华民族的历史文明，是世界四大文明古国中唯一完整而未曾中断的历史文明。这是中华民族的宝贵遗产，无疑也是世界人民的宝贵财富。

人类的进化史告诉我们，语言作为思想的外衣和符号，虽然有一个由简单到复杂的发展过程，但最早的口头语言应该是伴随着人类诞生之后而较早存在的。这就说明，代表人类文明新纪元的文字语言比起流传更为久远的口头语言来说，仅仅只是已经离我们很近的一段历史了。事实上，人类依靠口耳相传的历史，远比具有文字记载的历史漫长得多，它就是史学家所说的史前史。

中国的史前史，就是从上古以来所口耳相传的神话传说。它所涵盖的内容，从创世纪的盘古开天，到上至人类诞生之后的有巢氏、燧人氏、女娲氏、伏羲氏的"三皇"时代，下至炎帝神农、黄帝、少昊、颛顼、帝喾、及尧、舜、禹的"五帝"时代，其历史跨度达二百余万年。如此庞杂的内容，又经如此漫长的岁月，却能如此珍贵的流传下来而普及和深入人心，实在是人类史上的一个奇迹。说到普及，如今的人们可能会不以为然。但当你联想即使到了距今两千多年的战国，楚大夫屈原在其《天问》中，不加任何解释一口气连珠炮般地述说和追问了数十个神话与传说，就可明白当时在已有文字的情况下，而神话传说仍然如此普及的程度。不仅是屈原，春秋战国时代的诸子百家在其著述和论战中，对于"三皇五帝"的神话传说都是信手拈来，以作为自己说服对方的论据的。至于说到今天的民间民俗以及边疆少数民族，仍把盘古开天、"三皇五帝"的传说，作为向子孙叙说的"古经"代代相

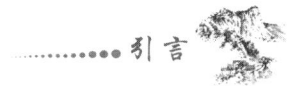

传，其深入人心之程度就更不待说了。

　　神话认同，是中华民族形成的前提。民族创生神话的本身体现着先民的集体记忆和传承，这种远古先祖与图腾神话的绝对权威性和强大吸引力，成为民族共同体中各成员自身的内在精魂，也是其认祖寻根的终极标帜。德国哲学家谢林认为："一个民族，只有当它能从自己的神话上判断自身为民族时，才成其为民族"。创生神话是一个民族共同体的文化之根。只有找到了这条根，就等于找到了自己与文化母体相联系的脐带及祖先谱系，从而由神话认同、文化认同，实现其归属与身份认同，并塑造出不同于他人的民族特性和禀赋。

三

　　中华民族的历史，是由口耳相传的神话传说与有文字记载的正史两部分组成的。

　　文字的创造产生，是人类文明史上的大事件，是人类认识世界、创造世界、再造自我的标志性里程碑。中国神话传说描述仓颉造字所引起的天人感应，是"天雨粟，鬼夜哭"那样的惊天地、泣鬼神。它比西方《旧约全书》中所描述的，亚当和夏娃偷吃了"智慧树"上的禁果，而被上帝逐出了伊甸园的神话，显得更为真实而深刻。

　　文字语言，作为思想的重要工具一旦产生之后，我们的先祖就将自己的所见所历、所知所思，或甲骨锲事，或钟鼎铸文，或勒石树碑，或竹帛留史，皆以期"藏之深山，传之后世"（司马迁语），从而经过一代代的传承，终于建立起了中华民族煌煌的文字正史。

　　然而客观地说，就像文字不能完全取代口语一样，文字正史产生之后仍然是和口头传说双轨并行的。这犹如一个官员的履历与政绩，既有文字档案的记载和评价，又有民间所传的口碑和政声，两个版本谁也无法取代谁。但问题的要害不在这里，而是在对于比文字产生之前更长更悠久的上古时代，其仅能以神话形式心口相授的传说历史，它们的真实性和采信度的评价问题，究竟何以定论？这便成为史学上的一场千古公案。

　　在中国的上古神话传说史与有文字记载的历史衔接上，以实践的形式而做出重大贡献的，是孔子和司马迁。中华民族是一个具有崇祖重根文化传统

和以古鉴今、慎终追远之自觉历史观的民族。自文字初创到不断演化成熟的各个历史阶段，我们的先民都以各种文字符号尽力记录着历史的信息，形成了一批珍贵的历史资料。到春秋礼崩乐坏、天下大乱之际，经过孔子"删诗书、订礼乐、修春秋、而赞易"的积极抢救、挖掘和整理，终于使包括《尚书》、《春秋》这些重要历史典籍在内的"六经"得以保存和传承,也使夏、商、周三代及其之前原始社会末期的尧、舜、禹时代，成为正史。于是儒家祖述尧舜，并以此构建着自己理想的大同社会。

被后世称为史圣的司马迁，是汉武帝时的太史令。他以"究天人之际，察古今之变，成一家之言"的治史宗旨和伟大抱负，在遭受宫刑后极其屈辱而悲愤的心境下，不忘使命，发愤著述，终于完成了《史记》这一影响深远的历史巨著。在古代的传说中，黄帝的内容最为丰富，但却与其他传说一样具有浓厚的神话色彩，给人们的理解带来很大的困惑。《礼记·大戴礼》中，曾记有孔子与他的学生宰予的一段对话："宰予问于孔子曰：昔者予闻诸荣伊，言黄帝三百年。请问黄帝者人耶抑非人耶？何以至于三百年乎？孔子曰：生而民得其利百年，死而民畏其神百年，亡而民用其教百年，故曰三百年也"。司马迁受作为智者孔子的这一人文性解释启发，决心对尧之更前的黄帝的传说予以考证。在《史记》中，他将这一考证和认知过程说得十分具体而明白：

"太史公曰:学者多称五帝,尚矣。然《尚书》独载尧以来，而百家言黄帝，其文不雅驯，荐（缙）绅先生难言之。孔子所传宰予问《五帝德》及《帝系姓》，儒者或不传。余尝西至空峒，北过涿鹿，东渐于海，南浮江淮矣。至长老皆各往往称黄帝、尧、舜之处，风教固殊焉，总之不离古文者近是。予观《春秋》、《国语》，其发明《五帝德》、《帝系姓》章矣。故弟弗深考，其所表见皆不虚。《书》缺有间矣，其轶乃时时见于他说。非好学深思，心知其意，固难为浅见寡闻道也。余并论次，择其言尤雅者，故著为本纪书首"。

在这段话中，司马迁告诉我们：五帝的传说当时是十分流行的。然而《尚书》只记载到尧以来的历史，虽然当时大家都在传说着黄帝的故事，但"缙绅先生"认为这些故事神神怪怪的很不"雅驯"，所以不以为然，也不予采信；甚至连孔子与宰予对话中关于黄帝其存在真实性的解释也不愿再提及。为此，司马迁便几乎走遍中国四方，到黄帝当年活动过的空峒、涿鹿等地，对其遗址遗迹进行今天所谓的田野考察和社会调查，最后得出的结论是"其所表见皆不虚"。于是司马迁十分感慨地说，《尚书》轶缺和间断的关于之前黄帝的这段真实的历史，其实就在神话传说之中，但如果你自己不做足"好学深思，心知其意"的功课，就很难与那些"浅见寡闻"的人说得清楚。这样，司马迁经过深思熟虑，最终与孔子一样尽量使历史传说从神话中剥离出来（即"择其言犹雅者"），将黄帝作为自己《史记》这一通史开篇《五帝本纪》的第一人，使其成为中华民族的人文初祖，将中国的文明史又上推了千余年。

我们现在常说，中华民族的文明史上下五千年，中华民族都是炎黄的子孙，全都是以司马迁的《史记》作为论说基础的。

四

针对上古史的神话传说，历史上一直存在着疑古派和信古派的斗争。疑古派的代表不在民间，而是司马迁所谓的"缙绅先生"，即有一定身份地位甚至很高学问的人。《史记》诞生近两千年之后，梁启超就曾针对司马迁的《五帝本纪》这样批判道："带有神话性的，纵然伟大，不应作传。譬如黄帝很伟大，但不见得真有其人。其余的传说，资料尽管丰富，但绝对靠不住。纵不抹杀，亦应怀疑"。作为一代宗师的梁启超，对于黄帝的有无态度尚且如此，而对比炎黄更为久远的"三皇"是否存在过，当可推想而知了。

信古派最早的代表人物当数孔子，因为孔子就曾夫子自道曰，他是"信而好古"的。但他又有一个前提条件，就是必须剥离历史传说的神话外衣，这是因为孔子还有一个更坚定的信念，即"子不语怪、力、乱、神"。因此在孔子删订的《尚书》中，有关尧舜禹的叙说就一点神话的影子都没有了。

疑古派因为否定神话而怀疑以至否定传说，信古派因为相信传说而排斥以至否定神话，其共同点都是对神话报以轻蔑和否定的态度。似乎是说，真正人文的东西绝对不应与神话沾边。这是一个极大的误区，是未曾中断过的以口耳相传的中华历史，却一直无法说清他的真正源头其主要病根之所在。西方以犹太人的上帝创造世界和人类的神话与传说，作为《圣经》；中国民间以盘古开天、三皇五帝的神话传说，作为世代口口相传的"古经"。而中国的"缙绅先生"打死却不愿相信这些神话传说的"古经"，认为一有神话

就是荒诞"不经"，这不能不说是中华文明的悲哀。西方的历史是中断的，因而虽然虔诚信仰他的《圣经》，却仍无法找到自己的历史之源；而中国的历史是完整的，但却因为不能正确理解和对待自己的神话传说，自设禁区，自我否定，结果不仅不能寻到自己的民族之根而失去信仰，甚至还会陷入民族虚无主义的泥沼。

过去我总认为在神话与传说的关系上，神话是形式，传说是内容，内容不能离开形式而单独存在。现在看这种认识仍欠深刻。其实，神话传说的价值就在神话传说本身。对上古时的神话，不能仅将其看作形式，更应看做是内容，因为它和传说是一体两面、互为表里的一个东西。如果这样说仍嫌过于抽象，那么让我们对上古神话的形成、发展及其内在本质，再作进一步的探讨，问题自然就会清楚了。

生物进化论告诉我们，人是从动物进化而来的。人之不同于动物之处，是人不仅有自然生命，还有精神生命，是灵与肉"双重生命"的结合体。人的精神生命之精神世界包括两个方面，即认知世界和情感世界。上古时的神话传说，正是原始社会人的认知世界和情感世界的产物，是人类刚刚脱离动物而尚处于洪荒蒙昧时代其精神生命的客观记录。它的内在本质和产生条件，主要表现在：

其一，时代性。人类是自然之子。刚刚学会直立行走的原始人，虽然与猩猩们的生存方式难有太大区别，但他却已不再是无知无欲地生存于自然"生物链"中的动物了。对于人类生长其中，并给生命以养育之恩的大自然，人类心存感念和敬意；对于人类无法抵御，并对生命以威胁和主宰的自然灾难，人类更为畏惧和无奈。对于自然世界的敬畏、神秘、并对人类命运的主宰，使人类形成了万物有灵的观念，产生了对自然神灵的原始崇拜。

主要包括：一是自然崇拜。即把自然天地万物，看成是和人类一样具有灵性、情感和意志的存在，人企求通过某种载体（例如直插天际的山岳、高耸的神木）和仪式，可以与其通灵而往来。自然崇拜是原始神话的源头，也是中国"天人合一"哲学思想的源头。二是图腾崇拜。图腾是印第安语，意为"他的亲属"。进入原始氏族社会阶段之后，原始人相信每个氏族都与其生存关系密切的某种动物、植物或自然现象，有着亲属或其他特殊关系，并以此物作为图腾而成为该氏族的身份象征和名字。了解于此，你就不再会把伏羲与女娲是人面蛇身，黄帝带领熊、罴、貔、貅、虎、豹种种野兽，大战人身牛头的蚩尤等，看做是荒诞无稽，反而会从中发现更多破解历史之谜的真实信息。

其二，意义性。 高尔基曾经说过："要把费尽一切力量去为生存而斗争的两脚动物，想象为离开劳动过程、离开氏族和部落的问题而抽象思想的人，这是极端困难的"。这是说明神话的产生，绝不是出于原始人头脑毫无意义的空想，而是一定与现实生存生活的目的和追求相联系的。

具体讲：一是认知需要。开始具有了主体自我思维能力的原始人类，基于生存繁衍的现实需要，一要认识自然从而适应和改造自然，二要认识自己从而提升和再造自己。这种求知求真、寻祖究源的内在追求，都自然地体现在了上古的神话传说里。例如共工其人，从与祝融之战怒触不周山，到与颛顼争帝，再到在尧舜时为臣并被舜最后流放幽地，前后经历两千余年。如将其当做一个自然人，就无法理解，而如将其看作一个族群在不同历史时期的存在，就使我们看到了一个真实的历史。从这个意义上说，上古时代的女娲、伏羲、炎帝、黄帝等，既可将其看作一个真实的历史人物，更应将其看作一个族群甚至一个真实时代的代称。我们这样去正确理解和认识神话，神话就会给我们传递一个真实的历史。

二是精神需要。在仅依赖于原始石器极其低下的社会生产力条件下，人们感恩带领他们走出一场场灾难并不断扩大其生存空间的祖先，并把自己的祖先当做具有超自然力的英雄予以歌颂和崇拜。他们歌颂开天辟地的盘古，筑木为巢的有巢氏，钻木取火的燧人氏，擘山导河的巨灵，补天造人的女娲，演天创《易》的伏羲，逐日的夸父，射日的后羿；他们歌颂诸神的子孙们怎样发明了新的劳动工具、车船、弓箭、中草药、蚕丝，以及种种美妙的乐器和音乐；他们幻想着华胥国的仙乡乐土、长臂国的长臂、奇股国的飞车……所有这些，既透露出历史进步和发明创造的难得信息，更是原始人类精神世界的真实记录。

其三，传承性。 历史都是以叙事的方式而传承的。神话的隐喻而抽象内容，在以口耳相传的过程中，往往会出现多种版本等复杂而扑朔迷离的情况，从而使处于新的时空条件下的人们感到迷惘。

这是因为：一是传说的时段性。例如关于人的起源问题，在由族内婚（血亲婚）演化为族外婚的母系氏族阶段，人们只知有母，不知有父，故有女娲抟泥造人的传说；当母系氏族向父系氏族演进的过程中，部分族外婚又

上升为"前对偶婚"，故有伏羲与女娲兄妹造人的传说；当伏羲创《易》之后的人们其哲学抽象思维逐渐达到了一定高度，便开始有了盘古开天辟地、人与自然共同衍生的创世说。如果不是我们今天破译之后这样理解问题，而是离开它的时段性，将人的起源这样三个不同传说，相互自我否定，它给我们的必然是荒诞无稽的印象和结论。

二是传说的地域性。中华历史的起源，向来有中心说与多元说之争。从中心说来看，无论人的起源还是文明的起源，犹如湖面投入石块后向四周扩散的波纹，最初的波纹扩散的面积相对最大，故而后继之波不曾到达之地，所记之事便相对最为原始而古老。不论古代还是现今，边远少数民族生产力相对落后，却保留的神话传说和遗存更为古老，便正是这个道理。如果我们并不知道它的中心源头，而是以边远之地保留的古老传说或它考古发现的古老遗存为据，那就自然会造成历史起源的倒置和多元说了。

三是传说的绎误性。上古神话传说常以综合百年、千年以至万年的历史时段为单位，而对于我们的许多古人来说，他们接受的神话传说也是离他们已经十分久远且无籍可考的上古之事。这样久远的口耳相传，不仅难免出现各种断档及误读，而且不免还会按照各自新的认知和理解进行增删和改造，使其古老的信息在传播中又不断衰变。

特别是在有了文字之后，一些有心人把当时口头普遍流行的神话传说，尽力加以搜集整理，汇集成文字之书，以使永远流传。战汉以后成书的《淮南子》、魏时汲冢出土的《竹书纪年》，以及成书更晚的宋之《路史》、清之《绎史》等，都是这类作品。虽然其初衷都想尽量保留原貌、不使走样，然而在由口头语言转化为书面语言（即"文言文"）时，由于汉语的一音多字、一字多义的特点，如果一字错译就会产生严重误读和误导。就像我们今天要将一些方言土语写成书面文字，虽费尽思量亦难免出错一样，因为这是谁也无法避免，甚至命定是出力不讨好的事。所有这些都为我们通过神话传说而认识真正的历史，造成新的困难。

以上所述，是关于上古神话传说的内在本质及所具意义，以期我们在历史探源中对其有一个正确的态度和定位。

五

我们的先祖，既为我们留下了众多神话传说这一弥足珍贵的历史信息，又为我们留下了破解和实证神话传说的历史难题。这是一个"二律背反"之哲学命题。如何破译实证神话传说并将其转化为信史，成为中华民族挥之不去的心结。

应该说，这一转化的工程自孔子、司马迁之后，再也少有进展。我们之所以说孔子和司马迁在这一转化工程中开了先河，那是因为他们都运用了社会调查的方法，将基本可以证实的传说写入了历史。司马迁在《史记·孔子世家》中这样描述孔子："追迹三代之利，序《书》传，上纪唐虞之际，下至秦穆，编次其事。曰：夏礼吾能言之，杞不足征也。殷礼吾能言之，宋不足征也。足，则吾能征之矣"。杞、宋都是周时分别安置前之夏朝和商朝逸民的诸侯国，孔子删序《尚书》，深入到这两个诸侯国开展史料征集调查。"不足征也"，是说"再没有什么东西可征集的了"；"足，则吾能征之矣"，是说"只要还有，我就一定能征集到"。其用功之深，力度之大，由此可见。

然而，我们在肯定孔子和司马迁历史功绩的同时，也应看到其历史的局限性和不足。对于神话传说，疑古派是疑而"不信"，全盘否定；而作为信古派却又信而"去疑"，也就是将其有疑的神话内容剥离殆尽，使其干净到"无疑"之境。这种在当时看来十分合理的做法，却恰恰使自己丢失了许多重要历史信息，从而也给他们所转化的这段历史带来不少阙疑和遗憾。

由此看来,要实现由神话传说转化为历史，一方面必须对神话传说的内在本质有一个正确的认知和定位；另一方面必须对破译神话传说的路径——即调查实证的"双重证据法",有一个明确的把握；最后还要将其认知和方法结合为一体,付之于实践，二者缺一不可。

我们之所以说自孔子和司马迁之后少有进展，主要指的是少有成果，而不是说没有努力。事实是我们的考古实证工作自上世纪二三十年代至今，成果极其丰富。所发现的遍及全国的遗址遗迹，既有科学方法测定的确切年代，又有前后叠压、纵向历史时段明确的文化层，且整个考古发现几乎涵盖了人类的全部历史阶段，这是我们的前人孔子、司马迁时代所无法相比的。然而如果我们要问：考古中已发现的不同历史时期之各类文化遗存，究竟对

应的都是那些历史人物和事件？恐怕不仅很少有人回答得出来，甚至反而还要指责你问得太刁钻，太不近情理。如果认真反思，原来我们的考古实际上还是在搞自说自话的"单"证法，而不是搞"双重证据法"，其头脑里压根就没有神话传说的位置，甚至有意与神话传说撇清，更不用说将其二者结合起来考察互证了。

有人说："史前考古离开神话传说，挖出的就是一堆无主的遗物；神话传说离开史前考古，就无法摆脱荒诞不经的指责"。此言虽则尖刻，但却点出了问题的要害。

要实践"双重证据法"，实现神话传说历史化，当然也是有章可循的。那就是先找出神话传说与考古"实物"的契合点，然后以此建立起大、中、小不同时段历史纵向与横向的坐标系。"华"（花）与"龙"是中华民族传说中最大的原始图腾，然其十分可喜而可贵的是，二者在考古中亦多有实物图形与图案出土，这就为我们提供了一个最大的"图腾"契合点。例如，我们以最早为8000年前的辽西查海出土之石摆龙建立坐标系，与其同时段（距今8000至7000年）之横向的文化遗址就可基本划为伏羲的时代；而纵向与此更早的文化遗址，即可与传说中伏羲的母亲族"华胥氏"女娲相联系，因为与新石器时代同步出现的母系氏族社会，是不可能超过距今一万年的。故在其之前大约距今一万年出现在华山地区、并以"华"（花）为图腾的母系氏族"华胥氏"，就当然成为后世"华族"人的始祖。同理，在其之后距今7000至4000年之间发生的"仰韶文化"和"龙山文化"，我们就可将其相应与炎黄及尧舜时代相联系。当这一大的历史坐标系，又有了这些更多用同样原理而建立的中、小坐标系以支持，我们的中华探源工程也就离成功不会太远了。

当然这样的探索绝对不会是一帆风顺的，它有时会使你陷入"山穷水尽疑无路"的绝境，有时又会给你以"柳暗花明又一村"的惊喜。而当你循流导源，沿着一路的风景而最终看到了真正的源头时，相信你和我一样都会惊喜地跺脚直喊："天哪，我们中华民族真实的历史，原来是这个样的！"

以上引言所述，作为本书的开场锣鼓，它所要告诉诸君的是本书的初衷与宗旨，以及所遵循的基本原理和方法，实际上也是给出了一个理论和方法的自我建构。现在就让我们背上这些自制的装备，登上我们的破冰之旅，鸣笛启航。

第一章 天之始—"盘古开天"创世说

内容提要：

1.中华先民的"创世说"，是"盘古开天"的哲理故事。

2.关于"天、地、人"之起源的现代科学解说。

3.与西方上帝创造世界和人类的"创世说"相比，中国"盘古开天"之"天人合一"的哲理推论更接近真实，更符合于现代科学的宇宙起源说和生命进化论。

第一节 "盘古开天"的神话

一

小孩子出生之后开始学习说话，父母便一字一句地教给他们。但学会说话后的许多孩子，都常常会瞪着大而好奇的眼睛追问父母："我是从哪儿来的？"这句话绝对不会是别人教的，而是孩子自己想的。

由此联想到，在人类的童年，原始人同样也是这样追问自己："人是从哪来的？天地是怎么开始的？"这就给我们提出一个问题,作为万物之灵的人，为什么总会本能地向自己发问这样至大而终极的问题呢？

要解答这一秘密，还得从人与动物的区别入手。高尔基曾说：原始人类是"两手教导头脑，随后聪明了一些的头脑教导两手，以及聪明的两手再度更有力地促进头脑的发展"。这一劳动创造人类的形象描述告诉我们，人从动物进化出来的主要标志，一是直立行走的人使其前肢变为了会劳动的双手，二是劳动使人对外界的本能反应则会进化为能动的创造性的大脑思维。正是手与脑的劳动结合，使人脱离自然界的"生物链"，成其为与自然相独立的主体，从而人之为人。

手与脑的结合，通过手的劳动创造获得物质生活资料，从而使人的自然生命得以生存和繁衍。而创造性的劳动实践，又不断检验和丰富着人的认知能力和情感世界，从而使人的精神生命得以确立和彰显。也正由于人的灵与肉"双重生命"，是建立在人与自然对象性的关系之上，因而关系人类安身立命的人和天地之起源的追问，就成为人类探求的永恒主题。原来这些今天只有哲学家还在追问的终极问题，在人类的童年不仅是一种本能和好奇，而且显得十分必然而迫切。

二

然而令我们更为惊叹的，是原始人类竟能对这一追问给出自己的回答。

对于宇宙的起源、人类的起源，这些今天尚属最高科学领域的问题，而在

尚以石器为劳动工具的中华原始人类，他所给出的"创世说"究竟会是什么样子呢？

《太平御览》所引《三五历记》其所记上古的神话传说中，是这样描述的："天地浑沌如鸡子，盘古生其中。万八千岁，天地开辟，阳清为天，阴浊为地，盘古在其中，一日九变。神于天，圣于地。天日高一丈，地日厚一丈。如此万八千岁，天数极高，地数极深，盘古极长。故天去地九万里"。《释史》所引《五运历年记》又说："首生盘古，垂死化身：气成风云，声为雷霆，左眼为日，右眼为月，四肢五体为四极五岳，血液为江河，筋脉为地理，肌肉为田土，髪髭为星辰，皮毛为草木，齿骨为金玉，精髓为珠石，汗流为雨泽"。

显然，这是与西方基督教上帝创造世界和人类的"创世纪"说，所不同的另一个版本。这一盘古开天辟地的神话传说，包含了三方面的观念。一是"自然生成"说，即整个宇宙是自然生成的，它是从无到有，再从元初浑沌为一的状态中分化出阴阳，阳清上升为天，阴浊下降为地，并化生万物，始成世界。二是"天人合一"说，即"盘古生其中"、"盘古在其中"、"盘古极长"，其贯穿了天地万物生成的全过程，甚至盘古死后也化身为日月、山川、草木、金石，与天地又合为一。三是"人为万物之灵"，即在万物有灵的世界中，人虽生于自然却是"神于天，圣于地"的。

中国"天人合一"之盘古开天辟地的哲理故事，与西方的上帝创世纪相比，它几乎看不到神的影子，却使人感到更加神乎其神。于是，还是将其称作神话。

三

这样神乎其神的创世说，我们的上古初民到底是怎么想出来的呢？

远在两千三百年前，伟大的诗人屈原，就在他著名的诗篇《天问》中劈头问道："曰：遂古之初，谁传道之？上下未形，何由考之？冥昭瞢闇，谁能极之？冯翼惟象，何以识之？明明闇闇，惟时何为？阴阳三合，何本何化？圜则九重，孰营度之？惟兹何功，孰初作之？"我们将这段诗翻译出来，就是：

请问，关于宇宙远古开头的情形，究竟是谁个传授的？

那时天地未形，又是根据什么来考究的？

既然一切都浑沌一片，这浑沌的状态又是怎样弄清的？

天地之象在借着鸟翼一样旋转浮动中得以分开，

这个过程又是怎么知道的？

无底的黑暗生出光明，那时为的何故？

阴阳二气，三合（天、地、人）而生，它们的根据来自何处？

穹窿的天盖距地九万里，不知这是谁测度出来的？

这样一个工程，何等的伟大，谁个又是最初的劳作者？

诗言志。过去很少有人知道，屈原《天问》开头这些慑人心魄的瑰丽诗句，原来正是针对盘古开天的传说所发出的感叹。当你现在真正理解了这些《天问》的诗句，句句都是与"盘古开天"有着对应的实指，你才会感受到诗人充满字里行间的不仅是惊叹，更是对创造这一神话的上古初民的礼赞和感怀。其实，屈原《天问》里几乎全部写的是神话传说，而且是刻意按一定的历史顺序编排的。郭沫若称《史记》是无韵之《离骚》，岂不知《天问》更是有韵之《史记》，是从"盘古开天"说起的中华民族上古时代的"史诗"。

从这里我们可以看到，上古的神话传说其实分为两种。一种是关于历史人物、事件的记忆，它是真正意义上的"传说"。另一种是关于历史理念构建及应用的记忆，它反映的是当时人的认知形态和精神形态，其进一步的发展就是形而上的原初哲学。这一哲学的构成，是认知及精神形态的理念和信仰，而不是真实的人物和事件。因此这一类神话传说中的人物和事件，都是为了说明理念而作的喻义和虚拟。从这个意义上说，盘古只是关于人及生命衍生中的一个概念、一个符号或元素，而不会是真实的历史人物。只要你再看中国上古神话传说，是把人类最早的祖先"三皇"，只从有巢氏、燧人氏算起，而不是从盘古氏算起，这 问题便就十分清楚了。

原始人在生存斗争中，为了从自己的祖先那里汲取智慧及经验教训，因而才有世代口口相传的关于祖宗的传说。与此同理，原始人在构建自己安身立命的精神世界中，为了弄清自己在天地之间到底处于何种地位，因而才有口口相传的人与天地之起源的终极探索和思考。

关于祖宗的传说，是由远到近记述的。而关于天、地、人之起源的探索，是由近及远以思辨的方式推演的。

那么，我们将中国先民所推演的"盘古开天"的哲理神话，与西方上帝创造世界和人类的宗教，二者与现代的科学发现与解说相比较，哪个更接近真实和真理呢？

第二节　现代科学的解说

在中国，天的概念是多重的复合体。本章所谓"天之始"的"天"，是包括宇宙万物的大概念。其实它即就在现代自然科学中，也是可以分解为天、地、人等具体概念来解读的。

一

首先，探索天之源。

天的概念，是与宇宙的概念相通的。宇宙这个词在中国的典籍中早已存在，它是对天地万物的总称。《淮南子·原道训》："纮宇宙而章三光"。高诱注曰："四方上下曰宇，古往今来曰宙"，这便就引出了"时空"这一哲学概念。对"时空"概念的认知，自古至今经历了"有"与"无"、有神与无神、具体与抽象、有限与无限的圆的循环，每一循环都使我们的认识深刻了一步。

中国人对宇宙的认识，既有"天圆地方"的天象观测之认知，这从《夏历》（又称黄历、阴历、农历）这一成熟历法的制定和出土古礼玉的形制可以证明；又有"无极生太极"、"一生二，二生三，三生万物"的哲学推演，这从盘古的神话传说及由伏羲初创并流传至今的《易经》可以证明。

西方人对宇宙的认识，既有上帝创造世界的宗教观念，又有希腊哲学以及文艺复兴运动之后的科学发现。

科学史上称为哥白尼革命的"日心说"和地理大发现，使现代科学由此兴起。当"日心说"取代了"地心说"之后，由于望远镜、光谱分析等科学观测及实验手段的不断先进，现代科学又使人们的认识冲破了"日心说"。原来，以太阳为中心并由地球等九大行星及近三千多颗小行星组成的太阳

系，只是银河系中一个小小的圆点。银河系像一个扁平的铁饼，直径大到八万光年，它是由一千亿颗像太阳一样的恒星系组成的，太阳绕其中心转动一周约需二点五亿年，我们夜晚所看到的银河就是它在天球上的投影。而银河系外又有与它相似的更多河外星系，其数目大概还没有人说得清楚。只是用最先进的射电望远镜所能看到的最远的河外星系，离地球就达一百二十多亿光年，再远我们就无法知道了。光的速度是每秒30万公里，一百多亿光年到底是多远，我们实在无法想象。面对这样的天文数字，我们对宇宙的概念，就只能是无边无际，无始无终了。

那么，如此浩渺而令人简直不可思议的宇宙，又是如何产生的呢？古希腊的大哲学家亚里士多德，是一个百科全书式"最博学的人物"（马克思语）。他的唯物论世界观面对无法解释的"最初因"，只得又将宇宙起源之最初"不动的推动者"，归之为具有"统治目的"的上帝。

哲学与科学，是一对孪生兄弟。为了找到宇宙的起源，无数不同时代的哲学家和科学家，为此呕心沥血地建立了自己的"宇宙论"之"宇宙模型"。到了上世纪的六七十年代，科学家们终于从新发现的天体"黑洞现象"推导出了"大爆炸宇宙论"。按照这一理论推断和星团同位素测定，大约在137亿年前宇宙在一次大爆炸中开始形成，此后不断膨胀，浑沌的宇宙物质在从热到冷、从密到稀的演化中，不断形成星系和星球。这一理论才告诉我们，原来宇宙是从无到有而自生的，其产生的时间是有始点的，空间无论再大也是有边际的。因为今天观测到的河外天体谱线红移现象，证明了不断膨胀着的宇宙，它的边际还在扩大中。

这就是科学告诉我们的宇宙的前世与今生。

二

下面，探索地之源。

宇宙产生于137亿年前，而太阳与太阳系产生于50亿年前。太阳系绕银河系中心一周需2.5亿年，为一银岁。一银岁又分冷暖不同的四季，每季为6250万年。

我们的地球产生于46亿年前，它是在太阳系不满两银岁时开始诞生的。地球从诞生至今，其地质年代分为四个宙，宙下分代，代下分纪，纪下分

世。这样地球及它之上生命万物的具体演变过程为：

地球地质年代的前三个宙为：冥古宙、太古宙、元古宙。它们占去了地球历史的40亿年。在这漫长的时间里，地球的形态已具备了地核、地幔和以岩石组成的地壳，还有几乎包裹全球的海水与空气。只是海水并不含有盐分，空气中也没有氧而是二氧化碳。这时的地球虽是洪荒的但并不死寂，它不时发生着火山喷发活动及月球引力导致的潮涨潮落。而且到了25亿年前，原核细菌和蓝藻已开始出现，地球上的生命以此为原点，开始诞生。到距今13亿年前，已有最低等的真核生物——绿藻出现。由于这些光合生物的发展，大气圈开始有了更多的氧气。

地球的第四个宙是包括我们今天在内的"显生宙"。它是从6亿年前开始的，并分为：古生代、中生代和新生代。由于地球上的真正生物进化事件都发生在"显生宙"阶段，故作具体介绍如下。

一是，古生代（距今约6亿至2.5亿年）。

古生代共有6个纪，分为：早古生代的寒武纪、奥陶纪和志留纪；晚古生代的泥盆纪、石炭纪和二叠纪。

寒武纪是现代生物的开始阶段，是地球上现代生命开始出现、发展的时期。在寒武纪，动物群以海生无脊椎动物中的三叶虫、软体动物和棘皮动物最繁盛，故常被称为"三叶虫的时代"。到了奥陶纪、志留纪、泥盆纪、石炭纪，相继出现脊椎动物低等鱼类、古两栖类和古爬行类动物。鱼类在泥盆纪达于全盛，故泥盆纪又有"鱼类时代"之称。石炭纪和二叠纪昆虫和两栖类十分繁盛。

古植物在古生代早期的寒武纪以海生藻类为主，至志留纪末期，原始植物开始登上陆地。泥盆纪以蕨类和裸子植物为主。石炭纪和二叠纪时陆地面积不断扩大，蕨类植物特别繁盛，形成茂密的森林，是地球重要的成煤期。

志留纪晚期，地壳运动强烈，古大西洋闭合。二叠纪古板块间的相对运动加剧，世界范围内的许多地槽封闭并陆续地形成褶皱山系，古板块间逐渐拼接形成联合古大陆（泛大陆）。陆地面积的进一步扩大，海洋范围的缩小，自然地理环境的变化，促进了生物界的重要演化，预示着生物发展史上一个新时期的到来。

二是，中生代（距今约2.5亿年～6500万年）。

中生代，是表示这个时代的生物具有古生代和新生代之间的中间性质，

18

它包括：三叠纪、侏罗纪和白垩纪。

中生代时，爬行动物（恐龙类、色龙类、翼龙类等）空前繁盛，故有爬行动物时代之称，亦称恐龙时代。同时出现鸟类和哺乳类动物。海生无脊椎动物以菊石类繁盛为特征，故也称菊石时代。淡水无脊椎动物，随着陆地的不断扩大、河湖遍布的有利条件，其双壳类、腹足类、叶肢介、介形虫等大量发展，这些门类对陆相地层的划分、对比非常重要。

中生代植物，以真蕨类和裸子植物最繁盛。到中生代末，被子植物取代了裸子植物而居重要地位。中生代末发生了著名的生物绝灭事件，特别是恐龙类绝灭，菊石类全部绝灭。有人认为生物绝灭事件与地外小天体撞击地球有关，但真正原因有待进一步研究确定。

中生代联合古陆逐渐解体，形成欧亚、北美、南美、非洲、澳大利亚、南极洲和印度等独立陆块。并在其间相隔太平洋、大西洋、印度洋和北极海。至中、晚期，各板块漂移加速，并在洋、陆壳的接触带上俯冲、挤压，导致著名的燕山运动（或称太平洋运动），形成规模宏大的环太平洋岩浆岩带、地体增生带和多种内生金属、非金属矿带。中生代气候总体处于温暖状态，通常只有热带、亚热带和温带的差异。

三是，新生代（距今6500万年～至今）。

它是地质历史上最新的一个代，也是"显生宙"的最后一个代。新生代以哺乳动物和被子植物的高度繁盛为特征，由于生物界逐渐呈现了现代的面貌，故名新生代（即现代生物的时代）。新生代包括第三纪和第四纪。

第三纪分为：早第三纪的"古近世"（包括古新世、始新世、渐新世）；晚第三纪的"新近世"（包括中新世、上新世）。这一时期，占统治地位的恐龙爬行动物大部分已绝灭，繁盛的裸子植物迅速衰退，为哺乳动物大发展和被子植物的极度繁盛所取代。因此，新生代称为哺乳动物时代或被子植物时代。哺乳动物的进一步演化，适应于各种生态环境，分化为许多门类。其中进化为灵长类的古猿，后来成为了人类的祖先。而人类的诞生，是在新生代的第四纪。

第四纪（距今250万年～今）分为：更新世、全新世。它是新生代的最后一个纪，也是地质年代分期的最后一个纪。在这个时期里，地壳与动植物等已经具有现代的样子，由于曾发生多次冰川的作用，猿类被迫离开山林，从而开始向人类进化。

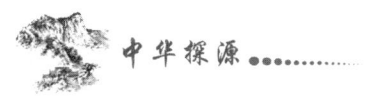

三

现在，探索人之源。

首元，我们来具体了解一下中国猿人产生的基本条件。

一是，地理条件的形成。

距今2.48亿年的中生代三叠纪时期，现今长江流域的西藏、青海、云南、贵州等地区，仍被一片海洋(古地中海)所淹没。那时湖北西部是古地中海向东突出的一片广阔海湾，一直延伸到今日长江三峡的中部，长江中下游南部也浸没在海水中。而只有在北部的华北、西北，属亚欧古陆的东部，因地势较高已露出了水面。

距今2.08亿年的三叠纪晚期，印支运动爆发。昆仑山、可可西里山、巴颜喀拉山、横断山脉、秦岭山脉褶皱隆起，云贵高原形成。横断山脉与秦岭山脉、云贵高原之间，形成断陷盆地和地槽，长江中游南部也形成陆地。

距今1.4亿年的燕山运动，发生于中生代的侏罗纪时期，属于全球性的造山运动。现今的长江主干流地区产生了隆起、断裂、褶皱。长江源头的青藏高原缓缓抬高，唐古拉山脉形成，褶皱构造形成很多高山、峡谷、洼地、裂谷，大别山、巫山山脉隆起，四川盆地凹陷，古地中海进一步向外部退缩。

距今3650万年前的新生代第三纪之始新世时期，发生了喜马拉雅山造山运动，古地中海退却消失。青藏高原、云贵高原再度继续抬升，在西部急剧形成怒江、澜沧江、金沙江南北走向的褶皱狭长裂谷带。东部缓和平坦，形成中、低山和丘陵，低凹地带下沉形成平原，如两湖平原、南襄平原、苏皖平原等。

到了距今300多万年的第三纪晚期及第四纪，属于地球构造运动的新构造运动。由于喜马拉雅山再度强烈隆起，从湖北伸向四川盆地的古长江侵蚀作用加剧，巫山被切穿，始使东、西古长江贯通。

秦岭在我国历次漫长而又奇特的地质演化史中，从未缺席过。由于华北板块、秦岭板块和杨子板块多期次碰撞，加之随后造山期强烈板内造山作用的叠加改造，形成其独特的复合造山带地质构造，最终成为统一中国大陆的主要结合带。以华山及太白山主峰为标志的秦岭山脉，横贯东西，雄踞中央，为我国地质、地理、生态、气候的南北分界线。以秦岭为结合部而形成

的南北之长江、黄河两大流域，成为日后诞生中华民族的摇篮。

二是，腊玛南猿存在的调查。

森林古猿和腊玛古猿的发现。1956至1957年，在云南开远小龙潭村上中新统煤系中，中国首次发现了森林古猿牙齿，定名为开远森林古猿。1981至1982年，江苏泗洪县也发现了森林古猿牙齿。这些化石类人猿，生存在2000万到500万年繁盛的热带森林中，是猿类和人类的共同祖先。

1957至1958年，在云南禄丰石灰坝上中新统褐煤层中，发现了大量的腊玛古猿化石，共颅骨5个，下颌骨9个，上下齿列近50件，牙齿1000多枚和少量肢骨化石。1980年，又发现了一个腊玛古猿头骨，这也是世界上的首次发现。禄丰标本有些特征不同于同时代的其他古猿，而属于像非洲古猿一样的南方古猿。人类就是直接从南方古猿（简称"南猿"）进化而来的。

三是，气候与自然环境的变迁。

地球自诞生后，气候也一直在变迁中。地质年代中地球的气候是温暖和寒冷交替着出现的。其气候酷寒而高纬度地方的广阔区域为大陆冰川所覆盖的大规模冰川活动时期，称为冰河期，简称冰期。地球史上这种冰期现在可以考察到的曾经有过三次，前两次在距今6亿—2.5亿年古生代的寒武纪晚期和石炭、二叠纪。最近一次大冰川期开始于距今二三百万年新生代的第四纪。

第四纪冰期来临的时候，地球的年平均气温曾经比现在低10℃~15℃，全球有1/3以上的大陆为冰雪覆盖，冰川厚度达1000多米，海平面下降达130米左右。第四纪冰期又分4个期，还有3个间冰期和一个冰后期。间冰期时，气候转暖，海平面上升，大地又恢复了生机。冰川可分为大陆冰川和山岳冰川两大类，主要分布于高纬度地区和高海拔山区。在我国，据李四光研究，相应的出现过鄱阳、大姑、与大理4个亚冰期。我国的现代冰川主要分布于西南的喜马拉雅山（北坡）、昆仑山、天山、祁连山、横断山脉一些高峰区，总面积约5.7万平方公里。

第四纪的冰川期时，大陆冰盖向南扩展，动植物也随之向南迁移。间冰期时气候转暖，动植物又向北回迁。冰期和间冰期植被带的移动范围最大可达纬度30°，这在地层剖面中可明显地看到喜冷和喜暖动植物群的交替现象。由于自然环境的变迁，第四纪后期大型陆生哺乳动物发生过大规模绝灭，并出现真马、真牛、真象等新的不同动物群。

第四纪是人类出现和发展的时期，因此有人称之为人类纪。研究普遍认为，中、上新世的腊玛南猿发展到第四纪的早更新世时，冰川活动迫其走出山林，从距今二三百万年起开始进化为了早期猿人。

第三节　天人合一的古老哲学

一

关于天、地、人起源的解答，以上既介绍了上古中国"盘古开天"的神话传说，也概述了近现代科学研究的最新成果。如果我们用以下的哲学语言将其作以表述，请你判断一下它到底是对哪一个解答所作出的诠释：

浩瀚的宇宙时空，是宇宙从无到有自身演化出来的；

地球的天与地，是在宇宙演化中从浑沌的无形到有形，所自然演变而成的；

包括生命在内的天地万物，是在地球的演变中，所自然生成和自然进化而来的；

作为万物之灵的人类，是由灵长类的古南猿自然进化而来的，由于人处于生物进化的顶点之上，故而"神于天，圣于地"。

如果你费了好大的劲，却和我一样不得不承认这就是对以上两种回答所作的共同诠释。那么，我们的结论就会自然得出：与上帝创造世界和人类的宗教观相比,中国先民由哲理所推导出的"盘古开天"之认知，更靠谱、更高明。

这真是一件太过神奇的事情。对宇宙自然之自生自在的科学解答，已使我们神奇不已；而对我们原始先民何以能够破解这一秘密的智慧，则使我们感到更为神奇。

神秘是因为你对其无知无解。而当对神秘有知有解后，仍不失其神秘，这才称得上为真正的神奇。神奇是接近于终极的概念，人类追求终极的秘密，但永远无法达到终极。

其实世界上神秘的东西很多，然能够真正称得上神奇的，一个是大自

然，再一个就是人自身的思维意识。现在这两个最神奇的事情，捉对儿与我们撞了个满怀，全让我们遇上了。

我在这里之所以要讲明这个道理，一个主要用意，是对以上用现代科学将宇宙大自然的秘密破解之后，仍使你无法消除其神秘感而更感到神奇的一个回应。再一个用意，就是要提前打个招呼，如果后边我们将中国先民何以能够创造"天人合一"观念的道理告诉你，也仍无法使你消除神秘感而仍神奇不已时，请你无须再感到意外。

二

第四纪冰川期的气候巨变，使已处于动物进化高位的灵长类南猿走出山林，在与自然的生存斗争中开始直立行走，并进化了双手和大脑，在距今200多万年之时开始变为了人类，我们称他为直立人，亦称猿人。在此后经过漫长的劳动进化，到了距今二十多万年时原始人的大脑容量已经平均达到1350毫升左右，与现代人的大脑容量及生理思维能力基本一样，我们便称他为智人。智人在生物学分类中，是我们全体人类的一个共有名称。从那时到现在所有的人都属于一个物种，即：动物界，灵长目，人科，人属，智人种。至今，在这个地球上居住着的近70亿人，大家全都是智人种。

这就明确地告诉我们，人的个体智力可能是有差异的，但自古至今，人作为"类"或"群"（民族、地区、国家、社会）的认知水平、文明程度和社会进步的差异，主要表现在他的历史积淀及知识与文明的传承上，而不在个体生理的大脑差异。这从"狼孩"的个案事例中，现代人生的孩子由于离开了人群而靠吃狼奶在狼群中长大，他就又回到了原始智人阶段，完全可以得到验证。

那么，中国原始先民创造"盘古开天"的"天人合一"观念，又是怎样产生的呢？我的回答是，因为它是有根的观念。

中华民族的历史，是世界上唯一没有中断的历史。但"盘古开天"的故事绝不是在百余万年前刚刚进入猿人时代创造的，因为那时还是半人半猿的大脑。同时它也不是在二十万年后的智人时代产生的，虽然那时已具备了智人的大脑，但关键是在"人之初"的时代，智人的实践和抽象思维并无法达此高度。

要知道人类的观念分为两类，一类是由感官与外部世界接触之经验所得的直接概念，一类是由对这些众多的直接概念和认知，进行联想和思辨、即形上之思所产生的抽象观念和思想。"盘古开天"之"天人合一"形上之思的观念，应该是产生于原始社会稍晚的新石器之农耕文明时期，因为那时对天、地、人已有了丰富的感性经验和认知，从而也就具备了对其形而上思辨的可能。

作为个体的人，今人和原始人在同样几十年暂短的生命中所获得的直接经验，应该没有太大的区别。而作为具有思想和知识传承性的人类，原始人和今人之所以不可同日而语，是因为后者站在前者的肩上。以此推想到了原始社会的晚期，我们的先民已经有了以千年、万年为单位的历史传承和积淀，其认知和抽象的能力就不应被轻率地小视和否定。作为大自然沧海桑田的亲历者，物种生灭衍化的见证者，原始农业和家畜家禽的伟大培育者，天文天象、寒来暑往、日月幻化的观测者和天文历法的最早创制者，原始人类对天、地、人的关系有着太多的生命体验和感悟。虽然这些体验和感悟仍无法跳出"万物有灵"的原始观念，但低下的改造自然的社会生产力，使原始人类的生存更多的是融入于自然之中，于是"天人合一"的观念就会自然被抽象了出来。

至于我们先民"万物有灵"的"天人合一"观念，何以能够与现代科学的解释相契合，这便是我此前的回答所说，因为它是一个有根的哲学观念。要知道，哲学与科学是一对相互支撑的孪生子。有根的哲学抽象与有据的科学猜想，本质上都是在对客观宇宙万物的观察思考中，其思路和方向基本一致的逻辑推理。因而它们的契合就不应理解为一种巧合，而应视作一种必然才对。

我在上面将"盘古开天"这一版本的传说故事所产生的时间，定位在原始社会稍晚时期（新石器时代早中期），它不仅仅是理论的推断，实际上是从盘古传说的不同版本由远及近、由具象到抽象的演变过程中得知的，这些你从对本书后边的系统阅读中就会理解。如果说我们通过"盘古开天"的故事，找到了古人"天人合一"哲学观念的原点，那么这粒有生命的种子不但要生根发芽，而且必然会破土而出成长为自己的大树。这棵大树，就是中华民族有本的哲学之世界观。

我们可以原谅自己对"盘古开天"神话传说的无知，但绝对不能再犯否

定自己有根的"天人合一"世界观的错误。我们敬畏自然，因为它是神秘而神奇的，是人类自然生命的根；我们敬畏历史文明，因为它是神奇而神圣的，是人类精神生命的根。

这也是我们在中华探源之旅中，首站所面对中华文明起源及价值的再发现、再认识。

对此，我们感受到的不仅是震撼，更是深知进一步探明中华历史文明之使命的重大与紧迫。

第二章 人之初—有巢氏与燧人氏时代

内容提要:

1.中国从猿到人的"人之初",为距今百余万年以上的"五个原点"性遗址。

2."五个原点"在日后的整个旧石器时代,分别在北部的桑干河、辽河流域,中部的渭、洛、汾之黄河流域,南部的长江流域,形成了"三大衍生带"。

3.其中部以"西侯度人"为原点的黄河流域衍生带最具生命力。它以华山地标为中心所形成的秦岭南北C字型衍生带,成为了整个旧石器时代中华先民的主体。

4.中华"人之初"从猿到人各个时段的完整衍生链,彻底否定了西方的人类非洲起源说。

5.距今100多万年至20多万年的直立人(猿人),即为传说中的"三皇"之"有巢氏"。距今20多万年至1万年的智人(古人),即为传说中以火之发明为标志的"三皇"之"燧人氏"。

第一节 旧石器时代的中国考古

一

　　"人之初"从狭义上讲，它是指原始社会的前期，更准确地说是指人类诞生之后最初最早的那个阶段。可见本章所说的"人之初"，与"天之始"的人类起源是两类不同性质的问题。

　　包括天、地、人之源的"天之始"，其探索形式有三：即宗教的幻想与先验；哲学的抽象与推演；科学的猜想与发现。只是这些问题都是先天的，是人未产生之前的，所以人无法去经历，更无从再验证。

　　"人之初"则不同，虽则它临界于先天，但却毕竟说已是产生了人类的后天之事。人类对于自身后天历史的探索形式亦有三：即原始初民所经历而遗留下来的传说；科学考古所发掘的遗迹实物；将前二者之间相互予以的印证。应该说这是比挑战人类极限的探索"天之始"来说，也不算容易的事情。因为，不但原始初民能否留下他们的传说，和我们能否找到原始初民的实物遗迹，两者哪件都是可遇而不可求的事情，更何况还要将它们两者之间合符印证了。

　　由于除中国外的世界各大文明古国以及西方各国的历史都是中断的，所以他们没有留下真正的原始初民的传说。希腊人的历史，他的荷马史诗所载的历史最远还不到中国的西周之初。而相对时间更早并用《旧约全书》文字记载下来的要算犹太人的民族史，但它最远也只追溯到公元前14到15世纪，相当于中国的商代之时。虽然它难能可贵的也记载了上古"洪水灭世"的传说，但与中国的大禹治水的传说史实相比，却使其"诺亚方舟"的神话失色不少，更何况它对此前的所有记忆从此一切归零了。

　　我们说中华民族的历史是唯一没有中断的历史，也就是说作为人类，他的历史本身是完整无缺的。支撑这一事实的，首先是中国在有文字记载的历史之上，还有"三皇"、"五帝"丰富而完整的神话传说之记忆。其中的"三皇"更是传达了"人之初"的原初状态。

　　关于"三皇"的传说有多种说法，概括起来主要有：有巢氏、燧人氏、女娲氏、伏羲氏、神农氏等五种以上的说法。可见"三皇"也只是个概数，

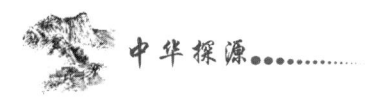

但它们每一个说法都包含着十分珍贵而又相互联系的内容。其中排在最前面的有巢氏和燧人氏离我们最远，涵盖的历史年代最长，它是中华民族记忆中"人之初"的人之初。

然而对于我们来说，这些远古的宝贵传说其真实性，并不是不证而自明的。随着时代文明进步所造成的"代沟"，这些远古传说自在自证的权威性开始受到动摇。这种动摇不是来自他人，而是来自我们内心对于远古传说解码和验证的诉求与愿望。虽然这种诉求与愿望近于奢望，近于几乎不可能完成的自我挑战。

十九世纪的达尔文和赫胥黎，发现了物种起源和人类起源的"自然进化论"。这一生物学史上的巨大革命，彻底颠覆了西方上帝创造了亚当和夏娃人类先祖的宗教观念，从而兴起了寻找"人之初"的古人类考古学。这些新的学说的建立和不断成熟，也为中国人验证自己远古"人之初"的神话传说，带来了新的契机和希望。

二

中国真正的古人类考古，是从上世纪二三十年代开始的。除河套人、北京人、山顶洞人等，是由西方考古学家主持发掘外，其余大规模的考古发现都是在1949年建国之后由中国人自己独立完成的。我们通常所说的原始社会，其实分为旧石器时代和新石器时代。而旧石器时代又可分为直立人（亦称猿人）和智人（亦称古人）两个大的阶段。

下面先就旧石器时代之直立人（距今240—20万年）的考古成果，作以梳理和介绍。直立人也分为早期和晚期两个阶段。而早期直立人的考古共发现"五大原点"性遗址：

一、早期直立人考古（距今240—110万年）

安徽繁昌人字洞遗址（距今240—200万年）：1998年5月，人字洞遗址被发现，至今已进行了六次正式发掘。共发现石制品100多件，骨制品几十件。共同出土的有丰富的脊椎动物化石76种，标本6000多件，整个哺乳动物群具有更新世早期的特征。人字洞遗址在中国旧石器考古领域是一次重大突破，为亚洲更新世早期（距今约250—200万年）就有人类活动的存在提供了确凿证据。该遗址作为目前欧亚地区最早的人类文化遗址，将亚洲人类起源

的历史推前了几十万年。

巫山人化石遗址（距今200万年）：1984年于巫山龙骨坡发现。该遗址先后经历了1985—1988年、1997—1998年、2003—2004年等多次发掘，出土石器制品数量超过百件，其中最为珍贵的是"巫山人"一段左侧下颌骨化石。与"巫山人"化石同一层位出土的还有步氏巨猿牙齿和120种脊椎动物化石。遗址堆积地层时代属早更新世，经古地磁和铀系等多种方法测定，年代为距今200万年。

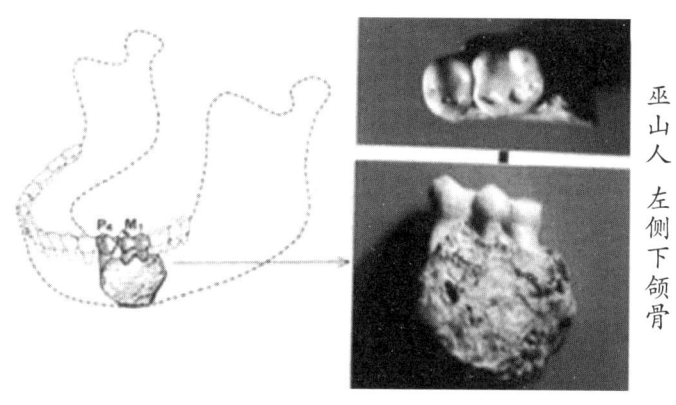

巫山人 左侧下颌骨

山西运城西侯度遗址（距今180万年）：该遗址1959年10月发现于山西省芮城县西侯度村，曾于1961年和1962年进行过两次发掘。发现有烧骨，有切割痕迹的鹿角，人工打制的刮削器、砍砸器和三棱大尖状器等石制品32件。这说明西侯度人已开始用石片加工制造工具，也大大提早了人类利用天然火的历史。发现动物化石有中国长鼻三趾马、三门马、古板齿犀、山西披毛犀、纳玛象、平额象等20余种。遗址中还出土有鱼类和巨河狸化石，证明了这里曾经有广阔的水域。哺乳类中绝大部分是草原动物，表明当时西侯度一带是疏林草原环境。根据古地磁断代测定为距今大约180万年。

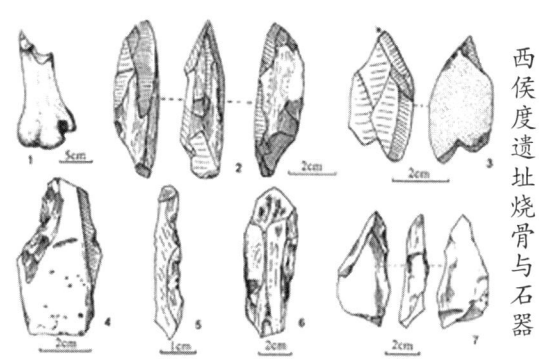

西侯度遗址烧骨与石器

云南元谋人遗址（距今170万年）：
1965年发现于云南元谋上那蚌村附近，出土了属于同一成年人个体的两枚牙齿。根据其后在同一地点的同一层位中发掘出的少量石器制品、大量的炭屑和哺乳动物化石，证明他们是能制造工具和使用火的原始人类。1976年根据古地磁学方法测定，元谋人的生活年代约为距今170万年左右。

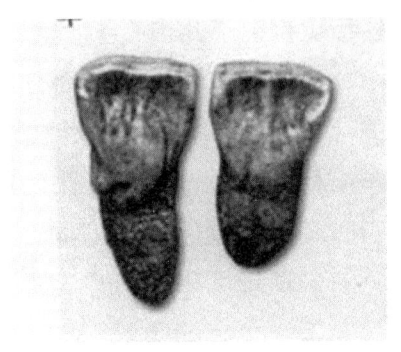

元谋人门齿化石

泥河湾遗址群（距今约160万年）：泥河湾遗址群位于河北省阳原县桑干河上游的阳原盆地，因其具有国际地质考古界公认的第四纪标准地层，以及丰富的哺乳动物化石和人类旧石器遗迹而闻名于世。从1924年西方学者在这里发现大量古生物化石并命名为"泥河湾层"后，已有20多个国家的500多名考古专家前来行考察和研究。1978年中国考古工作者在泥河湾附近的小长梁、东谷坨发现了136万年前的旧石器和哺乳类动物化石，其中包括大量的石核、石片、石器以及制作石器时废弃的石块等。1994年我国著名地质学家和古生物学家、"北京猿人"的发现者之一贾兰坡院士和他的同事们，在泥河湾盆地小长梁遗址发现了大量的世界上最早的细小石器，可分为尖状器、刮削器、雕刻器和锥形器等类型，共约2000件。这些石器经过古地磁专家的测定，证明距今约有160万年。

泥河湾

小长梁遗址

二、晚期直立人考古（距今110—20万年）

蓝田猿人遗址（距今110—70万年）：因1964年发现于陕西省蓝田县公王岭，故命名为"蓝田人"。公王岭出土的人头骨化石包括完整的额骨，大部分顶骨，右侧的颞骨和上颌骨（附有第二、三白齿），同属于一个30多岁

的女性个体。蓝田人头骨有许多明显的原始性状，眉嵴硕大粗壮，在眼眶上方几乎形成一条直的横嵴。蓝田人头骨的高度是已发现的所有直立人中最低的一个，脑容量估计为780毫升左右；而爪哇人为990毫升；北京人为850—1300毫升，说明蓝田人比爪哇人和北京人都古老。与人类化石同层，还出土了以三棱大尖状器为特色的石器，并发现了用火遗迹。公王岭化石是亚洲北部迄今发现的最古老的直立人化石。蓝田人生活的时代是更新世中期，原来认为是距今约95万年前到69万年前，但是1987年重新测定后认为是距今110万年前到70万年前。与蓝田猿人几乎同时代的考古发现，还有山西芮诚匼河人遗址。

蓝田人头骨化石及复原像

湖北郧县人遗址（距今100—80万年）：早在1975年，就在湖北郧县发现4枚古人类牙齿化石，形态与北京人的牙齿相似，只是尺寸要大些。1989年和1990年湖北省文物考古研究所经过两次发掘，又先后发现了两具人头骨化石，都保存了完整的脑颅和基本完整的面颅。根据头骨特征，年代甚至与蓝田人相当，属于直立人类型，定名为"郧县直立人"，简称郧县人。在其文化层共出土石核、石片、砍砸器、刮削器、石锤等石器241件，以及大量打击碎片和带有打击痕的砾石，并出土似手斧的两面器。与人类化石伴生有丰富的哺乳动物化石。根据古地磁法测定，化石大致距今100万年至80万年。与此属同一时期的考古发现，还有陕西南郑梁山人遗址。

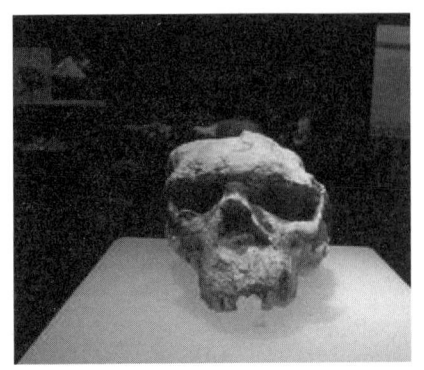

郧县人头骨化石（1989年发掘）　　　　　（1990年发掘）

　　蓝田陈家窝人遗址（距今65—50万年）：1963年在陕西省蓝田县陈家窝村附近发现，化石为一30多岁女性的。眉嵴硕大粗壮，左右几乎连成一条横脊；头骨高度很低；骨壁厚度超过北京人，脑量只有780毫升，亦小于北京人。据测定距今约65—50万年，地质时代属中更新世，晚于蓝田公王岭化石。在人头骨化石的层位中发现有大尖状器、砍砸器、刮削器和石球等石器。加工方法为简单的锤击法，石片一般未经第二步加工即付诸使用。

陈家窝人头骨

　　北京周口店猿人遗址（距今70——20万年）：遗址位于北京市西南房山区周口龙骨山，是1921年8月由瑞典的地质学家安特生和奥地利的古生物学家师丹斯基发现的。1927年起进行发掘，1929年12月2日中国考古学者裴文中、贾兰坡发掘出第一个完整的头盖骨。这一消息的公布，震动了世界学术界。在此之前，虽然德国的尼安德特人、爪哇的"直立人"和德国的海德堡人的遗骨已经问世，但北京人遗址在全世界发现的同一阶段人类遗址的材料中，是最丰富也是最系统的。自从北京人头盖骨发现以后，特别是随后又发现了石器和用火遗迹，直立人的存在才得到肯定，从而基本上明确了人类进化的序列，为"从猿到人"的伟大学说提供了有力的证据。

　　北京猿人的颧骨较高，脑量平均仅1032毫升，是现代人的75%，比类人猿大1倍以上，其外貌仍保留了不少原始性状。1937年七七事变爆发，周口店发掘中止，此头盖骨亦在1941年抗日战争时下落不明。现存唯一真标本是

1966年从顶部堆积层发现的又一个北京人残破的头盖骨。多次发掘石制品共十多万件、还有骨角制品和用火遗迹，烧焦的朴树籽在洞内成层的发现。科学家根据出土的动物和植物化石，得知随着全球性的气候波动，这里在几十万年间曾发生过冷暖、干湿的频繁交替。北京猿人在大约距今70～20万年的时期内，过着以采集为主，狩猎为辅的生活。北京人是属于从古猿进化到智人前的中间环节之原始人类，这一发现在生物学、历史学和人类发展史研究上有着极其重要的价值。

 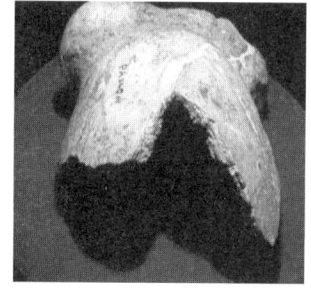 

北京猿人使用过的石器　　北京人头盖骨化石（残）　　北京猿人复原雕像

安徽和县猿人遗址（距今40—30万年）：遗址位于安徽省和县江家山北坡龙潭洞，是中国江淮地区的旧石器时代早期人类化石洞穴遗址。1974年发现，1980年和1981年两次发掘。出土的人类化石包括头盖骨1具，左侧下颌骨1块（附连第二、三臼齿），额骨眶上部1块，顶骨1块，单独牙齿9枚——包括上门齿、上前臼齿和上、下臼齿。头盖骨（保存了近乎完整的脑颅部分）属青年男性，保留了一系列原始的性状：脑量小（约1025毫升），颅穹窿低矮，下颌骨粗壮，牙齿硕大，齿冠舌面为典型的铲形。和县人头骨在总的形态特征上和北京人较为相似，但又有一些较为进步的特征，目前认为它与晚期的北京人年代相当，均属晚期直立人。与和县猿人化石共出的动物化石有60多种，还发现有骨、角器和灰烬遗迹。

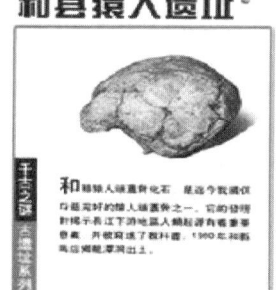

和县猿人头骨及复原像

辽宁金牛山人遗址（距今28万年）：1984年在辽宁营口县金牛山，发现一具较完整的头骨化石和脊椎骨、肋骨、髋骨，以及尺、腕、掌、指、蹠、趾等肢骨，为一成年不久的男性个体。这是一具罕见的较完整的猿人化石。据研究，金牛山人的头骨既有原始的特征，也有一些接近智人的进步特征，而且脑量大于同时期的直立人。说明已是直立人的一种进步类型。

三

以上介绍的是早期旧石器时代考古的情况。在地质学上它所对应的是第四纪的更新世早期和中期；在人类学上它所对应的是直立人（即猿人）。下面介绍的是晚期旧石器时代的考古，它所对应的是更新世的晚期，在人类学上它所对应的是已经脱离猿性质的智人（即古人）阶段了，它距今为20—1万年。

一、早期智人的考古（距今20—5万年）

陕西大荔人遗址（距今20万年）：大荔人遗址为旧石器时代从猿人过渡到智人的一个代表，位于陕西渭南市的大荔县段家乡解放村附近的甜水沟。1978年开始发掘，在村子附近的第三阶地的砂砾层中发现一具古人类头骨化石，其完整性不但是中国罕见的，也是当前世界少有的。头骨化石年代经鉴定距今约20万年左右，属不足30岁的男性头骨，颅穹低矮，前额扁平，颅骨壁较厚，眉脊粗壮。其形状和北京人接近，但顶骨相对较大，吻部不那么前突，脑量约为1120毫升。这些又都是较北京人要进步得多，体质特征是早期智人中的古老类型。

与之伴生的动物有古菱齿象、肿骨大角鹿、鸵鸟等10余种。发现的植物孢粉有蒿、菊、藜等草本植物，松柏、云杉等针叶树种，而没有发现阔叶树种，表明在大荔人生活时期，当地属森林—草原型环境。与大荔人同出土的石器和石制品约500多件，器形普遍较小，长度一般不超过4厘米。类型以刮削器为

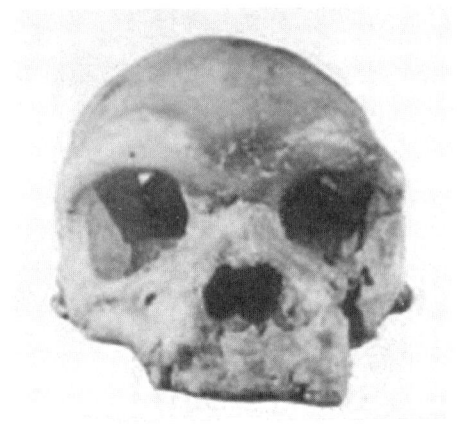

大荔人头骨

主，其次是尖状器和少量的雕刻器、石锥、砍砸器、石球等。

通过"大荔人"的发现，了解了许多过去在古人类学上难以得到的形态细节，从而填补了中国古人类研究上的一大空白，对研究中国古人类的演化很有价值，为中国古人类学增添了新的资料。

湖北长阳人遗址（距今19.5万年）：长阳地处鄂西南山区。1956年长阳土家族自治县大堰乡钟家湾村当地群众在洞内挖"龙骨"出售，其中挖出一块人的上颌骨化石，并附有两枚牙齿。鉴于这批材料的重要性，中国科学院古脊椎动物研究所于1957年3月特派贾兰坡、翟人杰、黄万波等5人前往长阳调查并进行了科学的发掘，又发现了一颗人类的左下第二前臼齿。经鉴定均为距今19.5万年的古人类化

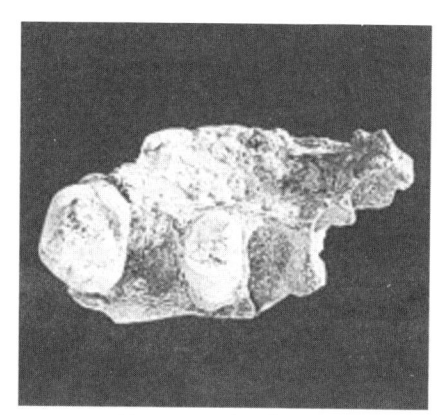

长阳人上颌骨化石

石，属早期智人，也是长江以南古人类遗迹的首次发现。

当年"长阳人"的发现，填补了人类考古学"中更新世后期"和"亚洲长江流域"之时空两个空白，也进一步否定了当时盛行的"中华文明西来说"。

广东马坝人遗址（距今12.9万年）：遗址坐落在广东省韶关市曲江区马坝镇狮子岩。1958年在狮头山北洞中的一条裂隙发现闻名中外的"马坝人"头盖骨，粘接后计有额骨、部分顶骨和右眼眶及鼻骨的部分。经有关专家鉴定为12.9万年前，属早期智人。

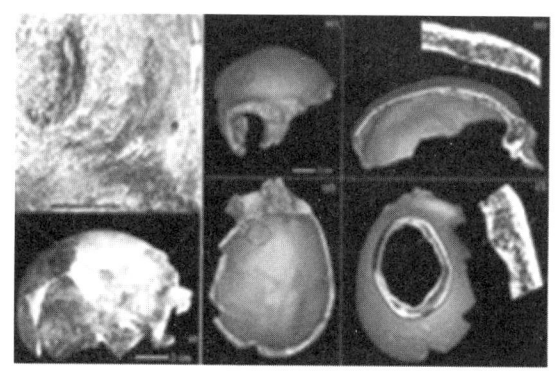

马坝人头盖骨

马坝人是迄今为止广东省唯一的一处古人类化石遗址，它的发现，对研究古人类在这一地区的活动和当时的地理气候及生态环境都有很大帮助，为完善我国原始人类发展的序列提供了相当重要的资料。1977年在狮子岩又出土了大量的新石器时代晚器的文物，被命名为"石峡文化"。

山西丁村人遗址（距今10—2.6万年）：丁村人化石都发现于山西省襄汾县丁村南的同蒲铁路、汾河东岸的砂砾层中，是解放后国家发现的第一处丰富的旧石器时代文化遗址。1954年大规模发掘时发现了3枚同一少年的牙齿，1976年又发现一个小孩顶骨（残片），测试结论为距今10万年左右人类化石。臼齿的间沟为十字型，而这种十字型结构的牙齿中国人最多，占此类牙齿比例的81%。另两枚则被定为铲型门齿，铲形门齿是黄种人和中国其他人类化石都具有的特征，而与外国白种人的门齿特征差别却极大。

丁村遗址内不同的地点、地层，都出现了大量的石制品，而且主要类型典型代表器物之间，时间跨度达20多万年，但都存在密切的传承关系。早段，属于旧石器时代初期的晚段，有大三棱尖状器、斧状器、宽型斧状石球、刮削器、双阳面石器等，距今近30万年。中段，属旧石器时代中期，它的石器与早段一脉相承，距今十万年左右。晚段，属于旧石器时代晚期，出现了两种石器类型，一种是传承了丁村文化传统的粗大石器，另一种是以燧石为原料制作的典型的细石器，器形包括锥钻、刮刀、雕刻器、修背小刀等，说明传统的丁村文化在接受新的文化类型的同时，走向了更高的境界，经过测定距今两万六千多年。

所有这些考古实物证明：丁村人介于北京猿人和山顶洞人之间，正好弥补了此前考古中出现的距今20万年到1.3万年间中国古人类的断代窗。从而向世界宣告：中华大地，历史悠久，我们的祖先一脉相承，代代传续，直至今日。

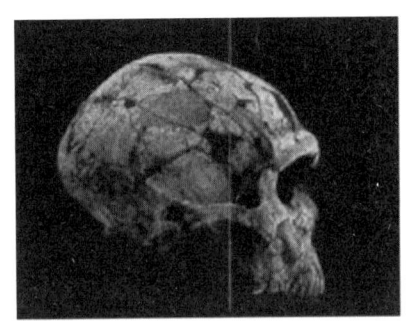

丁村人头顶骨

石器（早、中段）

河南灵井许昌人遗址（距今10—1万年）：2007年12月17日，灵井遗址

发现了距今10—8万年的人类头盖骨化石，在国内外引起广泛关注。2008年3—5月，令人振奋地又发掘出土包括额骨、颞骨外耳孔部、枕骨、顶骨等化石12块，基本寻找到了头骨化石的缺失部分。

另外，考古队又在其上边的文化层发现了时代距今3—1万年的300多件典型的细石器。细石器文化属猎人文化，灵井细石器是我国的北方细石器文化区域的最南代表。这批细石器的发现及出土层位的确定，对于研究我国华北地区旧石器文化向新石器文化过渡和末次冰期对人类生存环境的影响等，均具有十分重要的意义。

许昌人遗址化石与石器

灵井遗址也是国内首次发掘的由泉水形成的遗址，是人类薪火不泯的一块宝地。

广西柳江人遗址（距今6—5万年）：1958年9月24日，广西壮族自治区柳江县新兴犯人农场在通天岩洞挖岩泥作田肥时，发现人类颅骨一具（缺下颌骨）。经中国科学院古脊椎动物与古人类研究室吴汝康教授鉴定，认为门齿舌面呈铲形，是蒙古人种一个南方属种的典型代表，距今已有5到6万年历史。翌年，中国科学院古脊椎动物与古人类研究所的李有恒等人在继续发掘中又发现了人的四个胸椎、五个腰椎、骶骨、右髋骨和左右股骨各一段。大量的哺乳动物化石也在这里出土。

二、晚期智人的考古（距今5—1万年）

陕西黄龙人遗址（距今5—3万年）：遗址位于延安城东南黄龙县曹店乡杨家坟山南坡。"黄龙人"头盖骨化石1975年出土于此。该化石保留了额骨和顶骨部分，骨壁较厚，额部后倾，眶缘圆钝，为成年男性头骨，属晚期智人，距今约3—5万年。

"河套人"遗址（距今3.5万年）：1922年法国天主教神父、地质及古生物学家桑志华，在今内蒙古自治区鄂尔多斯乌审旗萨拉乌苏河（又名无定河或者红柳河）河岸砂层中，发现人骨化石左上侧门齿一枚。齿的大小与现代人相似，齿冠结构具有原始特征，鉴定为距今3.5万多年。1956年在该区域又发现顶骨化石一块和股骨一段。1980年7月，中国科学院古脊椎动物与古

人类研究所又在该遗址发现了头骨残片、下颌骨、肩胛骨、肱骨、股骨、腓骨等9件人类化石，此次所获化石之多，是半个世纪以来本地区历次发掘出土数量最大的。

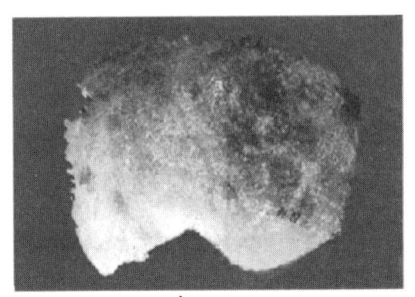

河套人化石

四川资阳人遗址（距今3.5万年）：在1951年修建成渝铁路的时候，在资阳九曲河一号桥墩右侧的泥坑里，考古工作人员捧出

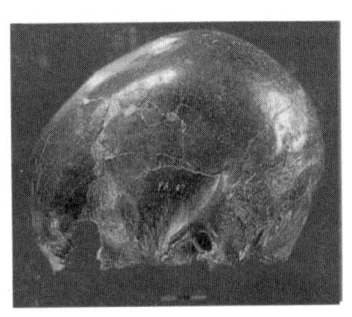

资阳人头骨化石

了这件较为完整的远古人类头骨化石。面骨保存有上颌骨的一部分，且仅存一颗牙齿。研究认定该化石是旧石器时代晚期智人阶段，为3万5千多年前的女性头骨化石。

山西峙峪人遗址（距今3万年）：1963年，考古工作者在大同盆地西南角朔州的峙峪村发现:人类枕骨一块，各类动物牙齿5000余枚。出土石器主要是小型尖状器、雕刻器、刮削器等计两万余件。还有1件可以反映磨制钻孔技术的扁圆形石墨装饰品。所发现的石镞，是人类前所未有的武器，证明当时人类已发明了弓箭。下面的灰烬层中出土了一件有较为复杂图像的骨片，骨片刻划痕迹十分清楚，易于辨认，显然是峙峪人有意识的骨雕。经C14测定，均距今为3万年。

峙峪遗址出土石器

山顶洞人遗址（距今1.8万年）：因发现于北京市周口店龙骨山北京人遗址顶部的山顶洞而得名。1930年发现，1933～1934年中国地质调查所新生代研究室由裴文中主持进行发掘。据放射性碳素断代，年代为距今1.8万年。

出土的人类化石共8个男女老少不同的个体。山顶洞人的体质已很进步，头骨的最宽处在顶结节附近，牙齿较小，下颏突出，脑量已达1300～1500毫升。这些特征和现代人相一致，并具有显著的蒙古人种的典型形态特征。男性身高约为1.74米，女性为1.59米。在下室洞穴的深约8米处，发现有3具完整的人头骨和一些躯干骨，人骨周围散布有赤铁矿的粉末及一些随葬品，说明下室是葬地。这是中国迄今所知最早的埋葬，说明已经有了原始的

宗教意识。

山顶洞人的石器数量总共25件。骨角器中最有代表性的是骨针，针身微弯光滑保存完好，仅针孔残缺，针孔是用小而细锐的尖状器挖成的，它是中国最早发现的旧石器时代的缝纫工具。骨针的出现意味着当时已会缝纫，缝缀起来的兽皮既可搭盖住所，抵御风寒，也可掩护身体。山顶洞人以渔猎和采集为生，在遗址中发现了大量的野兔和数百个北京斑鹿个体的骨骼，还有鲩鱼、鲤科的化石，说明山顶洞人已能捕捞水生动物，把生产活动范围扩大至水域。

山顶洞人的装饰品非常丰富，穿孔兽牙最多，有125枚，因长期佩带，孔眼已磨光变形。石坠系用天然的椭圆形黄绿色岩浆岩小砾制成，两面扁平，其中一面经人工磨过，在中央对钻成孔。装饰品的出现，表明山顶洞人已经有了审美观念。山顶洞人还懂得用赤铁矿粉末染色的方法，这使得装饰品更加鲜艳美观。所掌握的磨制、钻孔和染色技术，都是以前时期没有的，尽管这种技术仅用于制造装饰品，但却为以后新石器时代磨制工具的出现打下了基础。

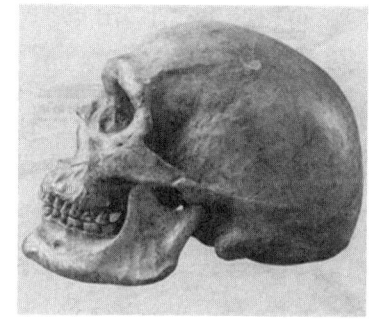

山顶洞人遗址和头骨

河南安阳小南海遗址（距今2—1.3万年）： 1960年3月，安阳修建小南海水库，开山取石时发现此天然石洞，背依大山，前为坪阔地，东南距洹河近一里。1960年4—5月，由中国科学院考古研究所旧石器考古专家安志敏主持了第一次试掘，1978年又进行了第二次试掘。据洞口两次试掘得知，文化层厚6米左右，可分5层。出土有石器7078件，多种动物化石及用火灰烬。石器一般器形较小，种类计有石核、石片、敲砸器、尖状器和多种刮削器，也有少数装饰品。据放射性碳十四科学测定，洞穴的文化遗存，上层堆积距今约1.3万年，下层距今约2万年。

小南海原始洞穴遗址是河南境内发现的第一处旧石器时代遗址，也是建国后在华北地区首次发现的旧石器时代晚期的洞穴遗址，它填补了考古研究上旧石器时代过渡到新石器时代的缺环,被郭沫若定名为"小南海文化"。

下川文化遗址（距今2.4—1万年）：在距今2.5到1万年前，全球气候进入末次冰期的最高峰，冰川扩张，海平面下降到比现在低100多米的位置，中国北方经历了第四纪以来最寒冷的时期。面对恶劣的气候和变化了的环境，人类要继续生存繁衍下去，就不得不发挥聪明才智，由此而相应产生了新的典型细石器文化。

中国这一时期的细石器主要分布在华北地区，重要遗址有70年代初以来先后发现的山西沁水下川、蒲县薛关、吉县柿子滩、丁村遗址77：01地点，并北延到榆次大发、阳高神泉堡、河北阳原县的虎头梁等。下川位于山西南部沁水县中条山主峰历山的东麓，是一个南北长4.5公里，东西宽2公里的山间盆地，因散布于盆地边缘这一时期的遗存最为丰富，故而将上述同类遗址统命名为"下川文化"，其绝对年代距今2.4—1万年。

粗大石器在下川文化中虽然比例较小，但有两类工具引人注目。一类是锛状器，可以装柄，其功能与现今木工的锛相同。另一类是研磨盘，粗砂岩制成，表面因长期研磨而下凹，这件石器使我们想起新石器时代的石磨盘，其功能应该是用来加工植物种籽或谷物的工具。遗址中还出土了大量石镞，标志着已发明了弓箭应用于狩猎活动。弓箭对于蒙昧时代，正如铁剑对于野蛮时代和火器对于文明时代一样，乃是决定性的武器。

构成下川文化主体的，是用娴熟的间接打制法和压制法因材施用、制作精细、形制规范、用途专门化、精美细小的复合工具。这些工具可以从事狩猎、采集、收割、加工木器、加工皮革、穿孔、切割、雕刻、制衣等多种形式的生产活动。它使旧石器时代打制石器的技术达到了顶峰水准，同时也孕育着农业文明，亦即随之而来的"新石器革命"。

以上通过打破各遗址发现时间顺序而向你所梳理出的，就是近一个世纪以来科学考古所告诉我们的中华先民从猿到人演进有序的"人之初"的实物场景。这一"人之初"如果从距今240万年算起，它所占去的时间就应该是239万年。因为中华先民从猿到直立人（猿人）、再到智人（古人）一路走来，当他从旧石器时代的原始群进入新石器时代原始氏族社会的现代人，已是距今只有1万年左右的事情了。

第二节 有巢氏、燧人氏与旧石器时代

一

什么是历史？历史就是人类告别猿类之后，他的大脑思维进化到一定的程度，便会追问自己是从哪里来的、自己的祖先是从哪里来的、归根结蒂人类是从哪里来的？正是在这一"原动力"的推动下，人类开始将自己对这些追问的思考、对祖宗的记忆，以及自身的生存经历，极其负责地传给他的后人；而他的后人也和他一样又加上自己的经历和思考，再将其传给后代的后代。这种集体的记忆和传承，就叫历史。人类就是靠着这种集体的记忆和传承，不断丰富着知识与思想，提升着认知与智慧，支撑着精神与追求。

这种集体记忆和传承的历史，随着文字的产生而分为两个阶段。排在前面的是心口相传的历史阶段，亦即神话传说的史前史阶段。在这一阶段人人都是集体记忆的传承者和创造者，同时必然又是集体记忆的信仰者和接受者。这种信仰不仅来自于寻根崇祖的内在精神需要，而且来自于对这种传承其真实性和神圣性的理解与自觉。

排在其后的是有文字记载以来的历史阶段，亦即正史所载的历史阶段。在有了文字记载的历史阶段，人人不必都是历史的记载者和传授者，因为这一阶段已经产生了脑力劳动和体力劳动的分工与社会分化。那些负责记载历史、传授历史、掌握文字话语权的文化阶层，因其日渐远离古人的生活而对古人丧失"同情性了解"，将自己完全挡在了古人的思想世界外面，与神话传说的历史之间开始形成且固化为巨大的文化"代沟"，从而引发文化隔膜和信仰危机。由于他们无法完全理解和接受神话传说的内容和表达方式，从而产生了神话传说的历史与有文字记载的正史之间，能否衔接和并轨的现实问题。这个问题从孔子到司马迁以至现今，已经困扰了我们两千余年。

这是一个至大的问题，它虽与中断了自身历史之民族的问题性质不同，但却后果一样严重。然而科学考古所取得的令人欣喜的成果，不仅使这一问题的解决变为了可能，而且使我们对于神话传说历史的认识又大大深化了一步。

二

　　关于有巢氏和燧人氏的传说，见之于文字的是《韩非子·五蠹篇》："上古之世，人民少而禽兽众，人民不胜禽兽虫蛇。有圣人作，构木为巢，以避群害。而民悦之，使王天下，号曰有巢氏。民食菓蓏蚌蛤，腥臊恶臭而伤害腹胃，民多疾病。有圣人作，钻燧取火，以化腥臊。民悦之，使王天下，号之曰燧人氏"。是说在人类产生之初的远古时代，极少的人类在与禽兽为伍中，常常受到禽兽的伤害。于是学会了"构木为巢"，像猿类一样生活在树上，故称有巢氏。在以后的漫长时间里，人类又发明了"钻燧取火"，大大提高了生存能力和生活质量，故称燧人氏。这里人们不禁要问，如此久远的传说其可信度究竟有多大呢？

　　今天，当同为"人之初"的旧石器时代考古成果，一一展现在我们面前时，人们发现科学考古的所谓直立人和智人，其各自相对应的正是传说中的有巢氏和燧人氏。科学考古，既对远古传说真实性提供了物证，又是对有巢氏到燧人氏进化演变及生存状态的复原。具体讲：

　　1. **体貌特征的复原与演进**。人类从猿到人最初的变化是学会直立行走，从而使手得到解放。正是这一原因，直立人与智人虽然在行走的姿态和稳定性上有一定的变化，但大腿骨结构一般差别不大，并据肢骨化石的尺寸可以推断都属中等身材的人类。直立人与智人在解剖上的差异，主要表现在牙齿与头骨上。直立人的牙齿比智人的大些，但是比南猿的小些，腭骨由前突到后缩与牙齿的这一变化有关。所有这些都是由于食物的来源、结构及生熟食的变化造成的。根据采自爪哇、中国以及非洲的直立人的14个颅骨，测出的平均脑容量是941立方公分，其中最小脑容量为750立方公分，最大脑容量为1225立方公分，虽明显保留了一些原始的性质，但大脑左右两半球出现的不对称性，显示出直立人已经有了掌握有声语言的能力。智人的平均脑容量为1350立方公分，而变异范围可能在1200—2000立方公分之间，其脑量变异范围的最低值与直立人脑量变异范围的最高值的重叠，说明了大脑进化的连续性。智人脑量最高值已与现代人相同，从生物学分类看，现代的所有人类全都属"智人种"，说明了是大脑的进化才使人成为了万物之灵。

　　2. **生产工具类型的复原与演进**。人类与猿区别的标志，主要体现在人能

制造劳动工具上。有巢氏的直立人与燧人氏的智人，虽都为旧石器时代，但在石器的制造上有着一个明显的进步历程。不仅石器类型由粗石器向细石器、小石器以及复合式转化，制作技术由简单加工到复杂加工转化，而且到了智人的后期还出现了经截磨加工的骨矛骨刀和钻孔加工的骨针。特别是石簇、骨簇的出现，说明智人已经发明了弓箭这一长武器，使人的自卫能力、生存能力和利用自然、改造自然的能力，都大大提升了一步。

3. 生产方式和生存状态的复原与演进。从发掘的各类石器以及文化层的遗留物中，我们看到了旧石器时代早期与晚期的生产方式，有一个从采摘经济向狩猎经济转化的过程。而且伴随着生产方式的进步，生活方式和生存状态也在演进中不断提升。如果说最初的人类是穴居野处，食物以植物的果实和根茎叶以及虫子为主，那么有了弓箭发明后的丰富狩猎所获，智人就逐渐由草食动物变为杂食或肉食动物。不仅如此，随着火的发明人类也由茹毛饮血变为了烧烤熟食。过去有人将人类定义为"无毛两脚动物"，然而智人晚期时带眼骨针的发现，说明人类学会以兽皮缀衣遮体御寒，从而促使毛发退化只是近几万年前的事，它告诉我们在这以前百余万年的时间里，人类可能还是带毛的两脚动物。

4. 认知能力与精神生活的复原与演进。晚期智人生产工具的重大改进，说明了人类在认知能力、知识技能的积累传承上，有了巨大的进步。而山顶洞人具有某种仪式的墓葬的首次发现，则意味着这时的人类对死亡已产生某种认识和情感反应，这是其他动物不可能具有的精神现象。特别是一些牙骨、染色的石珠等项链类装饰品，以及吉县柿子滩岩画艺术的首次发现，都把我们带进了晚期智人丰富的精神世界。

以上，我们通过科学考古，在对有巢氏和燧人氏传说的证真和复原过程中，实际上也完成了对他们的解码和破译。原来不论是有巢氏还是燧人氏，他们都并不是指一个具体的人，而是代表了一个各自具体的大时代。他们共同组成的虽然是整个旧石器时代的"人之初"，但却占去了从距今一万年前以直上推到猿人的漫长时光。在这样长达百余万年的时光里，我们的先民就是这样一代代的口口相传着自己祖先的故事，最后留给后人的集体记忆，就是这样两个浓缩版的先祖的名字：有巢氏和燧人氏。

三

然而我们所应用的"双重证据法"，却并不满足于科学考古单方面对于神话传说的证真和复原，实际上它还需要神话传说反过来对科学考古的赋魂和复活。要知道，浓缩版的神话传说一旦得到了考古实证的复原和破译，它的巨大内涵就会因激活而喷溢出来，从而会给科学考古以意想不到的补充和阐释。

首先讲，有巢氏传说对考古实证的补充和阐释。

其实科学考古并不是万能的，甚至许多地方是无奈的。一方面，远古的人类遗迹能否找到本来就是一个可遇而不可求的事情，事实上以千百年、甚至万年为单位计的人类遗迹，就像转瞬即逝的雪泥鸿爪一样，要能存留下来本身需要许多苛刻的特殊条件，因而少之又少。另一方面，就是我们幸运地发现了一些遗迹，它所能够保留下来的实际只是当时人类活动及实物的极少一部分而绝非全部。比如说，旧石器时代的考古发现多在深山洞穴，按理说被冰川赶出深山老林的猿人，应该多住在远离山洞的川原区才对，这就有一个他们走出山林之后到底住在什么地方的问题。正是有巢氏的上古传说告诉我们，他们是"构木为巢"住在树上的。这样的巢居，从考古中我们是无论如何也不可能知道的。从住在树上并具有以木搭建自己巢居的有巢氏传说，我们完全可以想见他们与猿类相像的体貌特征和生活习性，想见他们与野兽为伍却又不敌野兽的险恶生存环境，想见他们只能以植物类的花果叶茎以及昆虫为食的原始生活方式，如此等等。而且从贯穿新旧石器时代的手斧文化，我们也完全可以推断出"构木为巢"如何随着工具和技术的进步而进步，以及它与新石器时代河姆渡遗址发现的干栏式木架结构，今天西南少数民族吊脚楼民居，以及中国独特的榫卯梁拱木构传统建筑的历史渊源。穴洞是天然的，巢居是人工的，是有巢氏为自己设计打造的安身立命、繁衍生息的"家"。中国人最重要的观念是家国情怀，我们正是从远古有巢氏的传说中，找到了我们祖先早在猿人之时以巢为"家"之观念的起点。

其次讲，燧人氏传说对考古实证的补充和阐释。

从整个旧石器时代的考古看，就是最古老的距今240万年的繁昌人字洞也发现了人类用火的遗迹，这真令人惊叹不已。而科学考古仅从用火的遗迹

上，再先进的手段也无法判断那些是来自于天然之火、那些是来自于人工取火。人类对天然之火的利用是"发现"，而人工取火则是重大的"发明"。应该说天然之火只能来自火山喷发、或雷电引起的森林自然火灾，这本身就不是每个地方、每个年月都能遇到的。况且火的保存又是一个难题，住在树上的有巢氏没有保存火种的条件，住在洞穴的虽有保存条件，但粗钝低效的原始石斧却无法砍来供日夜燃烧的大量树木。况且猿人和智人又都并非定居，带着火种的长途迁徙实际是很难做到的事。由此看来，在未发明人工取火之前的漫长岁月里，火对人类来说仍是难得一用的珍稀之物，因而实际上大都还是过着茹毛饮血的生活。

鉴于火对人的重要性和难得性，故希腊有普罗米修斯之神盗天火给人间的神话传说，但将盗天火要解释为人工取火还是有些勉强的。中国燧人氏人工取火的传说，却说得十分有趣和具体。《路史·拾遗记》载："遂明国不识四时昼夜,有树名遂木，屈盘万顷。有鸟类鸮，啄树则灿然火出。圣人感焉，因取其枝以钻火，号燧人"。远古燧人氏发明的钻木取火与以后发明的燧石取火，薪火相传，甚至到了火柴发明之后的上世纪六七十年代，广大农村老人的旱烟袋上仍吊着取火用的火镰与火石（燧石）。

火的发明，是人类历史发展中的一件大事。它不仅给人类带来了光明和温暖，而且还可以利用火作为与野兽斗争的武器，从而带来生命的安全。更重要的是有了火的发明，人类可以经常熟食，这对人体更好地吸收食物的养分，促进人类体质体能、特别是对脑的发育，意义非凡。旧石器时代末的最后两万多年，是第四纪冰川末次冰期最寒冷的时期，中华先民能够安全度过这一严酷的历史时期且获得更快发展，不能不说与火的发明有着直接的关系。因此，将考古学中的智人阶段，对应称为传说中的燧人氏，就是再合理不过的了。由此可见，我们的先人在如此艰苦的生存条件下而刻意留给后人、告诉后人的，都是经过时间的过滤和汰选后之最重要、最需要记住的东西，从而也使其成为最珍贵的活的历史。

考古对于传说的验证是证真，它复原的是人类历史活动的真实场景。传说对于考古的阐释是证史和赋魂，它复活的是考古遗迹真正主人的真实历史。考古对传说"证真"的解码和破译是物解，而传说对考古遗迹"证史"的解码和破译是自解。"双重证据法"所带给的物解和自解，必然会消弭我们长期以来对远古神话传说在理解和接受上的文化代沟，从而找到中华民族

真正的历史源头，并实现与文字正史的最终对接。

以上我们对中华民族的"人之初"，就是以这样的方式找到的。

第三节 人之初的人类起源说

一

1. 关于人类起源说的两个概念。

人类起源说有两个概念，实际上是关于回答人类起源的两个层次的问题。所谓人类起源说，就是人从哪里来的问题。回答这个问题，要分两步走，即要分为两个层次：第一个层次是，人是什么生的。它是关于人之"母"的问题。第二个层次是，人是在哪里生的。实际上是在回答了第一个"是什么"生的问题之后，还要回答"是在哪里"生的问题。所以，它是关于人之"籍"的问题。

关于人之"母"的问题，我们在"天之始"的一章中已作了全面的回答。结论是人是大自然生的，是大自然将人从猿（南猿）进化而来的。它回答的是大自然母亲如何孕育人类的过程，亦即人类在"娘胎"里如何受孕以至到出生之前的整个过程。这个结论从中国的"天人合一"哲学，再到现代宇宙生成论、生命进化论和古人类考古学，已经有了统一的认识和定论，这也是唯物主义一派给出的正确结论。至于另一派唯心主义的代表，即基督教宣扬的"上帝造人"说，在今天的西方一些国家中，特别是在自然科学十分发达的美、英等国，仍然将其作为国民的信仰。但这已经脱离了人类起源科学之争的本义，而是陷入了有关"信仰"的意识形态之泥沼。

关于人之"籍"的问题，是在我们在解决了人之"母"的问题之后，还要进一步回答人是南猿在什么地方进化而起源的，亦即人类后天的出生地问题。这才是本节所要论述的"人之初"的起源说之重点内容。

2. 关于"人之初"的人类起源说之争。

要回答人类是南猿在什么地方一步步地进化而终于变为直立人以至进化为智人的问题，必须同时满足两个条件：一个必须是在有南猿生存的地方，

另一个必须是在有第四纪冰川发生的地方。凡两个条件重合的地方，应该都可能是人类起源的地方。但我们所要说的"人之初"人类起源之争，不是发生在这个认识上，而是发生在百余年来实际考古发现的具体历史过程中。

19世纪中叶，欧洲兴起了寻找人类起源热，但经过近半个世纪的发掘一无所获，于是将目光转移到了亚洲。1890—1892年，终于在印尼爪哇首次发现了距今50多万年的人类化石，于是他们便惊呼人类起源于南亚。1921年发现、并经1927—1929年发掘，在北京周口店出土了距今70—20万年的北京猿人化石。1930年发现并后经1933—1934年发掘，又在周口店的山顶洞出土了距今1.8万年的人头骨化石。两次发现又一次轰动了国际考古届。但北京猿人在20万年前的神秘消失和山顶洞人1.8万年前的再次出现,在这长达十多万年的空档期，到底都发生了些什么事情?加之,从距今二三十万年到5万年前生活在欧洲和中东地区的尼安德特人，后来也神秘地消失了,这些都促使早期的考古界不得不作出进一步地回答。

在此后的半个多世纪里，古人类的考古在非洲又取得了重大进展。特别是上世纪70年代后，在东非大裂谷所在地埃塞俄比亚发现了距今16万年早期智人骨骼和距今320万年全世界最早直立人"露西"的骨骼，使非洲古人类考古似乎形成较为完整的体系。于是有人提出10多万年前非洲智人开始迁徙到欧洲、亚洲以至通过白令海峡进入美洲的猜想。并说，尼安德特人和北京猿人等世界上其他地区先期起源的所有直立人的消失，都是被大脑更为发达的非洲智人全部消灭并取代了（甚至还说非洲智人是"食人族"，其他古人类是被他们吃掉的）。所以世界上以后的所有智人，都是非洲智人的后代，并为此还提出了DNA鉴定说作以佐证。可见非洲起源说，实际是指非洲智人吃掉了欧亚直立人的起源说。这就是人类非洲起源说的大概情况。

关于另一个人类的多地起源说，主要是指后来在古人类考古方面，也与非洲一样已建成自己完整体系的中国本土起源说。对此，前文通过考古遗址的发现已作全面介绍。

3. 关于非洲起源说之我见。

在全世界古人类考古发现尚不充分之时，早期的非洲起源说与最早的南亚起源说、以及后来曾经的欧洲起源说、中东起源说一样，是每发现一个相对更早的古猿人化石，就都会提出一个新起源说，这些在考古进展过程中不断更新的提法，本是无可厚非的。但是随着中国更早的200万年、甚至240万

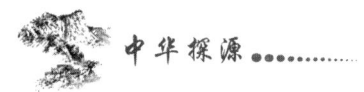

年前猿人遗址的发现，以及填补了20万年北京猿人之后空白期的更多早期智人和晚期智人的发现，加之这些发现远比DNA检测更为直接和可靠的铲形门齿蒙古人种的连续性，都已使中国古人类考古形成自己完整的演化体系。然而对此他们却一概视而不见，并继续顽固坚持起源于非洲的智人，消灭并取代了世界上所有古人类的非洲起源说，并说这已形成定论。这种极不厚道的做法不仅令人实在费解，而且也使他们已经丧失了自命的科学考古的学术品质。

欧洲人兴起的寻找人类起源热，实际上也是欧洲民族的寻根热。如果说考古发现过程中不断提出变化的各种起源说、中心说，是由于西方哲学二元对立、非此即彼、征服主宰的"一点论"、"同一论"之世界观与方法论所导致，那么素以严格学术精神自足的西方，在考古实证已经完全摆在面前却仍要坚持自己漏洞百出的非洲起源说，就只能说明他们的傲慢与偏见。这令人不得不联系到，以标榜思想、文化、乃至人种，优越于全人类的"欧洲中心论"，在人类起源及民族的考古寻根上，却无论如何最终无法建立起自己的欧洲起源说。因此，如果承认多地起源说，而又不能以考古建起自己欧洲体系的起源说，对于自高自傲并主宰世界意识形态的欧洲人来说就无异于自我否定，那是他们绝对不能容忍和接受的。这就是西方宁可承认全人类的非洲起源说、而绝对不能容忍独缺欧洲自己的各地起源说之主要心病所在。正像西方的基督教至今仍然竭力宣杨上帝造人的"特创论"，而绝对不能承认西方自己发现的进化论一样，这种以意识形态绑架和扼杀科学学术的现象，实在令人心寒和不齿。

三

以上，是我们联系人类起源的"人之初"而找寻到的中华起源的"人之初"。它用"双重证据法"所得出的结论是，中华民族是本土自生的，而其他别有用心的论点是根本站不住脚的。

那么进一步的问题就是，本土起源的中华民族到底是如何自生的？亦即要回答清楚他的自生地点和发育过程到底是什么。对此，我们只要通过考古实证对其复原，答案就会自然显现出来。

1. 初生期形成的"五大原点"。

根据上文所说的人类起源必备的两个条件，首先开远森林古猿和禄丰腊玛南猿的考古发现为我们满足了南猿在中国存在的条件；其次地质考察发现的鄱阳、庐山、大理等冰川遗迹的存在为我们满足了第四纪冰川期的气候条件。

按照古脊椎动物考古告诉我们的，南猿在地球上只生存到距今100多万年前的结论，于是我们又可以把直立猿人分为两个阶段。即以接近于100多万年前的蓝田人为界，其上为初生期，其下为发育期。这样初生期的猿人遗址就是：240万年前的安徽繁昌人、200万年前的四川巫山人、180万年前的山西西候度人、170万年前的云南元谋人、160万年前的河北泥河湾遗址群。这五个遗址，一个在北部燕山南麓的桑干河边，一个在中部秦山岭北麓的黄河边，其他三个分别在南部长江的上、中、下游。

在由猿进化到人的初生阶段，如果我们仅将年代最早的一个作为中华民族的始祖，就像现在有人仍将年代最早的非洲古猿"露西"作为全人类的老祖母大肆宣传一样，那就犯了一个原则性甚至常识性错误。因为在第四纪冰川发生初期的百余万年的漫长时间里，冰川所到之处，所有南猿迫于环境的变化而都在进化。如果我们将早一些时期进化的作为人类祖先，而在冰川晚期而进化的不作为人类祖先，那在道理上就说不通。所以说，以上所列五个相距遥远的古人类遗址，不论时代早晚，谁也不应取代谁，都应是辈分平等的中华先祖从猿进化到人的原点，出生地的源点。

2. 发育期形成的三条衍生线。

发育期是指直立猿人诞生后的后段衍生期，时间跨度为距今110万年到20万年间。由于这段时期之后南猿便消失了，所以与每一原点相邻的遗址之间便就有了传承关系。从考古结果看，以上五个原点在这段时期，由点到线，分别形成了三条衍生横线。

北部的泥河湾，在其原址近旁先后衍生了136万年前的小长梁和100万年前的东谷坨遗址。随后向东发展衍生了70万年到20万年前的北京周口店遗址，再继续向东发展衍生了辽宁28万年前的金牛山遗址。

南部沿长江一线的繁昌人、巫山人、元谋人，在这近百万年的时间里，唯发现有繁昌人衍生了距今40至30万年的安徽和县人。

在这近百万年里，中部黄河流域的西候度人生命力最强、发展最快。它

不仅在自己的近傍及向西百余公里之处，同时衍生了距今110至70万年的芮城匼河遗址和蓝田人遗址。而且蓝田人又在近傍衍生了距今65至50万年的蓝田陈家沟遗址，又掉头向东在南洛河盆地衍生了距今50—5万年的洛南人。与此同时，它还利用渭水支流的灞河（蓝田猿人就在灞河边上）与发源于秦岭南麓的南洛河、丹江、汉江的毗邻关系，向南在汉江的上中游两处，又同时衍生了比蓝田人稍晚一点距今100至80万年的南郑梁山人和十郧郧县人。这一发现意义重大，它不仅使中部之黄河流域衍生线成为一个加粗的C字（南洛河，是秦岭之南唯一一条流入黄河的支流，入河口在洛阳东），而且使中华先民在黄河流域的繁衍，越过秦岭到达了江汉流域。

3. 婴幼期三条衍生带的发展，及中部以华山为中心的C型圈形成。

这里所说的婴幼期，是指猿人经过进化发育而进入的智人阶段，时间跨度是距今20—1万年。

在这段时间里，北部衍生线的晚期，衍生了距今3.5万年的河套人、距今3万年的峙峪人，以及距今1.8万年的山顶洞人。

南部衍生线则先后诞生了：距今19.5万年的湖北长阳人，12万年前的广东马坝人，6.7万年前的广西柳江人，距今3.5—2万年的四川资阳人以及与它同地的龙垭人和富林人。这些遗址在时空分布上，都相距遥远，缺乏连贯性。

而中部衍生线与以上南北两线相比，不仅继续保持了发育期时的强大生命力，而且表现出了向四周强力扩展和传承有序的不间断性，从而使其成为由旧石器过渡到新石器时代的主体中心区。作为C型线的北段，这时在黄河西边的北洛河上衍生出的距今20万年的大荔人，它不仅自身一直延续到旧石器时代末，而且向西北方向不断扩展，先后衍生了5—3万年前的韩城禹门口人、黄龙人。而在黄河东边的汾河流域这时诞生的距今10万年的丁村人（丁村人的其他遗址甚至可上溯到距今30万年），它同大荔人一样不仅自己延续到了旧石器末，而且将东到沁水的晋西南整个黄河三角区，繁衍成一个链接新石器时代的下川遗址群（其中包括下川遗址、蒲县薛关遗址、吉县柿子滩遗址、丁村遗址的77：01地点等）。同时，东延到河北安阳衍生了距今2—1.3万年小南海人。

而作为C型线的南段，从蓝田人发展来的洛南人，从50万年前诞生然后进入到20—5万年前的智人阶段，期间并向东发展，衍生了距今10—1万年直到与新石器时代过渡相衔接的河南许昌人。

至此，黄河流域的旧石器晚期，经C字型南北两端的共同外延，不仅已和南北横线相链接，而且自身的两条复线也已形成快要接口的圆。而这个C字的中心点，就是矗立在渭河、黄河与南洛河两线之间地标性的西岳华山。旧石器时代末的燧人氏主体在华山南北的聚集，已为新石器时代从这里开始诞生，创造了必然条件。

<h1 style="text-align:center">四</h1>

中华"人之初"衍生图的复原，使巨灵擘山导河的神话传说得到了解码和破译，从而反过来又使我们看到了一个鲜活的中华"人之初"。

1.黄河，中华民族的摇篮。

《水经注》载："中条华岳本一山当河，河水过而曲行。河神巨灵，手盪足蹋，开而为两。今掌足之迹仍存"。《路史·前纪三》亦云："巨灵氏出于汾脽"，并言其"能造山川，出江河"。过去我们总认为，黄河自北而南至华山脚下掉头东去，又华山峰巅有石迹灿若巨掌，有人便附会编出这一神话故事，并作为关中八景之首，流传至今。而当我们终于弄清，巨灵所在的汾河入黄之处，正是西候度人，以及匼河人、丁村人、下川人百余万年间的共同繁衍之处时，不尽肃然。这才知道，这一传说原来是我们先民所亲历的黄河母亲形成与变迁的真实历史。

根据考古实证和古地质学知识，结合这一传说所告诉的，我们完全可以得出：在历次造山运动的作用下，原先华山所在的秦岭段与北边的太行山之间，是通过中条山这一细脉连在一起的。黄河古为一条内陆河，以及它的两大支流渭河与汾河以及北洛河共同汇聚到这里，形成了一个浩瀚的内陆湖。被冰川从华山段的秦岭深处逼出的西候度人（最初还只是猿），来到这里开始进化繁衍，一直与这一圣湖朝夕相处。到了距今万余年前，在一次新的板块活动所引发的地震中，华山与中条山之间的地震断裂带上终于出现了一条大裂沟，才使湖水奔涌下泻。这样所导致的结果是，露出的湖底形成了肥沃的渭河与汾河冲积平原，为我们的先民创造了新的更大的生存空间。由于这片冲积平原正处于华山之前，故便被称其为"华胥之州"。

我们之所以这样说，是有至今中条山北麓连绵百里的历史上就以盛产

"潞盐"而知名的晋南运城盐湖为证。因为盐湖本身就表明了它是亿万年来形成的黄河古内陆湖之部分死海遗存。另一方面，下泻的黄河留下身后的死海盐湖又在寻找自己入海口的同时，在其下游继续重演着一系列沧海桑田的故事。我们前面所说的直到距今万余年间的旧石器时代末，黄河流域的C字型衍生图的南北两端仍尚未封口，说明了那时的黄河中下游正是黄流九派的洪荒之时，是人类无法生存的地方。直至新石器时代以后，黄河流域的人类活动中心逐渐东扩，那是因为这时的黄河又已成功创造出了它新的中下游伊洛盆地与黄淮海冲积平原，使中华民族的摇篮向东又渐次延伸了。

2. 现实版的盘古传说。

从巨灵"造山川，出江河"的神话传说，你必然会联想到盘古开天辟地的神话传说。实际上现实版的巨灵擘山导河，正是哲思版的盘古开天辟地的雏型，因为没有现实的具象，就不会有哲学的抽象。巨灵擘山导河的传说，所传递给我们的信息有三：

一是，"天人合一"的思想。在这里，擘山导河的巨灵，既指大自然的力量，又有着人"手灅足蹋"的影子。它是以擘山导河这一具体自然事件为载体，实际反映的是自然造人、人造自然之"天人合一"的大概念。这一大概念在根于斯长于斯的燧人氏来说虽是浑沌的，但却是真切的、实在的。

二是，自强不息的精神。擘山导河所造成的山河巨变，与冰川活动以及其他自然灾难一样，给其他生命带来的可能是毁灭，而给人类带来的可能是新生。人类正是通过能动的劳动创造，从而战胜一个又一个的自然灾难而进化生存下来的。孔子曾经这样总结说："天行健,君子以自强不息"。是说大自然的运行是伟健有力的，而人类是靠自强而生生不息的。我们正是在巨灵擘山导河这一最远古的神话传说中，找到了中华民族自强不息的精神之根。

三是，顶天立地的巨人形象。巨灵擘山导河的神话传说，是中华先民所创造的第一个童话。童话的可爱与可贵之处，在于它的天真未凿，它反映的正是对人类自身在天地之间自我形象认知的真实看法。理解于此，当你看到以后关于女娲补天、夸父追日、愚公移山、后羿射日、大禹治水等以神话作为传说，就不再会因文化的"代沟"而误译和怀疑了。巨灵就是巨人，就是能够开天地、造山川、出江河的人，就是顶天立地大写的人，这就是中华先民对人类自身的自信和定位。

3. 一幅活的"天人合一"创世纪。

　　如果要对本章中华"人之初"作以小结，我们以有巢氏、燧人氏之中心区的巨灵传说，并上联黄河流域以华山为中心C字型的人类衍生图，就完全可以描绘出一幅活的"天人合一"创世纪:

　　远古历次造山运动不仅造就了秦岭大山和华山奇峰，而且使它南北两侧的黄河与江汉流域处于孕育和形成之中。180万年前第四纪冰川活动的到来，迫使秦岭深处的南猿离开山林，来到西侯度的圣湖之边。他们在学习直立行走中使手和大脑通过劳动不断进化，第一步使自己成长为会打造粗石器和构木为巢的有巢氏，第二步又使自己成长为学会打造细石器、弓箭和钻木取火的燧人氏，从而使自己不仅从猿变为猿人，而且最后成为了万物之灵的智人。万余年前的又一次板块活动将华山与中条山"开而为两"，黄河从中奔流而下，在给人类造成巨大灾变的同时又给人类创造了"华胥之州"冲积平原新的生存空间与条件。在大自然灾变中一步步进化而来的人类，把新的灾变作为又一次浴火重生的战场。他们是这场山河巨变的亲历者和战斗者，他们也是这场战斗的最终胜利者。祖国山河是他们的孕育者，他们也是这片山河的开拓者和新世界创造者。于是他们将这场山河巨变作为巨灵擘山导河的集体记忆，把华山峰巅的天然巨石手掌痕迹想象为自己构木为巢、钻木取火、自强不息、创造世界、创造自己的巨灵手迹，直指苍穹。华山这座诞生西侯度人的圣山和作为其C字型繁衍图的中心，也因印有此巨灵之手迹成为了中华民族诞生之地的中心地标。

　　这一地标，同时又成为了中华先民从旧石器时代进发到新石器时代的新起点。在地质年代上，旧石器时代处于第四纪的更新世，而新石器时代便开始进入了第四纪的全新世。

　　本章所告诉你的，就是我的中华探源对于自猿到人之后，生存于整个旧石器时代之有巢氏和燧人氏的"人之初"。而进入气候变暖后的全新世，便是我们的先民通过创造新石器而开创的又一新世界了。

《中华探源》附表（一）：

有巢氏、燧人氏时代（"人之初"原始群）繁衍图表
（距今240—1万年之旧石器时代）

三大流域衍生带	直立人（猿人）—有巢氏时代		智人（古人）—燧人氏时代 20—1万年
	240—110万年（五大原点）	110—20万年（各原点衍生之原始群）	
北部：桑干河流域	①泥河湾遗址群（距今160万年）	北京猿人（距今70—20万年）辽宁金牛山人（距今28万年）	山西峙峪人遗址（距今3万年）河套人遗址（距今3.5万年）山顶洞人遗址（距今1.8万年）
中部：以华山为中心的秦岭南北C型线：	②山西运城西侯度遗址(距今180万年)	C型北线（黄河之渭洛汾流域）：山西芮城匼河人（距今110万年）	大荔人（距今20万年）丁村人（距今10万年）黄龙人、韩城禹门口人（距今5—3万年）山西下川文化遗址群：包括沁水下川、蒲县薛关、吉县柿子滩、丁村遗址77:01地点（距今2.4—1万年）安阳小南海遗址（距今2—1.3万年）
		C型南线（从灞河到南洛河、汉水流域）：蓝田人（110—70万年）郧县人（100—80万年）南郑梁山人（100—80万年）蓝田陈家窝人（65—50万年）洛南人（50—5万年）	进入智人的洛南人（距今20—5万年）河南灵井许昌人（距今10—1万年）
南部：长江流域	③安徽繁昌人字洞遗址（距今240—100万年）④巫山人（距今200万年）⑤云南元谋人（距今170万年）	安徽和县猿人（距今40—30万年）	湖北长阳人（距今19.5万年）广东马坝人（距今12.9万年）广西柳江人（距今6—5万年）四川资阳人（距今3.5万年）

第三章 华之源—华胥女娲时代

内容提要：

1."巨灵擘山导河"的传说，告诉了我们黄河母亲河沧桑巨变的远古历史。华山与中条山之间地震断裂带的大开裂，使黄河东流向海，并留下了身后由原内陆湖底而演变为渭、洛（北洛河）、汾冲积平原的"华胥之州"。

2.生存于"华胥之州"并已进入新石器时代的华胥族人，不仅以渭、洛、汾冲积平原得天独厚的自然条件创造了原始定居农业，而且创造了母系女娲"族外婚"的新型婚姻制度，从而使燧人氏的"族内婚"原始群时代走进了女娲母系氏族社会的新时代。

3.华山脚下"华胥之州"的华胥女娲，以"花"（华）为其氏族图腾。随着其先进的"族外婚"以血缘为纽带向相邻四周强劲扩展，从而像水波纹的传导一样将四周的原始群渐次都改造成为了母系女娲。神话传说华胥女娲始祖母"抟泥造人"的故事，反映的正是血缘根系之"华之源"的民族起源史。

第一节 前仰韶文化的考古发现

一

本文此前所述，虽说只是"人之初"，只是长篇诗叙事诗的开头，然所述从猿到人之有巢氏和燧人氏时代，在时间上却已占去了二百多万年的漫长岁月。当我们要寻找"三皇"之女娲的新石器时代时，时光已仅离我们只有万年之遥了。

中华"三皇五帝"的传说是连贯而完整的，然而考古却不同，它的发现往往带有很大的偶然性和随机性。新石器时代的考古与旧石器时代的考古一样，只有当不同时期众多的考古全面发现并能够相互补充、相互衔接时，你才会从中看清事情前后的全貌。而在事情的全貌尚未显现，仅靠考古过程中的某一发现、特别是最初的一点发现就下结论，虽不可取，然亦难避免。这也是我们在整个考古过程中，所经常看到的无奈之乱象。

中国新石器考古发现的第一人，仍是瑞典地质学兼考古学家安特生。

19世纪最后一年的1899年，对中国考古史来说，除去王懿荣在药铺的"龙骨"上发现甲骨文这件大事外，还有一件事则与真正的"龙骨"本身有关。德国驻华使馆的哈伯勒，将在北京搜集到的一批"龙骨"也在1899这一年运回德国。慕尼黑大学的古生物学家研究了这些化石后认为，这里面大约有90种哺乳类动物，并且包含着一枚像猿但又像人的牙齿。报告发表的最初，似乎并没有什么人注意，然而它却给当时已在中国供职的瑞典地质学和考古学家安特生，以不小的震撼。

安特生在来中国之前，任瑞典地质调查所所长。1914年，北洋政府聘请安特生为中国政府农商部矿政顾问，目的是请他协助寻找铁、煤等急需的矿物，这却给中国的考古学带来了一个重要的机缘。当时中国大地战乱频仍，来中国的第一年安特生竟然幸运地发现大型铁矿，喜出望外的袁世凯大总统接见了他。新成立的中国地质调查所和它的负责人丁文江，也对安特生调查古生物化石的计划十分重视。接下来的几年，在丁文江的支持下，安特生奔走于许多化石发现地点，开展野外调查。1918年初，一个偶然的机会，他听

说北京西南名叫龙骨山的地方有化石出土，循着这个踪迹安特生来到了周口店。1921年，他在这里发现了具有人工打制痕迹的锋利刃口石英石片，从而推断"中国人的祖先，很可能就沉睡在这下面！"后来其助手在周口店相继发现的两枚北京人牙齿和此后几年发掘出的猿人头骨化石，都验证了他的推断。举世瞩目的"北京猿人"遗址就这样被发现了。

然真正奠定安特生在考古学界地位的，是他发现了仰韶文化。1921年4月安特生在黄河中游河南渑池县的仰韶村调查时，发现了彩陶片和新石器，并于同年10月和我国考古学家袁复礼一起进行了首次发掘。仰韶遗址的文化堆积层厚度竟然有2—4米，表明了人们在这里定居、生活的时间很长。安特生将这一距今7000年—5000年的远古文化的遗存，命名为"仰韶文化"。1923年他又从河南出发，沿着黄河来到兰州，从一个卖烟叶老农的地摊上，见到了一件装着烟渣的古彩陶罐。得悉摊贩所带彩陶器来自临洮，于是他就独自骑马沿洮河而行，苦苦追寻，终于在离县城以南10公里的洮河西岸马家窑村，发现了与仰韶彩陶几乎同样的又一遗址。

鉴于此前彩陶考古已在中亚两河流域多有发现，安特生受此影响，认为中国彩陶应来自中亚地区，并经由新疆、甘肃、陕西、传入河南。安特生的中国彩陶西来说提出之后，中国国内很多学者对此提出过不同意见。但这一问题的真正澄清，是在后来这一带整个地区更多的同类文化发现之后，人们通过对比分析，终于弄清了仰韶文化原来是从它的中部华山脚下，向东西方向扩展而来的，争论这才结束。

仰韶文化的发展路向问题，是在新石器时代的考古全貌出现之后解决的。但仰韶文化作为新石器时代的第一个发现，却并不是新石器时代的全部，因而关于新石器时代更多的问题又接踵而来。比如：为什么仰韶文化发展的中心在华山地区而不是其他地区？距今7000—5000年的仰韶文化，到底是母系氏族还是父系氏族社会？司马迁在《史记》中将黄帝时代定为距今约5000年（即"上下五千年"），那么仰韶文化与黄帝、炎帝到底有无关系？还有，仰韶文化之前的距今1万到7千年间到底发生了哪些事情，女娲、伏羲的传说是否就发生在这个时段？

按理说随着考古成果的不断深入和全面展示，这些问题应该是能够逐一得到解决的。然而令人汗颜而尴尬的是，时至今日我们的考古界、学术界却对上边提出的问题一个也没有回答出来，甚至现今连再能够提出这样问题的

人也很少见了。

问题又出在哪里呢？显然这里又涉及一个更深层次的问题。我们说考古解决历史的复原，传说在历史复原的基础上解决历史的复活。而上面所有问题，都是关于人的历史复活问题，所以仅靠考古以物的"单证法"自说自话是无法完成的。

那么，让我们还是拿起"双重证据法"，像前章复活旧石器时代一样，对新石器时代的这些问题，逐一地作出回答。

本章先来复活"前仰韶文化"早期之女娲时代。

二

对于新石器早期之"前仰韶"彩陶渊源的探索，考古学界已经历了数十年的不懈努力。

早在上世纪30年代，老一辈考古学家苏秉琦先生在宝鸡斗鸡台沟东区的发掘中，曾发现一件不明时代但远比仰韶彩陶更早的三足罐，当时称其为"瓦鼎"。1959年，黄河水库考古队陕西分队与北京大学考古专业师生，在华山脚下的华县老官台、元君庙发掘了5个灰坑，出土了类似的早期陶器以及磨制的新石器和骨器，其中还有口沿内外饰以暗红彩带的陶钵，这是早期彩陶的第一次问世。由于资料较为零散，无法展开全面研究，难以对此类遗存的时代、性质做出明确的判断。尽管如此，考古学家夏鼐先生仍敏锐地指出，这是"探索仰韶文化前身的一个较可靠的新线索"。此后在西邻的临潼白家村、1961年在泾河流域的彬县下孟村、1977年在宝鸡北首岭、陕南的平利县等地，又相继发现类似遗存，关于"前仰韶文化"的讨论才有了进一步的深入。

1979年，大地湾考古进入第二年，在清理到靠近生土层的最下一层时，发现了与上层的仰韶文化面貌截然不同的器物。墓葬中的随葬器物多已破碎，陶片质地松脆、色泽不匀，发掘人员形象地称其为"酥皮点心"，说明当时制陶技术更为原始。器形亦很特殊，或圜底、或圈足，底

大地湾文化—三足钵彩陶

部多有小小的三足支撑，在钵形器口沿内外均发现暗红色的彩条带。从地层上明确反映出的这些比仰韶文化更早的彩陶，与老官台、元君庙等发现同为一类文化，考古界始称其为"前仰韶文化"。在已发现的近20处同类遗址中，无疑大地湾材料最为丰富，既有房址，又有墓葬，出土陶、石、骨器等文物500余件。大地湾遗址的发掘全面地掀开了早期彩陶文化的神秘面纱，为长达半个多世纪的科学探讨提供了丰富的资料和较为完满的答案。

这类定性为渭河流域的新石器早期文化遗存，测定年代约为距今8200多年前（从陶器更为原始的情形看，笔者认为其年代应更早一些）。生存地域主要在陕、甘两省的渭河流域，后波及到泾河、西汉水流域，其至在陕南也有类似遗存发现。

考古学研究中经常使用的"文化"一词，不同于广泛意义上的文化，是指大体同时并集中在一定地域，有着自己的不同于其他文化特征、文化传统的遗迹、遗物的共同体。"前仰韶文化"的发现不仅为探索陶器与原始农业的起源提供了一批弥足珍贵的实物资料，也由于其与世界上最早出现彩陶的两河流域在时间上几乎是同步的，争论多年的中国陶器起源问题终于有了肯定的答案。所得证据有力地表明了，中国陶器起源于我国西北地区的渭河流域！

"前仰韶文化"的发现和研究，为我们复原了这段远古的历史，意义重大。

首先，它使我们看到了中国旧石器时代向新石器时代转变的真实过程。一是，旧石器时代结束于万年之前，"前仰韶文化"所代表的最早的新石器起始于万年之后，在时间上它们几乎是无缝衔接的。二是，"前仰韶文化"遗址，从华山脚下的老官台沿渭河往西进发，经临潼白家村、宝鸡北首岭、天水大地湾，向南又一直发展到西汉水、陕南汉中，而向北以至发展到彬县下孟村及泾水上游。它的起始点与华山脚下以西候度人为源并以下川人为结的旧石器时代的终点，在地域上也几乎是无缝衔接的。时空的对接，使我国旧石器时代向新石器时代质的跃升，不再是一个谜；更为从有巢氏到燧人氏，然后进入女娲氏时代的千古神话传说提供了实物佐证。实质上，也为有根的、传承有序的中华历史和文化，提供了实物佐证。

其次，它为我们展现了新石器时代初期的真实全景。一是，劳动工具作为生产力的代表，在人类自古至今的发展全部过程中，仅分为石器、青铜

器、铁器、机器时代等几大历史阶段。因而，人类历经二百余万年的进化之后，才实现的以磨制的新石器逐渐取代打制的旧石器这一早期生产工具的革命性进步，今天通过考古所展示给我们的就不仅是历史进步的足迹，更是远古文明创造对心灵的撞击。

二是，石器的制造仅是对原有自然生成物的物理加工和利用，而制陶业的诞生才算得上是人真正的发明创造。在中国人的金、木、水、火、土"五行"物质观念中，当"金"的物质尚未创造出来之前，我们的先民用自己钻木取来的火，对自然存在的木、土、水进行加工合成，独立创造出了这个世界上从来没有过的陶器新物，其意义更是划时代的。

三是，新石器时代初期先民所开始的定居生活，他所创造的房舍是对有巢氏时代的继承和发展；而他通过对野生动植物的培育驯化而诞生的原始农业，比起此前的采摘经济和狩猎经济，则更是由攫取型经济向生产型经济的根本转变，是生产方式和产业的划时代革命。如果联系到我国农耕文明就由那时萌芽，经过近万年的发展，直到三十多年前的改革开放才逐渐退出历史舞台而进入工业文明，我们对于万年前先祖的伟大创造就不会再停留在概念上，而应是融进到血液里。

以上是对前仰韶文化时代的复原，但我们并不满足于复原，因为仅靠复原历史还回答不了前边所提的问题。在下边的两节里，让我们通过激活女娲华胥氏的神话传说，进一步复活这段重要的历史。

第二节 神话传说的女娲时代

一

按照神话传说中"三皇"的排列顺序，在对应于旧石器时代直立人的有巢氏和智人阶段的燧人氏之后，接替他的就是女娲氏。当我们通过考古，确认了新石器早期的"前仰韶文化"对于旧石器时代的链接继承关系，那么女娲的传说，就应与"前仰韶文化"的前段相对应。

关于女娲的传说很多，下边先说最著名的"女娲抟泥造人"的故事。

《说文》注："娲，古之神圣女，化万物者也"。《太平御览》引《风俗通义》曰："俗说天地开辟，未有人民，女娲抟黄土作人。剧务，力不暇供，乃引绳于泥中，举以为人"。此两种对女娲的介绍，前边一段比较严谨但失之概念化，后边一段因明确告诉是来自"俗说"亦即民间传说，故而具体而生动，更具原初态。故事的大致意思是：当天地开辟以后,为了创造人类，女娲之神在一处水边仿照水里自己的样子，掘了地上的黄土，渗合了水，用泥巴揉捏成一个个小人，刚一放到地上他们便活了起来，围在女娲周围活蹦乱跳。女娲对自己的创造十分兴奋，便不辞辛苦地整日劳作着。女娲想让自己创造的儿女充满大地，但大地毕竟太大了。这样的艰苦劳动使她过于疲累，后来她拿了一条藤蔓伸入泥潭里抡动起来，洒向地面的泥点居然也成了活蹦乱跳的小人。这方法果然省事高效，大地上不久便布满了人类的踪迹。

这样一个纯然的神话，究竟告诉了我们什么？联系考古实证，破译后的女娲抟泥造人的故事，它所告诉我们的又大大超出了考古的内容。具体说：

一是，女娲时代已将人类自身的生产繁衍提上议事日程。人类作为生物，他最基本的自然性是生命、生存和生育繁衍。如果说有巢氏时代完成的是人的生命进化，燧人氏时代完成的是人的基本生存，到了女娲时代所要完成的，就不仅是维持生命、生存的劳动生产，而是要把人自身的生产，即生育的质量和数量作为大事。正是由于她在人类的生育繁衍中所做出的划时代贡献，因而后世才会将女娲作为抟泥造人的生育之神和始祖。

二是，女娲时代是婚姻制度的创始者。女娲之所以成为造人的始祖，主要体现在她对婚姻制度的创造上。有巢氏的猿人是"乱婚"时代，燧人氏的古人是"血亲婚"时代，但它仍是一种"族内婚"（族内同辈之间婚配繁衍）。然近亲繁衍所导致的后果，就像我们今天仍能看到的那样，是可怕的退化、呆傻和返祖现象，这对人类来说无疑是最大的威胁。而女娲时代所开创的"族外婚"，是以母系为传承，与外族同辈男子实行走婚制，但男女之间并无固定婚配关系，故子女只知其母，不知其父。这种接近于优生学的族外远缘婚姻，从根本上解决了人类退化问题，大大提高了人类繁衍的质量和数量，实际上等于是对人类的再生和再造。故说女娲"抟泥造人"，就是再形象不过了。

三是，女娲时代是母系氏族社会的缔造者。女娲之前的旧石器时代，实

际上只是由族内"血亲婚"组成的一个个孤立的原始群，是很难称得上为"社会"的。而女娲时代的母系氏族，对外因"族外婚"的实行，既实现了血缘繁衍的扩张，又形成和强化了与外族的地缘关系，因而使其成为名副其实的"母系氏族社会"。女娲既作为人类婚姻制度的创造者，又作为母系氏族社会制度的缔造者，故称其为中华人文始祖就是再合适不过了。

二

现在再来介绍女娲炼石补天的神话传说。

《淮南子·览冥篇》云："往古之时，四极废，九州裂。天不兼覆，地不周载，火爁炎而不灭，水浩洋而不息，猛兽食颛民，鸷鸟攫老弱。于是女娲炼五色石以补苍天，断鳌足以立四极，杀黑龙以济冀州，积芦灰以止淫水。"

女娲炼石补天的故事与抟泥造人的故事一样，都是中华儿女耳熟能详的关于祖先创造世界的颂歌。过去人们虽将其作为史诗，但却未必承认它是史实。现在，如果我要告诉你，它不仅是史诗更是史实，不知你将作何反应。

当我们对这一神话传说解码破译后，它所告诉我们的历史信息是：

其一，它是远古天崩地裂自然灾变的真实记忆。

这次用天崩地裂来形容的毁灭性自然灾难，绝对不是有人类以来唯一的一次，但却是靠记忆留传下来的最早的一次。这个记忆很具体也很清晰，它告诉我们灾难发生后：天不全了，天塌了一角（天不兼覆），地不全了，地被裂缝从中分开（地不周载）。天塌是支撑在天地之间的天柱毁坏了（四极废），地裂的范围又不是局部的而是九州全境（九州裂）。并伴随着火山喷发与强烈的地震（火爁炎而不灭），伴随着滔天的洪水肆虐（水浩洋而不息），加之从亚热带新返回的猛兽鸷鸟对人类的侵袭，很难想象还有什么灾难能超过这次灾难！

按照地球地质学和气候学的研究，证明了这场灾变确实发生过，而且是全球性的。人类社会从旧石器文化向新石器文化过渡与环境演变之间的关系，一直是各国古人类学家、考古学家和第四纪地质学家共同关心的热点问题。研究表明，在距今大约2—1万年之间是第四纪冰川中最寒冷的一个时

段，称为末次冰消期。而到了距今1万年左右地球气候才开始骤然变暖，进入冰后期。它是全球气候从末次大冰期向全新世大暖期过渡的时期。前边说过，高峰期的冰川可覆盖地球三分之一的陆地，冰层厚度可达千米左右，海平面下降达百米之多。而一旦气候骤然变暖，便首先是急剧消融的冰雪形成滔天洪水回归大海，随之而来的是厚达千百米的冰层松动后所形成的巨大而可怕的冰川运动。它居高临下，以摧枯拉朽、排山倒海之势，冲向地面。地球上所有的险谷奇峰，几乎都是这一冰川运动切削而成的杰作。这也正是传说中描绘的天柱摧、四极废的惨烈场景。洪水与天崩天塌的发生原因找到了，其他引起地裂地陷的火山爆发和地震，就是我们今天常识之内的事情。了解于此，你就会知道我们的祖先为什么对这场灾难记忆如此深刻，并一定要将它以"女娲炼石补天"的故事传给我们了。

其二，它是中华民族精神与性格的塑造和集体亮相。

前边的介绍，给了我们两个互相联系、似乎又互相矛盾的概念，那就是旧石器向新石器的过渡时期，正是极端气候和灾难性环境，但却是人类发展最快的时期。对这个问题唯一正确答案，在于这时的人不仅成为了"智人"，而且开始成为了有新智慧、新创造的"新人"，甚至我们还将进入新石器时代后的人类称为"现代人"。他们以自己钻木取火、弓箭狩猎、原始农业等"人造自然"，为自己创造新的生存条件，从而战胜灾难、重获新生。

我之所以要告诉你这些，是想让你知道"女娲炼石补天"故事的主题，不光在于对极端地质灾难的记忆，更重要的是对如何战胜灾难的人类精神、智慧的歌颂和膜拜。"于是女娲炼五色石以补苍天，断鳌足以立四极，杀黑龙以济冀州，积芦灰以止淫水。"你看，女娲在这样大的自然灾难面前，毫无畏惧，积极有为，自信乐观，她比巨灵隐含于"天人合一"的自强不息的巨人形象，表现得更加鲜明、丰满而突出。

其三，它是中华"补天"思想的哲学宣言。

哲学的要害在于对人自身本质的认知，对此中西方的古人们其意见是相左的。《旧约全书》说，人类的祖先亚当和夏娃，偷吃了"智慧树"上的禁果，因而犯有原罪而不可自赎，故永世不能摆脱灾难和痛苦的折磨。在这里，他是把智慧和创造力这一人类的本质看成是外生的，从而把偷吃禁果的先祖看成犯有原罪的罪人，并对人类具备智慧之后而与自然相分离，感到原始的恐惧和悲观。中国先民把人类的智慧和创造力看成人类自生的本质，从

而把具有创造性的人类自身看成顶天立地的巨人，自信自强，乐观向上。

对人本质看法的不同，必然导致对人与自然关系看法的不同。西方人把自然与人对立起来，看到的只是自然给人类带来的灾难和痛苦，因而常用"世界末日"描绘黑暗的世界，用永世遭受灾难和痛苦而不可"自赎"来描绘灰暗的人生。而中国先民在"女娲炼石补天"的故事里所表现出来的，是用人的智慧和创造本质来"补天"。也就是说，人类既是大自然的产物，又能给大自然以新的创造，从而使自己的生存空间更大更好。女娲"补天"的大事太多了，所以便用"炼五色石以补苍天"这样童话般诗的语言加以概括。

原来，以万物有灵观念看待世界一切的原始先民，他们的传说就是童话，其童话般的神话也是哲学。所以不论是巨灵的神话传说，还是女娲的神话传说，它们都既是童话、也是哲学，传递的都是真实的历史。只要你将其解码了、读懂了，一切都在里边，从而使我们的历史真正复活。

以上就是我们对"前仰韶文化"之初期阶段的复活。

第三节 华胥氏—中华民族的始祖母

一

本章的总题目是"华之源"。其实我们前边对"前仰韶文化"的复活，正是在告诉你中华之源的故事，只是对这个刚刚诞生的新馨儿，还未来得及考察他的名字来源而已。如果说求证近代墓葬和遗址的主人姓名，尚且需要找到墓碑或陪葬印章之类的文字证据，那么求证原始先民的名号，就只能通过他们口口相传的传说来告诉我们了。

《拾遗记》载："有华胥之州，神母游其上。"《列子·黄帝篇》云："华胥氏之国，其国无帅长，自然而已；其民无嗜好，自然而已。"这里所说的华胥有两个概念，一个是地名，一个是国名。当然那时的国实际是指一个地域的氏族，两个概念合起来就是：有个繁衍生息在"华胥之州"这个地方的氏族，所以当然就称她为华胥氏。

那么，华胥氏与女娲氏到底是什么关系呢？《太平御览》云："大迹出雷泽，华胥履之，生伏羲"。原来华胥氏就是伏羲氏的母亲族，换言之就是伏羲氏是由华胥氏繁衍而来的。伏羲氏也是我们后边所要介绍的"三皇"之一，他是父系氏族的雏形。当然，能够繁衍父系伏羲氏的，必然是母系氏族的女娲氏，可见华胥氏已是一个有了自己名字的女娲氏。这里，我要赶紧声明的是，说华胥氏"已是一个"有自己名字的女娲氏是很不准确的，因为她不是"已是一个"而应是"唯一一个"，在中国整个母系氏族里就只出现华胥氏这样"唯一一个"名字的女娲氏。

对于这个问题，起初我也并未在意，只是认为她是创造母系氏族的第一个女娲氏，所以名字就格外显得与众不同罢了。后来，当我进一步探讨姓与氏的区别时，联想到父系氏族是以父姓血缘以名族，故为"姓"族。炎帝生姜水而姓姜，黄帝生姬水而姓姬，其后代不论再衍生出多少支族小姓，然大族之姓仍为炎帝之姜、黄帝之姬，永世不变。那么同样的道理，母系氏族是以母氏血缘以名族，故为"氏"族。女娲生于"华胥之州"而以其地为氏名，故后代的女娲其族之"氏"，就永远名为"华胥氏"了。

过去，我们常因不知自己中华民族之"华"的来源，而问心有愧。这下才终于弄明白，母系女娲的华胥氏族，就是"华"族，她就是中华民族的始祖母。所以要追中华血缘之源，不应只追到炎黄，而应追到"抟泥造人"的女娲华胥氏才对。这样，我们民族的历史就不再是五千年，而是中华"万岁"了。

二

既然我们将中华血缘之源追溯到了女娲的华胥氏，破解了一个千年之谜，就决不能将其作为一般学术问题仅满足于自圆其说而已，而是要再做更深层次地论证。因为破解千年之谜的目的，是为了了却千年寻根之愿，所以其结论的正确与否，不在于让别人怎么看，而在于我们自己要真知真信，决不欺心。

下面首先来论证，华胥之地到底在哪里。这一问题其实在前边关于"前仰韶文化"的考古中，所就燧人氏与女娲氏的时空无缝链接的论述时，已将女

娲氏的诞生和繁衍路向揭示了出来。这些考古发掘的"前仰韶文"化遗址，就是从华山脚下往西一字排开，明明白白地摆在那里，那是不须置疑的。但这只是我们曾宣称的"双重证据法"的一个方面，我们还要用激活的神话传说复活历史，让古代的神话传说直接告诉你，华胥氏到底诞生并活动在什么地方。

前面我们引用《太平御览》所载："大迹出雷泽，华胥履之，生伏羲"，仅只告诉了繁衍伏羲的华胥氏是怎样受孕的。而在另一处则明确告诉我们华胥氏生产伏羲的具体地方，即"华胥生伏羲于华阳"。我们把这两段话连在一起就是一个完整的故事。是说一个叫华胥氏的少女，在华山前的"雷泽"圣湖边上游玩，看见了一对巨人的脚印，好奇地用脚踩了上去，于是心有感应，便怀了孕。后来她在华山之阳生下了这个孩子，他的名字就叫伏羲氏。关于伏羲氏的事情我们以后再以专章来讲，现在通过这个完整的故事先要论证的，是它所告诉我们华胥氏女娲生活繁衍的具体地方。

我曾说过，中国的神话传说是相对完整而系统的。《帝王世纪》载："庖羲(即伏羲)氏母曰华胥氏，燧人之世有大人迹，华胥履之而生庖羲氏。"这里比此前所引讲得更为明白,它告诉我们"大人迹"就是燧人氏的脚印。由于燧人氏是一个大概念，因而我们完全可以把它所说的燧人氏的巨人，认作传说中生活在雷泽湖畔的燧人氏的巨灵族。因为"雷泽"就是华山脚下黄河臂弯处之西侯渡附近运城盐湖的古内陆湖—它是巨灵擘山导河之后所留下的遗迹。巨灵与雷泽所展现给我们的，是"前仰韶文化"所上承的旧石器末期下川文化之时空与人物的活动全景。由于华胥氏之女娲首开母系"族外婚"之先河，故而走婚的族外男性就必是住在相邻的雷泽之巨灵族了。华胥氏与燧人氏之巨灵族的血缘加地缘关系，正好也证明了新石器与旧石器两个时代在这里的过渡和承接。这种用神话传说能直接告诉我们这一时代承接关系的，我们在整个探源中能够如此幸运遇到，似乎仅此一处。

正是这一传说所反映的纪元性和里程碑式的内容太重要了，所以后世女娲和伏羲在迁徙中找到新的繁衍生息之地之后，就像我们今天在中国复制如来佛祖诞生的圣地小"灵山"一样，也要复制一处"雷泽"圣湖，以纪华胥先祖缔造之根性与恩泽。这也就是"雷泽"在甘肃成纪（平凉）、山东菏泽、泗水等地多有出现的原因。至于履大人迹而受孕，则是母系氏族只知有母、不知有父的形象描述，无须赘言。当我们弄清了华胥氏受孕的雷泽在华

山之阴，而产子的地方在华山之阳，这不是再明白不过的告诉我们，华胥氏最初繁衍生息的活动范围就是这二者之间的整个华山地区了。这也与"前仰韶文化"陶器的出土地区十分吻合。很长一段时间来，一些学者将华胥氏所在的华山，解释为是更西边的昆仑山，这实在是相差十万八千里了。

"前仰韶文化"遗址从华山脚下起始一路往西，并向南发展到陕南的汉水流域，其时间跨度达两三千年。如果说最早的女娲华胥氏，就诞生在与运城雷泽相邻的华山地区，它所对应的考古遗址就不会是更远的其他遗址，而应在现已发现的华县老官台和姜寨白家村之更东部（两遗址仅为其代表。但这一时期比它们更早的接近万年的遗址，应该还埋在其东边离"雷泽"更近而由湖底逐渐淤积为平川的地下深处，尚未发现）。

这一点，可由这一地区流传至今的骊山南北麓之地名和民间传说所佐证。这里不仅有建于骊山主峰顶至今香火不断的"人宗庙"、有北麓伏羲、女娲兄妹造人传说的磨盘沟（具体情节放在后边有关伏羲章节再讲），而且南麓整个山区就是以华胥氏直接为名的华胥乡（今为蓝田县所辖）。华胥乡今有华胥沟（亦称华胥渚）、娲氏村、华胥陵等。其境内支家沟和十里河的西余家沟等地，还发现旧石器遗址数十处，新石器人类遗址20多处，这些都证明了骊山南北麓一直是古人类活动的重要区域。笔者少时曾随继父（继父就是蓝田华胥乡人）于探亲归途中，翻越骊山顶峰，参拜一年一度的"人宗"庙会。当时虽年少懵懂，然现场感受到民间其活化的崇祖寻根历史记忆，特别是百姓皆将顶礼膜拜的"人宗"直呼"骊山老母"，给人印象深刻而强烈。心想这不就是历史课本上写的华胥"女娲"吗？我的中华探源的情结，可能在冥冥之中已于那时埋下了一颗种子。

三

现在，再来探讨华胥之名的由来与内涵。

华胥之名，首先是指地名，这从前边所引"华胥之州，神母游其上"可知。这里"华"即华山之地，"胥"字，有人作"人"字解，也有人认为无实意，只作句末的语气助词解。这样"华胥氏"连起来就是"华山人"、"华山地方的人"了。而"华胥之州"，正是前边所讲黄河母亲最初所创造

出的华山之下渭洛汾河冲积平原。

关于华山之名的由来，是因为矗立天际的华山五峰，本身就像是一朵盛开的花朵，十分具象。故华山，也就是"花山"。要知道，古"华"字不仅与"花"字相通，而且"花"字最初就只写作"華"。这是一个象形字，其顶部和中间满布的"十"字，就代表了挂满枝头的花朵。

从这里我们又可知道，华胥之"华"的真正内涵是"花"。原来，华胥氏族的"图腾"就是"花"，这在以后仰韶文化其彩陶上反复出现的"花"的图案，便会明白地告诉你。所以说华胥氏族的"华族"就是"花族"。

由于华胥氏族是母系氏族的缔造者，故"花图腾"就是中国历史上出现的第一个图腾，因而也是最"大"的图腾，其内涵之意义就非同凡响。一般来讲，凡能作为一族（包括氏族、姓族、民族等）的图腾之物，必是与本族生命（自然生命和精神生命）、生育、生存联系密切之物，"花"之对于华胥氏族来说正是这样。

首先，作为原始定居农业的发明和肇始者，华胥人不仅要对野生的植物品种进行人工培育，而且更关心关注气象物候对春花秋实的实际影响，从而在采摘经济和狩猎经济的基础上，通过人工繁育栽培以"补天"，开拓出自身新的生存空间。可见植物成果之"花"对华胥氏人生命、生存关系之重要。

其次，作为新的族外婚姻制度的缔造者，人类自身的生产生育成了新的大事和开拓点。面对植物以"花"作为生殖器官，所展现的花艳果香、瓜瓞绵绵、繁衍不息之勃勃生机，华胥人必然将其引为族类，以祈自族与其一样欣欣向荣，世代永续。

再次，按照人类学的分类，有巢氏是直立人阶段的"猿人"，燧人氏是智人阶段的"古人"，而华胥女娲族已是属于进入现代人阶段的"新人"了。华胥氏的"新人"，作为万物有灵原始信仰的发轫者，其精神生命中追求美好必是有所表现的。以"花"为图腾，希望自己的氏族像"花"一样馥郁鲜活、充满生机、幸福美好，正是华胥氏族的精神寄托和生命追求。

可见"花"图腾，才是真正代表了"华之源"。"花"图腾所寓含的：生民的春花秋实之"补天"思想；育民的花荣子繁之"拓天"追求；励民的花好月圆之"谐天"理想；并以此所表现出的自强不息、不畏艰难、开拓创造、热爱生活、追求幸福美好人生的现世精神，这正是我们所要寻找的大中

华民族精神之魂、民族性格之根、之源。

四

最后，再来探讨一下"女娲"一词的所含意义。

我们说华胥氏是中华民族的第一个女娲，而在神话传说中女娲又是"三皇"之一，加之世代相传的"女娲炼石补天"、"女娲抟泥造人"故事的耳濡目染，在人们的观念中似乎女娲仅是一个具体的人，一个创造母系氏族的女性族长，一个补天造人、创生中华民族的祖宗女神。但当你真正读懂了、解码了这些神话传说，才会知道它告诉我们的不仅仅是这些，它的意义是多重的。

首先，"女娲"是指具体的母系氏族。母系氏族是以母亲的血缘传承为族群标记，从而以区别于他族、外婚于他族。所以，"女娲"首先是指一个个具体的母系氏族，而不仅仅是指某一母系氏族的某一族长。这样理解，我们就会知道女娲"履大人迹"是一个氏族"族外婚"的集体行为，反过来如果仅将其作为华胥氏一个少女或女性族长的个人行为，那就失去了意义。

其次，"女娲"是指具体的母系氏族阶段。"女娲"不仅指具体的母系氏族，也指由一个个母系氏族组成并不断繁衍生息的母系氏族阶段，亦即一个时代。这样理解，我们就会知道女娲抟泥造人、炼石补天，既是母系氏族所面临的一个时代的背景和课题，更是一个时代的伟大创造和成果。反过来如果仅将其作为某个氏族、某一个人的创造和成果，就不可想象，也说不通。

再次，"女娲"是指具体的母系氏族制度。从以上的论述中我们可以看到，不论是具体的女娲氏族，还是具体的女娲时代，而能使它们都以女娲共名相称的，本质上是因为它们实行的都是女娲之制，即母系氏族制度，它包括婚姻制度和社会制度。具体说，女娲之制的"族外婚"既防止了人类的退化，又在与外族发展并建起了血缘社会。旧石器时代的人类只能称为原始群，而进入新石器时代的人类因为有了以母系血缘为传承的"族外婚"，故而才得以称其为"氏族社会"。它所创生的这一新的社会制度，就是母系氏族公社所发端的原始共产制社会。

　　制度文明是一切文明的载体。当我们具体分析母系氏族何以从血缘向周边演进的过程时，竟意外发现一个令人激动的现象。这就是女娲氏族每扩展到一个新的生存空间，首先是对外族男性的天然吸引和自觉接纳，然后又通过本氏族男性与外族女性的走婚，将此前还处于乱婚或"血亲婚"的外族，在不知不觉中便改造成了新的女娲族，并使其成为自己新的胞族、婚族。这种族内实行原始共产制、族外以婚姻血缘相互融容的"合和"方式所推行的制度文明，还有她创造的先进原始定居农业文明，其传播几乎应是无障碍的，显示了极强的生命力。它最终将中华大地皆衍化为华胥母系血缘之同族，也使华胥女娲成为了中华民族的始祖母。当你今天在云南与四川交界的泸沽湖畔，仍能看到的摩梭族人走婚制的母系氏族，以及他们所过的自然恬澹而又自足自乐的田园生活，令人不能不感叹这真是万年间人类历史上的一大奇观。

　　昔日印有巨灵仙掌并作为华族诞生之地标的华山，今天以其凌空怒放的"花图腾"成为了中华民族的族徽。中华民族的始祖华胥女娲氏，在这里接过了燧人氏的火种，传承了巨灵氏的血脉，创造了补天造人的伟绩，又要从这里出发，用她"花"的"合和"文明，走向九州，走向明天。

第四章 龙之脉—伏羲时代

内容提要：

1.华胥女娲"于雷泽履大人迹生伏羲"的神话传说，反映了女娲母系氏族发展到一定阶段后，又开始衍生出伏羲父系氏族的上古史。从而使母系氏族社会由"单轨制"之"三皇"华胥女娲时代，进入到由女娲母系和伏羲父系携手发展的"双轨制"之"三皇"伏羲时代。

2.伏羲与女娲"兄妹造人"的神话传说，反映的正是进入伏羲"双轨制"时代，从"华胥之州"与"河洛之地"为源点，又开始的女娲与伏羲携手第二波向四周发展衍化的历史进程。

3.伏羲与女娲族在日后向四周长期发展的过程中，以其所繁衍分蘖出的众多支系氏族图腾（蛇、鸟、各种瑞兽、自然天象等）相聚合，创造出了"龙族"的总图腾，以志纪人人都是"龙族"子孙后裔的血脉传承关系。距今8000多年的阜新查海"石摆龙"的出土，给了伏羲时代以实物之确证。

4.距今约9000——7000年之伏羲时代遗址的考古发现：西有甘肃秦安大地湾（下层），东有山东半岛后李村，南有湖南澧县彭头山，北有内蒙古与辽西交界的兴隆洼等。而稍晚中部之黄河南北两岸的裴李岗和磁山文化的出现与连片，则说明此时黄河中下游新的冲积平原渐次形成，从而使以华山为中心的C字型终于闭合为了O形圆。以O形圆之中原地区为中心的时空坐标，正是伏羲"河洛文化"之中华文明肇始地。

第一节 伏羲与女娲兄妹造人的传说

一

上一章，我们在介绍华胥氏之女娲族如何开创"族外婚"时，就已知道伏羲是由华胥氏女娲族所生的。同时，我们从对女娲本身代表了母系血缘氏族的基本认知中，亦可推出伏羲实际就是父系血缘氏族。那么，母系血缘氏族如何衍生父系血缘氏族，而父系血缘氏族诞生之后的初始阶段又处于何种状况，就是本章所要告诉给你的内容了。

显然这些内容要从考古遗迹中发现是很难的，所以我们得从神话传说入手才是。

《路史·风俗通》云："女娲，伏羲之妹"。显然这里告诉我们，伏羲与女娲又变为了兄妹关系。

然而，我们在汉代出土的石刻与画像砖中看到的是，伏羲和女娲，腰身以上通作人形，穿袖袍，戴冠帽，腰身以下则是蛇躯（偶有作龙躯的），而两条蛇尾却亲密地缠绕在一起。有的画得更为复杂，或男的手拿日矩，女的手拿月规；或男的手捧太阳、太阳里有一只金乌，女的手捧月亮、月亮里有一只蟾蜍。有的画像还饰以云景，空中有生翅膀的人首蛇身的天使们翱翔。有的更在二人中间画一天真烂漫的小儿，双足卷走，手拉两人的衣袖，极似民间剪纸的抓髻娃娃，呈现了一幅非常美妙的家庭行乐图。它告诉我们伏羲和女娲又是夫妻关系，而且人类就是由这一对半人半神的先祖滋生繁衍下来的。

中国民间广泛流传的神话传说，则是伏羲与女娲兄妹夫妻造人，他们二人就是中华民族的老祖宗。地处临潼白家村"前仰韶文化"遗址之南的骊山之上，有条"磨盘沟"。民间流传说，一场洪水灾难过后，人类只留下了伏羲和女娲兄妹二人，于是一个重大而两难的问题摆在了他们面前。如果他们俩不结婚生育，人类从此就要断绝，而兄妹婚配又是违背人伦的事情，这可难坏了兄妹俩。这时发现身旁有两扇石磨盘，便想出一个主意来，他们商量将两扇磨盘滚下沟去，以磨盘能否最后重合来问天意。主意拿定之后，兄妹

俩便一人扶起一扇磨盘，推下沟去。只见两扇滚动着的磨盘，一会你前他后，一会你左他右，滚呀滚呀，快到沟底时奇迹出现了，最后两扇石磨严丝合缝的叠在一起，定定地停了下来。于是，伏羲和女娲兄妹俩依天意而成婚，成为了再造人类的祖先。

所有这些，究竟告诉了我们那些真实的历史信息呢？

二

对于这一传说，过去有着许多不同的解读。其中影响最大的一种解读，认为这反映的是原始社会"族内血亲婚"，即同血族中同辈兄妹之间婚配而繁衍血亲的历史阶段。如果以故事本身就事说事，这一解读是情通意顺，完全合理的。然而联系到"族内血亲婚"是在女娲"族外婚"之前，而伏羲与女娲兄妹造人却是发生在女娲"族外婚"之后，显然这种解读就成了一种误读。因为这种解读的结果，是人类发展的退步而并不是进步，这是与传说的本意正好相悖的。

正确的解读，首先应将这一传说放在由母系氏族向父系氏族转化的大背景下，从而挖掘出它的真正内涵。

原来伏羲与女娲兄妹造人的传说故事，讲的是一种新的婚姻制度的产生过程。它是一种在母系"族外婚"基础之上，新发展的更为进步的婚姻制度，即以父系血缘为传承的"前对偶婚"制度。这一婚姻制度发展变化的过程是这样的：

华胥氏女娲所开创的族外婚，在初始期先是一种"族外群婚"的婚姻形态。它是指女娲氏的一群姊妹和外族的另一群兄弟，同辈男女共为夫妻。这种婚姻关系在18世纪太平洋的夏威夷群岛上也还存在着，他们在共夫的姊妹间或共妻的兄弟间，互称"普那路亚"（意为"亲密的同伴"），故而西方称其为"普那路亚婚"。摩尔根在《古代社会》和恩格斯在《家庭，私有制和国家的起源》中，对此均有记述。在这种婚姻制度中，男女双方各住在自己的母系氏族中，行由男方到女家去拜访的"望门居"，即"走婚制"。所生子女由母系家族的兄弟姐妹共同养育，我们今天称母亲的同胞兄弟为"舅父"，很可能就是从那时流传下来的。

随着母系氏族的发展、繁荣，便开始分为更多的母系大家庭，此时一些外族男子开始由"走婚"变为迁到妻方居住，但并不意味改变原来共为夫妻的状况，婚姻关系并不稳固。到了后来，因男子不再仅仅是采摘和狩猎经济的主要劳动力，而且在新的原始农业中开始发挥主要的劳动力作用，家庭地位开始提升。于是，同居方式便逐渐向夫方居住演变，血缘传承也以父系所代替。这种新的婚姻制度，便称其为"前对偶婚"（因仍处于"一夫一妻制"的前身）。我们称实行"族外婚"的母系氏族叫"女娲族"，与此相对应便将实行族外婚之"前对偶婚"的父系氏族叫做"伏羲族"了。

三

论述到此，我们还只解读了伏羲族所实行的有别于女娲的新型婚姻制度，而并没有解释清楚伏羲与女娲造人为什么又加了一层兄妹的神秘关系。这是一个难题，是我很长时间来百思不得其解的大难题。但当我从伏羲族诞生前与诞生后，其与女娲族密不可分的关系推演中，终于破解了这一秘密时，不由不惊叹：原来由母系氏族社会尚未演进到完全的父系氏族社会前的整个秘密，都尽藏在了他们的"兄妹"关系里！

我的推演过程是这样的。

首先，由女娲族向伏羲族的过渡，是一种自然的兄妹关系的过渡。我们之所以称它为一种自然的过渡，那是因为男性在家庭中地位的提高，主要是指他在新生产中的作用以及他对家庭所负责任的全面提高。要知道在原始的生产方式和并无剩余产品的生存状态下，今日我们所谓的男权、女权，那时实际代表的仅仅是责任和义务。因而伏羲族的出现，不仅是顺其自然的发展进步，而且是女娲族自身所向往并为之推进的结果。事实是，父系氏族的出现，既通过改变"走婚制"对男性时间、精力的浪费使生产力得到解放，加强了男性的义务和责任，又使女性在减轻劳务负担之后增强了对后代的生育和抚育能力；既增进了婚姻的稳定性，又调动和落实了以家庭为单位的劳动积极性及对子女的责任和情感，无疑这又是社会文明的一大进步。传说中将这样的由女娲族演变出伏羲族且与之并存的关系，描述为亲兄妹的关系，应该说是再恰当不过的。

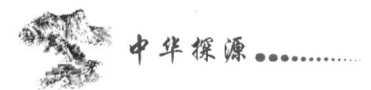

其次，伏羲族的繁衍过程离不开女娲族的存在，因而是兄妹之间"双轨制"的存在。伏羲族诞生之后要使它的父系"前对偶婚"延续下去而不至中断，关键是要在众多女娲族的母系"族外婚"基础上，象诞生自己一样，诞生出更多与自己血缘不同的父系伏羲族，从而使父系氏族之间男婚女嫁，血缘永继。然而实际情况是，这一过程需要多少代的漫长形成阶段。同时，由于地缘的局限，新诞生的为数极少的父系伏羲族之间的通婚，很快又会变为近亲繁衍。因而不仅他的家庭女姓仍要来源于女娲之族，而且他的男性后代，许多还要回到与父母亲血缘不同的女娲族去走婚，组成新的"普那路亚"家庭。父系的伏羲族正是这样与女娲族"双轨制"存在的互动过程中，通过漫长的时间逐步孕育和发展壮大起来的，因而他与女娲族的关系，就势必是兄妹的亲密关系。

再次，伏羲族在迁徙和拓展新的生存空间中，往往离不开回归女娲以融合他族，因而伏羲与女娲之互变，实质上也是兄妹关系的互变。可能你还记得我们在"华之源"一章中所说，女娲族开拓新的生存空间几乎是无障碍式的发展，因为她所到之处不仅使外族的男性全拜倒在她的"石榴裙"下，相应她的家庭男性到外族的走婚，又会将外族变为与自己一样的"族外婚"女娲。而父系伏羲族的向外拓展却没有这么幸运，他原有所生存的空间都是女娲族已经为其创造好了等着他去发展。如果真要他自己去打开一个新天地，不论新天地里是实行"乱婚制"的原始群，还是已经实行了"族外婚"的女娲族，其自有的婚姻制度决定了他们都决不会自愿将其家族女性送其作妻的。因而在这种特殊情况下，伏羲族还得将自己的女性后代再变回女娲，用融入和渗透的办法首先使自己站住脚跟，再后图发展。《文选·洛神赋》有注曰："宓妃，宓羲氏之女，溺死洛水，为神"。是说伏羲氏（宓羲即伏羲）有一个美丽的女儿，不幸掉进洛水淹死了，她就是后世所称的洛神。过去因曹植《洛神赋》的生花妙笔，使我们只把其当作了一个美丽而凄婉的神话，现在想来你就不觉得它背后所隐藏着的，是一个父系伏羲族女性后代又变回为"女娲"，其在向洛水地区拓展而遭遇挫折的真实历史事件吗？

正是通过对伏羲与女娲兄妹造人传说的解码，使我们看到在母系氏族社会中，女娲族与伏羲族之亲如兄妹的衍化人类之图景，从而得出了一个超越历史教科书的新认知。那就是过去我们所说的母系氏族社会，实际上并不是仅有前段母系女娲族的"单轨制"，而且还有后来发展而成的女娲族母系

"族外婚"与伏羲族父系"前对偶婚"的"双轨制"。只是女娲族的诞生在前，它是为日后伏羲族的诞生创造条件的。新的父系伏羲族的诞生和壮大，虽为日后过渡到父系氏族社会创造了条件，但不论怎么说，在"一夫一妻"（或一夫多妻）的父系氏族家庭还未到来之前，实行"前对偶婚"的父系伏羲族仍划归于母系氏族社会中。因为"氏族"与"氏族社会"两个概念之间，有联系但并不是同一的概念。

简而言之，在整个母系氏族社会阶段，其前半期我们可以称为华胥女娲时代，它实行的是以母系血缘为传承的"族外婚"的"单轨制"。其后半期我们可以称其为伏羲时代，但它实行的不是父系氏族的"单轨制"，而是伏羲与女娲兄妹族的"双轨制"。这一点，你在后边的介绍中将会看得越来越清楚。

第二节 伏羲兄妹葫芦娃的民间传说

一

为了对伏羲与女娲共处的后段母系氏族社会获得更多地了解，下面我们再来解读一则内涵更为复杂而丰富的关于伏羲与女娲兄妹的神话传说。

在我国西南地区之苗、瑶、侗、彝等少数民族中，流传着许多关于伏羲与女娲人类先祖的远古传说，故事情节各地大同小异。下面具体介绍的是一则至今流传在广西融县罗城瑶民中的民间传说。传说的内容是这样的：

大雨将临，云密风急，雷声隆隆地吼过高空。一名男子赶紧爬上自家屋顶，用树皮和青苔苫好屋顶的破洞，他的一对在院子玩耍的小儿女也赶来帮忙。大雨陡然而至，爷儿三个跑进屋子关上门窗，在温暖的小屋里享受家庭的快乐。外边的雨越下越大，风越吹越急，轰隆隆的雷声使人胆战心惊，好像是天上的雷公发了怒，临威人间，要降给人们以大灾难。

这时屋里的男子仿佛预先知道大祸将要临头，便把早就做好的一只铁笼抬了出来，打开笼门放在屋檐下面，自己拿了一只猎虎的叉子，勇敢而沉着地站在那里等候着。随着闪电和一声山崩地裂也似的巨响，青脸雷公果然手

81

拿板斧，很快从屋顶飞落下来，背上的肉翅膀扑扑扇动，眼睛里射出闪闪的电光。屋檐下的勇士看见雷公落地，急忙用虎叉向他叉去，这一叉正中雷公腰间，便把雷公叉进铁笼，连笼子一起扛进了屋子去。

"这下你可给我捉住了，看你还能做些什么？"男子笑向铁笼里的雷公说。雷公垂头丧气，没话可说。男子便叫他的孩子们帮他一起看守雷公。第二天早晨，男子要到市上去买酒，临走时，嘱咐他的孩子们说："记着，千万不要给他水喝。"

男子走了，雷公在笼子里假装呻唤，作出种种痛苦的样子，孩子跑去看他，问他为什么呻唤。雷公说："我口渴，请给我一碗水喝。"年龄较大的男孩子向雷公说："爹爹走时说过，让我们不准给你水喝。"雷公又恳求："一碗水不行，请给我一小勺水吧，我实在渴得不行了。"男孩子还是不敢答应，说："不行，爹爹知道了要挨骂的。"雷公哀恳道："那么，请把灶头上刷锅的刷把拿来，洒儿滴水给我也行，我快要渴死了啊！"说完，便闭上眼睛，张开嘴巴，在那里等待着。

年纪较小的女孩，见了雷公这般痛苦，自然动了少女的慈悲怜悯心肠，心想雷公被爹爹关在笼里已经一天一夜了，想喝点水都得不到，真可怜啊！于是向哥哥说："哥哥，我们就给他几滴水喝吧。"哥哥心想，几滴水能出什么乱子，就同意了。

兄妹俩就去厨房拿了刷锅的刷把，蘸了几滴水，去洒在雷公的口中。雷公得了水，非常欢喜，向孩子们致谢道："谢谢你们！请你们暂时离开这间房子，我要出来了！"孩子们在仓惶中跑出门外，还未来得及反应，只听得震天霹雳似的一声巨响，雷公已经冲破铁笼从屋里面飞了出来。

雷公从他嘴里，急忙拔下一颗牙齿，交给孩子，说："赶快拿去种在土里，如果灾难降临了，千万藏到所结的果实当中去,才能得救。"说完就随着轰雷之声，飞上天去。孩子们望着天空，惊呆了。

爹爹回来了,看见铁笼已破,雷公已逃,大吃一惊。爹爹预料到非常的大祸便要临头，也顾不得去责备无知的儿女，赶紧备下材料，不分昼夜，打造一只大船，以备危难。两个小孩，也试着去把雷公赠送的牙齿，玩耍般地种在土中。说也奇怪，牙齿刚种下去不久，从泥土里便冒出了嫩绿的新芽。这新芽眼看着越长越高，一天当中竟开花结了果子。第二天早晨再去一看，那果子已经长得很大，成为一个奇大无比的葫芦。锯开葫芦盖一看，密密排排地

生长着无数当时埋下的牙齿。孩子们也不害怕，将这些牙齿都掏了出来，爬进葫芦去试，大小恰容得下两个小孩藏身。

到了第三天，爹爹的船刚打造好，天气陡然变化：四野黑云翻动，狂暴的大雨从冥空中倾盆而下，地底下喷涌起无边的洪水，淹没了丘陵，包围了高山，田园庐舍，林木村镇，顿时化做了一片沧海。风雨中，只听爹爹在远处呼喊着："孩子们，你们在哪呀，赶快上船躲避啊！"来不及上船的两个孩子连忙躲进葫芦里，刚上到船上的爹爹还在呼喊着，葫芦和船便都被高涨的洪水抛向了半空。

洪水愈涨愈高，一直到达天门。"快开门，让我进来！"船上的勇士父亲高声大叫，并用拳头将天门槌得砰砰山响。门里的天神心虚了，觉得自己听了雷神一面之词，便发水灭世，对人类未免过于残酷，于是急忙令水神赶快退水。顷刻之间雨止风停，洪水退去，一落千丈，勇士父亲随着他的船只跌落下来，人和船一起被摔得粉身碎骨。同样掉下来的葫芦，因身轻体柔，只在地上跳了几跳，仍旧安然无恙。兄妹俩从葫芦里爬出来，也没有受到一点伤害。

经过这一场滔天的洪水，大地上所有的人都死光了，只留下兄妹俩小孩子，成为人类中唯一存活着的孑遗。他们原本没有名字，因为是从葫芦里存活下来的，所以起名叫"伏羲"。"伏羲"就是"匏兮"（匏，即葫芦），也就是兄妹"葫芦娃"的意思。

时光荏苒而过，兄妹俩已长大成人，当他们一想到人类从此就要断绝，便闷闷不乐。这时哥哥便想到与妹妹结婚，妹妹虽知道也只有这一条路，但却不敢贸然答应，便向哥哥说："要不你试着追我，如果追到了，我就答应你。"于是哥哥和妹妹，就绕着一棵大树追赶起来。总是追不着妹妹的哥哥忽然灵机一动，便掉转身来迎着妹妹跑去，一点也没防备跑得气喘吁吁的妹妹，一下便和哥哥撞个满怀，他们于是就结婚做了夫妻。

婚后没有多久，妹妹便生产了，奇怪的是产下了一个大肉球，里边又包着无数豆粒般的小肉球。自那次洪水之后，天神总觉得自己对不住人类，便经常邀伏羲兄妹到天上去游玩。这次他们又带着自己所生的肉球孩子，攀登天梯，到天庭去逛。谁知刚刚升到半空，忽然一阵狂风吹来将肉球吹走，跌落的肉球在空中四散开来，飘落为千千万万的小肉球，一到大地上都变成了欢快的小人儿。这样落到树木上的便叫木族，落到水边的便叫水族，落到火

旁的便叫火族；落到什么地方，便拿那里的山川名称、或那里与自己朝夕相处、生息相关的各类动物、植物的名称，当做自己氏族的名称。正是由于伏羲兄妹的再造，世界上从此又有了更多的人类。

<h1 style="text-align:center">二</h1>

许多人看完这则曲折离奇的神话传说，不免要问，如此追求简约严谨行文风格的历史学术之作，何以奢侈到不惜笔墨而叙述这样一个古老的民间故事?其实我要告诉你，这已是最浓缩的浓缩版了，因为再减下去我们又要失去故事本身所要传递的许多珍贵信息了。这一点，当你看了下边的解读一切都会明白的。

其一，这是一个伏羲时代的传说故事。与巨灵擘山导河、女娲炼石补天、抟泥造人不同，这个传说的主人公是伏羲，它的发生时代显然是在前边所有的故事之后。这从本故事的人物关系中可以得到证明。首先故事的家长是爹爹，而不见母亲的影子，这不是说他们兄妹没有母亲，而是告诉说这是一个父系血缘的氏族时代。其次两个孩子是兄妹关系，就是说男孩大为兄、女孩小为妹，是说明这时的父系氏族不但得到了长足发展，而且在比例上已超过母系氏族，并逐渐占据了一定主导地位。再次，故事最后说明兄妹俩因在葫芦中躲过灾难而再生，故名"匏兮"（即伏羲，匏即葫芦），更明确强调了它是伏羲时代的传说。

其二，这是一个记述父系伏羲氏族如何拓展生存空间的传说故事。父系伏羲是由母系女娲诞生的，但这个故事显然说的是父系伏羲诞生之后如何发展的更为具体的情况。故事中的雷神实际就是新生存空间原著民的代表者，它不仅描写了他们争斗的剧烈场景，而且指明争斗的焦点，是以水系为代表的维持生命所必需的自然资源。原始先民所要寻找的新的生存空间，虽然强调其气候环境、动植物资源的多样性和丰富性，但首先是要有随渴随取的便利水资源，因而无一例外的皆逐水而居，否则连一天也生存不下去。由此可见其雷神为渴乞水、且仅得几滴之水便化生无穷生命力量的生动描写，完全是有所指的。但这只是问题的一个方面。要知道父系伏羲族的发展虽不像女娲族发展的无障碍性，但它的冲突其实最终是一种"融突"，即冲突中的融

合，融合中的冲突。了解到这一点，就可知道雷公以牙相赠，种出葫芦救兄妹俩于灾难，后兄妹以葫芦而得名，实际上是说他们已演化成了与雷公族融合而生的共同后代，这样就将两族发展中的"融突"关系表达得淋漓尽致且具深意。

其三，这仍是一个强调父系伏羲时代亦属"双轨制"婚姻的传说故事。本故事的另一对贯穿始终的主人公，是"葫芦娃"兄妹俩。如果说我们在最初介绍华胥氏女娲"履大人迹"而怀孕时，笔锋一转便说生的孩子叫伏羲（有的还具体到，是怀孕12年后生伏羲），本身是强调在这个母系氏族时代，其后还有它产生的父系氏族存在。而在其后众多伏羲与女娲兄妹造人的故事中，本故事反映的几乎可以算作纯伏羲时代（因为整个故事，女娲的名字一次也没有出现过），但它仍然所绘声绘色描述的是"葫芦娃"兄妹再造人类的故事，更说明在母系氏族社会的伏羲时代，其"双轨制"是贯彻始终的。这样一来，华胥氏是中华民族的老祖母，而此后的伏羲与女娲也是中华民族的人文始祖，便是顺理成章的了。

三

以上解读的是，此一民间传说所反映的伏羲时代的社会生活世界，下边再为你解读它所反映的精神观念世界。

其一，它是对"花图腾"在伏羲时代的继承和发展。华胥氏感生受孕生伏羲，是告诉你伏羲是华胥女娲的后代。说伏羲兄妹就是"葫芦娃"，因为有花才有葫芦，是以告诉你华胥女娲是伏羲族的先祖。如果你对前边我们所说华胥氏族的图腾是"花"，心里还不踏实，那么这种既有"前呼"又有"后应"的叙述，便将中华民族以"花"为最原始的图腾彻底锁定。当然不仅如此，在此后的仰韶文化考古中，当你从所发掘实物尖底瓶的葫芦瓶口造型中、从众多葫芦瓶其上所绘各类"花"的图案中，直接与历史对话，真正领略到"花"与"葫芦"在中华民族的繁衍脉络的各自地位时，其所受的感动和震撼真是无法用语言表达的。

其二，它是对生命现象之源的探求和哲思。伏羲（匏羲）本义就是"葫芦"，伏羲兄妹就是"葫芦娃"兄妹，这是经过闻一多先生的研究考证而告

诉我们的。华胥氏的"花"图腾，原来是并没有特指是什么植物的花。那么伏羲族为什么此时将"花"特定为葫芦花，而将自身明确为葫芦的化身呢？其实，二者都是对生命起源的思索，只是到了伏羲时代这一思索更加具象、更富成果罢了。要知道任何的哲思，都有一个从具象到抽象的演进过程。那么，伏羲为葫芦化身的意蕴何在？这是因为葫芦这一非常古老的植物，从下种、开花，到附着在花蒂上日见变大结籽的葫芦，其生命全过程最为直观、最易观察。加之葫芦具有中空多子的特征，很容易使人产生生育联想，故取以相比拟，就成为人类希望子孙生生不息繁殖的最微妙象征。在这个故事中，人类生命的种子是通过葫芦保存下来的，由此古人便在葫芦这个物象中，寄寓了关于人类起源或氏族繁衍、繁荣的信念与信仰。

其三，它是盘古开天辟地哲理性神话传说，其形成过程中的又一雏形。当我们将葫芦崇拜与人类及万物的生命起源相连系时，发现过去曾有不少学者也将葫芦崇拜与盘古神话关于世界起源相连系，认为二者出于同源，这无疑是有道理的。如果说我们在"天之始"一章中向你介绍和阐释的盘古故事，是一个纯哲学性的成熟传说，那么你现在看到的则是它具相的雏形和半成品。前边传说中的巨灵、女娲都是巨人，本故事中扛着大斧出场的雷神，就明显有着出于雷泽的大人和巨灵影子，而它所描写的主人公"勇士"之巨人形象，则是更为具体而生动。巨人族的形象，显然与当时已产生的天地之间人为万物之灵的观念有关，因而在此基础上所创造的盘古形象，就必然是与其一脉相承的顶天立地之巨人了。还有，本故事以葫芦直观的开花结果、代际繁衍、生灭幻化来解读万物生命之谜的过程，实际上也是对天、地、人之源的求解过程。有人曾指出盘古之名原为"盘胡"，其生长于"葫芦"里的伏羲兄妹，实际就暗喻了从无形到有形之混沌中与天地一起成长的盘古。

西方的哲学思想，皆是羚羊挂角，无迹可求；中国的哲学思想，却是雪泥鸿爪，有踪可寻。因为它记载的不是个人、而是一个民族精神与思想理念的形成和成长过程。伏羲与盘古的对接演化，说明了中华先民之精神与民智已开化到了一定的高度，预示了中华文明史上的一个大事件，即伏羲所创造的河洛文化即将问世了。

第三节 前仰韶文化的再发现

一

近半个世纪以来，"前仰韶文化"的考古除华山脚下的老官台、白家村以及向西的北首岭、大地湾遗址外，又在更广大的范围内有了许多新发现。为了便于理解和解读，我们将这些新发现按照历史久远程度之顺序，分别作以介绍。

一、彭头山文化遗址（距今约9000—8300年）

位于现湖南省北部澧县彭头山，距今约9000—8300年（质谱法测得），是长江流域最早的新石器时代文化的代表。

出土的陶器比较原始，器坯系用泥片粘贴而成，胎厚而不匀。器类不多，主要是深腹罐与钵，普遍装饰粗乱的绳纹。胎泥所夹的炭屑中明显有人工栽培的稻谷与稻壳痕迹，证明长江中游地区是中国乃至世界稻作农业起源之地。

所发掘的该文化城址呈长方形，南北残长110米，宽70至80米。城外有一圈壕沟环绕，城内分布着成排的房屋，为地面式、浅地穴式建筑，其中有中国最早的高台建筑，其城墙为后来夯土城址的雏形。

出土遗物中石器大多数都是打制石器，既有大型砾石石器，也有黑色细小燧石器，与本地旧石器时代晚期传统区别不大。

二、后李文化遗址（距今约为8500—8200年）

该文化分布范围主要在山东泰沂山系北侧的山前地带，因1992年山东省文物考古研究所在配合济南至青岛高速公路建设工程时，首次发掘于山东淄博市临淄区后李村而得名。经文物专家鉴定，距今约为8500—8200年。

遗迹主要有房址、壕沟、灰坑和墓葬等。房址均为半地穴式，地面有的经过烧烤，并多发现灶址和一些陶、石器等生活用具。墓葬流行长方形土坑

竖穴，排列比较整齐，葬式多单人仰身直肢葬，多无随葬品，少数放置蚌壳。陶器以红褐陶为主，制作工艺为泥条盘筑，器形以圜底器为主，仅发现少量平底器和圈足器。器类主要有釜、罐、壶、盂、盆、钵、碗、形器、杯、盘、器盖和支脚等。

在家畜遗骸中，猪的数量最多，约可代表10余头不同年龄、不同性别的个体，这些猪属于较原始类型或半驯化的家猪。其次是狗，已属于驯化类型。通过对遗址中的孢粉进行分析，发现一些禾本科植物花粉其形态酷似现在的谷子（粟）。看来当时先民已经学会农业栽培和家畜饲养。

遗址中发现的种类较多动物遗骸，说明这一带为河流入海处的森林—草甸环境。南边远处的山坡上覆盖着森林，水量充足的潍河两岸分布着大大小小的沟湾港汊和积水洼地，河岸湖滨的埠丘上灌木丛生，虎、狼、獐、狐、貉、野猪、水牛、梅花鹿等出没其间，为狩猎经济提供了良好的自然环境。当时的气候比较温暖湿润，且降水充沛，年平均气温可能要比现在高4—5度，先民们就在这滨河临海的埠丘附近过着渔猎和农耕生活。

后李文化古陶

三、兴隆洼文化(距今8200—7400年)

因首次发现于相邻辽西的内蒙古敖汉旗宝国吐乡兴隆洼村而得名，经放射性碳素测定，年代为距今8200—7400年，是内蒙古及东北地区时代较早、保存最好的新石器时代聚落遗址。

该遗址总面积3.5万平方米，环绕聚落有一条防御用的沟壕，内有成排平行排列的房屋，为半地穴式的方形或长方形建筑，屋内有圆形灶坑，房址最大的达140平方米。陶器较厚重，烧制火候较低，陶质疏松，以装饰压印的

网格纹和"之"字形纹为特征，深筒直腹罐和钵为其典型器物。石器多为打制的锄形器，磨制的石斧、磨盘、磨棒等。发现的镶嵌细石器的骨刀、渔叉等也很具特色。在房内，还发现了多具鹿头、核桃锹果核等。胡桃锹是组成落叶阔叶林和针叶混交林的一种乔木，应属温带林，反映出当时气候温暖湿润，与现在这里气候干燥的草原沙漠环境是截然不同的。从而表明了这一时期的先民，除了农业外，并存着渔、猎业和采集野生果实等生产方式。

遗址中发现了中国最早的玉器：一座墓葬中死者两耳处各有一件精美的玉玦。有的墓还用两头整猪随葬，人猪并穴埋葬表明兴隆洼先民们对猪灵的祭祀具有图腾崇拜的意义。

20世纪经过较大规模发掘的同类文化性质的遗址还有：内蒙古林西县白音长汗、克什克腾旗南台子、辽宁阜新县查海遗址等。主要分布在辽河上游的内蒙古老哈河、西拉木伦河、乌尔吉木伦河一带和辽宁省辽西地区。正式发掘出土有玉玦、玉斧、玉锛等玉器，总数已达100余件，其形制与石质同类器相仿，可形体明显偏小，多数磨制精良，没有使用痕迹，其具体功能尚待深入探讨，但不排除作为祭祀用"神器"的可能性。兴隆洼文化玉器是迄今所知中国年代最早的玉器，开创中国史前用玉之先河，也为后之红山文化玉器群找到了直接源头。

1994年7月，在对辽宁阜新查海遗址的第七次挖掘中，出土了一条长19.7米、宽1.8至2米，用质料一样、大小均等、红褐颜色一致的石块堆摆的大型石塑龙。这条石堆塑龙，置于整个聚落的中心部位，龙头朝西南，龙尾向东北，昂首张口，弯身弓背，尾部若隐若现，给人一种巨龙腾飞之感。科学鉴定为距今8000年，是中国迄今为止发现年代最早、形体最大的实物龙塑。

兴隆洼文化是中国社会科学院考古研究所、敖汉旗博物馆于1982年联合进行文物普查时发现的，1996年被国务院确定为国家级文物保护单位。

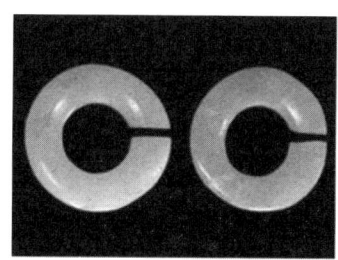

兴隆洼文化遗址出土玉玦

石 锄

查海石摆塑龙彩照

三、裴李岗文化（距今8000—7000年）

因最早在河南新郑的裴李岗村发掘并认定而得名。炭标本测定年代距今为8000—7000年。该文化的分布范围，以新郑为中心，北至太行山，南至大别山，东至豫东，西至豫西，是黄河中游地区中原的新石器时代文化。

早在20世纪70年代初，裴李岗村民在平整土地时就经常发现一些形状奇特的石磨盘、石磨棒、石铲、石斧等物，于是就把这些远古的遗物搬回家中充当捶布石、洗衣板或者是用来垒院墙。这些石磨盘经琢磨而成，平面看是前宽后窄的椭圆形，略呈鞋底状，盘底附有柱状的足。那么这些精致的石磨盘到底是什么时期的遗物？属于哪一种考古文化？为什么集中出现在裴李岗村？这些问题引起了考古学界的广泛注意和重视。

1977年至1982年春，考古工作者先后对新郑县的裴李岗和沙窝李遗址进行了五次较大规模发掘，发掘面积3550多平方米，清理墓葬146座、灰坑44个、陶窑1座，获磨制石器212件、陶器299件，其他还有房基、窖穴、骨器等。

从考古挖掘看，陶器均为手制，大多为泥条盘筑，泥质红陶数量最多，夹砂红陶和泥质灰陶也有发现。石器以磨制为主，有石铲、石斧、石镰、石磨盘等。房屋均为半地穴式建筑，以圆形为主，亦有较少的方形房屋，有阶梯式门道。从普遍使用谷物脱壳加工工具的石磨盘和出土的动植物残存看，裴李岗居民已学会在田里种植小米（粟），又会在家里养猪，处于以原始锄耕农业为主、家庭饲养和渔猎业为辅的母系氏族社会。

裴李岗文化的另一重要遗址是贾湖遗址，发现于河南省漯河市舞阳县贾湖底部，是淮河流域上游迄今所知年代最早的新石器时代文化遗存。1983—2001年曾先后进行了7次科学发掘，且多有重要发现。其墓葬75%皆有随葬品，男性随葬品多为石铲、石斧、骨镖、骨镞等，女性随葬品以骨针、

纺轮、磨盘较多。装饰品大多打磨精致、质如粗玉，坠饰多绿松石，皆有穿孔。有的随葬品成组出现内装石子的龟甲及骨笛、权形骨器等，为研究当时的埋葬习俗、龟灵崇拜、信仰等宗教意识，提供了新的重要资料。特别是发掘发现的数千粒已碳化的人工栽培粳稻，30余支多音阶鹤骨笛，器物附着物内残存的世界上最早的"酒"，出现于贾湖二、三期文化的距今8600—7800年的17例契刻而成的具有原始文字性质符号（其中龟甲上刻符9例，骨器上刻符5例，陶器上刻符3例），更为学术界所重视。

2001年，新郑市的裴李岗遗址被公布为20世纪百项考古大发现之一、河南省十大考古大发现之一和全国重点文物保护单位。

（1）裴李岗遗址出土文物：

石磨盘

三足钵、鼎

红陶小口折肩环底双耳壶

三足器

（2）贾湖遗址出土文物：

91

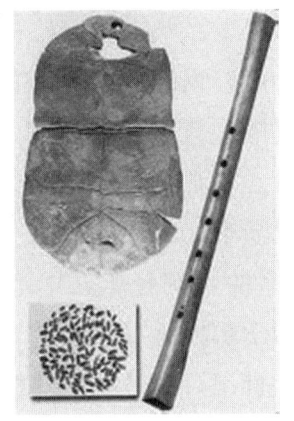

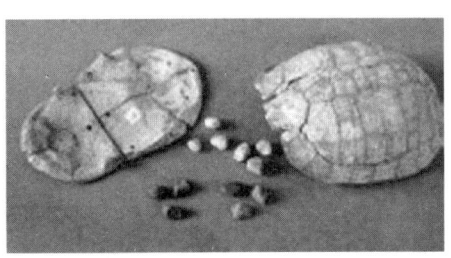

五、磁山文化(距今为7400—7100年)

因1972年首次在河北武安县磁山发现而命名。主要分布在冀南、豫北等地，年代距今为7400—7100年，是中国华北地区的早期新石器文化。1976年至1978年在这里进行了三次发掘，发掘总面积近14万平方米，文化层厚1至2米。

遗址发现的两座房基址，均为半地穴式房屋。在房基遗址器物中，有一烧土块，沾有清晰可辨的席纹，说明在7400年前这一带始能编制苇席，考古学家称此器物为全国之最。储藏东西的窖穴发现较多，不少窖穴深达6至7米，窖穴底部堆积有"粟灰"，在一些成块的朽灰中，直接用肉眼可以看到已炭化的一颗颗滚圆的粟粒。有10个窖穴的粮食堆积厚达2米以上，数量之多，堆积之厚，在我国发掘的新石器时代文化遗存中十分罕见。铲、石刀、石斧与石磨盘为生产工具，石磨盘附有三足或四足，造型与裴李岗文化同。制陶业较原始，处于手制阶段；椭圆口盂（最早的炊具）、靴形支座、三足钵与深腹罐等为典型陶器。磁山文化遗址还发掘出土了陶纺轮、网梭、陶丸、陶占蓍器、圭盘，鱼镖、石骨箭镞，其制作的骨针比现在的钢针大不了

多少。另外还出土有，鱼骨、贝壳、家鸡、家猪、家狗动物骨骸和植物标本等约4000余种。如果说，在7000多年前，地球上许多地方还是鸿蒙未开的话，而这里的人们已经种植谷物，饲养家禽，烧制陶器，制作生产、生活用具，学会占数，开始进入了人类最早的文明。

该文化与裴李岗文化关系密切，有人把两者连称为"裴李岗·磁山文化"。1988年被国务院公布为全国重点文物保护单位。

磁山文化出土文物

二

前仰韶文化的更多发现，使我们对新石器时代的早期遗存获得了迄今为止最为丰富、最为珍贵的资料。它像透过厚厚云层而射向大地的一束阳光，使人在接触到远古由蒙昧而迈向文明的第一道门槛时，不由不心旌摇动，激动不已。然而令人遗憾的是，我们的考古界和史学界，至今对这些遗址的来龙去脉众说纷纭，莫衷一是，使这些中华文明最真实的考古史料却一直无法融入中华文明自身的肌体之中。究其原因，都是因为这些研究多为瞎子摸象般地自说自话，没有找到它们共同的生命之根和可以依附的生命整体。无根无体的历史，永远不会成为真正的历史。

现在到了揭开它们千古以来神秘面纱的时候了。一旦我们将华胥女娲以及在她之前的旧石器末的发展态势，作为它们共同的根；将女娲族以及后生

的伏羲族其后浪推前波般的向四周拓展过程，作为它们共同的生命体，它们各自的前世今生以及在整个生命体中的定位，便清晰可辨。

（一）关于彭头山文化的解读。

彭头山文化的原著民，应该是巫山人发展而来的长阳人后代。当华胥族女娲的"族外婚"和原始农业，由渭水流域朝南向着"华阳"的方向，沿着洛南人、郧县人居住之地，最后到达湖南北部长江流域的澧水，从而使彭头山人变为了与自己一样的女娲。这种传播不仅仅是血缘的传播，而最本质的是婚姻及社会制度、还有生产生活方式等新文明的传播。9000年前的彭头山人已经学会了制陶，并居住在半地穴式的房屋里，说明他们已过着定居生活。他们最早学会了人工栽培水稻，说明他们已进入原始农业阶段。至于他们所使用的生产工具仍与旧石器末期相同，这不仅真实再现了它从旧石器向新石器转化的原初状态，而且也证明了它的定居、制陶、水稻栽培不是自生的，而是他人传授的，事实是这时的华胥族女娲自己的石器也是打制与磨制混合运用的。

彭头山遗址是迄今发现的长江流域最早的新石器文化，它反映的是9000年前女娲族最早发展到这里的真实生存状态。当然她的脚步不会就此停留在这里，而是要朝着更远的方向扩展。她后继的伏羲族也将跟着她的足迹到达这里，也会继续朝着更远的方向发展。历史是不能推论的，而是需要事实的佐证。我的佐证其实前边早已告诉你了，因为如果不是这样，你就不会今天在更边远的西南地区还能看到母系女娲走婚制的存在，你也不会听到西南边远少数民族关于伏羲与女娲"葫芦娃"的民间传说了。

（二）关于后李文化的解读。

位于山东临淄的后李文化，是华胥族女娲8500年前发展到这里而形成的文化。它的发展路线是从渭河入黄处之南岸的华山脚下华胥族女娲，与黄河北岸雷泽的下川人通过族外婚使其变为女娲，然后再发展到东邻的安阳地区将小南海人也变为女娲，然后再继续东向到达了山东境内的临淄泰沂山系的北麓一带。这里因尚未发现过旧石器文化遗存，所以它应该是女娲族新开拓的东部最早的新石器时代文化。

由于后李文化要比彭头山文化晚500多年，因而它在很多方面表现得要先进许多。虽然它也是定居的原始农业，但它的半地穴式房屋的地面是用火烧烤硬化了的，它的石器磨制的比例明显增大，它的制陶不仅采用了新的盘筑

法（此前为最原始的粘贴法）而且器型也更为丰富多样。尤其是在原始农业方面，彭头山人栽培的是水稻，后李人栽培的是粟（谷子），贾湖人栽培的是粳稻、而处在渭河上游的大地湾人栽培的是黍（糜子），这些都是女娲族在不同自然环境、不同时段，利用适于当地生长的野生植物亲手培育出来的，从而成为中国乃至世界最早五谷栽培之原始农业的发明者。

至于后李人这时已学会饲养家猪、家狗的情况，我们不敢轻易断定这时的伏羲族也一定来到了这里（传说中是伏羲发明家畜饲养的），但我们可以肯定后继的伏羲在稍后的岁月里确实到达了这里。历史的推断，必须是对前后事实之间的存在所作的合理逻辑推理。我之推断是因在这一地区到了距今7000年时，出现了父系社会的北辛文化和此后的大汶口文化，而大汶口人自称他们就是太昊族的后代。太昊就是伏羲，这一点在历史和传说中都是没有异议的。

三

以上解读的彭头山与后李文化，应该主要都是母系氏族社会前期的女娲时代并开始向伏羲时代过渡的文化。下面我要继续为你解读的是，跨越距今约8000年而明确进入母系氏族社会后段的伏羲时代文化。当你只有看了后边的具体解读，就一定会明白我之所以这样划分的道理。

（一）关于兴隆洼文化的解读。

如果说彭头山和后李文化，是华胥氏女娲族诞生以来向南和向东发展而形成的文化，那么兴隆洼文化则是它向北方向发展而形成的文化。它的发展路径，是位于渭河入黄处之南岸的华胥族女娲，越过黄河沿着汾河逆流而上一直到达桑干河流域，与东部的山顶洞人后裔相结合。到了距今8200多年的时候，她的后继者伏羲族也来到了这里，在积蓄了足够的力量之后，他们便翻越燕山来到了辽河上游的老哈河一带，在新的天地里创造了兴隆洼文化。这是我国北方最早的新石器时代文化，但它却别开生面，是我们今天所能看到的最早也最确定的伏羲文化。

我们在它的墓葬里发现了最早的玉器—玉玦耳饰，发现了人猪同穴带有宗教仪式的猪灵崇拜，从而表明了这不仅在物质生产和物质生活方面，而且

在人的精神生活方面，已是与以前所有发现面貌迥异的一个全新的文化。特别是在发现了这一文化的阜新查海石摆龙时，它给予我们的不仅是震撼，而是更多的新知和思考。因为中国最早关于龙的传说，是从"三皇"的伏羲开始的，所以石摆龙实物真形的发现，不仅证明了伏羲传说的历史真实性，而且也真真切切告诉你，你眼前看到的这一切就是伏羲时代所创造的文明。

（二）关于裴李岗与磁山文化的解读。

裴李岗与磁山文化，一个较早，一个较晚，但都在距今8000—7000年之范围内，所以实际上属于同类文化。由于有了查海石摆龙距今8000年分界点的定位，这一长期困扰我们的时代判定之难题，现在便很容易以此认定它们都同属伏羲时代。由于与兴隆洼文化相比它的年代相对更晚，因而它的文明程度相对更高。这不管是从窖穴粮谷丰富的贮存，家养畜禽品种的增加，以石磨盘为代表的磨制难度更高的新石器的普遍使用，陶制纺轮、网梭等新生产工具的发明，还是陶制圭盘、占数器、龟骨锲刻符号的惊世出现，都充分地证明了这一点。

解读裴李岗与磁山文化的另一大难题，是它们出现的时间点。要知道，不论是黄河中游南岸以新郑为中心的裴李岗文化，还是黄河北岸以武安为中心的磁山文化，它们都与其西邻的华山脚下华胥族女娲处于同一黄河流域，且近在身旁。那么华胥女娲为什么要舍近求远，在她向天南地北、东西四方拓展千年之后，这时才来到这里？有人甚至怀疑这个时间点会否有误，因为这里作为黄河流域之中原腹地和中心，自古以来就被认为是中华民族的摇篮，它怎么能比边远四方开拓得更晚呢？

其实这一特殊现象，在旧石器时代就已表现了出来。回想西侯渡人诞生以来，他的发展轨迹就是由匼河人、蓝田人、洛南人、大荔人、丁村人、下川人等，绕着华山形成一个C字，而且也是向南向北拓展之后，最后才将C字的北端向前（东）推到了安阳的小南海而止，南端向前（东）推到了许昌而止。许昌与安阳之间隔黄河南北相望，但最终C字的口就是无法合拢。

要破解这一疑难，其实要从黄河流域的变迁和形成入手。要知道黄河最初是在渭、洛（北洛）、汾交汇处形成了一个巨大的内陆湖，是巨灵擘山导河的传说告诉我们，华山与中条山之间因地震自然力量使其中裂而下泻。正如李白诗句描写的那样"巨灵咆哮擘两山，洪波喷流射东海"，而C字之口不能合拢的地方正是黄河"洪波喷流"而去的地区。从地质构造上看，河南

省广大地区是以华北山地陆台为基础的，由于地质运动史上的无数次升隆，原先这里尽为深山险谷之地。当黄河下泻之初，这里多变成深不见底的山间湖泊，在经过千百年的黄河泥沙沉积之后，才逐渐形成了豫西溹洧谷地、伊洛盆地和太行山以东的林县盆地等。至于再由嵩山向东最终形成黄河下游黄淮海冲积平原，则还需要此后千年沧海桑田的演化。今日俯瞰整个中州大地，到处似乎是平畴沃野，但从小区域上观察，则随处分布着密密麻麻的山岗小峦。这些小岗峦其实就是露出地面的山顶，对此仍可依稀想见其原初的蛮荒模样。

随着中州平原的逐步形成，守候在C型圈的华胥族以及后继者的伏羲族，随时做好了进入的准备。伏羲的女儿洛神溺死于洛河（此处应指南洛河）之入黄处的洛阳之传说，实际告诉我们了一个伏羲族女娲作为最早东进这一领域之先遣者，却被尚未形成固定河道的黄流所吞没的悲壮史实。而贾湖人的伏羲族，早在8600年前就由渭河流域经华山之阳的南洛河来到了漯河之淮河上游流域，与先头到达的许昌女娲族一起守候在这里。经过600多年的漫长等待，终于到了距今8000年中州大地形成之后，他们便进入新郑成为了最早到达这里的裴里岗人。至于与新郑隔河南北相望的河北武安磁山伏羲族，是到了距今7400年以后才进入黄河北岸和河北南部广大地区的，那是因为这里黄河流域之华北平原的正式形成，相对又要晚了600多年。

裴李岗文化和磁山文化的兴起及C型口的最终合拢，使华胥女娲与伏羲族前期的活动中心，先由西部之渭、洛（北洛河）、汾平原又东延到南洛河入黄处的伊洛盆地，形成"河洛之地"，这时又扩大到东邻的黄河中下游平原了。加上他前段对四方的强劲开拓，至此母系氏族社会之进入伏羲时代的总体形势图，始告完成。

第四节 伏羲时代的文明创造

一

伏羲也是神话传说中的"三皇"之一，按照民间传说，我们一般都将其理解为一个具体的历史人物。通过我们前边对于有巢氏、燧人氏、女娲氏等其他"三皇"的介绍，并联系"前仰韶文化"的诸多发现，现在看伏羲其实也并非是一个具体的历史人物。他的真正含意亦有三个层面：其一，它是相对于母系"族外婚"而言的父系"前对偶婚"制度；其二，它是相对于母系女娲族而言的父系伏羲氏族；其三，它是相对于母系女娲婚姻"单轨制"而言的父系伏羲"双轨制"时代。父系伏羲"双轨制"，就是伏羲族诞生之后他与女娲族有着一个长期共存的时代，亦即伏羲"葫芦娃"兄妹共生共荣的时代，我们称其为伏羲时代。

明白于此，我们前面所介绍的"前仰韶文化"，其实原是分为两个阶段的。前一阶段是刚进入新石器时代的母系女娲"单轨制"时代，我们称其为华胥女娲时代；后一阶段是伏羲"葫芦娃"兄妹共生共荣的"双轨制"时代，这才是我们本章所要重点解读的伏羲时代。

远古的传说告诉我们，伏羲生于"成纪"，亦即今天甘肃的天水，这从天水秦安大地湾文化考古发现中，基本可以得到确认。然而对于整个伏羲时代存在真实性的确认，却是兴隆洼文化距今8000多年阜新查海石摆龙的面世，以及在它之后的裴李岗与磁山文化与伏羲传说相吻合的文明创造。按理说，对于伏羲的神话传说，有了这么多的考古实证我们便已经可以有所交待了，但是还不够，因为考古实证只是对它的复原，我们还要用更为丰富的神话传说为考古实物赋予灵魂，对整个的伏羲时代予以复活。这种复活性的解读，将会告诉我们更多关于中华文明更早更基础性的东西。

从民族血缘和民族文化聚合、熔铸的过程来看，伏羲与女娲一样都是中华民族所敬仰的人文始祖。而伏羲"河洛文化"作为中华文化的真正源头，其传说流传面更广。历代典籍对伏羲的文化贡献所载甚多，归结起来有以下几个方面：（一）正姓氏，制嫁娶。（二）发明网罟，教民渔猎。（三）驯

百兽，养六畜，（四）取牺牲，变茹腥，以充庖厨。（五）造琴瑟，作音乐。（六）测算天文历法。（七）画八卦，开启河洛文化之源。以下结合考古发现，综合予以介绍。

<h2 style="text-align:center">二</h2>

伏羲时代的文明创造，首先是与他自身诞生相联系的婚姻制度。由于婚姻制度本身所反映的是人类生命的诞生及繁衍，因而对于此类民间传说，可以分为以下相互联系的三个层次来理解。

一是，伏羲与女娲兄妹造人的传说。 过去我们常把盘古开天造人、女娲抟泥造人、伏羲与女娲兄妹造人，都当做关于人类起源的传说。对此有人叫真，质疑三种不同的说法到底那一个是真？有人和稀泥道："既然都是神话传说，姑妄言之，姑妄听之，何必当真"。通过我们前边大量的介绍，现在看来错不在古人，而在今人的误读。我们回过头来再看这三种传说，从细节上说它们的区别还是十分明显的，因而它们所说地"造人"其实并不是一回事，而是各有所指。伏羲与女娲兄妹造人，其实就是明白地告诉你，这是一个女娲族母系与伏羲族父系亲如兄妹的共生共育的"双轨制"时代，从而与女娲"抟泥造人"的"单轨制"婚姻相区别。如此久远的传说，却能传达这么丰富而细微的信息，应该说已是非常难能可贵的了。

二是，伏羲与女娲都是中华始祖。 在中华大地上自古至今许多地方都建有女娲庙和伏羲庙。所不同的是，有的女娲庙只祭女娲一神，如东北红山文化所出土的女娲神像和祭坛，这反映了华胥族女娲始创"族外婚"与母系女娲"单轨制"时代的历史真实，说明华胥女娲是中华民族的老祖母。而所有伏羲庙都皆塑伏羲女娲二神，特别是汉画像石所绘伏羲与女娲皆为尾部缠绕相交之蛇身，这里的男身与女身之别其实是父系与母系之别，这里的男女之交其实是伏羲族与女娲族多为婚族，你中有我，我中有你。正是伏羲时代伏羲族与女娲族的共生共育，从而使伏羲与女娲成为了中华民族的共同血缘始祖。

三是，伏羲"正姓氏，制嫁娶"。 如果说以上两层只隐含了伏羲所创造的父系"前对偶婚"更为进步的婚姻制度，那么"正姓氏，制嫁娶"则是对

这一婚姻制度更为具体深入的说明。《路史》载："上古男女无别，太昊（伏羲）始制嫁娶，以俪皮为礼；正姓氏，通媒妁，以重人伦之本，而民始不渎。" 关于"正姓氏"我们放到后面"龙图腾"一节再具体解读，这里重点解读"制嫁娶"。要知道，不论是人类最早的"乱婚制"或"族内血亲婚"，还是华胥女娲开创的"族外婚"，其群婚的性质只是程度不同而已，男女双方的婚姻关系都是随意而不确定的。而伏羲时代所开创的父系"前对偶婚"，虽然还不是后来的"一夫一妻（多妻）制"，但它的婚姻对象却是相对固定的了。正因为如此，它才使"男娶女嫁"上升为具有仪式意义的文明层面。联想到许多少数民族至今还保留着"哭嫁"这一最古老的婚俗遗风，联想到我们今天每个人都要在上古传下的具有生命仪式意义之民风婚俗中，完成自己的婚姻终身大事，伏羲文化就不再是遥远的传说，而是溶化到我们的现实生活与血液里了。

三

现在来介绍伏羲时代所创造的物质生产文明。物质生产文明是人类生存发展的基础，因而也是一切文明产生的前提。

物质生产文明首先体现在生产工具的进步上。从"前仰韶文化"的发现中，我们可以直观看到从旧石器向新石器演化的实物交递过程。而当进入伏羲时代，磨制的新石器不仅已基本代替了打制的旧石器，而且在石器、骨器、玉器的磨制、钻孔等新工艺上已相当成熟。这些从出土打磨精良且品种繁多的石（玉）斧、石（玉）锛、石镰、骨针、骨杈、骨镖、石（骨）箭镞造型复杂而独特的石磨盘等实物中，都可反映出来。

女娲时代所开创的原始农业，在伏羲时代又有了新的进步。贾湖遗址出土的粳稻、核桃，说明在种植品种上有了新的改良和发展。石锄的出现，说明已在刀耕火种的基础上开始孕育着更先进的锄耕农业。特别是磁山文化窖穴中出土的丰富藏粮，都表明了当时的种植技术和产量已进步到相当可观的程度。

如果说以上都是对女娲时代创造的继承和发展，那么下面的传说告诉我们的却是伏羲时代的新发明、新创造。

一是，"发明网罟，教民渔猎"。《周易·系辞下》说："古者包牺氏（即伏羲）之王天下也，作结绳而为网罟，以佃以渔"。"以佃以渔"就是既种田又打鱼，"网罟"就是捕鱼、捉鸟、套兽的各种网具。它的发明使劳动强度大并具危险性的原始狩猎经济，上升为了人的体能加智能的渔猎经济，从而既减轻了劳动的强度、难度和危险程度，又可获得更多的猎物，使自己的物质生活水平有了质的改善和提高。

二是，"驯百兽，养六畜"。当农耕和渔猎经济发展之后，人们便将食用不完的用网罟捕获的活猎物进行驯养，从而开创了人工饲养家畜的新产业。裴里岗和磁山文化遗址所出土的猪、狗、鸡、羊、牛等家畜家禽骨骸，使伏羲"驯百兽，养六畜"的传说不再是虚无缥缈的传说，而是成为了确切的史实。畜牧业的创立，不仅扩大了原始农业的领域，而且使独立的畜牧业成为后来游牧民族的主导产业，传承至今而不衰。

四

现在再来介绍伏羲时代所创造的物质生活文明。

一是，**住居文明**。定居的生活方式，是从女娲时代有了原始农业之后开始的。然而从有巢氏构木为巢发展到新石器时代的定居生活，先民的居住实物是直到女娲时代向伏羲时代过渡期及以后的遗址中才开始发现的。从距今9000年前的彭头山直到7000多年前的磁山文化中，你所看到族群聚居遗址的城外之防御壕沟，城内房舍、广场有规律的布局，以及半地穴式、火烧硬化地面及灶坑的居室构造，都使我们领略到了伏羲时代先民的居住条件和水平的文明进步程度。

二是，**饮食文明**。到了伏羲时代，先民的食物来源既有采集的野果野蔬，又有渔猎、家养的各种动物，还有种植收获的黍、粟、籼稻、粳稻，品种已是相当丰富了。在加工方法上，他们用发明的石磨盘为稻谷去皮，甚至碾成糁粒和面粉。用烧造的加砂陶盂、陶鼎（最原始的釜）蒸煮肉类、谷类各式食物。饮食用具及炊具，已有陶制的深腹罐，三足鼎、盂、钵，还有杯、盘、壶以及独特靴形支脚等，器类已相对完备齐全。从女娲履大人迹于"雷泽"之内陆盐湖的生存环境看，我们的先民早就开始以盐作为调味品，

加之贾湖原始酒类的发现，可以推断与酒酿造相连系且更为简单的酿醋技术这时也已产生。伏羲的名字古时写法有许多种，如伏牺、宓羲、刨羲、庖羲、炮牺等。其中庖羲、炮牺的含意，古籍就解释为"取牺牲以充庖厨"（《帝王世系》），"变茹腥之食"（《拾遗记》）。孔子云："饮食男女，人之大欲存焉"。伏羲时代不仅创造了"前对偶婚"更为进步的婚姻制度，而且把火的发明应用并提升到饮食文化的层面，意义重大。

三是，服饰文明。伏羲时代的衣物是什么样，传说没有讲，由于它的易腐性也不可能发现考古实物（只发现陶土上编织的席印纹），但考古所发现的与今天钢针大不了多少的骨针却告诉我们，当时衣物（兽皮之类）的制作已是比较讲究了。特别是挖掘出土的各类打磨精致并有穿孔的彩色石珠、骨坠、牙饰、绿松石饰品，以及首次发现的玉玦耳饰等，都说明当时先民在实现温饱的基础上已萌生了强烈的爱美心理，从而使我们看到了服饰文明的源头。

四是，丧葬文明。伏羲时代不仅开始出现竖式的墓穴和专门的墓区，而且有了陪葬品。从男性多陪葬石斧、石锛、石镰、石锄，而女性多陪葬陶纺轮、网梭、石磨盘的葬俗看，不仅反映了男女开始出现的不同分工，更反映了祖宗崇拜以及对生命意义和生死观念的认知。特别是一些带锲符的龟甲和家猪陪葬物的出土，它所反映的龟灵崇拜和猪灵崇拜等原始宗教意识，明显已进入到精神生活的层面了。

五

最后，介绍伏羲时代所创造的"河洛文化"。

"河洛文化"是中华文化的源头。过去由于仅限于传说，仅限于我们从现存的《易》文化向上溯源式的推论和想象，因此显得神秘而模糊，甚至对关于它的起源传说真实性，多持质疑态度。应该说，要对一个文字尚未产生而仅靠传说描述的文化现象进行论证，即使在今天也是困难重重而无法完成的。对此，我的介绍虽仍采用"双重证据法"，但主要目标是去证明它历史存在的真实性，至于对它之具体内容的探讨，其深度究竟如何，那就只能勉力而为了。

102

一是，文字符号的萌芽。殷商安阳出土的最早甲骨文已是十分完备的文字，应该说在它之前的时代必有一个形成的过程。传说文字是黄帝时代的史官仓颉创造的，而在他之前更远古的先民们是用"结绳记事"的。"结绳记事"的绳是易腐的，故不可考。然而贾湖遗址奇迹般出土的，距今8600—7800年前其龟甲、兽骨、及陶器上锲刻的17种符号，横竖钩点撇叉各具，显然比"结绳"离文字更近了一步。这些符号，我们可以说它是文字起源的前身，其实也可以说它就是比"结绳"更进步的符号"文字"，因为它在当时不可能仅仅是符号，而是必然具备一定意义"记事"功能的。

二是，天文算数的萌芽。中国的历法，一是称为"夏历"，因为到了夏代的《夏时历》已十分完备，并一直流传至今。二是称为"黄历"，因为传说它是黄帝创造的。然而还有一种传说是从伏羲时就开始测算天文历法，现在看应是可信的。因为世界上所有历法都是伴随原始农业的现实需要而产生，并都要经过一个漫长的历史积累和修正过程才能形成。如果我们将伏羲时代原始农业的发展状况作为大的时代背景，再来看裴李岗和磁山文化出土的陶圭盘、卜蓍器、内装石子的龟甲，我们完全有理由将圭盘看做是观测天文地理更为原始的罗盘之类器具；而天文是离不开计数和测算的，所以卜蓍器和龟甲内装的石子，实际就是用以计数和演算的器具，卜与算在那时应该是不分的。

三是，造琴瑟、作音乐。音乐作为文化，不仅是非物质层面的，而且是更为抽象之精神活动。正因为如此，对于远古伏羲时代"造琴瑟，作音乐"的传说，多数人不光是质疑，而是压根就不敢相信。然贾湖遗址鹤腿骨笛的出土，震惊中国，震惊世界。它数量多，不是单支的孤证，而是相继出土30多支，可见其普及程度。它品种杂，许多骨笛为多音阶的孔数不同的乐器，但七孔笛的制作音准已与今天的笛子无异。当它今天以美妙的音色演奏出现代经典歌曲时，你不能不为它的制作水平所震撼。再加上临潼白家村等地出土的陶埙，都不仅再一次证明了古代传说的真实与准确性，而且也提醒我们，今天我们对伏羲时代的文明创造很可能还估计不足。

四是，演八卦而创《易》。八卦易理是河洛文化的核心，更是中华文明的源头。司马迁在《太史公自序》中说："余闻之先人曰：伏羲至纯厚，作《易》八卦。"伏羲画八卦既是远古传说中最传承有序、深入人心的传说，又有经过历代演化完善、流传至今的八卦太极图和《周易》为实证，应该说

是最值得相信的。《周易·系辞下》说："古者庖牺氏之王天下也，仰则观象于天，俯则观法于地。观鸟兽之文与地之宜，近取诸身，远取诸物，于是始作八卦，以通神明之德，以类万物之情。"这是《周易》自我说明伏羲是如何创立八卦的一段十分重要的话。前段告诉我们伏羲所观、所法、所取的实物对象，是包括天、地、人及万物在内的整个世界，是整个自然界生灭变化的实然图景，即"天演图"。后段告诉我们伏羲依此所作之八卦图，是为了"以通神明之德，以类万物之情"，就是说八卦图所表达的是对天地万物生灭变化总体规律的抽象（形而上）总结、升华和演示，即"演天图"。从女娲"补天"到伏羲"演天"，这是中华文明又一里程碑式的进步。

那么，伏羲所作之八卦图又是如何"演天"的呢？古人将八卦总结为"象数之学"，说明它是用"象"和"数"来演天的。先说八卦如何以"数"演天：中国古代最早的算数是二进位，所以只有1和2两个数。在八卦中，1写作"—"，称为阳爻；2写作"––"，称为阴爻。然后将任意一阳爻或阴爻放在由"上、中、下"三层组成的卦中，于是按照排列组合法得到八个不同的卦，分别命名为"乾（天）、坤（地）、震（雷）、兑（泽）、艮（山）、坎(水)、离（火）、巽（风）"。这种用"数"所演示的易理是，"道生一，一生二，二生三，三生万物"。这里的万物，当然是用"天、地、雷、泽、山、水、火、风"这些前边反复出现的与人类诞生及生命生存攸关的八类自然之物来代表的。

再说八卦是如何以"象"演天：在远古人眼里，最大的"象"就是"天、地、万物"。所以八卦图以一个圆代表"天"，以围绕圆之周的八个物象之卦代表"万物"，而圆内所画之图当然就是代表"地"了。《礼记·礼运篇》注引《中侯握河纪》谈到与伏羲关系密切的"河图"时说："伏羲氏有天下，龙马负图出于河，遂法之画八卦"。过去我们常把黄河之上某个S型的河湾称为乾坤湾，附会为伏羲画八卦处，现在看眼界和格局还是太小了。因为伏羲所画之"地"绝不会是没有意义的他处，而只会是其生于斯、长于斯的中心故土之大山大河，它便是"河出图，洛出书"所明白告诉我们的"河洛之地"。

由此看来，八卦图之圆内自西向东的横向S线，应代表渭河与黄河。华山既处在渭河与黄河交汇的中心点上，又处在划分中国南北气候分界线的秦岭之巅，山之阴为从北而来的西部北洛河流域所代表，山之阳为自南而来的

东部南洛河流域所代表。这两个毗连地区，正好是伏羲早期诞生的"华胥之州"中心区和后期发展的"伊洛盆地"中原中心区。这一天造地设的中国最大的山川乾坤图，稍加抽象化改造便成为两条互生互动的"阴阳鱼"，其"象"所演示的易理，便是"一阴一阳之为道"的天地万物生灭衍化之总规律。当然"象"与"数"是一个相互联系的整体，合起来它告诉我们的总道理是：天人合一，道法自然，阴阳互变，和实生物，生生为易。因此后人将伏羲时代所创造的"河洛文化"，也称为"和合文化"。

　　什么是文化，文化就是人类对世界万物及规律性、真理性的认知和把握。什么是文明，文明就是人类用其规律性、真理性知识，在对世界和自身进行实践性改造中，所获得的物质及精神成果。伏羲时代所创造的河洛文化，从狭义上说是指这一文化其核心部分之"演天图"的八卦易理之哲理；从广义上说更应包括与这一"演天图"形成过程相伴随的，伏羲时代所有物质及精神生产、生活的文明创造。有了对这一源头文化与文明的复活性解读，相信你对此前所介绍"天、地、人"的起源之"盘古开天"哲理性传说，将会有一个全新的认识；同时对由它所滥觞的中华文明，也必会有一个全新的理解。

第五节　龙 图 腾

一

　　当阜新查海石摆龙的出土介绍给你之后，当伏羲的整个时代介绍给你之后，这时的我们才具备了向你介绍"中华龙"的基本条件。这也是我们将"龙"与"花"的内容一样，都放在了一章最后才介绍的原因。现在先说"龙"的起源。

　　一是，别姓氏。我们之所以从"三皇"有巢氏与燧人氏之后，才将华胥氏女娲族称为中华民族的始祖母，将其后伏羲时代的伏羲与女娲兄妹族称为中华民族共同的始祖，那是因为从猿向直立人进化过程中的有巢氏还只能称

为原始人种，而此后进化为智人的燧人氏也还只能称为原始种群。由于他们都处在乱婚和族内婚的血亲群婚制阶段，这种犹如能够移动的自花授粉植物一样的原始群，是构不成社会的。这一阶段虽则因人工打制石器、钻木取火及弓箭的创造，促进了人类的生存发展，但血亲群婚制所带来的退化及返祖现象，却对人类繁衍造成严重威胁。华胥女娲族的横空出世，其所创造的"族外婚"，彻底解除了人类退化的威胁，使自身由"智人"进步为了"新人"（亦称现代人），由"原始群"进步为了"氏族社会"，从而成为最早、也是最重大的一次创造性社会转型。中华民族的"族"就是从华胥氏的"华族"肇始的。

然而，在由华胥族的母系"族外婚"孕育出伏羲族的父系"前对偶婚"、并以此"双轨制"婚姻长期并存的氏族社会里，伴随着婚姻制度的新进步又使族群关系愈加复杂。为了防止同族及胞族之近亲繁衍，每一父系或母系就必须有自己的族名以纪自己的血统，以有别他族的血缘。"氏"者，就是为了纪血缘而为其族所取之名。在整个包括女娲时代和伏羲时代在内的母系氏族社会，族之名即为族之"氏"，而族之名成为族之"姓"是到后来即将进入父系氏族社会时才有的事情。这就是传说中将"正姓氏，制嫁娶"，作为伏羲时代所创造的重要文明予以强调的意义之所在。

二是，定图腾。过去许多研究者对图腾与祖宗崇拜的关系或有论及，但由于对图腾的出现与氏族命名的直接关系缺乏了解，因而对图腾的产生时间及内涵多为猜测，难有定论。其实图腾的本意就是为本族取名，以别血缘，以纪血统。

为本氏族取名的渠道有两条。其一志故土，在女娲时代以及伏羲时代初期多采用这一主流方法。这从华胥女娲以华山之前"华胥之州"故地为名，从伏羲与女娲"葫芦娃"兄妹结婚、所造之人以飘洒下落之地，或木、或水为其氏名的传说中，可为佐证。其二定图腾，这是当同一地区女娲与伏羲族又衍生出了许多支脉族群之后，必然采用的新的主流方法。所以，图腾就是族之名、族之氏。为其族定"氏"事关重大，必有讲究和意义，故多以与本族生命、生存、希望、祈愿相关之物命名之。华胥女娲族以"花"为图腾，伏羲族诞生之后最初以"葫芦"为图腾，此后他们愈来愈多的众多后代，又各自以灵蛇、灵龟、蛙、鸟、鲵、鹿以及家养之猪、狗、马、牛等等为图腾，不胜枚举。这是一个万物有灵的时代，我们的先民是把一切与自己生命、生存有关之物，都看作像自己一样是有生命、有灵魂、有灵性的。这些有灵之物既已成为先祖之族名，图腾崇拜与祖宗崇拜实际上便是合二而一的事情了。如果我们对此缺乏了解，不仅会对后边的所有神话传说产生误读和诟病，而且还会对中华传统文化造成曲解和伤害。

三是，龙现世。龙的出现，是伏羲时代发展到一定程度其适应崇祖睦亲现实要求的产物。崇祖是感念先祖繁育奠基之恩的精神寄托，睦亲是以血缘纽带团结众多胞族迎接新挑战的现实需要。于是他们为自己同血缘的众多支脉族群，合起来取了一个共同的名字，叫"龙"。

《左传·昭公十七年》载："太昊氏（即伏羲）以龙纪，故为龙师而龙名。"这是最早、最可靠的关于太昊伏羲以龙纪血缘，以龙为名号的典籍记载。然而为了体现每一小的族群都是这个大祖族的血脉和共同组成部分，这个祖族的"龙"图腾并不为一个现实存在物，而是由各小族群图腾相融合的创造体。当然这个融合与创造并不是一次完成的，而是由小到大逐步实现的。过去常说"龙有九种"，带翅的叫"应龙"、无角的叫"螭龙"、蛇身的叫"蛟龙"等等，它们都是这一创造过程某一地区、某一阶段的实物反映。至于我们经常遇到的鱼龙、鸟龙、龟龙、马龙、猪龙等称谓，它表达的又是另一层意思，即强调它们都是"龙种"，都是"龙族"了。

当我们真正了解了龙的起源及形成过程，就会对龙的概念及与它所关联的事物不再似是而非、混淆不清。要知道，龙图腾并不是伏羲时代一开始就有的，而是发展到一定程度之后才形成的。同时它还是这一时代双轨制婚姻的伏羲与女娲兄妹族共同的图腾，所以"龙"既代表伏羲，又代表女娲，绝不是仅仅代表伏羲。由于伏羲与女娲兄妹族，都是华胥女娲族的后代，所以"花"图腾的华胥女娲族，就是先以"葫芦娃"为名而后以"龙"为图腾的伏羲与女娲兄妹族共同的母亲，是中华民族的始祖母。这样，"华之始"的"花"图腾就成为了中华民族永恒的名字，"龙之脉"的"龙"图腾就成为了中华民族永恒的徽记，而"葫芦娃"的故事则成为了中华民族永远的传说。

二

　　龙图腾的特殊之处在于，其它图腾皆为自然界之实际存在的实有之物，而唯有"龙"却是伏羲时代先民虚拟的自我创造。这一创造不仅为其赋予了龙之名与龙之形，而且为它赋予了人文的内涵和意义。从而使其与伏羲时代所创造的八卦易理相会通，成为中华河洛文化与文明的重要内容和体现。

　　其一，是"合融"。龙图腾的内涵，首先表现为把包括人类在内的宇宙万物，理解为有机、有序、不可分割的生命体之大化流行。这一有机整体的宇宙观，即"天人合一"的合融思想。它体现在人与天及其关系之两大要素中：

　　先说"人际"之合。人际之"合"就是龙图腾形象本身所体现的族际之"合"。闻一多在《伏羲考》一文中指出，龙是"由许多不同的图腾糅合成的一种综合体"。明代冯复京撰写的《六家诗名物疏》云："龙有三停九似之说。谓自首至疎、疎至腰、腰至尾，皆相停也。角似鹿，头似马，眼似龟，颈似驼，腹似蜃，鳞似鱼，爪似鹰，掌似虎，耳似牛。"都说明我们的祖先把各种动物形象最美好的部分糅合在一起，创造了他们想象中的"龙"，来作为祖族的图腾和形象。龙图腾的形成，象征了中华民族主体血脉的汇聚和文化的奠基。从此，普天下的中国人都有了一个共同的名字——"龙的传人"。

　　再说"天际"之合。龙的形象不仅是以代表有生命之万物的各类动物形象所构成，而且还集合了天上的雷电、云雾、虹霓，地上连绵起伏的大山、蜿蜒奔流的江河、扶摇直上的龙卷风、摧枯拉朽的泥石流等物候天象。故此，它才具有移山导河、翻江倒海、腾云驾雾、呼风唤雨的神力，并往来于天地之间，变幻莫测，气象万千。

　　正是因为龙图腾自身"天人合一"之合融的内涵，从而引申出"龙"族人所具有的理念：敬畏自然、天地一统、珍爱万物、善待生命、崇祖睦族、尊重他人、团结包容、自尊自伟。

　　其二，是"竞变"。龙图腾的竞变之内涵，是对八卦阴阳鱼互生互动之易理的诠释，它体现为"竞"与"变"两个方面：

　　先说"竞"的方面。阴阳鱼之间所表现的互生互动关系，首先是相互作用的"互竞"关系。宇宙万物无时无刻不在运动变化之中，然而一切的动与

变，都是力与能量相互作用之"竞"的结果。万物生灭的物竞天择，推动了生命的诞生和进化。人类能动的劳动创造，使人类成为万物之灵、天地之心。这些用现代哲学语言才能表述清楚的哲理，其实我们在八卦易理和盘古、巨灵、女娲、伏羲的故事里，早已领略过了；然而它在龙身上所表现出的谐天而竞天，气贯长虹、充满活力、威猛自信、勇敢无畏、一往无前的形象，其所赋予"龙"族人的是：创造、进取、开拓、拼搏、不畏艰险、不畏强敌、敢于胜利、自强不息的精神。

再说"变"的方面。龙图腾不论在其形成过程还是它最终给人的形象，都是一个通天通灵、幻化无穷、法力无边、神龙见首不见尾的活的神物。这一形象充分体现了八卦易理之"变"的核心价值。"变"是"竞"所必须遵循的客观法则。《易经》是一部专讲事物变化的书，阮籍在其《通易论》中称："大《易》者何？乃昔之玄真，往古之变经也"。《易经》令人不可思议地是将千变万化的世间万物，高度抽象为"阴"与"阳"两个既对立又统一的符号；同时又用"阴"与"阳"两个符号，总结演示出世间万物千变万化的客观规律，并将其上升为"道"的高度："反者道之动"、"物极必反"、"否极泰来"、"有无相生，难易相成，长短相形，高下相盈，音声相和，前后相随，恒也"（老子《道德经》）。易理更令人不可思议地是将这些"变动不居，周流六虚，上下无常，刚柔相易，不可为典要，唯变所适"的《易》道之自然法则，幻化为"潜龙勿用"、"或跃在渊"、"见龙在田"、"飞龙在天"、"亢龙尤悔"等"龙"的各种生存处境与辩证之对策，从而教给"龙"族人："适时求变"、"趋吉避凶"、"夕惕若厉"、"与时偕行"、"有因有革"、"日新其德"、"穷变通久"的忧患意识与生存智慧。

其三，是"和生"。易理由"天人合一"的"合融"与"阴阳互动"的"竞变"之思维方式，又推衍出中华义化中最具核心意义的"和生"哲学理念与普世价值观。

《易》曰："乾道变化，各正性命，保合太和，乃利贞。首出庶物，万国咸宁。"意思是说，自然天道的变化衍生了天地万物的性与命，人类若能保持合于天道的变化，并达到与其和谐之最高境界，就会普利万物而获得吉祥，这是创生万物并使天下国家得以安宁太平的基本道理。《礼》曰："大乐同天地同和，大礼与天地同节。如此，则四海之内合敬同爱矣。"意思是

说，最好的音乐能与天地自然保持共同的和谐，最好的制度能与天地自然保持共同的节律，如此才能四海之内大家都相敬相爱。以上所举告诉我们，"和"的哲学理念并非仅是人的主观愿望，而是事物生成发展的内在根据，是人与自然、人与人本质关系的内在要求。

在此基础上，我们的先民又通过自身的生存斗争与实践，不仅提出了"和"与"同"两个对举的概念，而且将其"生生之谓易"的哲理上升到具有人文价值观的层面。西周末年的史官史伯提出："夫和实生物，同则不继。以他平他谓之和，故能丰长而物归之；若以同裨同，尽乃弃矣。"是说，"和"是不同的东西加上不同的东西所形成的事物多样性共同体，从而使其生命丰盈、兴盛，并生成新的东西，故曰"和实生物"。而"同"则是相同的东西再加上相同的东西，最后还是由相同因素构成的单一体，单一性的绝对同一则必然走向衰亡和灭绝，故曰"同则不继"。如果联系到女娲时代的"族外婚"、伏羲时代的父系与母系"双轨制"之共生共荣的发展历程，这种与片面强调矛盾和斗争之二元对立思维模式截然不同的极其宝贵的"和生"理念，实在是中华民族长期历史经验积淀的思想精髓和核心价值。

这一中华先民所创造的"和生"哲学与价值观，同时也在自身所创造的龙图腾身上得到充分体现。中华之龙不仅是"合融"之物、"竞变"之体，而且极具"和生"的精神与性格。它谐天乐生，睦亲贵和，充满激情，充满希望，热爱生命，热爱生活，热烈喜庆，祈福迎祥，永远追求美好与幸福。所有这些，其实就是龙族人的精神世界、性格禀赋，及其价值观和人生观。

三

对于以龙为图腾之伏羲时代的复活，何以能够做到如此生动丰富、别开生面，使人耳目以新呢？有人说这是因为关于伏羲的传说相对丰富具体，然而这些传说古已有之，并非始自今日。有人说这是因为这一时期的考古发现更为丰富独特，然而在这之前又有谁敢将这些考古发现确定为就是伏羲时代？其实它的真正秘密不是别的，而是通过二者的对接互证以实现对龙图腾实物考古发现之意义的捕捉和运用，从而不仅使其成为打开伏羲时代的一把钥匙，而且成为整个中华探源之断代的"定海神针"。具体讲：

其一，它是解密远古神话传说的物证与基石。古人类学考古与古动物学考古，是两个不同性质的考古。古动物学考古只要找到对应地质层之动物骨骸化石即可，而古人类学考古必须以发现人类文明所创造的实物和遗迹为据。人类的文明创造，分为物质文明创造与精神文明创造两个部分。考古对于人类物质文明创造的发现较易，如旧石器、新石器、陶器、玉器、房址、人工栽培之植物、家养之动物等等。而考古对于人类精神文明创造的发现却难。但也不是绝对不可能，只是它发现的范围只限于可以用物化符号所表现的精神文明创造，如岩画、雕塑、陶绘等。但绝大多数精神文明的创造，还是要通过语言符号口口相传来表达和传承。阜新查海石摆龙的出土，之所以石破天惊、别具意义，是因为龙的传说与内涵流传至今、影响至今，早已深入人心。对于这一以世间本不存在的灵物其作为先民精神创造与寄托之祖族图腾，人们谁也不曾企望但却出乎意外地在此获得了实物的确证。鉴于龙的传说与自伏羲起的"三皇"、"五帝"的历史一以贯之，因此通过对于文字产生之前龙之神话传说的确证和解密，而使与之相连的所有考古历史遗迹得以复活，其意义之重大自不待言。

其二，它是复活伏羲时代的显示器。科学测定阜新查海石摆龙的确切年代是距今8000年，说明它是处于新石器时代早期阶段最早的中华龙。而中华龙的传说是从伏羲开始的，所以查海龙的年代就一定对应的是伏羲时代。对此，它的意义首先是对伏羲时代的确证与复活。

阜新查海遗址是兴隆洼文化的一部分。由于石摆龙的发现，我们对兴隆洼文化遗址所发现的以猪陪葬的猪灵崇拜，其认识又深入了一步，原来这是一个以猪图腾为氏的伏羲族。这里的猪图腾氏族正是龙族的一个成员，这从它所出土的C型玉玦与此地区后来出土的红山C型玉猪龙的传承关系，完全可以得到确证。在同一文化既出现大型石摆龙、又出现猪龙图腾，正好说明龙是以各种动物为氏族图腾的祖图腾。为此，关于伏羲"正姓氏"、"以龙纪"的传说就不再是神话，而是复活为中华龙的源头和有实物可证的历史了。

科学测定兴隆洼文化其起止年代为距今8200—7800年。但从它的查海石摆龙之成熟造型与今天龙的形象几乎没有多大区别看，说明兴隆洼文化既不是伏羲时代的早期形成期，也不是龙的起源中心地，而是以龙为祖图腾的伏羲氏族基本成熟之后，成建制地向北方边陲生存空间的新拓展。那么龙图腾

伏羲族的最早出现，往前还能追到什么时候？在"前仰韶文化"的发现中，距今9000年的彭头山文化中还难以看到伏羲的影子；距今8500年的后李文化中虽有已驯化的家养猪出现，但我们还不敢妄断它一定就是伏羲族的出现；只是到了裴李岗文化的前身，即距今8600年的贾湖遗址时，其甲骨锲刻符号、网梭、更多驯化的家畜家禽的出现，都不容置疑地说明它已是进入伏羲时代了。由此看来，伏羲时代至少由距今8600年之前始，至距今7000年前裴李岗文化结束而终，大致经历1600多年，是基本可以肯定的。

至于伏羲的诞生之地，历史传说很多，我们通过龙的传说及实物发现，也将给予确认。历史传说华胥氏女娲"生伏羲于华阳"，有的典籍记述伏羲"生于成纪"（甘肃天水），而最早的石摆龙却在辽宁阜新发现，加之各地伏羲庙自古至今的存在，因此各家都宣称他们才是正宗的伏羲诞生之地。这场公案之所以至今无法判定，根本原因是都将伏羲当作了一个具体历史人物，而不是将其作为父系伏羲族及其诞生之后的一个时代。应该看到，父系伏羲族的诞生与发展是一个由中心区向四方拓展的漫长过程。所以说伏羲族在拓展过程中，有许多不同成长与活动地是对的，但第一个伏羲族的诞生地与此后向四方拓展的初始地却只有一个，那就是他的母族华胥女娲族的最初发展活动中心华山地区，因为典籍所载伏羲族是从女娲族衍生出来的。《山海经》中有两条关于"烛龙"的记述，其一在"大荒北经"："西北海之外，有神人面蛇身而赤，直目正乘，其瞑乃晦，其视乃明。风雨是谒，是烛九阴，是谓烛龙"。其二在"海外北经"："锺山之神，名曰烛阴，视为昼，瞑为夜，吹为冬，呼为夏，息为风，身长千里。其为物，人面蛇身赤色"。将"烛龙"又名为"烛阴"，意为烛照暗阴未化之地，给其送去光明。那么这一带有拓荒与造物使命的"烛龙"到底来自何处？这两条"烛龙"，一处在西北方，其地暗合甘肃天水之"成纪"；一处在东北方，其地暗合辽宁之阜新（此龙头向西南回望）。若按其方位划两条线，二者之交叉点即为同一之发源地，正好对应伏羲时代各考古遗址的中心点，亦即华胥氏最早活动的华山C型地区。它是这一中心地区在向四周传送出第一波女娲族之后，又传送出第二波的伏羲族。

这就是我们通过龙的实物与传说，向你复活的伏羲时代。我在前边关于伏羲时代的所有解读，实际都是以此为其基础而破题的。

其三，它是断代中华远古史的定盘星。辽宁阜新查海石摆龙的考古出土

时间相对较晚，在此之前距今5500多年的辽宁红山C型玉猪龙、距今6000多年的湖北黄梅卵石摆塑龙、距今6400多年的河南濮阳蚌塑龙等，都已相继面世。这么多不同时期的龙，它所对应的时代和历史人物是什么，一直众说纷纭，但多为猜测，难有定论。另一方面，中华远古"三皇"、"五帝"的传说，却传承有序。《周易·系辞》云："太昊伏羲作结绳而为网罟，以佃以渔，盖取诸离。伏牺氏没，神农氏作，斫木为耜，揉木为耒，耒耨之利，以教天下，盖取诸益。神农氏没，黄帝、尧、舜氏作，通其变，使民不倦，神而化之，使民宜之"。神农（炎帝）、黄帝、尧帝、舜帝，在传说中都是龙的化身、都是伏羲祖龙之血脉的传人。现在我们以阜新查海龙将伏羲时代的起止时间、活动领域、还有它以河洛文化为核心的文明创造，都给予了复活与确切的断代，这就使我们有了一个对整个远古史断代的定盘星。它不仅使"大迹出雷泽，华胥履之，生伏羲"之伏羲母族的华胥女娲的断代有了依据，而且使以伏羲为祖龙的龙脉传承，有案可稽，有序可循。

正鉴于此，我们对传说中一直将伏羲氏尊为"三皇之首"、"百王之先"便有了正确的解读。原来"三皇之首"是说伏羲氏之功绩和创造位列"三皇"之首，绝不是说伏羲氏是"三皇"中最早的一个（首先它早不过母族华胥女娲），而事实上它是"三皇"中"站在巨人肩上"的最后一位。至于"百王之先"则相对容易理解，即是说它的出现在"百王"之前。这里的"百王"，其实就是此后与之相承接而进入"五帝"时代的众多氏族（准确说这时已多为姓族）部落之王。

所有这些都明白地告诉我们，自距今万年之时开始的新石器时期，其前期的母系氏族社会，是由"单轨制"的女娲时代与"双轨制"的伏羲时代两个阶段所组成。在其历经3000多年后，从此便开始进入了新石器中期的父系氏族社会。父系氏族社会，就是传说中的"五帝"时代了。

《中华探源》附表（二）：

女娲、伏羲母系氏族社会(前仰韶文化)繁衍图表

(距今10000—7000年之新石器早期)

华胥女娲时代 (距今约1万—9000年)	伏羲（双轨制）时代（距今约9000—7000年）
以华山之前的渭、洛、汾黄河三角区为中心的华胥女娲氏族，上承"下川人"，率先进入新石器时代定居的原始农业，并以血缘的族外婚向四周扩展，渐次将各孤立繁衍的原始群改造成为了以华胥母系血缘为纽带的女娲族（即抟泥造人之"华之始"）。 距今约9000年后，华胥女娲又开始衍生出了父系的伏羲族，再次以父系与母系"双轨制"向四周扩展（即"龙之脉"）。	南部：湖南澧县彭头山文化（距今约9000—8300年）
	东部：山东泰沂山系北侧的后李文化（距今约8500—8200年）
	北部：内蒙古敖汉旗兴隆洼文化（距今8200—7400年，出土查海石摆龙）
	西部：甘肃天水大地湾下层文化（距今约8200—7000年）
	中部： 一、陕西境内前仰韶彩陶的发现。 ①华山之下的华县老官台、元君庙下层遗址、临潼白家村遗址 ②向西的宝鸡斗鸡台、北首岭发现 ③向北的泾河流域彬县下孟村发现 ④向南的汉水流域陕南平利县发现 二、向东的河南境内之前仰韶文化 ①漯河舞阳县贾湖遗址（距今约8600—7800年） ②新郑县裴李岗文化（距今约8000—7000年） ③豫北、冀南的磁山文化（距今约7400—7100年）

第五章 蒂之帝—炎帝时代

内容提要：

1.距今约7000年时进入了父系氏族社会之"五帝"时代（古"帝"字本意即花之"蒂"），并形成了三大父系部落姓族（此时的母系氏族，多以"女儿族"或"妻族"与其共存）：

（1）诞生于渭河南岸支流之姜水流域的"姜"姓炎帝神农族（对应于仰韶前期的半坡文化）；

（2）诞生于渭水北岸支流之姬水（即古漆水，源自甘肃天水清水县）流域的"姬"姓黄帝族。后沿汾水、桑干河迁徙于燕山之南北麓定居发展（对应于北福地二期与赵保沟文化）；

（3）其前身为山东后李文化，后向南部之苏皖淮河流域发展的"风"姓太昊族（对应于北辛文化）；

（4）在今天长江下游的吴越之地，这时已出现了河姆渡文化和马家浜文化，但其为何姓族无考。

2.活动于黄渭与汉水广大流域的炎帝族，因其继承了女娲、伏羲之中心祖地并对犁耕农业的重大贡献被称为神农氏，在这一时代处于主导之地位。炎帝族内发展为四大支族：

（1）主族夸父族为鱼图腾，领地在渭洛汾流域；

（2）祝融族为火图腾，领地在豫的黄河之南及汉水流域；

（3）共工族，为水图腾，领地在黄河之北豫冀交界处之古"江地"；

（4）蚩尤族，为鸟图腾，是炎帝族进入东部北辛文化之淮地，并与太昊族联姻衍生之九黎鸟族。

3.第一次炎黄之战发生于距今6500——6400年左右。

（1）第一阶段：生于"江地"的共工族（对应于大司空文化），迫于黄河水患向南迁徙，与黄河之南的祝融族发生战争。因战争失败的共工族后北退到河套地区（即传说"共工怒触不周山"）。

（2）第二阶段：水患消退后，部分共工族又返回"江地"。这次与其一起南下的还有黄帝虎族（对应于后岗文化）。但黄帝虎族南下"江地"后又跨过黄河，发生争夺炎帝祝融族领地之战（见华阴横阵遗址人骨迭压的二次葬）。被战败的祝融族被迫南退至江汉流域（对应起始于距今约6400年的大溪文化）。

（3）第三阶段：占据黄河之南的黄帝虎族，后被炎帝夸父族（"愚公移山"传说中称其为"博父"）击败，又逼退回"江地"（见距今6400多年的濮阳西坡45号墓贝塑龙虎图），大战就此宣告结束。

此后定居"江地"东部"空桑"之黄帝虎族，与东邻的太昊母系氏族同婚，变而以鸟为图腾，遂成为后世黄帝族之少昊鸟族。

4.第二次炎黄大战发生于距今6200——6000年之间。

（1）第一阶段：处于淮地的九黎蚩尤鸟族，因遭黄河特大水患而逼迫向西迁徙，并大败夸父鱼族占领了渭汾流域大部分领地（见史家村与姜寨二期迭压的千人二次葬）。蚩尤鸟族由此代夸父鱼族而成为炎帝族新的首领（见出土之鹳鸟衔鱼图）。

（2）第二阶段：到了距今6000年时，蚩尤族又以炎帝之名，先伐空桑之少昊，后直逼北地与黄帝族大战于涿鹿。黄帝族在轩辕有熊氏（熊族）首领的带领下，绝地反击，杀蚩尤族首领于中冀，夺取其"阪泉"之都，蚩尤族南逃江汉，夸父族亦因败而"弃其权杖"，黄帝族遂入主中原黄河流域。

第一节 仰韶文化及其周边文化之考古发现

一

仰韶文化，是继承老官台、白家村、裴李岗、磁山等新石器时代早期文化（前仰韶文化）发展而来的，为黄河中下游地区重要的新石器时代中期文化。因1921年安特生在河南省三门峡市渑池县仰韶村首次发现而命名。持续时间大约在距今7000至5000年间。

仰韶文化的中心，在考古上已公认是在陕西华山地区。其影响范围东起山东，西至甘肃、青海，南抵江汉，北到河套内蒙古长城一线，而分布最为密集的中心地区在陕西关中与山西、河南交界一带。当前已发现仰韶文化的遗址共5213处，其中以中心地区的陕西省最多，共计2040处，占全国的仰韶文化遗址数量的40%，其次是甘肃省1040处、河南省1000处、山西省1000处、河北省50处、内蒙古自治区约50处、湖北省23处、宁夏回族自治区7处、青海省3处。仰韶文化长达两千年的发展，既是中华民族形成的重要阶段，也是原始社会经济发展的重要时期。

仰韶文化可分为：早期阶段（距今7000—6000年）；中期阶段（距今6000—5000年）；晚期阶段（距今5000—4500年）。由于晚期阶段已属仰韶文化向龙山文化的转化阶段，故本文将其划为"前龙山文化"，放在以后再予介绍。

现在先来介绍仰韶文化早期阶段的考古发现情况。

一、半坡类型（约距今7000至6000年间）：

主要代发掘遗址有，西安半坡，临潼姜寨一期，华阴横阵，宝鸡北首岭，晋南下冯村、郑州大河村等。

1.聚落

仰韶文化早期阶段，社会经济比原始农业初期阶段有了更大的发展。各地氏族部落在河谷冲积平原与盆地周边阶地上，营建了大大小小的氏族聚落，过着比较稳定的农耕定居生活。这里土地肥美，有利于农业、畜牧业的发展，取水和交通也相对方便。聚落拥有一定规模、且建筑的布局整齐有

序。其西安半坡和临潼姜寨一期聚落保存较完整：居住区在中心，外围绕一周大壕沟，沟外部为墓葬区和窑场。早期的房屋以圆形单间为多，后期以方形多间为多。中心广场有一座大房子为公共活动的场所，其他几十座中小型房子面向大房子，形成半月形布局。这一聚落房子朝向中心广场的统一布局，则表明当时维系氏族团结的血缘纽带根深蒂固。

2.墓葬

此时反映人们意识形态的埋葬制度已经初步形成。仰韶文化居民死后按一定的葬俗埋葬，小孩实行瓮棺葬，女性厚葬和母子合葬时有出现。墓中多有陶器、石器等随葬品，多为长方形土坑墓，盛行单人仰身的直肢葬，但合葬墓和二次葬占一定比例，人数不等。其华阴横阵遗址二次葬合葬墓中多达80余人，骨骼摆放零乱且有刀斧砍砸痕迹，显然是与一场战乱有关。

3.工具、产业形态

半坡类型文化是一个以较发达的农业为主的文化，粟的遗存在各重要遗址中经常发现，临潼的姜寨一期遗址，还发现了另一种耐旱作物黍。同时，人们还掌握了蔬菜种植技术，半坡遗址的一个陶罐里装满了已经炭化的白菜或芥菜之类的菜籽。已采用土地轮休的耕作方式，改变了焚而不耕，播而不锄的原初状态,并由原始锄耕进入先进的耜耕（犁耕）农业阶段。

生产工具以较发达的磨制石器为主，常见的有石锄、刀、斧、锛、凿、箭头、纺织用的石纺轮等，骨器也相当精致。这时的石斧大多形体厚重，横断面呈椭圆形，适于砍伐林木以开垦荒地。并开始采用木质及骨质、石质的耜、耒等工具挖掘土地,收割农作物则用两侧有缺口的长方形石刀和陶刀。加工粮食使用石磨盘、石磨棒和木杵、石杵等。家畜饲养业比新石器时代早期也有一定进步，饲养的家畜有猪、狗和羊，马的骨头也有少量发现。鸡骨发现较多，可能也已经驯化为家禽了。

4.手工业与制陶

仰韶文化的手工业经济逐渐发达，以物易物的交换形式已开始出现。在各个部落里，氏族成员从事的生产劳动主要是以性别和年龄为分工的，手工业生产中的一些专业性技术，由氏族内部长期从事并积累了一定经验的成员承担。当时的手工业生产，主要是制陶业和制石、制骨、制革等。由一些陶器上留有布和编织物印下来的纹路，可见仰韶文化已有编织衣物的手工业产生。

仰韶文化制陶业发达，前期的陶器多是泥条盘筑法手制成型的，仅用慢轮修整口沿。陶器种类有钵、盆、碗、细颈壶、小口尖底瓶、罐与粗陶瓮等。"葫芦口"尖底瓶是半坡类型文化的标志器。不少出土的彩陶器为艺术珍品，其造型优美，表面用红彩或黑彩画出绚丽多彩的几何形图案和动物形花纹。其中人面鱼形纹、鱼纹、蛙纹、鹿纹，还有陶塑猪、陶埙等，也是半坡类型文化的最明显特征。

在半坡等地的彩陶钵口沿黑宽带纹上，还发现有50多种刻划符号，已具有原始文字的性质。

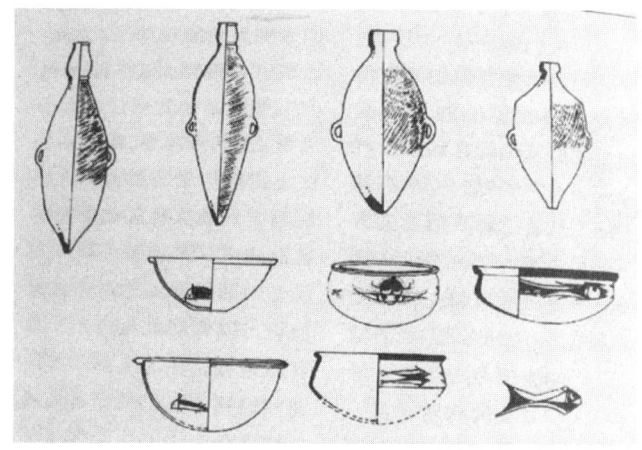

半坡类型特征器物

半坡遗址出土的葫芦口尖底瓶

半坡出土人面鱼纹彩陶

119

半坡出土的鹿纹彩陶

姜寨一期出土蛙纹彩陶

姜寨一期遗址 猪塑彩陶

姜寨一期二音孔陶埙

二、易县北福地与安阳后岗一期类型（距今约8000—600年）

1. 北福地文化遗址

北福地文化遗址位于河北易县易水北岸台地上，处于太行山、恒山、燕山三山交界处与华北平原结合部的环渤海地带，其史前时代属黄河下游地区。1985年调查发现了这处早期遗址，并进行了试掘。1997年、2003年、2004年，河北省文物研究所连续三次进行考古发掘，发现为三个阶段的新石器时代的文化遗存。

北福地一期：距今约8000～7000年。文化面貌与其年代大体相当的伏羲时代前仰韶的磁山早期遗存和燕山南北地区的兴隆洼文化具有许多相似之处，故在地域上也填补了此南北二支文化之间的空白。

北福地二期：距今约7000～6700年。遗存的主要特征，以釜、钵与支脚

为典型陶器，除夹砂夹云母陶外，还有不少的泥质灰陶和红陶器。其年代已与仰韶文化半坡类型的前半段相当，但略早于后岗一期文化。以此也可推断应为南邻后岗一期之来源地。

北福地三期：未见完整的文化层堆积，主要文化特征以双耳壶、敛口钵等为典型陶器。其年代应在距今6700年之后的半坡类型的后段。

二、三期遗址中还发现了大量房址、灰坑，和以玉器、石器、陶器为祭祀物的祭祀场遗址。特别是发现了大量刻陶假面具，面具图案有人面和兽面的猴、猪、猫科动物（虎、豹、狮）等。每种面具四周都有小穿孔，应为系戴时穿绳之用。陶刻面具具有写实性、象征性和装饰性融为一体的艺术风格，成为史前具有图腾意义之原始艺术精品，也是目前所见年代最早、保存最完整的史前面具作品。

在上述祭祀场中，还摆放了一件大型石耜，即石制犁头，长46cm，通体磨光。这种制作精细的大型石耜，是我国新石器早期遗址中第一次发现。这一石耜不论是属于原始人的祭物，还是被祭祀的对象，都表明了这个祭祀场是为了祈求农业丰收而设置，也表明犁耕已在原始农业中的重要地位。

祭祀场出土祭器组合（中为石耜）

遗址刻陶面具之一

121

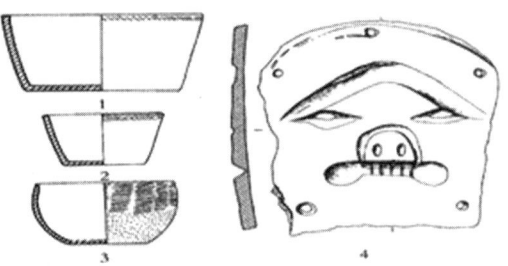

图一 北福地一期文化陶器（北福地遗址出土）
1、2.直腹盆（F12：10、3） 3.钵（F12：8） 4.面具（F12：7）

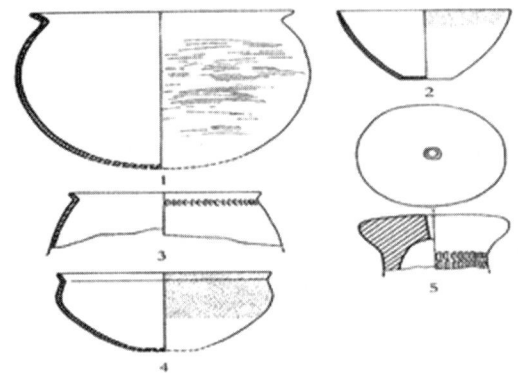

图二 北福地二期文化陶器（北福地遗址出土）
1、3.釜（H89：49、28） 2、4.钵（H89：51、52）
5.支座（H89：45）

2.安阳后岗一期与大司空村遗址

后岗一期文化，发现于1931年。该文化主要分布在豫北和冀南地区，已发掘的有河南安阳市北郊后岗、高井台子、同乐寨，河北武安县赵窑等。发现的后岗一期文化的房屋都是半地穴式的。石器以磨制石器为主，打制少。陶器以泥质红陶为主。

1987—1988年，发掘发现了该文化类型的河南濮阳西水坡遗址45号墓,距今年代为6460年左右。墓室的结构为竖穴土圹，东、西、北三面各有一个小龛,墓主为一壮年男性，身长1.78米，仰身直肢葬，头南足北，埋于墓室正中。另外3人分别埋于墓室东、西、北三面小龛内。在墓室中部壮年男性骨架的左右两侧，用蚌壳精心摆塑一龙一虎图案。龙图案摆于人骨架的右侧，头朝北，背朝西，身长1.87、高0.67米。龙昂首，曲颈，弓身，长尾，前爪扒，后爪蹬，状似腾飞。虎图案位于人骨架的左侧，头朝南，背朝东，身长1.39、高0.63米。虎头微低，圜目圆睁，张口露齿，虎尾下垂，四肢交替，如行走状。虎图案北部的蚌壳，形状为三角形，好像是人为摆放的。在这堆

蚌壳的东面，还发现两根人的胫骨。西面瓮内的人骨头部有刀砍的痕迹，显然为战争一类的非正常死亡。

安阳地区又同时发现与半坡文化联系相对密切的大司空村遗址。由于在不同遗址中，发现大司空村文化层与后岗一期文化层二者有交互叠压现象，有的大司空在下层，有的又后岗一期在下层，于是谁先谁后便成为考古学争论不休的难题。事实上共工与祝融之战及第一次炎黄之战的秘密就藏在这里。

这也充分反映了这一古称江地的地区，是新石器时代北方、中原、山东三大文化区之间交流、碰撞、融合频繁的地带，文化地理区位关键，是研究三系统之间错综复杂关系的重要地域。

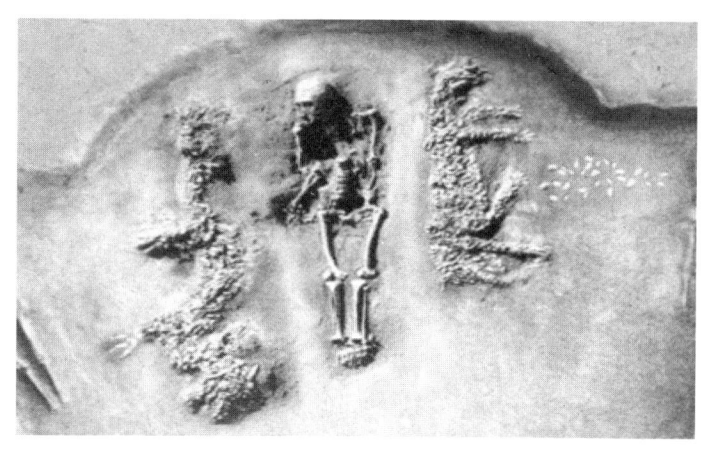

西水坡45号墓葬 龙虎图

三、史家类型与伊川缸（距今6200—6000年）

1. 史家类型遗址

史家遗址位于陕西渭南城区南约15公里史家村的湭河西岸二级台地上，面积约2万平方米。是1973年在湭河流域进行考古调查时发现的。在文化层中发现窖穴4个，仰韶文化墓葬43座，人骨架733副（除52具为儿童外，已判明性别的成年男女为男441具、女224具，男女之比约2：1），随葬陶器155件，石器29件，骨角器2件，还有大量动物骨骼。这些墓葬绝大多数系二次合葬墓，性别、年龄混乱。随葬品较少，系集体随葬，非个人陪葬品。

史家遗址的发掘，对于仰韶文化的序列填补了一个空白。它介于半坡类型和庙底沟类型之间，时间在距今6200至前6000年前后。其经历200年后半坡类型便为庙底沟类型所取代，史家类型也就消失了，故知是一个承上启下

的新类型。

史家类型以渭南史家遗址为代表，分布地区与半坡类型相同但范围相对较小一些。主要遗址有姜寨二期、华县元君庙等。陶器的种类和特征与半坡类型相似，有小口溜肩尖底瓶、葫芦形瓶，细颈壶，大口深腹瓮等。陶器装饰彩绘花纹为圆点、弧线组成的几何图案，其鸟鱼合璧的动物图案十分特殊，制作工艺和艺术水平在半坡类型的基础上又有提高。

学术界对于史家遗址及类型给予广泛注意和研究。大多认为史家墓地的情况不大正常，几十座多人合葬墓基本上都是二次葬，且人数众多，男女比例相差也过于悬殊。加之与其同时期的西部仅距20多公里同类文化之姜寨二期墓葬，亦为千人以上的二次合葬，故推断两处所葬人骨，主要可能是这一时期大的原始战争中，其失败方集中死亡之所葬人口。

史家类型人面、鸟、鱼纹彩陶

2. "伊川缸"考古发现

"伊川缸"是1965年在河南伊川县白元乡土门遗址最早发现，此后于河南偃师苗湾、巩县赵城、禹县谷水河、鲁山邱公城，南召二郎岗、密县马鞍河等仰韶文化遗址中，均有出土。其范围可扩大到平顶山、郑州、三门峡以及陕西等地。

土门遗址位于伊川县城东南2.5公里的土门村。在该遗址中，文物工作者出土了一些陶缸，缸内发现了一些骨头碎片，且缸的底部都有一个小指粗的小洞。根据这一发现，经考古专家研究确认它是古人用来放置尸骨的瓮棺，这个小孔的用途就是作为死者灵魂出入的通道。只是伊川缸口径最大不过

40厘米、高不过50厘米，显然是无法装下成人而只能跟"成人二次葬"有关。"成人二次瓮葬"是将已腐化的死者遗骨，异地迁来再次埋葬。这是一种独特的文化现象，流行于半坡文化晚期、即史家类型时期河南中西部的伊河流域之周围特定区域。

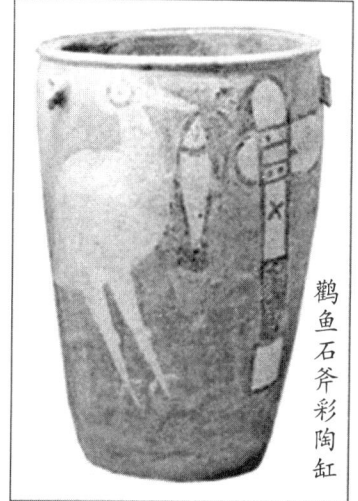

鹳鱼石斧彩陶缸

伊川缸是伊洛河流域史前文明的见证，也是我们了解史前社会发展的一面镜子和不可多得的实物。在缸体上所绘的图案，被认为是中国画的雏形。其中，最有名的莫过于1978年在临汝阎村仰韶文化遗址墓葬中出土的一个"伊川缸"上绘的《鹳鱼石斧图》。图上绘有一只鹳鸟，口衔一尾大鱼，旁竖一个粗大的石斧。图高37厘米，宽44厘米，约占缸体表面积的一半，画面真实生动、色彩和谐、古朴优美，极富意境，是迄今中国发现最早的一幅陶画。

二

现在介绍仰韶文化中期（距今6000—5300年）的考古发现。

仰韶文化中期，是仰韶文化最繁荣的时期，并以庙底沟类型为代表。这一时期仰韶文化因素的分布范围更为广阔，但中心地区仍在以华山之下的关中东部、晋南和豫西。对比各区遗存的异同，可将庙底沟期仰韶文化遗存分为晋南豫西（即庙底沟类型）、关中东部（即华县泉护类型）、及关中西部、渭水上游、泾水上游及晋中等地区类型。

一、夏县西阴村遗址

西阴村遗址位于山西运城夏县西阴村。遗址总面积约30万平方米，其范围西北隔鸣条岗近涑水河，东南隔青龙河依中条山。1926年被发现和发掘，是由中国自己的考古学家李济、袁复礼发现并首次独立主持发掘的第一处新石器时代文化遗址。遗址内所出土的大量彩陶片，以弧线、三角、圆点、黑彩露底方式所构成的连续花叶纹，十分特殊，被考古界命名为"西阴纹"。

新中国成立后，于1994年进行了第二次发掘。遗址内的仰韶文化庙底沟类型遗迹，有半地穴式圆形或长方形房址。出土遗物包括石器、骨器、蚌器和陶器等。陶器主要有釜、灶、夹砂罐、直口或敛口钵、葫芦口瓶、尖底瓶等。

在1926年对西阴村遗址的考古发掘中，李济先生还发现了半个蚕茧，鉴定并确认是一种家蚕，为中国人在史前新石器时代已懂得养蚕织丝提供了证据。

西阴村遗址出土彩陶盆

黑彩红陶 花叶形圆点（西阴纹）

西阴村遗址出土葫芦口陶瓶

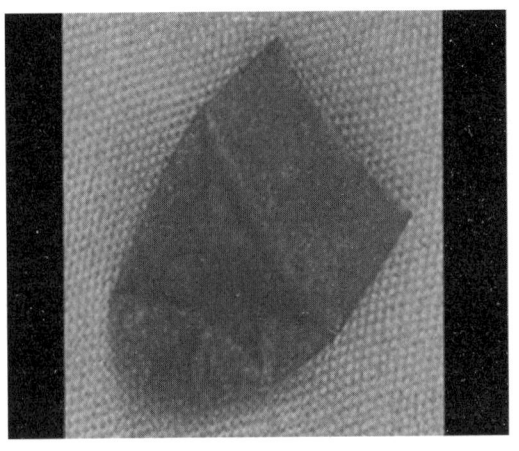

（复原后的半个蚕茧）

二、陕县庙底沟文化遗址

位于河南三门峡市西南约5公里的陕县南关火车站附近。是与1921年发现的渑池仰韶文化为同类型的遗址。1956—1957年为配合三门峡大坝的建设，考古人员在此进行了更大规模的发掘。发掘发现庙底沟遗址内涵又分为两个时期：一期（下层）距今约6000—5300年，为仰韶文化遗存，命名为仰

韶文化庙底沟类型。而二期（上层）则距今5300—4600年，属仰韶文化向龙山文化过渡性质的遗存，后发展为河南龙山文化，命名为庙底沟二期文化。其明确的叠压关系，解决了黄河流域仰韶文化与龙山文化的年代早晚及源流关系。

一期遗址中的"仰韶人"住的房子是方形，半地穴式，屋内有一保存火种与取暖用的圆形火塘。出土的工具以砍砸器、刮削器、石斧、石刀、石铲为代表。陶、石纺轮和陶上布纹的出现，表明纺织工艺的盛行。同时陶、石网坠和骨镞的存在，又证实渔猎经济仍是辅助性的生产活动。以上的种种发现，为仰韶文化中期的基本面貌和生产活动提供了比较具体的轮廓。

庙底沟一期彩陶要比半坡发达得多。据考古学家统计,半坡期的彩绘陶器大约只占陶器总数的2—3%，而庙底沟期的彩绘陶已达到10—15%。它的分布也从关中平原扩展到整个黄河中上游，甚至北到内蒙古、南到江汉平原都有庙底沟彩陶文化遗物出现。

陶器的制作基本上是泥条盘筑，口沿多经慢轮修整。器形方面，有钵、罐、盂、瓶、釜、灶、鼎、器盖、器座等，其中以深腹曲壁的盆（钵）、碗尤具特色。小口尖底瓶则由葫芦形口变为了双唇子母口。纹饰通常采用花瓣纹、钩叶纹、豆夹纹、涡纹、三角纹、条纹、网纹和圆点纹等几何图形来装饰，这些纹饰交互组成的图案规范而富于变化，特征鲜明。亦有动物纹饰鸟纹、蛙纹的彩陶片出现，表明了它的时代性或地域性。

形似绽开花朵的花瓣纹是仰韶文化彩陶的主要纹饰。花瓣纹有两类：一类是由彩绘实体纹组成，花瓣如半月形或橄榄形，由中心向周围展开；另一类是由多个内弧边三角纹相接而组成，以空白处形成花瓣图案，其制作方法与西阴纹相同。这种图案不仅在远古文化中独一无二，也使考古学家普遍认为它与华夏民族的称谓一定有着密切的关系。分布在陕西华山附近的庙底沟类型彩陶中，尤其引人注意的是大多呈现出一种多方连续的"玫瑰花"图案，考古学家称其为"华山玫瑰"。

由于仰韶文化包括不同地区、不同时代的多种类型，其彩陶装饰花纹带的主题纹样也各有不同。但以花为题材的构图，在几乎所有类型的仰韶彩陶中都可见到，这又显示出某种内在的必然联系和强大生命力。

陕县庙底沟出土花瓣纹彩陶盆

郑州大河村遗址出土彩陶钵

陕县庙底沟出土彩陶涡纹曲腹盆

花纹图案展开图

庙底沟花叶纹曲腹盆

三、华县泉护村遗址

地处华山脚下，渭河南岸的泉护村遗址，是关中东部地区仰韶文化中期（庙底沟类型）的重要代表性遗址，位于陕西省华县城东柳枝镇。1958～1959年，为配合黄河三门峡水库修建工程，北京大学历史系考古专业组成的黄河水库考古队陕西队进行了第一次发掘，1997年，陕西考古所对该遗址又

进行了第二次大规模的发掘，获得了仰韶文化与上层龙山文化丰富的实物遗存，及其从早到晚经过"成熟、转折、退化"发展的3个阶段，其文化层叠压连续性清楚的全过程。

泉护村庙底沟类型（即泉护村一期文化）的主要文化特征，包含绘有两种花卉图案、一种鸟形图案的彩陶盆（钵），具有王者之气的陶鹗尊。并有"双唇口"尖底瓶、葫芦小口平底瓶和砂陶罐等5种陶器，特征十分鲜明。

同时，通过对本地老官台、元君庙等遗址与该遗址类型发展走向的研究相联系，在全国率先建立了以渭水——华山为中心区域的史前考古文化的序列与谱系，确立了其在涵盖北方半部江山的史前呈板块结构的文化中，举足轻重的地位和作用。

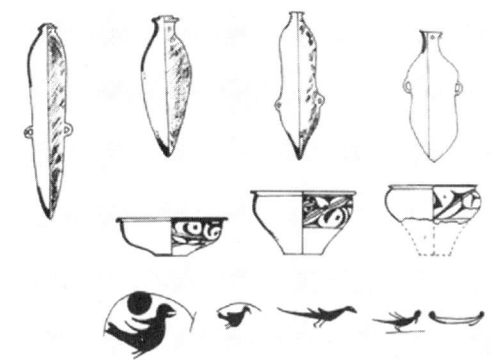

泉护村出土庙底沟类型特征器物与花鸟纹图案

鸟首蛇身鸟龙纹彩陶盆（下为：鸟龙逐日展开图）

主要分布在陕晋豫黄河中游地区的庙底沟文化，在其存在的千年间对周边地区文化的影响非常之大。庙底沟类型以中原为核心区，并以它最富代表性的花卉纹饰彩陶为特征，向东西南北四方扩散。西至青海，东抵山东，北至内蒙古中部，在燕山南麓和江苏北部都有其

造访的身影，这种影响一直越过长江，最远到达洞庭湖以南地区。由于其覆盖面积辽阔，跨越文化障碍的穿透力强劲，从而掀起了中国史前非常壮阔的一次文化大潮。庙底沟文化彩陶的传播，不仅只是一些纹饰题材的传播，更重要的是包含在这些纹饰中的图腾象征意义的认同。由彩陶向文化差异明显的南方两湖地区的传播，可以看出南北文化的趋同态势，这种文化趋同为一统文明的建立奠定了重要基础。

仰韶文化晚期，彩陶发展进入了一个阶段性的低潮。到了庙底沟二期，时间相当于龙山文化早期，彩陶便已经极罕见了。

<h2 style="text-align:center">三</h2>

现在来介绍与仰韶文化同时期的周边考古文化发现。

一、西边：大地湾仰韶文化与马家窑文化

1. 大地湾仰韶文化层（距今7000—5300年）

前边我们介绍过,大地湾是一个由多层文化组成的遗址，最早距今8200年，最晚距今4800年，有3000多年文化的延续，其规模之大，内涵之丰富，在我国考古史上亦属罕见。其最早的下层是前仰韶文化，亦即女娲和伏羲文化。"大地湾文化"一般是特指遗址最下层的这一早期彩陶文化。而这一层的上面还有这一遗址另一主要遗存，即与下层面貌迥异的仰韶文化层。由于仰韶文化层确凿无疑的来源于华山脚下的中原，从而反证了其下层最早也不是"西来"而是"东来"的。

该遗址的仰韶文化层，亦可分为早、中、晚三期。我们完全可以将其早、中期，分别对应为半坡类型期、庙底沟类型期加以介绍：

A. 大地湾半坡类型期（距今7000-5900年）

这一期发掘出被称为"陇原第一村"的较完整的原始氏族村落。这个村落几乎与半坡和姜寨遗址一样，都是以广场为中心，房址呈扇形分布，周围以壕沟环绕，平面为向心式封闭格局，展示了神奇的原始生活面貌。这一时期出土了一批绚丽夺目的彩陶，其中不乏艺术珍品，如成系列的情趣盎然的鱼纹盆、蛙纹壶等。

仰韶文化层早期鱼纹彩陶壶 黑彩 红陶　　　仰韶文化层早期 鱼纹彩陶盆

仰韶层早期 蛙纹壶

B.庙底沟类型期（距今5900—5000年）

这一时期出现了宫殿式的大型建筑。如编号为F901的大房子遗址，总面积达420平方米，由主室、东西侧室、后室、门前附属建筑四部分组成。其中主室达131平方米，地面是料礓石泥和人造陶粒轻骨料制成的混凝土，硬度相当于100号水泥。F411号房子地面还绘有一幅非常生动的地画，是我国目前最早的原始地画。

这一时期彩陶主要是花瓣纹、蛙纹，还出土了一件国宝级人头型器口瓶。人物短发刘海，面部造型准确，比例协调，身着抽象的花纹饰，她也许就是当时母系社会的氏族首领或者祖先形象。

将造型、雕塑、彩绘艺术
和谐地融合在一起的人头瓶

彩陶瓶绘卧蛙纹

2. 马家窑文化（距今5000年）

与陕晋豫地区的仰韶文化晚期（如仰韶文化西王村类型）彩陶数量明显减少、彩陶发展已经趋于衰落的情形，形成强烈对比的是：距今5000多年，甘肃地区的彩陶艺术继续向西边的青海、南方的四川强劲发展，不仅顽强的生存下来，而且将其推向了最辉煌的峰巅，使其又延续达近千年之久。这就是具有地方独特风格的马家窑文化。

马家窑文化彩陶在继承石岭下类型的纹饰特征和风格的同时，以精美流畅的线条，充满动感的图案，清新雅丽的风格，在我国大地上创造出了迄今为止最为辉煌的彩陶艺术。如果我们把石岭下归入前马家窑文化谱系，马家窑文化彩陶就形成了相互衔接的四个阶段，即：石岭下类型、马家窑类型，半山类型，马厂类型。

A. 石岭下类型

石岭下类型彩陶既具有仰韶文化的特征，又具有马家窑文化的特征，是一个过渡性的文化类型。对其文化归属，学界尚存争议。石岭下类型彩陶被发掘以来，人们通常把它划归马家窑文化早期类型。

仰韶文化晚期石岭下类型
彩陶瓶涡旋纹

变形鸟纹

B.马家窑类型

马家窑类型彩陶的主要特征是：胎体为泥条盘筑法制成，表面经压磨抛
光。饰彩部位增多，出现较丰富的内彩和满身彩；纹饰比较有代表性的是涡
旋花纹，水波纹，变形鸟纹，网格纹等。还有仿生的蛙纹，鸟纹，舞蹈纹等
特殊纹饰，颇具特色。

马家窑舞蹈纹彩陶盆

马家窑蛙纹彩陶盆

马家窑类型彩陶盆 涡旋花纹

马家窑玫瑰花尖底瓶
（变为平口丰肩）

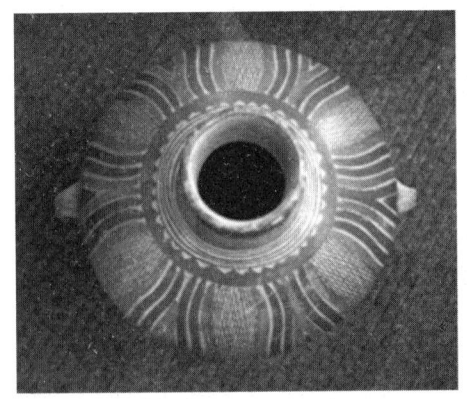

马家窑叶花纹彩陶壶
水波纹 网纹

边家林期彩陶壶俯视 出现黑红彩
锯齿纹细腰葫芦纹（开始向半山类型转变）

C. 半山类型

　　半山类型彩陶胎体轻薄精致，色彩艳丽，图案繁缛精美。直口直颈壶的
口部有一对带锯齿的小附耳；颈部弦纹、锯齿纹是半山类型的最主要特征，
锯齿纹通常作为划分半山类型的重要标志。

半山类型彩陶壶 黑红彩 四球纹

D. 马厂类型

马厂类型彩陶的特征：彩陶总体比例增大，约占到60%以上；器型双耳小罐逐渐增多，由矮胖变为瘦高，下腹收紧。并出现了方形器，带流壶，彩陶杯。晚期旋切裁盖罐等器型，为前期所不见。纹饰，以四球纹（球中也饰有花纹）、变形的蛙纹为代表纹饰。马厂类型末期已是距今4000多年的中原龙山文化后期，彩陶制作趋于粗糙，纹饰也趋于简单，标志着此时的马家窑文化已逐渐走向衰落。

马厂类型彩陶壶 侈口 瘦腹丰肩　　马场类型彩陶罐 红陶衣折纹
纹黑（四球纹显示与半山类型承接关系）（旋切罐盖是这一时期发展出来的新工艺）

蛙纹壶（中间圆纹为花的变体）

马厂类型彩陶杯 黑彩折纹，橙陶衣
通体磨光 高柄上部刻有人面

二、南边：大溪文化（距今6400~5300年）

中原仰韶文化的南邻，是大溪文化。

大溪文化为长江中游地区的新石器时代文化，因1959年最早发现于四川巫山县瞿塘峡东口长江南岸与大溪河交汇处而得名。其分布，东起鄂中南,西至川东,南抵洞庭湖北岸，北达汉水中游沿岸，主要集中在长江中游西段的两岸地区。距今年代，约为6400~5300年。

大溪文化初步可分为两个地区类型。其一，长江沿岸的鄂西、川东地区，如大溪、红花套、关庙山等地的遗存，可称为大溪类型。彩陶的器形和彩纹，明显受庙底沟类型的影响。其二，洞庭湖西北岸地区，如三元宫、丁家岗、汤家岗等地的遗存，可称为三元宫类型。其很少发现受庙底沟类型彩陶影响的迹象。

大溪文化流行红烧土地面房屋并较多使用竹材建房。居民以稻作农业为主。在房屋建筑遗迹的红烧土块中，经常发现稻草、稻壳印痕。有的稻壳印痕经鉴定为粳稻。除饲养猪、狗外，鸡、牛、羊也已成为家禽家畜。

石器中两侧磨刃对称的圭形石凿颇具特色。有很少的穿孔石铲和斜双肩石锛。偶见长达三四十厘米的巨型石斧。同时，有相当数量的石锄和椭圆形石片切割器等打制石器。

制陶业方面，以白陶和薄胎彩陶最为突出，代表了较高的工艺水平。在白陶圈足盘上，通体饰有类似浅浮雕的印纹，图案复杂精细。薄胎细泥橙黄

色的彩陶单耳杯和圈足碗，胎厚仅1-1.5毫米，绘以棕红色的多种纹样，显得精美别致。

共发现300余座大溪文化的墓葬。葬式一类为直肢葬，另一类为屈肢葬，下肢弯曲程度很大的跪屈葬和蹲屈葬。绝大多数墓有随葬品，最多的30余件，女性墓一般较男性墓丰富，有的石镯、象牙镯等饰物，出土时还佩戴在死者臂骨上。在几座墓里发现整条鱼骨和龟甲，有的把整条鱼放在死者身上、嘴边或臂下。以鱼随葬这一罕见习俗，应与以鱼为图腾的炎帝族南下有关。

而在湖北黄冈黄梅焦墩遗址，还出土了用鹅卵石摆塑而成的龙，科学测定距今约有6000年的历史。这条摆塑龙是在预先铺好的红烧土台面上，用色彩各异、大小不一（5-8厘米）的鹅卵石按照构思设计好的图案精心摆塑而成。全长7米，高2.26米，龙首高昂，张嘴吐舌，长角后扬，尾端上卷，背部有立鳍，腹部有四足。龙身呈波浪起伏状，颗颗卵石像层层鳞片鳞光闪闪，形态生动，威武雄壮。这一发现轰动全国，被称为"长江流域第一龙"。

大溪文化与仰韶文化比较，也明显存在互相交流影响的因素。大溪、关庙山、红花套等处发现的圆点钩叶纹和花瓣纹的彩陶罐、垂幛纹彩陶钵片、"双唇口"尖底瓶片等，是仰韶文化庙底沟类型南下影响所及的实物例证。

至于大溪文化与时代稍晚的屈家岭文化的关系，两者当是先后直接继承发展而来的。

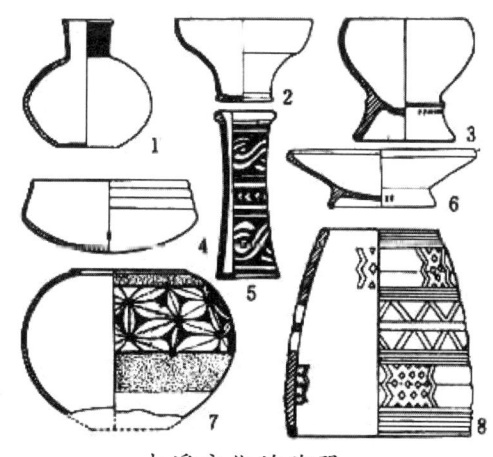

大溪文化的陶器

1 彩陶壶　2 曲腹杯　3 簋　4 圆底钵
5 彩陶筒形瓶　6 圈足盘　7 彩陶罐　8 大器座

大溪文化 玫瑰花纹彩陶豆

【说明】 湖北省枝江关庙山出土，中国社会科学院考古研究所藏复原高约13.5厘米口径15.7厘米泥质红陶。胎厚0.5厘米。外表和器腹内均施红衣并经磨光。平折窄沿，深腹碗形，喇叭形圈足，足沿全残缺。腹部塗较厚白衣，上绘黑彩平行条纹、弧线三角纹和红彩斜线纹，构成四瓣对称的五朵白花。

彩陶筒形瓶

彩陶罐

薄胎细泥彩陶碗

印纹白陶盘（汤家岗遗址出土）

三、北边：赵宝沟文化与红山文化

1.赵宝沟文化（距今6800—6000年）

赵宝沟文化，是1982年在敖汉旗东南发掘中与兴隆洼文化同时发现的另一新的考古文化，因首先发现于内蒙古敖汉旗高家窝铺乡的赵宝沟村而得名。其距今6800-6000年左右，与兴隆洼文化前后衔接，并在西辽河流域取得支配地位，后对红山文化发展产生重大影响。

赵宝沟村遗址面积约9万平方米，已发现的房址和灰坑有140余处。房址平面呈方形或正方形，皆为半地穴式建筑，成排分布。居住面积一般为20平方米，个别大房子达100平方米。与兴隆洼文化相比，赵宝沟文化的聚落规模明显增大。

生产工具中，石器的主要特点是磨制器与丰富的细石器共存。最典型的是顶部打出凹缺的尖弧刃石耜（犁头）、钻孔的扁平体石斧，还有弧刃石刀、磨盘和磨棒等。反映了7000年前赵宝沟文化所代表的赤峰先民，主要从事农业定居生活，并进入先进的耜耕农业。

陶器为手制，主要纹饰有拟动物形纹和之字形纹。赤峰遗址中还出土了一件陶凤杯。特别是在小山遗址出土的尊形器上，首次发现由猪首蛇身灵物、生翼的鹿纹灵物、与神鸟组合的"灵物图像"。飞鹿肢体腾空，背上生翼，长角修目，神态端庄安详；猪龙为猪首蛇身，尖吻上翘，巨牙上指，眼睛细长，周身有鳞，神鸟奋翼冲天，巨头圆眼，顶上生冠，长嘴似钩，三种灵物都引颈昂首，凌空翻飞。说明当时已经出现了较为高级的神灵崇拜观念。

赵宝沟出土的陶凤杯

赵宝沟文化　玉箍

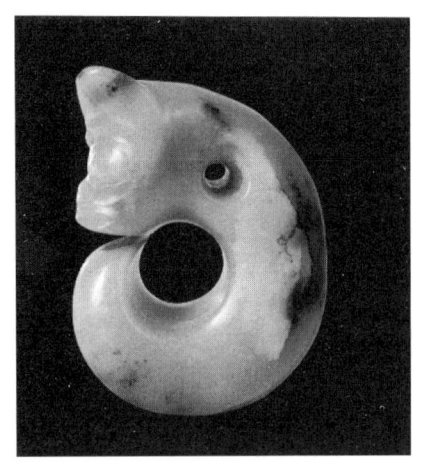

玉猪龙

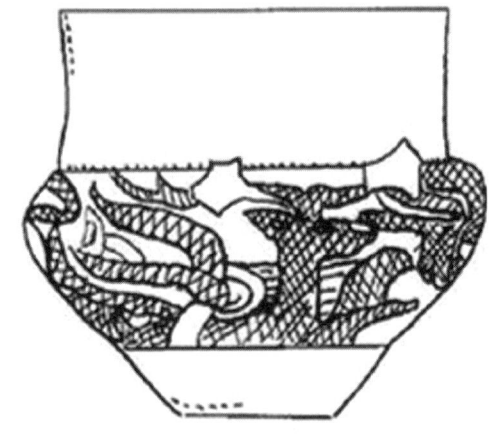

猪、鹿、鸟纹尊形器（小山遗址出土）

2.红山文化（距今6000-5000年）

　　红山文化是继赵保沟文化之后，在燕山以北、大凌河与西辽河上游流域兴起的又一农业文明，距今6000—5000年，延续时间达千年之久。最早发现于1921年，1935年对内蒙古赤峰红山后遗址进行了发掘。70年代末又在辽西地区开展了大规模的调查，发现遗址近千处。

　　红山文化是与同时期中原仰韶文化相交汇产生的发达文明，全面反映了中国北方地区新石器时代文化特征和内涵，极富生机和创造力。房址为方形半地穴式，分为大型与小型。主要从事农业，还饲养猪、狗、牛、羊等家畜，兼事渔猎。

　　磨制石器和细石器共存，细石器工具发达，还有磨制和打制的双孔石刀、石耜、有肩石锄、石磨盘、石磨棒和石镞等。其烟叶形、草履形的石耜、桂叶形双孔石刀、横截面呈长方形的磨制石斧、磨光石铲，都是富有特征的先进农耕工具。

　　手工业达到了很高的阶段。红山文化的陶器多为泥质，筒形罐代表了红山文化陶器的基本器形。横"之"字形纹和直线纹是红山文化具有特征的纹饰，由细绳纹组成的菱形回字纹已初具雷纹特征。"红顶碗"式的钵与后岗类型的同类彩陶相似，说明二者之间有一定渊源关系。已出现结构进步的双火膛连室陶窑。

　　玉文化在红山文化中处于核心地位，已具备了专业化、规范化，工艺水平十分高超。出土有玉猪龙、玉人、玉龟、玉鸟、玉蚕、兽形玉、勾云形玉佩、玉箍形器等。龙题材是红山文化最具有代表性的内容，这一"图腾"性

的纹式图案从红山文化早期一直延续到它的晚期。其中出土自内蒙古赤峰红山的大型碧玉C型龙，周身卷曲，吻部高昂，毛发飘举，极富动感。在朝阳牛河梁红山文化遗址考古发掘中，不但出土了泥塑的熊下颚和熊掌残体，还出土了双熊头三孔玉器。

牛河梁红山文化遗址位于辽宁省朝阳市的凌源、建平两县交界处，是1981年文物普查时发现的。20世纪80年代中期，经过对辽西东山嘴牛河梁遗址的发掘，发现了距今大约5500年前的大型祭坛、女神庙、积石冢"金字塔"式建筑。圆形祭坛旁出土的雕塑人像中，有与真人一样大的泥塑女神头像，眼珠用两个晶莹碧绿的圆玉球镶嵌而成，显得双目炯炯。还有在中国首次发现的立体圆雕裸体妇女玉像，有些胸前的乳房突起，有些则是躯体具有孕妇的特征。牛河梁红山文化遗址的重大发现，代表了已知的中国北方地区史前文化的最高水平，被称为"东方文明的新曙光"。

1973年敖汉旗和翁牛特旗小河沿类型的发现，为红山文化以后的发展找到了有力的线索。小河沿文化其分布区同红山文化基本一致，已是取代红山文化的一种新文化。

泥塑女神头像

牛首兽形玉

翁牛特旗三星他拉中华第一龙

玉猪龙

玉鸟

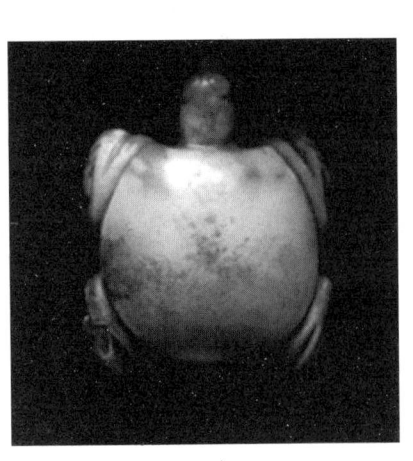

玉龟

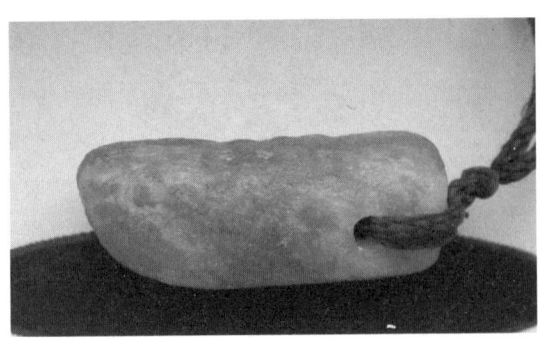

黄玉蚕蛹

岫岩青玉勾云佩

红山玉马蹄玉箍

玉臂环

玉镯

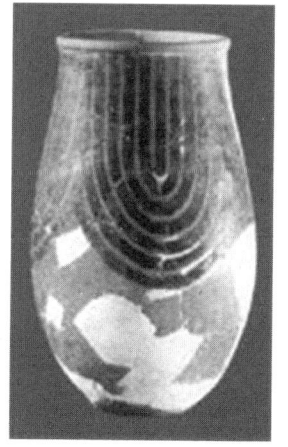

彩陶罐

彩陶座

四、东边：北辛文化与大汶口文化

1.北辛文化（距今7300—6100年）

北辛文化主要分布于环鲁中南的泰沂山系南、北两侧一带，除胶东半岛以外包括了山东省的大部分地区，并向南发展到苏皖北部。是继后李文化之后黄河下游及淮北海岱文化区早期的文化遗存。

目前已发现遗址60多处，主要有山东滕县北辛、兖州三因、泰安大汶口、江苏邳县大墩子、连云港市二涧村和淮安青莲岗等。碳14测定年代在距今7300—6100年之间，一般认为早期约在距今7300—6800年，中期距今6800—6400年，晚期距今6400—6100年，后成为山东大汶口文化的源头。

北辛文化已形成完整的聚落，房址均为半地穴式建筑，墓葬流行长方形土坑竖穴墓，葬具很少。

北辛时期的经济以农业为主，饲养业、手工业和陶器制作业均有所进步。从出土的石铲、石斧、石磨盘、石磨棒、鹿角锄、蚌镰和窖藏的谷物来看，当时的农耕生产从耕作、播种到收割、加工已有一套较为完备的工具，原始农业已初具规模。从出土的家猪型动物骨架和鸡、狗等动物遗骸来看，当时的畜牧养殖业从雏形进入发展期。从出土的陶网坠、鱼镖来看，当时的捕鱼技术已相当高超。从出土的骨针、石纺轮来看，当时开始用野生纤维和动物绒毛进行纺线或编织，北辛先民由身披兽皮过渡到穿衣的文明阶段。

制作石器、骨器、牙器、蚌器、陶器已有专门分工，手工业在北辛时期已开始较为发达。从出土的陶器来看，全部陶器都是手制的，制陶烧陶技术已比较先进，陶质有夹沙陶和泥质陶和少量黑陶，主要有鼎、釜、豆、罐、钵、壶等，纹饰有附加堆纹、划纹、指甲印纹。从出土的盖鼎、指甲印纹钵、红陶壶和鸟兽鬶来看，这些器物不仅讲究生活的实用性，而且还讲究审美的艺术性。

北辛文化陶器 三足盖鼎

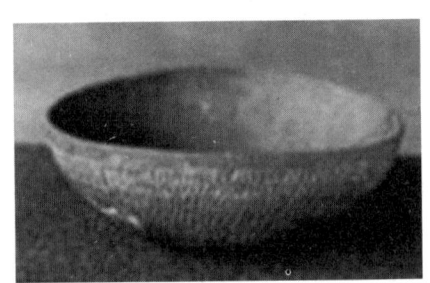
指甲印纹钵

北辛文化 鸟、兽鬶

2.大汶口文化（距今约6300—4500年）

大汶口文化，因发现于山东省泰安市大汶口遗址而得名。主要分布在泰山及其周围地区，东至黄海之滨，西至鲁西平原东部，北达渤海南岸，南到江苏淮北一带。据放射性碳素断代，大汶口文化年代距今约6300—4500年，延续时间达2000年左右。根据地层叠压关系和遗物特征，可以区分为早、中、晚3期，分别与仰韶文化的早（史家类型）、中、晚期相对应。

大汶口文化的早中期阶段基本上只分布在山东和苏北地区，向北到达鲁北地区，其南界不过黄河，显然是在北辛文化基础上又由南向北的退缩。晚期的分布范围已经向西扩展到了淮阳一带，河南和皖北亦有发现。

大汶口文化以农业经济为主，主要种植的是粟。农业生产工具主要是磨制石器，中晚期已大量使用磨砺精良的穿孔斧、刀、铲等，收割工具有骨镰和蚌镰，还出现了有肩石铲、石镐和一些鹿角锄。加工谷物的工具则是石杵和石磨盘、石磨棒。这个原始部落集团从早期起，家畜饲养就比较发达，各遗址出土有大量猪、狗、牛、鸡等家畜家禽的骨骼。中期以后的大汶口墓地，用猪随葬的墓占1/3以上，胶县三里河一座墓中随葬猪下颚骨多达32个。

大汶口文化的社会经济在中期以后有了全面、迅速的发展。白陶器、玉器、象牙器的出现和快轮制陶技术的应用，说明一部分手工制作已从农业中分离出来，成为相对独立的经济部门。

陶器生产的发展，表现出明显的阶段性。早期均为手制，中期已开始使用轮制技术，有了少量的轮制小件器物；器类增多，出现了实足鬶、背壶、篮形器等；彩陶数量增多，且花纹繁缛，其中圆点、弧线以及勾叶纹，与仰

韶文化庙地沟文化类型相似。晚期已使用快轮生产大件陶器，如大汶口墓中就随葬有轮制的大陶盆，反映了制陶史上的一大进步。

黑陶和白陶是大汶口文化中晚期制陶业中出现的两个新品种，反映了当时制陶工艺的显著进步，特别是白陶的出现意义重大，它为中国后世瓷器的制作奠定了技术基础。制陶原料有了新的来源，发现了坩子土，用以烧制一种质地坚硬、胎壁薄匀、色泽明丽的白色、黄色、粉红色细砂陶器，统称为白陶，这类细砂陶器有袋足鬶、三足盉、觚形器、宽肩壶和镂孔圈足豆等。这时所烧制的薄胎磨光黑陶高柄杯，代表了当时制陶工艺的最高水平，为以后山东龙山文化蛋壳陶的问世准备了条件。大汶口文化还发现有仿动物造型的陶制工艺美术品，其中造型独特生动的鸟形陶鬶，是上承北辛文化，并下传为山东龙山文化的代表器。

制石、制玉业较发达。早期就已大量生产出磨制精致的石器，较多地使用穿孔技术。中期以后，石器的造型更加规整；器类、器型增多，出现了系列工具，在一些墓中随葬有成套的大、中、小型石铲；还出现了制作精良的玉铲，并有更多的玉、石装饰品，包括以不同形状的单件组成的串饰。制骨工艺十分出色，早期墓中出土有精致的小件骨雕品，如邳县大墩子遗址有一串10粒的雕花骨珠，刘林遗址有刻有猪头纹样的牙质饰物；有的獐牙钩形器的器柄刻有纤细的花纹；至中、晚期，剔地透雕技术和镶嵌技术已趋于成熟。大汶口的透雕十六齿象牙梳、花瓣纹象牙筒和镶嵌绿松石的骨雕筒等，代表着中国新石器时代制骨工艺的最高水平。

大汶口文化墓葬发现的较多。早期葬制以单人葬为主，也有较多的合葬，合葬以同性合葬和多人二次合葬为主。随葬品的情况男女也不相同，男性多生产工具和手工工具，女性多生活用具。中晚期同性合葬墓数量很少，二次合葬墓也相比前期减少，而大量出现一对年龄相当的成年男女及小孩合葬墓，人骨架排列一般是男左女右。有的成年男女合葬墓的葬式是男性仰身直肢，女性则侧身区肢面向男性，随葬品大都在男性一侧。随葬品的多寡不一较之前更加突出，多者达六十余件，寡者则一无所有。富有的大墓，不但随葬品多，而且很精致，并用数量较多的象征财富多寡的猪下颌骨和猪头随葬，甚至用整猪、整狗随葬。中晚期以后发现有木质葬具，在有的成人墓的随葬品和儿童瓮棺的葬具中还使用了带有各种陶文的大口尊。这些陶文是表达有明确意义的刻符，形、义一目了然，所以它又非普通的刻符，可能是已发现的较早的汉字刻文。

　　大汶口文化的居民普遍盛行对成年男女青春期拔除门齿和对枕骨进行人工变形的习俗，成为流行于古代中国东方、南方的拔牙习俗的发源地。在王因、大墩子墓中的骨骸上，还发现颌骨异常变形的现象，有数例在变形处置有小石球或陶球。颌骨内缩变形当是由于长期口含小球所致，这也是大汶口文化所独有的奇特习俗。

大汶口文化遗址出土文物

陶鸟鬶（山东莒县大朱村出土）

大汶口文化彩陶背壶

刻符拓片

大汶口文化彩陶豆壶钵觚

五、东南方：河姆渡与马家浜、崧泽文化

1. 河姆渡文化（距今7000—5300年）

河姆渡文化是中国长江流域下游地区古老而多姿的新石器文化，因1973年首先在浙江省余姚县的河姆渡被发现而命名。主要分布在杭州湾南岸的宁绍平原及舟山岛，经科学测定，为距今7000—5300年。河姆渡文化分早、晚两期。早期约为距今7000—6000年，晚期约为距今6000—5300年，与仰韶早、中期的半坡、庙底沟类型相对应。由于河姆渡文化遗址多背岗面海，最后可能是因发生海侵而消亡。

河姆渡文化最具有代表性的建筑形式，是高于地面的干阑式榫卯木结构建筑，它是长江以南新石器时代以来的重要建筑形式之一，与北方地区同时期的半地穴房屋有着明显区别。这种使居民能够临水而居，通风透凉，既可防潮湿、防洪水、又能防止野兽侵袭的"干栏式"建筑，是中国南方传统木构建筑的祖源。尤其是榫卯技术的运用，把中国榫卯技术的历史推前了2000多年，被考古学家称之为7000年前的奇迹。除建筑外，在遗址第二文化层还发现了迄今为止最早的水井遗迹。

河姆渡文化的社会经济是以稻作农业为主，兼营畜牧、采集和渔猎。1987年的发掘中从遗址中出土了大量的稻壳遗存，据发掘报告所载其厚度近1米，总量达到150吨之多。河姆渡文化的农具，最具有代表性的是大量使用耒耜。骨耜采用鹿、水牛的肩胛骨加工制成，肩臼处一般穿凿横銎，出土时还发现安装在骨耜上的木柄。遗址出土骨耜有170件之多，与数量巨大的稻谷堆积物相对应，说明河姆渡农业已从采集进入到耜（犁）耕生产阶段。此外，还出土了木耜、穿孔石斧、双孔石刀和长近1米的舂米木杵等农业生产和谷物加工工具。出土的动植物遗存有橡子、菱角、桃子、枣子、葫芦、薏仁米和菌米植物，以及猪、狗、水牛等家养的牲畜等。

河姆渡部落的原始手工业比较发达。木器制作技术已达到相当高的水平，并被广泛用于生产和生活的各个方面。在出土300多件木器中，最为重要的是纺织工具和木桨。纺织工具有木（陶）纺轮、齿状器、木机刀、卷布棍、木（骨）梭、匕等织机附件。木桨共8件，采用整块木料加工制作而成，柄部为圆形，桨叶呈柳叶形。有桨必有船，说明早在六、七千年前，河姆渡先民就划桨行舟，用于捕捞和与邻近氏族之间的交通往来。

河姆渡遗址两次考古发掘，出土陶片40万件之多，完整的和可复原的陶器1221件。黑陶是河姆渡陶器的一大特色。早期种类比较单一，各种器物均为手制。到了晚期，有些器物已经用慢轮进行修整，出现了三足器等工艺复杂的新产品。较为特殊的有灶和盉两种。陶灶发明后，解决了木构建筑内煮炊防火问题，是后世南方居民一直使用的缸灶的前身。陶盉形似酒壶，前有冲天管状嘴，后为喇叭口，中间以扁平半耳环连结，制作精细，多数专家认为这是一种酒器。

河姆渡遗址出土的原始艺术品不仅数量大，而且题材广，造型独特美观，令人叹为观止。饰品有璜、管、珠、环、饼等，大多用牙、玉和莹石制成，晶莹美丽。其中最引人注目的是一件"双鸟朝阳"纹象牙蝶形器，长16.6厘米，宽5.9厘米，正面中间阴刻5个大小不等的同心圆，外圆上端刻有熊熊的火焰纹，象征太阳的光芒，两侧各有一只引昂勾喙的鸾鸟，拥载着太阳。整件器物图像布局严谨、雕刻技术娴熟、形象逼真传神、寓意耐人寻味，是河姆渡原始艺术的精品。出土鸟形圆雕4件，其中有一件完整器，柄端雕出俯首的鸟头，圆目勾喙，似鹰类猛禽，羽毛感强烈，其上有透孔，作穿绳佩挂之用。陶器刻画作品，内容包括太阳、月亮、花草树木、鱼鸟虫兽等，代表作品有稻穗纹陶盆、猪纹陶钵等。这些带有刻画艺术的陶器，出土时基本完整，应是祭祀用品，推测原始宗教意识已在先民中萌芽。

河姆渡标志："双鸟朝阳"纹图

河姆渡干栏式建筑遗址现场　　　　　干栏式建筑复原图

猪陶文钵

陶盉

2.马家浜文化（距今7000—6000年）

因1959年发掘的浙江省嘉兴市马家浜遗址而得名。主要分布在长江以南的太湖地区，南达浙江的钱塘江北岸，西北到江苏常州一带。据放射性碳素断代并经校正，年代约始于距今7000年，到距今6000年左右发展为崧泽文化。

马家浜文化，居民主要从事稻作农业，多处遗址中出土了稻谷、米粒和稻草实物，经鉴定，已普遍种植籼、粳两种

骨铲

稻。还饲养狗、猪、水牛等家畜，渔猎经济也占重要地位，常发现柳叶形的骨镞、石镞、骨鱼镖、陶网坠等渔猎工具，以及陆生、水生动物的遗骸。在一些遗址中还发现有野生的桃、杏、梅的果核和菱角等，这些是人们从事采集活动的例证。发现多处房屋残迹，亦为榫卯木结构，有的房屋室外还挖有排水沟。

石器的磨制技术较高，器类以弧肯石锛为主，有扎石斧大都呈舌形，主要应是加工木器的工具。玉石器制造技术发展较快，许多遗址都发现了制作精美的玉器，主要有玉玦、玉环、玉镯等装饰品。这一时期的玉器工业发展，为其后崧泽文化和良渚文化玉器的辉煌成就奠定了基础。

纺织业发达，在草鞋山遗址发现了距今6000多年的5块残布片，经鉴定，原料可能是野生葛、麻。这种葛麻纤维织造的罗纹编织物，远比普通平纹麻布进步。纬线起花，密度是每平方厘米经线约10根，纬线罗纹部约

26—28根，地部13—14根。花纹有山形斜纹和菱形斜纹，组织结构属绞纱罗纹，嵌入绕环斜纹，还有罗纹边组织。这是中国最早的纺织品实物。

马家浜文化的手工业生产发展不平衡，玉石器制作技术和葛麻纺织技术水平较高，而制陶业的发展尚处于比较落后的阶段。考古发现的陶器有釜、鼎、豆、罐、瓮、盆、钵、盉等，还出土了陶质的炉、箅、三足长尾鸟形陶壶。这些陶器均为手制，主要是夹砂陶器，泥质陶器很少，器表以素面不加装饰的为多，也没有彩陶。炉箅的出现，是马家浜文化的一大发明；宽檐陶釜（或称腰沿釜）、釜形鼎、喇叭形圈足豆和腹部有一对牛鼻式双耳的陶罐、带嘴平底盉，则是马家浜文化的代表性器物。

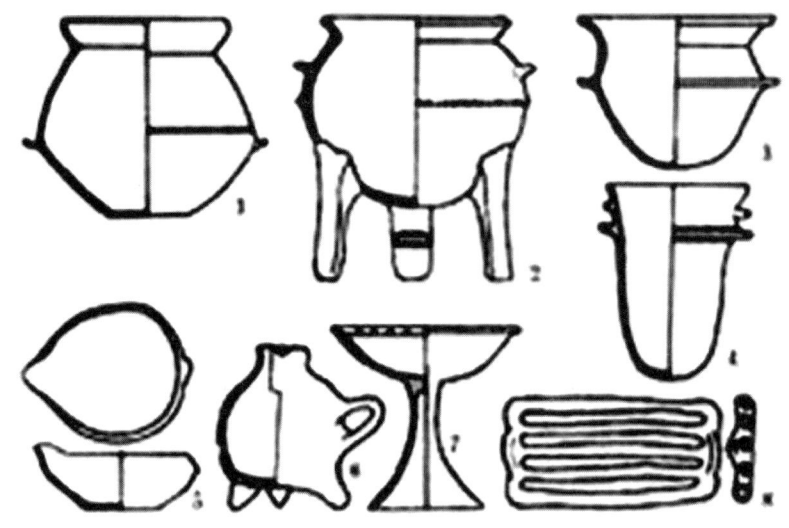

马家浜文化的陶器

三足鸟形壶陶器
（草鞋山遗址出土）

3.崧泽文化（距今约5800-4900年）

崧泽文化，以首次在上海市青浦区崧泽村发现而命名。上承马家浜文化，下接良渚文化，距今约5800-4900年，是长江下游太湖流域的重要的文化阶段。于1958年由农民挖塘时发现古物，然后于1961年和1974年两次有计划地发掘，共发现崧泽文化遗址4处古墓100座，出土各类文物800馀件，证明崧泽距今6000年前就有人类居住活动，是上海最早的祖先。典型遗址除崧泽外，还有江苏吴县草鞋山和张陵山，常州圩墩、浙江吴兴邱城、海宁坟桥港等。

崧泽遗址位于上海市西部青浦县城东约4公里处，地处太湖东岸。根据考古，青浦区境于7000年前已经成陆，当时的崧泽村濒临东海，是一片海拔甚低的沼泽之地，西南等处有山陵、土墩、林木茂盛，是适于远古人类生息的地区之一。这里于6000年前，人们谋生已由极为原始的渔猎采摘转为以畜牧和农业为主的生产方式了。生产工具以使用比较精致的石器为主，有宽面穿孔石铲、长方形穿孔石斧、扁平和长条形石锛、小石凿等，此外还有陶纺轮、陶网坠，很少发现骨角器。从发现的出土稻谷和稻叶看来，为人工培植的粳稻、籼稻，并已从锄耕进入犁耕阶段。在崧泽发现的两口6000多年前的水井，均为直筒，井壁光滑，工艺也较先进，其形制沿用至今。

不少墓地陪葬品丰富多彩，表示6000年前的崧泽人生产、生活、文化发展已达到一定阶段。另外，值得一提的是，嘉兴南河浜遗址的发掘，还首次发现了崧泽文化的"祭台"，并较好地揭示了这"祭台"的形成过程，这

153

对进一步认识崧泽文化特殊陶器的内涵提供了难得的信息。

手工业生产较之马家浜文化时期有很大程度的提高，尤其在制陶业方面开创了快轮制陶，陶器的器型规整，种类较多。灰色和黑色陶器有较大比重，是用还原焰烧制的方法产生的，这在马家浜文化阶段极少发现，而这时已跃居主要地位。各种陶器仍以素面为主，纹饰有堆纹、弦纹、压划纹、镂孔和彩绘等。其中压划的绞丝纹以及由圆孔、弧边三角孔组成的带状镂孔图案十分美观，特征鲜明。常见的陶器中豆、鼎和壶在早、中、晚各阶段变化多样，表现出制陶工艺的发展过程。许多陶器有花瓣式的圈足，有的壶、罐腹壁连续折成瓦楞状，都是崧泽文化陶器的鲜明特色。在崧泽文化的遗存中，已不见马家浜文化盛行的腰沿釜、牛鼻耳罐等。

1990年嘉兴大坟遗址出土的前胸开口之人首葫芦陶瓶，十分罕见。近年来又出土了一批以往从未面世的陶器，如塔形壶、鹰头壶、兽面钟形壶、鸟型三足盉、六足陶龟、三口器陶等。

弓背扁足盆形盖鼎

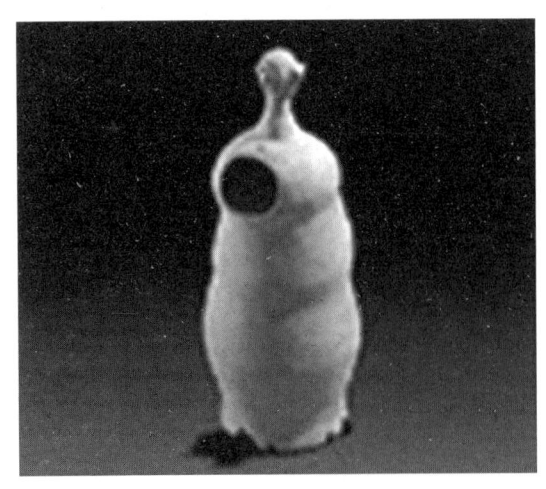

人头葫芦瓶

彩绘陶豆

锥足釜形盖鼎

黑陶刻纹盖罐

四

　　当我们将如此丰富多彩的仰韶文化，及其周边文化的考古全貌介绍给你后，如果再联系前边旧石器时代考古与前仰韶文化考古的介绍，你一定会感到强烈的心灵震撼，并对中华民族整体发展成长的足迹有了一个实实在在的感知。

　　这就是：在石器的制造方面，它由简单粗糙的打制，经过较长时期的打制与磨制混合阶段，逐渐向更多的精细磨制以及钻孔石器过渡；它由适于挖

掘、渔猎的三棱器、砍砸器、网坠、鱼权、石球、石簇等，向适于农业、稻谷加工以及木构件加工的磨盘、斧镰、刀铲、锛凿、耒耙等方向发展。除打磨外，至于他们在坚硬的石、骨、牙、玉上，到底运用什么手段进行如此精细的切挖、钻孔和刻划，至今仍是个谜。

在聚居地和房屋的建造方面，一般都选址定居于平原、山间盆地四周的河边阶地上，既便于耕作出行、又利于取水和抵御水患。房屋构造多由地穴式、半地穴式向平地式以至干栏式，由圆形、圆角形向长方形，由单间、多间、大型议事建筑向外有壕沟、内以公共广场扇形向心布局以及窑址、墓地功能分区的方向发展过渡。凿井的发明，为原始先民日后改变依赖临水而居、开拓更大生存空间，创造了前提条件。

在产业经济方面，由原始原始农业及采摘经济、渔猎经济，向定居的家畜家禽驯化饲养过渡；由粟、黍、籼稻、粳稻单品种，向蔬果等多品种栽培种植过渡；由刀耕火种，锄耕、向耜（犁）耕的先进耕作方式过渡。

在原始手工业发展方面，陶器的发明具有里程碑的意义。其制作技术经历了由粘贴法、泥条盘筑法到慢轮修整和快轮制坯，由低温到高温、还原焰烧法；其工艺由红陶到黑陶、灰陶和白陶，由加砂、原胎、素面到细泥、刨光、陶衣、彩绘、刻划、雕孔、捏塑；其器型和功能由单一到复杂，由生活日用品到祭器、神器和精美的艺术品，其发展脉络十分清晰。榫卯结构的木工制作，养蚕和缫丝，以及纺织机具和结构复杂的纺织品的发现，都反映了当时的手工制作技术已发展到令人称羡的高度。至于各地出土的人物、动植物的刻纹、彩绘、雕件、摆塑、面具，以及尖底形、葫芦形、连体形、多口形的神秘器物，它们所反映的真正内涵与古人的真实思想和精神世界，却众说纷纭，莫衷一是。

以上只是整体的粗线条的一个介绍和小结。距今7000至5000年长达两千余年的仰韶及周边文化，是近一个世纪以来考古发现的中心和主体内容，尤为丰富和复杂，对此考古界和历史界的学术研究成果可谓汗牛充栋。然而由于考古发现的只有"物"，无法确定"物"背后的"人"，因此造成这些研究成果只是片断的"物"的历史，而不是创造历史"主体"的"人"的历史，故而很难成其为历史。

缺乏"人"的历史，是因为没有找到具体的历史创造者"人"，而不是不存在创造者"人"。正由于如此，当仰韶文化的"华山玫瑰"花图案，以

它强劲的生命力向四周文化扩散时，考古学家终于发现了华山脚下"华族"的存在；当兴隆洼、赵保沟、红山等传承有序的文化，其石摆龙、陶纹龙、玉猪龙等实物被密集的发掘出来之后，考古学家又断定"龙族"起源于燕山之北的辽河流域。由于这些结论并非揭示它们内在联系，还是以单方面就事论事给出的，结果当中原的蚌壳龙、鸟龙，湖北的卵石龙相继出现之后，特别是面对东西南北出现的各有自己特征和面貌的文化，考古界又得出了更为省事和讨巧的结论，即中华文明起源的"多元说"。这一学术观点不仅否定了此前中华文明起源的"黄河流域中心说"，而且目前实际上在考古界已经占据了主导地位。

要指出这些简单甚至片面结论的不成熟之处，十分容易，因为他们连这些文化所处时代尚未明确，故遑论对错。要知道考古界对于仰韶及其周边文化，过去一直界定为母系氏族社会，也有的说是处于母系氏族向父系氏族过渡的时期，后来又有人提出了属于父系氏族时代的观点并得到许多专家的认可，但至今仍无定论。也就是说，如果我们连这些文化到底是属"三皇"的女娲伏羲之母系氏族时代，还是属于进入"五帝"的父系氏族时代都未搞定，这样不知时代背景和人物主体的研究结论，便失去了它应有的意义。

我们之所以这样说，并不是强人所难。因为面对仰韶及其周边文化这一中国考古的主体发现和丰富实物遗存，如果我们再不能对中华民族的历史和文明有所发现、有所结论，那就无论如何也说不过去。这里的要害还是思想方法问题。没有文字记载的历史，就像被打碎的绘有复杂图案的器物，考古只是挖出了它的残缺不全的器物及图案碎片；而口口相传的历史传说，才是古人力求让其后代记住的这一器物和图案的全形，考古挖掘的器物及图案残片正好证明了这些器物与图案的真实存在。"三皇"之后的"五帝"时代、特别是炎黄时代，是中国神话传说的主体，当我们将这些考古主体和传说主体予以整合，炎黄时代波澜壮阔的历史画卷，便展现在了我们面前。

第二节 炎帝时代

一

我们在前两章的"华之源"与"龙之脉"中，面对旧石器时代向新石器时代过渡后各地出现的"前仰韶文化"，通过以华山地区为中心的华胥女娲与伏羲诞生地从C型到O型圈的发展以及向四周的扩散，告诉了你一个母系氏族社会的女娲时代和伏羲时代。

现在我们又面对仰韶文化及周边文化考古所提供的丰富而关系复杂的遗址遗物，为了找到它们各自对应并相互往来密切的众多主人公，实在是一个极大的挑战。这一挑战不仅来自必须对其上下左右的时空对接，以及人物与复杂历史事件的对接，而且来自于这些或绘或塑的"会说话"的"图腾"对接，因为哪怕是一个小小细节对接的牴牾或失误，都将会导致全盘崩溃。然而战胜挑战所带来的却是新的突破和惊喜，因为它将会明确告诉我们，从这里我们已经进入了父系氏族社会的炎帝时代和黄帝时代。

那么，先让我们从炎帝时代与仰韶文化的半坡类型及史家村类型的对接开始吧。

在伏羲时代结束之时，我们曾告诉过你"伏羲没，神农作"的传承关系。神农就是炎帝，我们常是合在一起称"炎帝神农氏"。那么，炎帝神农到底生于何人，长于何地？这一点历史传说相对较多。据唐司马贞《三皇本纪》载："神农氏，姜姓以火德王。母曰女登，女娲氏之女，感神龙而生，长于姜水，号历山，又曰烈山氏"。又据《孟子·梁惠王章句上》载："神农，母娲氏之女安登，为少典妃，感神龙而生帝。承庖羲之本，以火德王，故曰：炎帝"。这些典籍所载的传说，已将炎帝神农的身世说得一清二楚。对此，我们不但能够十分明白的将其与半坡类型的考古几乎无缝对接，并通过对接还获得了更多新知和对一些千古之谜的破解。

一、关于对母族的对接。

"母曰女登，女娲氏之女"，这里既告诉了神农之母的名字叫女登（或安登），又进一步强调她是华胥女娲族之后，有些典籍还明确告诉这个母族名叫"有蟜氏"。"蟜"字偏旁为虫，说明这个氏族的图腾为一种虫类动物。这就让我们联想到半坡（姜寨一期）出土彩陶上生动的蛙纹形象。因为蛙（或蟾）在古代一直代表月亮之神，月相对于日为"阴"，故而成为母系氏族的图腾。这便为当时母系氏族的存在，提供了证明。

同时半坡还出土了一种葫芦口的尖底瓶，并成为半坡文化的标准器。过去包括我们的教科书都将其称为实用汲水器，并解释说其空时倾倚便于汲水，灌满水后自然复正，十分科学。后来有人提出质疑并做了实验，一则尖底在实际生活中实在不方便随时置放，二则实验中注满水后反而立即翻倒，倒是仅留半瓶之水时方才复正，显然汲水器之说实难成立。孔子当年入周公之庙而每事问，当见到这样的尖底瓶时便问其为何物，管庙之人回答叫"侑器"。后来当他了解到这一器具"空则倚，满则覆，中则正"的特性后，便将其"侑"字解释为"右"，称其为时时提醒人防骄戒满的"座右之器"（即座右铭），这一解释对后世亦影响极大。

现在看，不论是实用之汲水器，还是"座右之器"，都是一种误读，都没有理解它的真实用途。如果联想到尖底瓶特制的"葫芦口"（到后之庙底沟时变为"双唇口"），以及《山海经》中所记一些氏族叫"女娲之肠"这样奇怪的名字；还有甲骨文"奠"（𥷣）与"酒"（𨡓）二字中之"酉"（酉）的活脱脱尖底瓶的象形、会意和读音（you），你就会知道管庙之人从口口相传中告诉孔子的"侑器"（即神佑之器）是正确的。原来尖底瓶是炎帝神农氏族所供奉的"祖神之器"，这个祖神既是葫芦口所代表的伏羲，更是尖底袋形"女娲之肠"（实为女性子宫，后来变为双唇口更为具象）所代表的创生人类的始祖母华胥女娲。这也对应了神农炎帝之母"有蟜"之"蛙"族，是华胥女娲之女（即后世女娲），其交代是十分圆满的。

二、关于对父族的对接。

"神农，母娲氏之女安登，为少典妃，感神龙而生帝。承庖羲之本，以火德王，故曰：炎帝"。这里既明确告诉神农炎帝的父族叫"少典"，又说神农炎帝之母是"感神龙而生帝"，实际上是在告诉我们所谓"安登"作为"少典妃"，所说的其实是两个共存的父系氏族与母系氏族联姻的胞族关系。这个名"少典"的父系氏族既然是"龙族"，当然神农炎帝就一定是以葫芦（半坡不仅有"葫芦口"的尖底瓶，还出土有许多彩陶葫芦瓶）为代表的伏羲的后代。有了这样的理解，我们再来看"承庖羲之本，以火德王，故

曰：炎帝"这句话的深刻内涵：

其一，它告诉我们炎帝神农不仅是华胥女娲的后代，而且是葫芦伏羲"龙族"的传人，同时也是以火为德的"太阳族"的成员。如果再联系到传说炎帝神农"人身牛首"（或头长牛角）是因少典父族以牛为图腾，而半坡的彩陶以鱼纹为主体说明他自身又以鱼为图腾，这样炎帝神农的身份与祖族遗传密码的图谱，便全息地反映了出来。

其二，当我们了解了炎帝神农的祖谱，再来读"承庖羲（即伏羲）之本"这句话，原来它是在明确地告诉你炎帝神农是伏羲的第一继承人，因为他是一直守望在华胥女娲与伏羲诞生之地的嫡传子孙。这样再来看"葫芦口"尖底瓶的"祖神之器"为什么首先出现在半坡文化地区，其中的道理便不言自明了。

三、关于对时代的对接。

如果我们连系半坡蛙纹与鱼纹同绘一器并相随西传，以往考古界关于半坡以至仰韶文化到底属父系还是母系氏族社会之争，便可得出结论。半坡既然作为炎帝神农的遗址，它必然是已进入到了父系氏族社会，只是它并不是我们想象的那样纯粹，那样截然分开，而是母系氏族在这个时期甚至以后很长时期仍然存在。这从后边我们还将告诉你的炎帝乃至黄帝不少女儿族的传说中，可进一步得到证明。这样看来，半坡类型乃至整个仰韶文化遗址所发现的母子葬和女性随葬品有时较多的现象，也就不难理解了。只是在此之前出现的"太阳族"与"月亮族"的关系，此时已不再是以前伏羲时代的以葫芦兄妹相称，而是以"太阳族"的炎帝神农开始为王为帝的。因而这时的母系氏族，便有时称作父系氏族的妻族，有时也称作父系姓族的女儿族了。

四、关于对地域和年代的对接。

"神农氏，姜姓……长于姜水，号历山，又曰烈山氏"。由于上古之族群的姓氏包括名号，多以生地（广义为繁衍生息的生存之地）命之，以使其族群的徽记更为确切而传之久远，这一约定俗成的做法一直延续至今。所以通过炎帝神农的姓氏与名号，我们完全可以找到他繁衍生息之地域的大体范围。那么姜水、历山、烈山，又都在什么地方呢？

其实这一寻找古人踪迹的方法，历来一直都在沿用。由于传说中明确告诉炎帝神农生于姜水或长于姜水，故为姜姓，所以一般都认为炎帝神农的故里就在姜水流域。姜水的具体位置，一说是宝鸡市渭滨区的清姜河。明代所

撰《大明一统志—凤翔府·古迹》中记载："姜氏城，在宝鸡县南七里，城临姜水。神农氏母，为娲氏之后，曰女登，为少典妃，游华阳，感神龙首而生炎帝，长于姜水，即此"。一说是郦道元和近代学者郭沫若、翦伯赞等认为的：岐水即姜水。岐水在今岐山县之东。传说之地名，古今多变异，本来难得考实，以上两说孰是孰非，不必过于拘泥，其实二者所说都在凤翔府地的宝鸡境内，都为渭水中游的支流。所以我们完全可以理解为炎帝神农族早期活动的地方或发展到的西部领地就在宝鸡一带。

历山是中条山东端隆起的主峰，海拔2358米，是山西省南部最高的山。南临黄河谷地，北倚汾渭地堑，地跨翼城、垣曲、阳城、沁水四县,总面积为100平方公里。境内峰峦叠翠，高居云表，保存着华北地区仅有的一片原始森林，是将自然风光与古人类文化融为一体的国家级风景名胜区。与其毗连的太行山之南麓，是位于河南焦作沁阳市的神农山风景名胜区，亦因相传炎帝神农在此播五谷、尝百草而得名。所以我们也可将这一地区理解为炎帝神农族早期活动的北部领地。

烈山在全国有多处，从春秋战国时期一直到现在，历朝历史学家和历史文献都肯定记载，炎帝神农故里为随州之烈山，其位置在湖北省随县北四十里厉山镇九龙山南麓。春秋《国语·鲁语上》："昔烈山氏之有天下也，其子曰柱，能殖百谷百蔬"。三国时韦昭注："烈山氏，炎帝之号也，起于烈山。《礼记·祭法》以烈山为厉山也"。《左传·昭公二十九年》亦注："有烈山氏之子曰柱，为稷，自夏以上祀之；周弃（弃即周人之先祖）亦为稷，自商以来祀之"。其实真正的注脚，是因烈山位于横亘汉江与长江之间、西接巫山、南濒三峡的神农架之东端，是神农架的组成部分。神农架就是因神农在此"搭架采药，遍尝百草，为民治病"的传说而得名。随州烈山有神农洞、神农宫等遗迹，已成为海内外炎黄子孙寻根问祖的圣地。这样我们就为神农炎帝找到了其南方的活动之地。

当我们将以上传说中的炎帝神农繁衍活动之领域，与属半坡文化类型的遗址分布地域相比照，真是若合一契。它不仅确证了半坡文化类型遗址的主人就是炎帝神农，而且由其自西至南至北的活动区域，恰恰也反证了炎帝神农正是由C型发展到O型圈的以华山之下"河洛之地"为中心的伏羲族之直接继承人。

炎帝神农与半坡类型的关系确定了，炎帝神农历史年代的千古之谜便终

得破解，它就是科学测定的半坡类型遗址的起止年代：即距今7000至6000年之间，这是毫无疑问的。

"伏羲没，神农作"，这便是我们通过炎帝神农传说与仰韶半坡文化的时空对接，为中华探源所找到的又一个大的坐标系。

<h1 style="text-align:center">二</h1>

如果我们将这一坐标运用到半坡类型实物发现与炎帝神农更多传说的对接，不仅使这一坐标的构建更为充实，而且使我们对千年间炎帝神农的时代特征和筚路蓝缕、以启山林的历史足迹，了解得更为明晰。

一、中华农耕文明的创确立者。

炎帝神农所在的渭汾下游以及黄河中游与汉水中下游的冲积平原，正是秦岭南北气候与土壤条件最适宜于发展农耕的优生区。在神农氏的诸多事迹当中，最为人们称道和熟悉的是植五谷果蔬、制耒耜、始教民耕种一事，这也正是神农氏之被称为"神农"的原因之所在。"农"字的首次出现，完全体现了炎帝"立农"之伟大业绩的历史性意义。三国时曹植曾写下著名的《神农赞》，道："少典之子，火德成木。造为耒耜，教民播谷。正为雅瑟，以畅风俗"，突出强调的也正是这一点。

其一，焚山林、垦草莽，扩大种植面积，使农耕上升为主导产业。炎帝神农之所以又名烈山氏、厉山氏，实际反映的是这一时期开始大规模的以火焚山、以斧开山，农作物的种植面积和总产量大幅度提升的历史业绩。火焚山林草莽的遗迹我们在考古遗存中难以寻觅，但"以火德王"、"以火名官"的记载可为其作注；而这一时期巨大锋利石斧的大量出土，则为垦林拓荒造田提供了实物证明。

其二，发现并培植新的作物品种，把原始农业提升到新的阶段。晋王嘉《拾遗记》："炎帝时，有丹雀衔九穗禾，其坠地者，帝及拾之，以植于田，食者老而不死。"《周书》："神农之时,天雨粟。神农遂耕而种之，然后五谷兴助，百果藏实"。所谓"丹雀衔九穗禾"、"天雨粟"，一方面反映了新的农作物都是由天然野生品种经人工培育而来的过程，另一方面传达了其新品种穗大、粒饱、产量高，甚或包含了多品种问世的信息。关于"五谷"的解释，因是古今以来不断培育递增的，故至今说法不一。联系此前已

有粟、黍、稻、稷的种植，此时经过新的选种培育及新品种的出现，相信这时的"五谷"除后世从西域引进的小麦、玉米外，大多已经问世了。除粮食作物外，果蔬品种的培育也是神农的一大贡献，这从半坡出土陶罐内所藏白菜或芥菜籽以及其他遗址大量出土的各种果核看（不排除有野果夹杂其中），大致是可以肯定的。

其三，发明耒耜新的农具和新的耕作方式，标志农耕文明的先进"犁耕农业"从此问世。《周易·系辞下第八》载；"庖牺氏没，神农氏作，斫木为耜，揉木为耒，耒耨之利，以教天下，盖取诸益。"《白虎通义》载："古之人民皆食兽禽肉，至于神农，人民众多，禽兽不足，于是神农因天之时，分地之利，制耒耜，教民劳作，神而化之，使民易之，故谓神农也"。

耜与耒到底为何物，因其取材木质而易朽，神农所在之地未见实物出土。然从周边文化遗址出土的石质或骨质的耜耒实物看，耒即用以掘土的铲类，耜就是用以翻犁的犁头。关于神农族为什么要以木质制造耜耒，可能一方面是由于其所在的中原地区多为土质疏松的黄土地，便于耕作；但主要原因还在于，不论是异质耒头还是异质犁头，其安装固定都具有很大难度，而用同一的木质一体制作，问题便容易解决得多。从刀耕火种到锄耕农业、再到犁耕农业，是原始农业向农耕文明发展的标志性事件。当耜耕这一先进的耕作方式传播到周边土质坚硬的红土、白土或黑土层的地区，其耒头和耜头便改造为硬度更大的石质和骨质，就是必然的了。至于传说中以神农"人身牛首"而说此时已"驯牛以耕"，似乎不无道理，但要从这时即使已驯化家养之牛而找到牛耕的物证，却几乎是不可能的，故且不作定论。

二、中华医药之祖。

以神农命名的南部神农架（烈山）和北部的神农山（历山），都是我国保存古生物品种最为丰富的绿色宝库，在这两地关于神农尝百草、创医药的神话，流传久远，至今不衰。《史记·补三皇本纪》谓："神农氏作蜡祭，以赭鞭鞭草木，尝百草，始有医药"。《淮南子·修务训》亦谓："神农尝百草之滋味，一日而遇七十毒"。晋干宝《搜神记》卷一："神农以赭鞭鞭百草，尽知其平毒寒温之性，臭味所主，以播百谷。后世传言，神农乃玲珑玉体,能见其肺腑五脏,因能化解药毒"。

中国自古就有"药食同源"的传统，医药概念正是伴随着探索培育食用野生动植物的过程中形成的。原始农业兴起后，出于寻找更多更好的农作物

163

种类的需要，人们在尝食植物的同时会更加注意了解植物的特性，不仅注意有无毒性、可吃不可吃，更会注意了解植物的不同种类、不同部位，还有动物的不同种类、不同器官的苦辣酸甜之味，以及寒温滞泻等特性，从而形成医药概念，这应该就是神农氏发明医药的历史真相。相传中国的植茶及饮茶，就是从神农时发现而开始的。我国以神农命名的最早的中草药大典《神农本草》，就是自神农以来数千年间长期中草药医疗实践的总结集成。

三、以物易物，始开市贸。

在民间传说中，炎帝神农氏姜姓部落以农而立族，故称"农姜"。他不仅制耒耜、播五谷、植蔬果、创医药，传说还有煮盐、凿井、牛耕等种种发明，说明以社会分工为标志的农耕文明已基本确立。于是他又初开物贸之先河，创立了"日中为市，致天下之民，聚天下之货，交易而退，各得其所"（《周易·系辞》）之区域性的集市交易规范，使得物品交换的集贸市场也初具雏形，故炎帝神农氏又被视为中华贸易业之祖。

四、文明之光，人文初祖。

物质文明的发明创造，必然带来文化创造的滥觞和兴盛。

其一，原始文字符号的创造。

文字的起源与发展有一个过程，而且是一个漫长的历史进程。目前学术界公认的成熟汉字是商代"甲骨文"，但甲骨文的发展水平决非其初始阶段，对此考古的不断发现为我们提供了新的破解线索。裴李岗文化的舞阳贾湖遗址，出土了8000多年前龟甲及骨、陶上刻划的17种原始文字符号，使我们看到了中华文字最早的源头。又经过千年的发展，我们又在仰韶文化前期的半坡等类型遗址，看到了距今7000至6000年更多的陶刻文字符号。半坡人在长期的生产生活实践中，创造出了大量具有文字性质的刻画符号，这些刻符大多保留在彩陶上，发现有100多例、50多种，被称为"半坡陶文"。姜寨二期遗址发现于1972年，位于半坡东边的临潼骊山脚下，属于半坡类型及再晚一些史家类型的仰韶文化遗存。考古工作者在这里发现有字形刻画符号共计130多例、近30种，其结构比半坡刻符更为规范和复杂一些。这些符号，已接近汉字的固定形状，是汉字的原始形态，被称为"字形刻画符号"。在原始社会还没有文字时，人们最初就是用这些刻符来标识和记事的。

半坡遗址文字刻符　　　　　　　　　姜寨二期遗址 文字刻符

其二，音乐与绘画的滥觞。

史传神农"作五弦之瑟"，故曹植诗赞"正为雅瑟，以畅风俗"。此时之瑟虽无实物出土可证，然从半坡文化出土的陶埙，再籍其之前伏羲时代贾湖遗址出土的大量骨笛，似当信其非虚。出土可证之艺术创造却有其绘画造型之美，这就是半坡彩陶的横空出世。考古将"前仰韶文化"出土的在口沿饰以一圈黑红彩的器物就已称为彩陶，然而名副其实的彩陶是半坡彩陶的问世。当你看到半坡彩陶盆神秘而艺术化的人面鱼纹、蛙纹、鹿纹等艺术品之时，当你了解了这些艺术的创作者就是炎帝神农族之时，其心灵的震撼是无以言表的。当然它们并不是为艺术而艺术的产物，而是饱含原始先民浓烈而丰富的精神寄托之作，是原始先民手制的传达历史文化信息的历史画卷。在没有文字之前，我们正是凭借对其绘画等"图腾"之作的正确解读，才使这些远逝的历史和所表达的丰富精神世界，得以复活与再现。

其三，祖宗崇拜与自然崇拜的肇始。

中华民族具有尊祖重根、慎终追远的传统品德，这个传统肇始于炎帝神农。与其说伏羲时代对于葫芦（花之果实）的崇拜，是对母系华胥祖族崇拜的延续，不如说它更多的是反映对人类来源的原始哲思；与其说伏羲时代对

165

于龙的创造和崇拜，是对同祖同宗的族群血缘记忆，不如说它更多的是反映对族群团结兴盛的精神寄托。然而当我们真正理解了"葫芦口"尖底瓶的真实寓意之后，这一祖神器在炎帝神农族中的广泛传播和神秘存在，便成为其尊祖崇祖的历史明证。不仅如此，当我们在以后的论述中告诉你，还有那些彩绘的蛙、鹿、鱼、鸟等其实就是祖宗崇拜的图腾谱系，炎帝神农族作为华胥女娲和伏羲诞生地的第一继承人和祖地守望者，其崇祖敬祖的精神冲动和内在自觉更加彰显。

中华民族更有自然崇拜的传统品格，这一传统形成祭祀仪式也肇始于炎帝神农。《史记·补三皇本纪》谓："神农氏作蜡祭"。蜡祭（蜡，读zha乍，又读cha岔），为古代十二月祭百神之称。《礼记·郊特牲》谓："蜡也者，索也，岁十二月，合聚万物而索飨之也"。把"万物"作为"百神"来祭拜，实际就是对大自然崇拜的肇始。如果说"巨灵擘山导河"、"女娲炼石补天"，是原始农业产生之前原始初民"天人合一"观念的反映，那么自炎帝神农肇始的对大自然的"蜡祭"，便是"犁耕农业"诞生之后"天人合一"思想的继承和深化，它使人与自然的关系变得更为神秘和庄严了。炎帝对农耕文明的创造性贡献和对自然万物之百神的"蜡祭"，使后世将其尊为"农"神，故名"神农"。继承了他的事业并为农耕文明做出新的贡献的后世之"后稷"、"后土"之族，人们将其尊为"稷神"（即谷神）和"社神"（即土神），这便是"社稷"的由来。对"祖宗"和"社稷"的祭祀，成为数千年来中华农业文明的两大精神支柱。

其四，天文历法与河洛文化的发展。

博大精深的河洛文化，根深叶茂，泽润神州，是华夏文明之源、之根。上古时期，传说伏羲画八卦、神农作历法，他们都为河洛文化的创立和发展做出过突出贡献。炎帝神农作为伏羲在河洛故地的继承人，之所以能够在农耕文明的创造中做出如此巨大的业绩，必然离不开对天象历法的继承和创新。那么炎帝神农所创立的历法到底存在不存在？如果存在它到底是什么样子呢？1959年河南伊川县土门遗址出土了6000多年前的"伊川缸"，上面有黑白彩绘的日月运行、一年四季的历法图案，为伏羲及炎帝神农时代的易经八卦与天文历法图，提供了目前所见最早的实物。

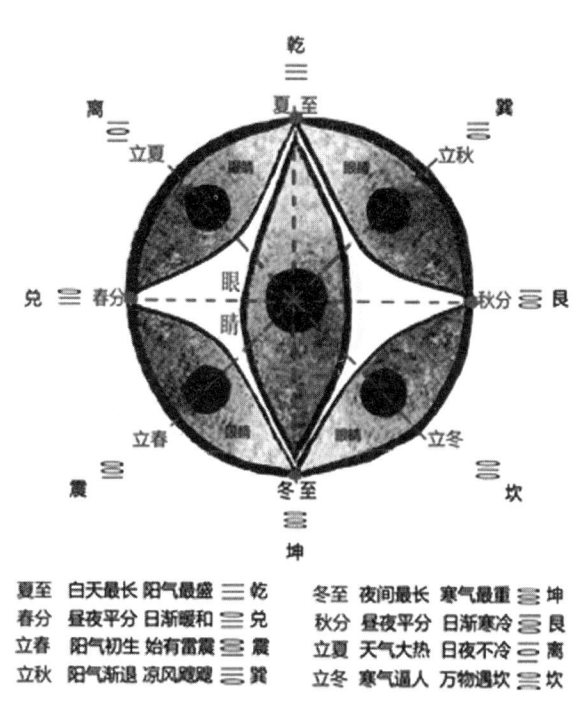

夏至	白天最长	阳气最盛	☰乾		冬至	夜间最长	寒气最重	☷坤
春分	昼夜平分	日渐暖和	☱兑		秋分	昼夜平分	日渐寒冷	☶艮
立春	阳气初生	始有雷震	☳震		立夏	天气大热	日夜不冷	☲离
立秋	阳气渐退	凉风飕飕	☴巽		立冬	寒气逼人	万物遇坎	☵坎

一年中的四季、二至、二分、四时、八节

　　上图右边的红陶缸，共画了上弦与下弦对称的十二对半圆，每一组对称半圆相连处有十二个实心圆相间，其绕缸一周，形成一个循环图。说明这一历法已是以月缺月圆一次定为一个月，并以十二个月定为一年而不断循环的。左边红陶缸上画的太阳更为特别，其上有五只精心安排的"眼睛"，可

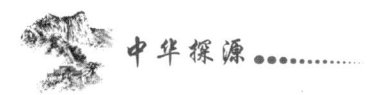

能寓意"眼观天象"。但它巧妙的用中间的竖眼将太阳等分为二，又用周边的四只眼角对接处将太阳等分为四，如果你再以中间的眼球为圆点向周边四个眼球作连线，又可将太阳等分为八。这就明确告诉你，十二个月的一年中，太阳的运行又分为二至（夏至、冬至）、二分（春分、秋分）、四时（春、夏、秋、冬）、八节（立春、春分、立夏、夏至、立秋、秋分、立冬、冬至）。其实在没有文字的那个原始时代，这些节令的命名都是以八卦的符号来标识的。于是这一日月历法图，又实际展现给我们的是：一划开天地、太极生两仪（阴、阳）、阴阳生四象（春、夏、秋、冬）、四象生八卦之万物的易象"演天图"。

古传，自伏羲创立易经八卦后，又经历了《归藏易》、《连山易》，才发展到《周易》（亦称乾坤易），故有"三易"之说，然这些在历史上都成为了无法确证的谜。今考其炎帝神农之名，不仅有"烈山"、"厉山"、"历山"之号，而且亦有"连山"之称，所以《连山易》便应是炎帝神农时代所创之易了。面对土门伊川缸"日月图"，不仅使我们看到了炎帝神农时代所创造的历法，而且对从伏羲到炎帝所创造的实实在在的哲理化的河洛文化，有了更具体而深切的感触。

第三节　炎帝神农与周边文化

一

当我们把炎帝神农的时代、地域等自身内容作以基本定位之后，现在再来以炎帝及半坡文化为坐标中心，通过与周边文化之间传播往来关系的探索，从而建立起炎帝时代的大坐标系，并给你一个由平日众多耳熟能详神话传说所复活的波澜壮阔的历史画卷。

那么，炎帝神农的半坡文化到底是怎样向四周传播的呢？前边我们提到过伏羲时代向东发展时，伏羲女儿洛神的传说故事。直接印证这一传说真实性的，是黄河向东创造出中原冲积平原后而稍晚出现的新郑裴李岗文化。无独有偶，炎帝神农的向四方繁衍传播，也有许多炎帝女儿的故事。

先说炎帝神农向西方的传播。

印证这一传播史实的，首先是考古发现的文化层叠压关系十分明确的长达三千年历史的甘肃大地湾遗址。其最下层的"前仰韶文化"，反映的是伏羲族向西发展的千年历史。而叠压其上的中层，则相对应的是仰韶时期的半坡文化和庙底沟文化。

由于仰韶文化不同时期彩陶图案的独特性，当中层发掘的彩陶上由具象到抽象的各种生动的鱼纹和蛙纹不断发现，于是由半坡文化所代表的炎帝神农，其西进的历史足迹便大白于天下。如果我们把女娲、伏羲族的向西发展，作为以华山为中心向外发展的先后两次冲击波，炎帝神农的到来就成为了第三次的冲击波，它给这里带来的既有先进的犁耕农业文明，更有已发展了的河洛文化。中国西部繁衍至今的羌族，过去一直称其"姜羌"，实际上就是从这时起西传所诞生的姜姓炎帝的西部后裔。

炎帝神农向西发展的历史，在神话传说中也有体现。故事说炎帝有一个名叫"女娃"的小女儿，一天在一棵桑树上玩耍，遇见一位会飞的神仙，便把她带到西边一个遥远的地方去了。害得炎帝爷伤心的不得了，把自己女儿离去的那颗桑树命名为"帝女桑"。这位会飞的神仙是专管下雨的雨师，名叫赤松子。听说他为了下雨，要吃一种叫"冰玉散"的东西，他和西王母关系不错，常去昆仑游玩，随风雨而上下。西王母应是比伏羲来到西方还要早的定居于此的女娲族。

证实这一传说的，是大地湾仰韶文化层也出土的鱼纹和蛙纹彩陶。这一蛙纹具有极强的生命力，它在此后不断向西发展的马家窑、半山、马厂等文化遗址中反复出现，形成奇特的彩陶文化现象。前边说过，蛙和蟾是月亮族母系女娲的图腾，并以此与父系炎帝太阳族相对应。所以，传说和考古实物的结合既明白无误的告诉我们，进入炎帝父系时代后仍是与母系女娲族"双轨制"的；而且也让我们看到西王母文化传说的历史渊源。从赤松子与昆仑西王母的亲密关系，到周穆王西巡与西王母的宴会，再到唐时还向唐天子朝贡的西域"女儿国"，都说明了炎帝女儿母系氏族在西域广袤地区的长期历史存在。

二

炎帝神农族向东的发展，情况相对要复杂得多。

先说炎帝神农族向裴李岗文化和磁山文化区的发展。证明这一发展的，是在黄河之南裴李岗文化区基础上发展起来的郑州大河村半坡类型文化，和在黄河以北磁山文化区基础上发展起来的安阳大司空村半坡类型文化。从历史传说的祝融与共工族的关系及其他们之间所发生的战争（其战争的具体情况，后文再详细介绍），我们基本可以确定，这一时期的早期，其黄河以南至湖北江汉之间的烈山、神农架地区的真正主人，是姜姓炎帝族的祝融集团部落；而黄河以北的历山、神农山的豫北冀南地区的真正主人，是姜姓炎帝族的共工集团部落。

这就使我们对炎帝神农族的认识又深入了一步，原来姜姓炎帝神农族的内部是由不同图腾的氏族部落集团组成的。具体说，南方的祝融集团是以火为图腾的"火族"，北方的共工集团是以水为图腾的"水族"。而西部半坡的鱼图腾，也并不是整个炎帝神农族的图腾，而是另一个一直代表炎帝的更大"鱼族"集团的图腾，它的名字叫夸父（这一名字，在后边炎黄之战后的"夸父追日"传说中，才会出现）。《山海经·大荒西经》载："有互人之国，人面鱼身，炎帝之孙"，可能说的就是炎帝夸父鱼族西迁的一支。

至于炎帝神农全族的图腾应该为牛，因为不仅炎帝，凡是炎帝姜姓的部族（包括祝融、共工等），在传说中都是以长角的牛首出现的。而且我们在后边马上就要介绍到的与炎帝同为"兄弟"的姬性黄帝族，也是以长角的牛首出现的，可见牛图腾才是炎黄两大姓族共同的父族图腾。其实牛图腾族，也只是以太阳为图腾的父系氏族的一支，故炎帝、黄帝的名字也都与太阳有关。这些极其复杂而细微的姓氏与图腾传承关系，只有从这时开始，便都在历史传说中有条不紊的逐一表现了出来。而且只要你留意，他们许多也将会得到出土实物的印证。

以上介绍的夸父、祝融、共工三大部族集团，还不是炎帝神农族的全部。下面，我们还将向你介绍炎帝族继续向东海方向发展出的另一大部族集团，他的诞生与最早进入东海地区的太昊伏羲族有关，与考古上的北辛文化有关，也与炎帝女儿"精卫填海"的传说有关，他的名字叫：蚩尤。

前边介绍过，伏羲时代向东发展出的裴李岗和磁山文化所在地，是黄河向东所创造出的新的冲积平原，而它的东部这时还应是大陆架向外延伸的一片浅海。距今8500年前的女娲和伏羲族，唯一能向东继续发展的，是越过浅海来到泰沂山系北麓面海的临淄一带才落脚的后李文化。

那么，今天的华北黄淮平原是什么时候、什么原因使其露出海平面的呢？显然它不是由于海平面的下降，因为自一万年前的末次冰川期后的气候暖化，再也没有出现过使海平面下降如此之大的气候条件。而唯一的解释是黄河继续东流入海，而经千百年的泥沙冲积而逐渐形成的。其实今天对华北黄淮海平原成因的科学解释，也正是这样给出的

到了距今7300年时所出现的北辛文化，就是黄淮平原自西向东、由北而南逐渐形成的过程中，早已来到泰沂北麓后李文化的太昊伏羲"鸟族"人，这时越过泰沂山脉开始向南发展而逐步形成的。证明北辛文化的主人为伏羲"鸟族"的，是北辛文化出土的代表性陶器：三足鸟形鬶。当然，同时参与并进入北辛文化的，还有自西向东继续发展的炎帝神农族。

炎帝神农族向东海方向继续发展的历史，是炎帝的另一个女儿溺死东海，化为精卫鸟，衔木石以填东海的神话传说告诉我们的。《精卫填海》的故事内涵比较复杂，但如细心理解它告诉我们的是，向东发展的炎帝的女儿族最终化为精卫鸟，其实是说它变为了一种"鸟族"的父系氏族。这一理解，正好与炎帝有一个姜姓头长牛角并以鸟为图腾的名叫蚩尤的父系"鸟族"，一直活动于东部黄淮地区的传说相吻合。我之所以把这两个衔接起来的传说敢于作为历史，其底气来自于炎帝族东进北辛文化地区的这些传说，为后来双墩遗址的考古发现所证明。

1985年考古发现的双墩遗址，位于安徽省蚌埠市双墩村，起始年代在距今7000年之后，是目前淮河中游地区已发现的年代最早的新石器时代文化遗存。遗址出土了大量的陶器、石器、骨角器、蚌器、红烧土块建筑遗存、动物骨骼等，既有生产工具、生活用具，也有大批刻画符号和泥塑艺术品。其600多种具有文字性质的刻划符号，基本上都刻于陶碗的圈足内，并有多为半坡才有的鱼纹、鹿纹、猪纹、和一种"四叶花"纹等逼真的动植物形象出现。

在所有的出土文物里面，最引人注目的是，还发现了一个拳头大小的陶塑人头像。头像面部有对称的5点装饰图案，额头正中有一象征太阳的同心

圆纹饰，塑造手法粗犷、简练，写实中有夸张，风格神奇怪异，很有原始艺术的趣味和神秘感。研究刻画符号的专家们做出了这样的结论——双墩的刻画符号与西安半坡、临潼姜寨、宜昌杨家湾、秭归柳林溪等其他新石器时代遗址的刻画符号相比，有着直接的渊源关系。所有这些考古实物，都明白的告诉我们，这时的炎帝神农族已经发展到黄淮平原的腹地，并和太昊族一起，成为北辛文化的重要成员。至于塑像本身就是炎帝神农、还是炎帝女儿族所化的"鸟族"蚩尤，我们这里先就不便妄加判定了。

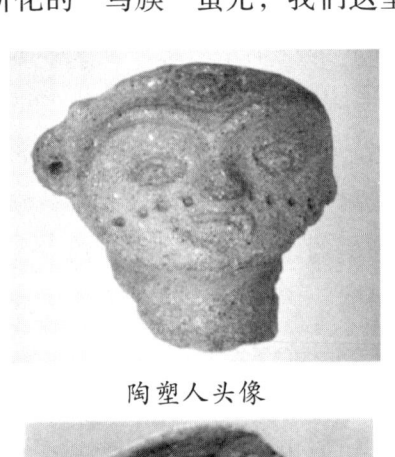

陶塑人头像

鹿形刻画符号

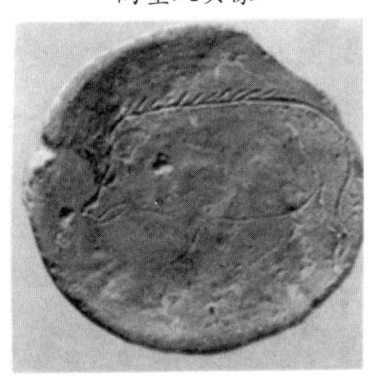

猪形刻画符号（右为双猪图）

太阳纹

四瓣十字花纹

文字刻划符号

三

下面介绍炎帝神农向南的发展。

我们知道，距今9000—8300年前，在长江以南出现的湖南澧县彭头山遗址，是华胥女娲南下所创造的古老文明。到了距今6400年时这一地区才出现了大溪文化。那么在这相距两千多年的时光里，这里还发生了什么？而新出现的大溪文化又是什么人创造的？

其实填补这一空白的，还是传承有序的神话与传说。女娲的先期到来，随后接踵而至的必然还有伏羲族。这一过程虽在考古中已有一些证明，至于与此更晚的炎帝神农族向南的发展，神话传说当然更不会缺席，这就是无人不知的巫山神女的故事。

中国古代神话中广为传颂的巫山神女，是本名瑶姬的炎帝二女儿。因旅居巫山，而终身未嫁。当大禹疏导长江三峡时，她在飞凤山麓，授九卷天书予大禹，并派其部族相助治水，遂使大禹"导波决川，以成其功"。水患消

除后，她毅然决定守望于巫山，为行船保平安，为生民造福祉，日久天长，她站在长江岸边的身影化为了俊俏的神女峰。后人感其"佐禹治水"，"有功于三峡黎民"，因而将其祀为"正神"，竖碑立祠永远奉祀。战国时的宋玉陪侍楚襄王游于云梦高唐，作《高唐赋》与《神女赋》追述其事，将其描写为"旦为朝云、暮为行雨"美貌仙女的文学形象，千古传诵。《巫山县志》记载："赤帝女瑶姬，未行而卒，葬于巫山之阳，故曰巫山之女。楚怀王（注，襄王之父）游于高唐，梦与神遇，遂为置观于巫山之南，号为朝云。"

巫山神女的传说与此前炎帝两个女儿的传说一样，它再次透出了两个重要的信息：其一是炎帝时代仍有母系氏族并存；其二是炎帝族的向外发展多是以母系"女儿族"为先遣的。至于传说说其终身未嫁的"未行而卒"，显然是强调它始终未改母系"女儿族"之身，这与她的大姐最后化为父系的精卫"鸟族"是有区别的。这样的描写，既与两三千年后她的女族助大禹治水相衔接，也与今天西南少数民族中的母系氏族的存在相吻合。这些问题搞清楚了，现在我要告诉你，巫山神女所在的地区，不是别的就是彭头山以至大溪文化所在的地区。这样，起于距今6400年的大溪文化主人，就既有巫山神女的炎帝女儿族，又有从紧邻神农架南下的炎帝神农的祝融族，就是顺理成章的了。至于祝融族大举南下的具体原因，后文还将重点说明。今天南岳衡山最高之主峰，名为祝融峰，就是对南下祝融族的历史记忆和永远纪念。

四

在炎帝神农半坡文化的东南方向，有河姆渡文化和马家浜文化，它们的产生时间与半坡文化几乎同在距今7000年前。

这两个文化的起源以及与炎帝族的关系，在神话传说中找不到直接的反映。但从出土遗物中，不论是稻作农业还是耜耒先进农具的使用（出土实物既有石耜，亦有木耜），显然与裴李岗的稻作技术与后来炎帝神农发明的耜耒和犁耕农业，都有渊源和传播关系。

处于长江下游的河姆渡与马家浜文化，以及由马家浜文化此后发展而来的崧泽文化与良渚文化，过去考古界一直认为都是长江流域独立发展的文化，并将其作为中华文明在黄河流域与长江流域多元发展的证明。特别是干阑式榫卯结构的建筑、先进的木质纺织工具及葛麻织物残片的发现，还有大量稻谷在考古中的第一次出土，都强化了这一观点。但联系北辛文化太昊"鸟族"的起源之地，与这里河姆渡文化出土的"双鸟朝阳"纹玉饰、马家浜文化出土的三足长尾鸟形陶器来看，不可争辩的说明它们都是起源于中原之地的"鸟族"伏羲。

"鸟族"伏羲的图腾，在周边文化的反复出现，使我们联想到中国历史上的东夷"鸟族"，联想到古代传说中的金乌代表太阳、金蟾代表月亮。原来所有这些都是在告诉我们，早在伏羲时代葫芦兄妹的"双轨制"时，我们的祖先就将父系的伏羲称为太阳族，将母系的女娲称为月亮族。当然伏羲的太阳族和女娲的月亮族，内部都不会只是一个图腾，而是有更多的子图腾来区分他们后已发展了的新的血缘支系。只是鸟族和蛙（蟾）族或因他们的族群发展较早较快、或因他们的族群与后世的主体族群关系直接，因而便成为传说中太阳族和月亮族的代表性图腾了。

本节关于炎帝神农与周边文化的关系，就先介绍到这里。其实在半坡文化的东北方向与它处于同时期的，还有燕山之北的赵保沟文化，和燕山南麓的北福地类型遗址。半坡文化与东北方这些遗址的联系，从当地出土的骨耜、石耜（并将其作为祭祀之物）中即可知道。由于这两个文化都与马上就要正式出场的黄帝族有着直接的关系，因而最好的办法是将其放在后面一节，与"炎黄之战"一起介绍给你。

第四节 炎黄之战

一

凡我中华民族皆言必称炎黄，并以炎黄的子孙而骄傲。然而炎帝和黄帝到底是什么关系，他们之间究竟都发生了些什么事情，特别是从古至今流传甚广的"炎黄大战"的故事，究竟是怎么一回事？这些问题不回答，我们的史前史就无法建立起来。

《国语·晋语》载："昔少典氏娶于有蟜氏，生黄帝、炎帝。黄帝以姬水成，炎帝以姜水成。成而异德，故黄帝为姬，炎帝为姜。"这里所说的

"生"，是说黄帝和炎帝都是生活于渭河流域一带的少典氏伏羲太阳族和有蟜氏女娲月亮族联姻所繁衍的后代，因而也可以称为同根的兄弟。传说炎帝和黄帝兄弟都是以长角的牛首出现，这说明他们的父族少典氏正是"牛族"的伏羲，它是与同为太阳族但一直以"鸟族"为图腾的伏羲太昊族相区别的。"炎帝以姜水成"，是说炎帝在渭河南岸的一支流上即姜水岸边长大，因而以姜为姓。"黄帝以姬水成"，是说他在姬水岸边长大，因而以姬为姓。姬水在于何处，历史上尚无定论。但按其与炎帝兄弟族的关系，有人推断当为渭河北岸的另一条支流即古漆水，其发源于今陕西麟游县西北部之甘肃清水县，在今武功县汇入渭河。漆水与姬水的名字，应是相通的。后来，黄帝又率领族人东进，渡过黄河，顺着中条山和太行山的西麓进入汾河谷地，再向东北迁移，沿桑干河到达今河北燕山南麓的涿鹿附近。那里有由桑干河、洋河冲积而成的适宜农耕的宽阔谷地，附近还有可供狩猎的山林，环境非常优越，于是就定居了下来。

早期的黄帝族北进路线，之所以沿太行山西麓的汾河而上，是因为那时太行山东麓沿海的华北平原尚未形成，实际上还是一片浅海。这一点从《山海经》中关于定居这里的早期黄帝族，其"鹓"与"鹏"的神话及海的环境描写，完全可以反映出来。

黄帝族定居的涿鹿一带，正是产生于距今7000年的北福地二期文化所在之地。我们之所以认定北福地文化的主人就是黄帝族，是因为这一文化出土的独特动物面具，正与我们后边马上就要讲到的涿鹿之战中，黄帝所率领的部族为熊、罴、貔、貅、狮、虎等相吻合。原来姬姓的黄帝族与姜姓的炎帝族一样，他的内部也是由此后不断繁衍的不同图腾的集团所组成。这些不同的动物面具所展现给我们的，正是各个集团以之命名的图腾实物。

黄帝族的领地并不局限于涿鹿的北福地文化，还有他此后"北逐荤粥"、越过燕山创建"轩辕之国"而产生于距今6800年前的赵保沟文化。

赵保沟文化的前身，是燕山北麓辽河流域的兴隆洼文化，这是一个产生距今8000年阜新查海石摆龙的古老文化。告诉我们这两个文化衔接与传承关系的，不仅是地域的重合，还有赵保沟文化出土的会说话的陶纹绘画和动物雕塑。特别是在小山遗址出土的尊形器上，刻画由猪首蛇身灵物和生翼的鹿纹灵物、并与神鸟组合成的"灵物图像"：其飞鹿肢体腾空，背上生翼，长角潴目，神态端庄安详；猪龙为猪首蛇身，周身有鳞，尖吻上翘，巨牙上

指；神鸟奋翼冲天，巨头圆眼，顶上生冠，长嘴似钩，极其生动。这三种刻画的猪、鹿、鸟等灵物，在前边的半坡及其他文化中已多次出现。它表明了赵保沟文化前身的兴隆洼文化，正是先后来到这里的龙族伏羲的"猪族"、"鹿族"、"鸟族"等的共同创造。赵保沟文化的这类尊形器的多次出土，说明它像半坡炎帝族的尖底瓶一样，都是铭记历史、崇祀租宗的神器之物。

赵保沟文化还出土了许多玉雕件，不但有玉猪龙、玉龟、玉鸟、还有能够反映黄帝族的玉勾云佩、玉蚕、牛首的玉兽雕（此地后来的红山文化还出土了陶塑熊肢残体和"双首熊"玉件）等。同时这里还和北福地文化一样，出土了从炎帝神农族传来的先进石耜犁头。所有这些出土实物，都把黄帝族到来之前与之后的渊源关系及其历史踪迹，和盘托出。

二

至此，我们把距今7000—6000年之间几乎所有的考古遗址及其真正的主人，一一对应地找了出来，从而使每一单独的考古和片断的传说，开始缀连为一体。这一缀连所描绘出的，正是一张中华文明由女娲伏羲时代以至炎帝神农时代，其如何从渭河流域再到黄河流域、然后再向四周逐步发展的衍生图。

从这里，我们也终于弄清了整个黄河流域其西部之炎帝、东部之太昊、北部之黄帝，这三大部族的所在方位和历史渊源。接下来我们要开始介绍的两次炎黄之战，就是因黄河母亲河在下游不断形成和寻找入海走向过程中，所搅动的构成中华民族主体的三大部族之间，为争夺生存空间所发生的你中有我、我中有你的战争与融合的全过程。

我们发现第一次炎黄战争的线索，来自于这三大部族中间结合地带的安阳后岗一期文化与大司空文化的交互叠压。还有后岗文化发掘的距今6460年前的河南濮阳西水坡45号墓所出土的蚌塑龙虎图，及有刀砍痕迹的头骨，说明了墓主人是来自黄帝部落的"虎族"，并且是死于一场战争。显然，发生于炎黄领地结合部的战争，必然是一场炎黄战争。

那么，这场战争的发生原因及其始末，又是什么样的呢？原来从时间点上看，它的诱因是来自于炎帝族内部的一场共工与祝融的著名战争。据《山海经·海内经》："炎帝之妻，赤水之子听祅生炎居，炎居生节并，节并生

戏器，戏器生祝融，祝融降处于江水，生共工。"此文告诉我们的是，祝融与共工同为炎帝裔及其他们之间的传承关系。至于他们之间的战争，《史记·补三皇本记》是这样说的："诸侯有共工氏，任智刑以强霸而不王；以水乘木，乃与祝融战。不胜而怒，乃头触不周山崩，天柱折，地维缺。"《淮南子·天文训》将这场战争描写得更为具体："怒而触不周之山，天柱折、地维绝。天倾西北，故日月星辰移焉；地不满东南，故水潦尘埃归焉。"是说失败的共工，怒而用头去撞不周山，支撑天的柱子折了，系挂地的绳子断了。于是天向西北方向倾斜，所以太阳、月亮、星星都朝西北方移动；地的东南角也陷塌了，所以江河泥沙都朝东南方向流去。

其实原始社会所发生的战争，大多都是争夺生存空间的战争。前边我们说过，祝融所居是黄河之南的郑州大河村文化，共工所居是黄河之北的安阳大司空村文化。相传"共工人面蛇身朱发"，为水神。《左传·昭公十七年》说："共工氏以水纪，故为水师而水名"。《管子·揆度》说："共工之王，水处什之七，陆处什之三，乘天势以隘制天下"。故作为"水族"之水神的共工，其名字实通假于"洪江"二字，所以他所在的这一地区历史上亦称为"江水"、"江地"。这里作为黄淮海平原初创时的一部分，与南邻的北辛文化地区一样，既是黄河泥沙不断沉积所创造的沧海桑田的面海平原，也是黄河入海古道未定型前的洪水灾患多发地区。

所以共工与祝融之战的真实原因，应该是这时因黄河改道向北而在"江地"突发的一次大的水患，迫使丧失生存条件的共工族渡过黄河大举南迁，从而与人口发展更快也需要向外发展的祝融族之间所发生的"水火不容"的遭遇战。战争的结局是共工族的南下受阻，又被迫掉头北上，一部分留在了黄帝族所在的涿鹿地区，一部分逆桑干河继续西进，来到晋陕之北与内蒙古之间的河套地区，始才定居下来。我们之所以这样说，不仅因为《山海经》中关于"不周山"和"共工之台"的地理方位就在这里，而且也为这里所发掘出的这一时期大同"马家小"与河套"鲁家坡"等仰韶文化遗址所证明。

由于这场战争不仅是中华原始社会发生的最早一次战争，而且是发生在最大的炎帝族的内部，因而传说将其描写为失败的共工怒触不周山，天柱折、地维绝的大事件。至于"天倾西北，故日月星辰移焉；地不满东南，故水潦尘埃归焉"，过去我们一直都是作为神话按字面的原意理解的。现在看"天倾西北"其实是有实指的，它的寓意就是告诉你，支撑炎帝族之天的共

工族从此流落于天之西北。而"地陷东南"的寓意就是告诉你,维系炎帝族之地的另一祝融族也因此次战争而迁徙于东南。当然这一结果要等我们将这场战争的后一段解读之后,真相才会大白。

其实神话传说中的一次战争,往往表述的是一个内涵更为丰富、历时更长的大事件。后岗文化濮阳西水坡45号墓所反映的,是黄帝族此后也来到这里而接续发生的一场战争,时间点是在距今6460年前。当然一起回到这里来的还有再次返回故土的共工之大司空村文化。这说明这一地区的水患消退之后更大的绿洲再次出现,留在涿鹿的共工族便与黄帝的"虎族"一起来到这里,与祝融族又发生了一次绿洲争夺战。

由于新的战争有黄帝族的南下介入,因而战争的性质发生了变化,这便是我们要告诉你的第一次炎黄之战。这场战争的初期是黄帝虎族的大胜,他不仅与共工族全部占领了黄海平原的新绿洲,而且自己又一直打到了黄河南岸的祝融族及夸父族之广大领地。证明黄帝族这一胜利成果的,不仅有这一时期半坡文化华阴横阵村遗址百余众骨骼摆放零乱且有刀斧砍砸痕迹战败牺牲者的二次葬,更有因战败迫使南下的祝融族于距今6400年新建的大溪文化。这便是传说"地不满东南"其寓意的真正所指。

这场战争的最后,是被形势所迫的夸父族的介入,要知道华阴横阵遗址所在之地,正是夸父族所丢失的领地。告诉我们这一战争过程和结果的是"愚公移山"的传说。故事所说的愚公之家的所在之地是王屋山和太行山,这个山名至今仍在,它应是位于安阳西邻炎帝神农族所在的中条山与太行山交界的历山之"神农山"之阳。愚公所要挖掉的挡在他家门前去路的大山,正是寓意黄帝族南下后对愚公故地领土的侵占、割裂和阻隔。故事最后出场的是被愚公移山精神所感动的大神博父(即夸父),是他臂胁两山抛于他处,终于使愚公之愿得以实现。这样夸父族最终收复了自己以及祝融的失地,并将黄帝族阻挡回了共工族原先的领地之内。这个结局既有郑州大河村遗址后期出土的鱼纹陶片,证明了此地后为夸父族所收复,也是西水坡45号墓埋葬黄帝虎族之地为什么在黄河之北的濮阳所告诉我们的。

发生在大约距今6400年之前的这场长达百余年的战争,其结果:一是使炎帝族内部各集团之间天倾西北、地陷东南;二是使黄帝族在南下中展示并扩大了自己的实力,并开始与炎帝族有了更直接的交往。正是这场战争,天下大势发生了悄然的变化。

三

第一次炎黄战争之后，开创了炎帝族与黄帝族之间长达二百余年（距今6400至6200年间）的和平相处时期。

在这段时期里，南下的黄帝"虎族"一方面与一起返回故土的共工族东西分治（共工族在西边的林县、辉县一带，黄帝"虎族"在东边的濮阳而接近曲阜泰山一带）；一方面与东邻曲阜一带的太昊族逐渐融合，使其成为既是太昊"鸟族"又是黄帝"虎族"的新的部族集团，他的名字叫少昊。

《帝王世纪》载："少昊邑于穷桑以登帝位，都曲阜，故或谓之穷桑帝"。少昊，亦称少皞、少皓，也是古代的五帝之一。他的独特起源与南邻早已存在的蚩尤族一样，历史上一直众说纷纭，原来他们俩都是与太昊"鸟族"融合的产物，所以很难为后世所理解。《逸周书·尝麦解》："昔天之初，（诞）作二后，乃设建典。赤帝分正二卿，命蚩尤于宇少昊，以临四方。"对于这一段没头没脑的话，过去一直不知所云。现在看，它是说在炎黄（二后）之间战后一段和平相处（乃设建典）的这一时期，处于主导地位的炎帝（赤帝），对自身东部相邻的蚩尤族与黄帝少昊族之间，亦和亦御的情势掌控与安排。

然而天不遂人愿，到了距今6200年前后炎帝族又发生了由内乱引起的与黄帝族之间的第二次战争。其实历史传说上的炎黄大战，所说的都是指这场第二次战争。所以，同一篇的《逸周书·尝麦解》，紧接着又道："蚩尤乃逐帝，争于涿鹿之阿，九隅无遗。赤帝大慑，乃说于黄帝，遂执蚩尤，杀之于中冀。"司马迁在《史记.五帝本纪》中也说："轩辕之时，神农氏世衰。诸侯相侵伐，暴虐百姓，而神农氏弗能征。"又说："蚩尤作乱，不用帝命。于是黄帝乃征师诸侯，与蚩尤战于涿鹿之野，遂擒杀蚩尤。而诸侯咸尊轩辕为天子，代神农氏，是为黄帝"。

以上是关于这场战争发生的起因及始末，但由于介绍都过于概括笼统，因而怎么看都不像是炎黄之间的战争，而是黄帝与蚩尤之间的战争。但结果却是黄帝取代了炎帝神农，而成为了"天子"。这到底又是怎么一回事呢？

要真正弄清这场战争的真相，还得借助于考古。到了距今6200年前的时间点上，处于黄河与淮河之间的北辛文化突然消失了，代之而起的是退缩为

原来它的北部泰沂山地之大汶口文化。造成这一大变故的原因十分清楚，它就是"三十年河东，三十年河西"的黄河，又一次的决堤改道而使南部的黄淮平原变为了一片泽国。黄河这次的夺淮入海，一直延续到大禹治水时才得以治理，因为在此期间的2000余年中这一广大地区就很少再发现先民生活过的遗迹了。丧失生存条件的蚩尤九黎"鸟族"，在大的灾难面前举族西迁，于是便占领了半坡夸父"鱼族"所在的绝大部分地盘。

能够证明这一蚩尤族西迁并战胜夸父族的考古，有两件：

一是距今6200年前，半坡类型的地区几乎全部为史家村类型所代替。不仅史家村遗址及姜寨二期遗址出土的千余具人骨叠压的二次葬，说明了这里曾发生过又一场大战；而且出土陶纹上增添了新的鸟纹及鸟逐鱼纹，也说明了因这场战争这里有了新的主人——"鸟族"。

二是河南临汝地区阎村出土二次葬的"伊川缸"上所绘的鹳鱼图：一只雄壮有力的鹳鸟，口衔一条奄奄一息的鱼，旁竖一带柄巨斧的权杖。它显然是在宣告：这里的"鱼族"主人已被胜利者的"鸟族"所战胜而取代。取代半坡类型的史家村类型历时达200余年，并在晋、陕、豫地区留下了许多蚩尤的遗迹与传说。史载亦说蚩尤曾都于晋南运城之阪泉，为"阪泉氏"。说明炎帝部族最后200余年的共主不再是夸父"鱼族"，而是蚩尤"鸟族"了。

如果我们以上所说的只是炎帝族自家的一场内乱或内战，那么它的后半部分便是在其史家村类型末期的后数十年中，蚩尤所代表的炎帝族北伐空桑（即穷桑），大战少昊，并继续北进涿鹿的一场炎黄两大部族的大战了。历史上传说的炎黄大战，其实都说的是这场时隔数百年后的炎黄第二次战争。对于这场炎黄大战，司马迁在《史记》中是这样描述的："炎帝（注：这里的炎帝已是蚩尤）欲侵陵诸侯，诸侯咸归轩辕，轩辕乃修德振兵，治五气，艺五种，抚万民，度四方，教熊、羆、貔、貅、貙、虎，以与炎帝战于阪泉之野，三战，然后得其志"。如果说司马迁所述是根据传说所作出的概括，以下我们将更多的传说予以缀连，你将看到的便是这场战争曲折的全貌：

"阪泉氏蚩尤，姜姓，炎帝之裔也。"（《路史》）"兄弟八十一人，并人身牛蹄，铜头铁额。耳鬓如剑戟,头有角。"（《太平御览》》）"蚩尤逐帝（榆罔）而居于涿鹿，遂封禅号炎帝。"（《路史》）"黄帝与蚩尤战于涿鹿之野"，"九战不胜"，"蚩尤作大雾，弥三日，军人皆惑，黄帝

乃令风后，法斗机作指南车以别四方。"（《太平御览》）"有係昆之山者，有共工之台，有人衣青衣，名曰黄帝女魃。蚩尤作兵伐黄帝，黄帝乃令应龙攻之冀州之野。应龙蓄水，蚩尤请风伯雨师，纵大风雨。黄帝乃下天女曰魃，雨止"。"东海中有流波山，其上有兽，状如牛，其声如雷，其名为夔。黄帝得之，以其皮为鼓，橛之以雷兽（雷神）之骨，声闻五百里"。"蚩尤铜头啖石，飞空走险。（黄帝）以夔牛皮为鼓，九击止之，尤不能飞走。"（《山海经》）黄帝终"执蚩尤，杀之于中冀，用名之曰绝辔之野。"（《逸周书》）"有宋山者，有木生此上，名曰枫木。枫木，蚩尤所弃其桎梏所化也。"（《山海经》）又传"战执尤于中冀而诛之，爰为之解。"（《路史》）这里的"解"就是断其头颅，使其身首异处。后世将蚩尤被"解"之地，名之为"解州"。沈括在他的《梦溪笔谈》中也说："解州盐泽，卤色正赤，俚俗谓之蚩尤血"。山西运城解州，亦谓阪泉之地，今有蚩尤村存焉。蚩尤由黄淮入主中原，为阪泉氏，起兵于阪泉，战败被解于阪泉，于是宣告第二次炎黄大战的结束。

四

与第一次炎黄之战相比，第二次炎黄之战才真正称得上一次全局性的大战。由于蚩尤当时已为炎帝部族的共主，所以参与战争的不仅有蚩尤的九黎族，而且有渭河流域的夸父族，及江汉流域的祝融三苗族。而黄帝族一方参战的，既有其共主轩辕有熊氏所带领的燕山南北熊、罴、貔、貅、貙、虎的所有部族，当然也包括称作"应龙"（会飞的龙）的少昊"鸟族"。同时远在河套一带"共工之台"的黄帝女儿族"魃"，东海之中的"夔族"，黄河北岸的"雷族"，还有助战蚩尤方的"风族"、"雨族"，也都在战斗中发挥了各自的威力。而且《太平御览》还说："黄帝与蚩尤九战九不胜，黄帝归于太山（泰山），三日三夜雾冥，有一妇人人首鸟形，黄帝稽首再拜伏不敢起。妇人曰：吾元（玄）女也，子欲何为？黄帝曰：小子欲万战万胜。遂得战法也。"这与民间传说黄帝得九天玄女所授天书秘笈而战胜蚩尤的故事是相通的。说明处于泰山的太昊"鸟族"之母系，也是参与了这场战争的。这样看来，除过东南偏远的马家浜与河姆渡人外，当时所有的族群几乎都卷入了这场战争。

对于两次炎黄战争的起因，过去多以争帝、逐帝、作乱、侵伐等过度的政治性解读为主导。现在看对于原始社会早期的战争，这些解读都未免有些勉强。事实是不论是共工与祝融之战、蚩尤取代夸父而为炎帝之战，还是这次几乎是搅动全局性的炎黄之战，实际上都应是因大的自然灾害所导致的争夺生存空间的战争。这一点我们从应龙蓄水，蚩尤请风伯（风神）、雨师（雨神）作法，黄帝女儿族"魃"（旱神）及河伯"雷神"助战，等曲折的神话描写中，似乎可以推断出蚩尤炎帝族的北犯，是因这一广大地区的黄河泛滥造成的洪灾所迫；而黄帝族的举族南下，是因这里反复遭受的风灾（沿海骤风、台风）、雨涝水灾以及西北部女儿族发生的严重干旱所致。但不论怎么说，这场对于生存空间的争夺和族群大迁徙，都必然是以群体性的战争形式出现的。战争的最终结果，是原来相对弱小的黄帝族代替了炎帝神农族，并成为了天下新的更大的共主。

蚩尤炎帝族的失败，所导致的不仅是蚩尤九黎族的南迁，与他一起被迫南迁的还有被占地区的部分夸父族和三苗族。炎帝族各集团的纷纷南迁大溪文化地区，使其成为我国南方地区新的开拓者，他的后代子孙苗、黎、彝、瑶等从此便成为了这里新的主人。能够证明这一历史的不仅有自古至今的湖南炎帝陵，而且还有口口相传至今的"夸父追日"的著名神话传说。

《山海经》"大荒北经"与"海外北经"载："大荒之中有山名曰成都载天，有人珥两黄蛇，把两黄蛇，名曰夸父。夸父不量力，欲追日景，逮之于禺谷。渴欲得饮，饮于河渭，河渭不足，北饮大泽，未至，道渴而死。弃其杖，化为邓林。"（毕沅注：邓林即桃林也）其"中次六经"又曰："夸父之山，其北有林焉，名曰桃林，是广员三百里，其中多马。"《水经注·河水》云："湖水出桃林寨之夸父山，武王伐纣，天下既定，王巡岳渎，放马华阳，散牛桃林，即此处也。其中多野马，造父于此得骅骝、绿耳、盗骊之乘，以献周穆王，使之驭，以见西土母"。

过去，我们常为夸父这位巨人发下宏愿，要和太阳赛跑并一定要赶上太阳，这一既有些傻气但却干了一件惊天动地的事业所感动。现在看它的深刻内涵，原来是要通过夸父族群这一炎帝部族的主体，来反射炎帝族的伟大精神和伟大业绩，并对他的最后谢幕给予纪念性的总结和交代，以便传之后世，让他的后代永远记住这位伟大的先祖。这一神话传说所提到的地方，无论是西方的禺谷（即屈原诗句中的"崦嵫"山下太阳落入的"虞渊"），还

是他痛饮的黄河、渭河，甚至还有他未来得及赶到去喝的北方大泽（即瀚海，在雁门山的北边，古人认为是候鸟"解羽"换毛的最北边），和尚未提到的炎帝女儿溺死的东海（即太阳出生的地方），都是他一生追赶太阳、披星戴月、筚路蓝缕所开拓的广袤家国之山河。夸父倒下的巨大身躯化作一座大山，《山海经》称其为夸父山。它所在的位置，西与华山相连，向东到达河南灵宝一带，山之北正是与他一同倒下的权杖（弃其杖）所化的连绵百里的纪念林：桃林寨。它告诉我们的是，夸父轰然倒下之地，即为华山所在黄渭流域之中心的原来炎帝族的领地，其今"权杖"已易他人之手，一个长达千年的伟大的炎帝神农时代由此宣告结束。

第五节 帝者蒂也

一

以上，我们将仰韶文化之半坡类型（包括史家村类型）与周边文化，其距今7000—6000年长达千年间的各自主人公悉数找到，并经过炎黄之间的两次战争演绎了出来。本节作为全章的小结，是对这千年的社会性质作以交代和定位。

本章的总题目之所以冠以"蒂之帝"，可能令你一开始有些莫名其妙，当你看了全章的内容相信已开始悟出其中的道理。原来古之"帝"字篆体就写作：帝。它完全是具相的花蒂全形，上面像花的子房，中间像花萼，下面下垂的是叶片。所以"帝"的本义，就是花"蒂"，古时实为一字。花蒂所托的，先是花，后是由花所结的果。这就告诉我们，伏羲时代之后的这一新的父系氏族时代，不论炎帝族、黄帝族、甚至太昊族，以及他们族内的各图腾集团，如祝融、共工、蚩尤、少昊等，为什么都可以称其为帝？原来我们后世将其看作神圣且神秘的"帝"字，在当时所指不仅十分单纯，也是一种自觉的行为，它就是要告诉自己和世界，我的根就在华胥女娲的"花族"，我就是"花族"世代繁衍的"花"的子孙。这一点，不论是作为女娲和伏羲第一继承人的炎帝族，为什么将"葫芦口"尖底瓶供为祖器，还是其他各族的祖地源流及相互传承关系，都充分地给予了明证。

说到"帝"，我们不得不弄清它和"皇"的关系。原来所谓的"皇"都带有一种根性意义，它所强调的是与天地一起之创生和肇源。而相对的"帝"则是宣示自己对"皇"的继承性，但又自觉承担起继往开来之责任。明白于此，我们对至今关于"三皇"与"五帝"的各种不同表述，就会心中有数，杂而不乱了。

"皇"与"帝"因交替而重合的现象，主要体现在炎帝神农身上。按照概念的分析，"皇"的概念应在"帝"的概念尚未产生之前的伏羲时代。然而事实却是，对于伏羲之后的炎帝神农，历史上既称其为"帝"，又将其列入"三皇"之序列。不仅如此，组成它的古老的祝融和共工帝，有些史书也将其列入了"三皇"序列。要弄清这其中的原委，我们只要参照与炎帝同时代的东方太昊族的名号演变，就会真相大白。我们现在知道，太昊族应该是最后一个来到东方后李文化的"鸟族"风姓伏羲，随着黄淮平原的最初形成，是他把后李文化向南发展而创造了北辛文化。北辛文化与半坡文化几乎是同时代的，但北辛文化的主人太昊我们却一直称他为伏羲。只是到了两千年以后我们才开始将太昊称为"东帝"，从而使最后一个伏羲也进入了"帝"的序列。明白于此，鉴于这一时代处于过渡时期的特点，加之炎帝神农对于农耕文明所做出的开创性、历史性的贡献，因而将其也归入承接女娲、伏羲的"三皇"序列，就是再自然不过的事情了。

任何一个新开创的时代，都既有它明确的时代特征，又必然有一个过渡的痕迹。这一双重的特征表现在炎帝神农身上，正说明了承接"三皇"的"五帝"时代，不是起始于黄帝而是起始于炎帝，这时的黄帝族只是炎帝时代后起的一个成员，一个小兄弟。因此我们可以明确地说，在距今7000年前开创的炎帝时代，中国的历史就已进入了"五帝"时代。

二

对于炎帝时代的定位，还必须回答第二个问题，即这一时代到底是已进入了父系氏族社会，还是仍处于母系氏族社会？

对于我们已论证了进入"五帝"时代的炎帝时代来说，照理说这是一个"不是问题的问题"。但我们之所以将其作为问题郑重提出，是因为包括半坡类型在内的整个仰韶文化，在考古学上一直存在着母系与父系的学术之争，所以必须给予答复。考古界认为不仅半坡类型的千年甚至整个仰韶文化长达两千年的历史，都属于母系氏族社会的学术观点，主要是因为这一时期的墓葬常发现母子葬，并有女姓厚葬的现象存在，而相对在墓葬形式上却很难找到"夫妻葬"父系社会的影子。坚持属父系社会观点的虽然后来逐步成为主流观点，但立论的只是房舍的布局、结构，以及直到晚期男根祖器陶塑陪葬品的出现等，但其对墓葬现象并未能给予合理解释，所以还是不能作为定论。正是由于这一原因，在以往的学术探讨中不少人都已发现炎黄族与仰韶文化的许多对应关系，但却无人敢于明确地将其与已进入五帝父系氏族的炎黄相联系并作为它真正的主人，而是将炎黄族的出现由距今7000年前，推后两千年直到仰韶文化结束之后的龙山文化。其实到了龙山文化，你便再也无法找到与炎黄相对应的考古遗址的身影了。这便成了许多中华探源者的最大谜团和心结。

现在看，母子葬和女姓厚葬的出现原因其实很简单，那是因为这一时期本身就存在着母系氏族，只是在我们的观念中主观地认为父系社会就不应该有母系氏族的存在罢了。相对难理解的倒是，既已进入了父系氏族社会，但父系氏族"夫妻葬"的丧葬形式为什么在墓葬中却很难发现？

这就使我们联想到这一时期的葬制多为单人葬和特殊的二次葬，如果除去上面提到的几处特殊的与战争有关且人数众多的二次葬外，这一普遍存在的现象就一定与当时的婚姻制度与丧葬习俗有关。我的推论是这样的：其一，如果这时的母系氏族，由"走婚"开始进步到外族男性在女方家族的定居与半定居，但男性死后是不可能葬于女家的，这便就有一个死后一定回归自己生族二次埋葬的问题。其二，同理如果这时的母系女姓出嫁给伏羲族男性，从而使其向父系社会过渡，应该说一定也会有一个死后回归自己母族二次埋葬的问题。其三，如果以上男女皆回归生族的丧葬制度已成为上传的普遍习俗，那么在父系氏族之间因嫁娶形成的"前对偶婚"，由于其初始阶段不可能就是后来成熟的"一夫一妻制"，因而女姓死后完全有可能仍遵其习俗而回归自己出生之氏族埋葬。我们之所以这样推理，不仅是这一女姓回归母族埋葬的习俗后来仍在一些少数民族中曾经保留，更是因为如果不是这样，极而言之即使是在更早的伏羲时代，早已存在的父系氏族为什么也没有夫妻男女同葬墓的出现。所以，如果以上按照古时"双轨制"下婚姻和丧葬习俗的推理成立，那么要在这一时期的墓葬中寻找普遍的夫妻合葬墓，就显然是不可能的了。至于夫妻合葬墓一直到接近龙山时代才开始逐渐出现，是因为那时的中原已经进入到了父系氏族社会晚期的"单轨制"时代。

通过以上的论证所要告诉你的是，从半坡类型的炎帝时代开始，中国就已经发生了又一次社会大转型，即由母系氏族社会转变为父系氏族社会了。只是它不是我们想象的那样一下全部变为绝对的父系氏族，而是仍有在比例上不断下降的母系氏族长期相伴存在。历史的真实原本就是一个量变到质变的过程，而从来就没有过绝对分开的事物，所以它才会成为历史。

三

当炎帝的时代，有了进入"五帝"和父系氏族社会这一前提概念，最后一个问题就是：距今7000年而进入"五帝"和父系氏族社会初始阶段的这个千年，到底是一个什么社会形态？

前边我们已经论述过：旧石器时代是血缘族内群婚制，它的前一阶段是乱婚血亲群婚制，它的后一阶段是同辈血亲群婚制，所以它的社会形态只能叫原始群。进入新石器时代之后的最初社会形态，变为了"族外婚"的母系氏族社会，它的前一阶段是华胥女娲所开创的划时代的族外婚母系之"单轨制"女娲时代，它的后一阶段是母系族外婚向父系族外婚的"前对偶婚"过渡之"双轨制"伏羲时代。"双轨制"的伏羲时代，由于族外婚的硬件要求，它的社会结构是由氏族之胞族与通婚的外族组成婚族，胞族与婚族之间又因族外婚姻关系而结成同地缘的部落。所以，母系氏族社会的最后所表现出的，是"双轨制"的部落氏族社会形态的出现。

父系氏族社会，是由母系氏族社会的最后阶段、即"双轨制"的部落氏族社会形态发展演化而来的。这一新的时代与母系氏族社会最大的区别，是出现了以父系逐渐发展为主体而后形成的"姓族"之部族。这一从"氏"到"姓"的自然演化过程，是以父系为主导的不同独立崇拜之图腾命名的氏族部落之间，因同一地缘长期交往生存而形成更大的生命共同体，即"姓族"。"姓族"的命名多以它的发源及生存地的地缘关系而得之。此后这些

不同图腾以及他再新分蘖的图腾部落和再发展的更大部落集团，无论走到哪里都以他的"姓族"为根，从而形成更大的"姓族"领地。所以这时的社会形态，就应该称之为父系"姓族"（亦称"部族"）的氏族社会了。

有了这样社会具体形态的定位，原来仰韶前期的半坡文化（包括史家村类型）与同期周边文化的这一千多年间，其实是主要由三大"姓族"所构成：一是，太昊"鸟族"的"风"姓"姓族"（传说这一最后的伏羲和女娲族为"风"姓，故黄河北岸的女娲陵叫"风陵"，其地便叫风陵渡）；二是，黄帝"熊族"与"虎族"等（熊、罴、貔、貅、貙、虎）的"姬"姓"姓族"；三是，炎帝神农的"鱼族"夸父、"水族"共工、"火族"祝融、"鸟族"蚩尤，所共同组成的"姜"姓"姓族"；当然还有马家浜、河姆渡等文化主人的更多鸟图腾"姓族"，只是我们已无法知道他们原来具体所"姓"之名了。

由于这一个千年里，在所有花之蒂的"帝"者们中，炎帝神农不仅是最大的起主导作用的"姓族"，而且为这一"姓族"时代所做的历史贡献也最为突出，所以我们也便称其为炎帝时代。

随着炎黄大战所导致的炎帝时代的结束，新的入主中原的黄帝时代便到来了。

《中华探源》附表（三）：

炎帝父系氏族社会(仰韶文化"早期")之周边文化关系图表
(距今7000—600年的新石器中期"前段")

血缘部族（姓族）	各族诞生地之文化（距今约7000年）	第一次炎黄大战之变化（距今约6400年左右）	第二次炎黄大战之变化（距今约6200—6000年）
炎帝族	炎帝神农，因生于姜水为姜姓，对应于仰韶半坡文化。活动范围在渭、洛、汾为中心的黄河流域及汉水的随州神农架以北广大地区。共有四大支族： ①主族为夸父族，为鱼图腾。领地在渭洛汾流域。 ②祝融族为火图腾（火鸟），领地在豫之黄河以南。 ③共工族为水图腾，领地在黄河北之"江地"。 ④蚩尤族为鸟图腾（鹳鸟），为后期于淮地与太昊族联姻衍生之氏族。	1.生于"江地"的共工族（对应于大司空文化早期），因黄河水患向黄河之南迁徙，发生共工与祝融大战。因战争失败北退到河套地区（即共工怒触不周山）。 2.水患消失后，部分共工族又返回"江地"（对应大司空文化晚期）。 3.与其一起南下"江地"的黄帝虎族（对应后岗文化早期），又一直打到黄河南部。被战败的祝融族南退江汉流域，形成大溪文化（距今6400—5300年）	1.处于淮地北辛文化的鸟族蚩尤，因水患向西迁徙，打败了夸父族（见鹳鱼图），占领了渭洛汾地区(对应于距今6200—6000年的史家文化)，并成为炎帝族首领。 2.蚩尤族以炎帝之名，先北伐空桑之少昊，后直逼北与黄帝族大战涿鹿。后战败丢掉"阪泉"及渭汾黄河流域，南逃于江汉。 3.因战争失败，夸父族亦南下或西迁，原领地尽失（即渴死于追日途中，弃其权杖而轰然倒下）。
黄帝族	诞生于渭水北部甘肃天水的古漆水(姬水)之地，故为姬姓。后沿汾河、桑干河北迁于燕山南北:对应于易水北福地二期文化和内蒙古赵保沟文化(距今6800—6000年)与炎帝同为牛图腾，但黄帝族内，亦分为熊族与虎族两大支族。	黄帝虎族占据黄河之南，后因被夸父族击败又逼退回"江地"，大战宣告结束（见濮阳西水坡45号墓贝塑龙虎图）。 后因虎族长期与东都太昊族通婚，成为了少昊鸟族（对应于整个安阳后岗文化）。	有熊氏（熊族）轩辕黄帝于涿鹿大战战胜蚩尤，南下中原，统治了黄河流域，对应为仰韶中期的庙底沟文化（距今6000—5300年）。 原北部之赵保沟文化，至此也进入了红山文化（距今6000—5000年）。
太昊族	其前身为后李文化，后向南部之苏皖淮河流域发展为北辛文化(距今7300—6100年)		因淮地水患而使北辛文化渐次消失，太昊族迫使北退，诞生大汶口文化(距今6200—4500年)
东南各族	①河姆渡文化(距今7000—5300年) ②马家浜文化(距今7000—6000年)		因东南各族地处边远，两次炎黄之战均未涉及。 及至黄帝入主中原，天下一统后，马家浜文化便发展为了崧泽文化(距今5800—4900年)。 河姆渡文化延续不变。

第六章 凤之魂—黄帝时代

内容提要：

1.黄帝族打败炎帝蚩尤后，一方面通过向南先迁邑于涿鹿、后定都于新郑轩辕而入主中原（对应起始于距今6000年的仰韶中期庙底沟文化）；另一方面通过会师华山、合符釜山，最后与炎帝、太昊各族会盟于西泰山，实现了各姓族的天下大联盟和天下大一统。

2.黄帝时代结盟天下之大一统局面的形成，使肇始于女娲伏羲的血缘龙脉，由此前向四周繁衍分蘖发展过程中的龙之概念聚合，而实现了龙聚中原、天下一家的龙之实体汇合，成为了统一实体之龙族。

3.大一统黄帝时代（对应仰韶中期）所发生的"华山玫瑰"之花图案向四周各考古文化区强劲传播的文化现象，以及黄帝对炎帝时代尖底瓶祖神器祭祀的继承，还有红山文化、大地湾文化、崧泽文化等各地女神庙和女神头像、人头葫芦瓶女娲陶塑的出土，既体现了龙族子孙对"抟泥造人"之华胥女娲始祖母的根性记忆和追思，更证明了这一龙族是因以"花"（华）为源而为其命名的。故以华为族徽、以龙为族体的大"华族"，从此而屹立于世界之东方。

4.千年大一统的黄帝时代，由轩辕有熊氏黄帝所开创，并在此后其熊族继为"天子"的300多年里，基本实现了轩辕黄帝"华胥梦"的治国理想和追求。黄帝时代继承黄帝熊族"天子"位的，是黄帝虎族（玄嚣青阳氏）之后裔的青阳氏少昊鸟族（见华县泉护村出土之太阳鸟和鸮尊）。少昊族在其400多年的"天子"位上，不仅"以鸟为官"建立了分工更为严密高效的中央管理机构，使中华"古国"体制得以成型，而且为大一统的国族创造了新的"凤凰"图腾。"凤凰涅槃，浴火重生"、"和合祥瑞，天下太平"的新内涵，使凤凰图腾成为"同源一体"和"天下一统"之族魂与国魂。

5.颛顼族（黄帝熊族昌意之后）是接替少昊"天子"之位的最后一位黄帝。因其否定而不再坚持"平水土"的大天下治国之策，先后与共工族、苗民发生战争，并由此而实行"绝地天通"、划疆分治，导致天下一统的局面彻底破坏。从而出现"黄帝四面"而分为"四帝"，颛顼自己也因此由天下共主变为了"北帝"。

第一节 龙聚中原

一

轩辕黄帝对炎帝的战争取得胜利之后，传说先后做了三件事。

其一，大会群神于华山。

上文所引《史记·五帝本纪》：黄帝"以与炎帝战于阪泉之野，三战，然后得其志。"这里所说的炎帝，就是已入主中原200多年的蚩尤帝。这里所说的阪泉，历史上一说在河北涿鹿，一说在山西运城。本文之所以主张后一说，主要是因为蚩尤的都城在山西运城之阪泉，故称蚩尤为阪泉氏。晋东南正是今天蚩尤九黎族的黎城、黎地遗迹最集中的地方。也就是说，黄帝战胜蚩尤的标志，一定是最后夺取千里之外的蚩尤都城之地，而不可能是在黄帝自己的领地涿鹿。

黄河北岸的运城阪泉，正与黄河南岸的华山隔河相望。《史记·封禅书》载："黄帝时，天下名山有八，华山为其一。黄帝常游于此，大会群神"。过去我们理解这一记载，其义有三：一是祭山封禅说，司马迁将其放在"封禅书"里即有此意。二是游山说，因为这一名山以后成为了黄帝的领地，黄帝故游于此。三是会神说，因为古之认为高耸的名山皆为与天上神仙相通之天梯。现在看，这三说都恰恰丢掉了这一传说所要传达给我们的历史信息之本意。原来黄帝在取得阪泉之战的胜利之后迫使蚩尤族退逃秦岭之南的江汉，又渡过黄河战胜了以华山为故地的夸父集团，从而导致夸父于此地"弃其杖"的最终失败。所以说黄帝大会群神于华山，其实就是参战黄帝族的各路人马、各路"神仙"会师于华山，庆祝这场旷日持久的炎黄大战终于取得最后胜利的盛大狂欢。只是把庆祝胜利的狂欢地点选在华山，如果再联系以上三说，意义就更加不同寻常。

其二，合符釜山。

合符釜山之说，亦见之《史记》。合符即签署合约，因为古之合约必须是从中间划有符号的地方一分为二，然后各执一半而为据，故为合符。关于釜山的地名共有五处，其中三处分别在河北省中北部的涿鹿、涞水和徐水

（涞水和徐水两县，古属涿州）。考其《史记》"合符釜山，而邑于涿鹿之阿"，签署合符的釜山之地，似应与黄帝所邑之涿鹿的地点相一致。至于黄帝的新邑涿鹿，到底是在今之涿鹿县，还是在今之涿州的涞水或徐水，则需今后考古来确定。而其他两处，一在山西的高平，一在河南的灵宝，多为村名。大概是黄帝族后来南下时釜山之地人以故地命名的新迁之地，与黄帝合符釜山一事已风马牛不相及。

当我们了解了釜山即为黄帝新邑涿鹿所在之地，接下来还须弄清合符釜山的内容和与谁合符的问题。古之邦国之交所立之合约，一般不出缔结和平的"和约"与缔结同盟的"盟约"两种。这两种其层级与性质都有区别，但作为这次合约的内容两者都有可能。我之所以认为两种可能都存在，是因为我认为这次缔约的成员如果都为黄帝族一方的战胜国，因为不论是战争的教训还是战争的胜利，都为这次结约创造了条件。我之所以又不认为像有些观点所说的这就是炎黄两族的缔约，不是说缔约的条件绝对不存在，而是说它不在这一次，而在下面要向你重点介绍的另外一次。

其三，结盟西泰山。

《韩非子》载："昔者黄帝合鬼神于西泰山上，驾象车而六龙。毕方并鎋，蚩尤居前，风伯进扫，雨师洒道，虎狼在前，鬼神在后，腾蛇伏地，凤鸟覆上。大会鬼神，作为《清角》"。这幅庄严而场面浩大的黄帝龙行图，它发生的地点在西泰山上，应该是泰山之西曲阜一带少昊与太昊接壤的地方。它出场的龙队中有：驾车的祝融（即"毕方"，一种会燃火的"火族"凤鸟），在前开道的蚩尤，专门清扫和洒尘的风伯和雨师，护覆其上的与太昊"鸟族"同类的群凤，四围护驾的六龙（天空的"雷神"雷电龙、海上声如响鼓的"夔"龙、会飞的"少昊"应龙、水中的"河伯"蛟龙等等），当然还有簇前拥后的黄帝自己族的虎狼之师、龙蛇之伍。这一浩浩荡荡队伍中的人物，似乎全在炎黄大战中出现过，现在却完全变换了角色，组成了一幅盛大的"龙行图"。坐在龙车上的黄帝显然成了大家的共主："天子"。而这场活动的主题也十分明确，即"合鬼神"，"合"即融合、联合之意也。于是这一"龙行图"就成为了众族的"龙聚图"，就成了他们捐弃前嫌、永不言战、结盟天下、共治天下的大会盟。

二

炎黄大战所铸成的炎黄两大姓族及其周边其他部族的大融合与大结盟，其实是一次全"天下"的大融合与大结盟。它所开创的时代，是父系氏族由"姓族"（部族）时代，转型为"部族联盟"的新时代，亦即由炎帝时代进入到了黄帝时代。体现"部族联盟"黄帝时代的有三件大事。

其一，定都中原。

前边说过，炎帝时代主要有三大"姓族"，即炎帝"姜姓"部族、黄帝"姬姓"部族、太昊"风姓"部族。但由于对姬水的位置一直无解，故一直对黄帝族的行踪和领地众说纷纭，亦无定论。通过我们以上结合两次炎黄大战的全面破译，应该说这一问题已经解决。这也从黄帝"轩辕"族多次迁都的过程中，完全可以反映出来。

北魏郦道元《水经注·渭水》说："黄帝生于天水，在上邽城东七十里轩辕谷"（今甘肃清水县境内）。这里所说的"轩辕谷"即为以"熊"为图腾的轩辕黄帝族之诞生地。《山海经》之《海外西经》又说："轩辕之丘"、"轩辕之国，在此穷山之际，其不寿者八百岁。轩辕之丘，在轩辕国北，其丘方，四蛇相绕。"这里所说的"轩辕之丘""轩辕之国"已是黄帝族北迁至燕山之北，并已发展为以"熊"图腾为首领的"熊、罴、貔、貅、䝙、虎"之"姬姓"大部族。以轩辕"有熊氏"为首领的黄帝族，在取得炎黄大战胜利之后迁邑"涿鹿"，合符釜山。此后又经西泰山会盟天下，成为天下共主，遂入主中原，定都河南新郑之"轩辕"。这便是黄帝族千年生存迁徙之大轨迹。

三处"轩辕"之地，意义各别。而定都新郑"轩辕"意义尤为非凡。它不仅宣告黄帝之族从此也成了整个黄河流域的主人，宣告了父系氏族社会的"部族联盟"阶段由此发轫，而且也为中华民族由婴幼期的孕育、繁衍、成长，而进入新的融合发展期而"立族"、"立国"，举行了一个成人礼。

其二，定鼎九州。

黄帝时代的疆域，是由各部族联盟后的总体疆土所组成，即为"大天下"。司马迁在《史记》里是这样描写的："东至于海，登丸山，及岱宗。

西至于空峒，登鸡头。南至于江，登熊湘。北逐荤粥，合符釜山"。

这一描述的中华民族的最早疆域图，正与传说中黄帝定九州的传说相符。九州的概念，夏、商、周不同时代都有所调整，但总体是不变的。若以《吕氏春秋·有始览》所列之九州"幽、兖、青、徐、冀、雍、荆、扬、豫"，与炎黄时代的考古文化遗址相对照：幽，指燕山南北地区，对应的是黄帝所在的北福地、赵保沟及它所演化的红山文化。兖，指山东境内黄河与济水之间的地区，对应的是少昊所在的后岗文化。青，指以沂蒙为中心的山东及相邻地区，对应的是太昊所在的由后李文化发展而来的北辛文化与大汶口文化。徐，指徐州以南的淮河中下游地区，对应蚩尤所在的青莲岗文化（北辛文化南半部的黄淮部分）。冀，《尔雅·释地》说"两河间曰冀州"，《周礼·职方》说"河内曰冀州"，这里的"两河"、"河内"是指像弓背一样的黄河所包围的地区，它对应的是共工所在的河套鲁家坡、大同马家小及黄河北部的安阳大司空村文化，当然还有晋中南的其他仰韶文化。雍，指华山以西直至甘青的广大地区，所对应的是炎帝神农的"鱼族"夸父所在的半坡文化。荆，指江汉地区，对应的是大溪文化，它的主人不仅有第一次炎黄大战后先期到达的炎帝祝融族，还有第二次炎黄大战后南撤的蚩尤和夸父族。扬，指长江以南中下游地区，对应的是另两个伏羲"鸟族"所开创的马家浜和河姆渡文化。豫，指以河南为中心的广大地区，对应的是由裴李岗文化演变而来的仰韶文化大河村类型，它的主人先是祝融、后是夸父、再是蚩尤，最终成了黄帝统领九州的庙底沟文化的中心区。

九州的提法，最早见于《禹贡》，但民间传说起于黄帝。我们对以上九州与黄帝继承的炎帝时代各考古文化一一对应，用事实证明了传说之不虚。

黄帝对他所统一的九州江山，亦敬亦诚：

一是封禅。《史记》说，黄帝时"万国和，而鬼神山川封禅与为多焉"。"封"字的本意，就是疆域。"封禅"一词就是对自己疆域内的名山大川，定期举行祭天（封）祭地（禅）的盛大仪式。在"万物有灵"自然崇拜的原始社会，封禅活动是天子"敬天保民"的最高仪式，它由黄帝所滥觞，也为后世所继承。

二是铸鼎。《史记》亦载，黄帝时"获宝鼎，迎日推策"。是说黄帝铸鼎成功之后，迎着太阳展策宣读宏猷大略。《史记》所记古时铸鼎有两次，一次是黄帝时（相传铸三鼎，代表天、地、人），一次是大禹治水之后，铸

九鼎、定九州（这时的九州之名，去"幽"而增添"梁"），但铸鼎地点都说在荆山。荆山在何处，众说不一，但以陕西三原与富平之间的荆山之说为最。黄帝荆山铸鼎，创立中华，这是中华民族历史上的重大事件。大禹所铸之鼎为青铜，因为那是青铜取代石器的过渡时代。黄帝所铸之鼎为何物，我们不应枉说，但即使为陶为石，亦不影响它中华文化独特载体"无字天书"的重大社会意义和深厚精神内涵。它作为里程碑式的重大事件，为中华民族定鼎九州举行了一个"立国"奠基礼。

其三，定制中央。

黄帝开创的"部族联盟"新时代，超越了部族之间的"和约"与"结盟"，因为那只是部分部落针对对立部落所结成的缔约关系"部族联盟"作为一种开天辟地以来未曾有过的新型社会，它是九州大地上全"天下"的部落大联盟。至于这一联盟是松散型、紧密型、还是制出中央的大一统，这要看当时所实行的具体制度，故有必要在此作以探讨。

对此，司马迁通过征集总结黄帝大量传说资料，在《史记》中是这样记载的："诸侯咸尊轩辕为天子，代神农氏，是为黄帝。天下有不顺者，黄帝从而征之，平者去之。披山通道，未尝宁居。……迁徙往来无常处，以师为营卫。官名皆以云命,为云师。置左右大监,监于万国。……举风后、力牧、常先、大鸿以治民。顺天地之纪，幽明之占，死生之说，存亡之难。时播百谷草木，淳化鸟兽虫蛾，旁罗日月星辰水波土石金玉，劳勤心力耳目，节用水火材物。有土德之瑞，故为黄帝"。

这段话高度概括且包罗万象，但我们从中至少可以领略到以下几点：

一是，披山通道。它一方面实指逢山开路,以方便并密切部族之间生产生活的来往与交流；另一方面也暗含部族之间不仅要睦邻友好，而且从此可以相互流动、自由迁徙，以促进民族的进一步融合之"天下一家"、"天下一统"。作为大天下的联盟制度，后一点显得更为重要。

二是，军事征平。睦邻友好，民族融合，是联盟的必然要求。但对于有禁不止、公然违抗，而以大欺小、以强凌弱者，黄帝的中央军队必"从而征之，平者去之"。《龙鱼河图》所言："黄帝制服蚩尤，帝因使之主兵，以制八方"。说明已有了中央军事制度，而这支军队领兵的不是别人，而是战神蚩尤族。

三是，监于万国。这里的万国，实指遍布中华大地的数以万计的大小氏

197

族部落。对于这些相对独立自治的部落集团和部族，黄帝设置左、右大监之官职，给予必要的监管。说明已有了中央监督机制。

四是，举官治民。黄帝所置之官与职的对应关系，大致是：大鸿之官，管总；风后之官，管"时播百谷草木"之农事；力牧之官，管"淳化鸟兽虫蛾"之牧业；常先之官，管军事。当然还有专管"日月星辰"观测的天文历法之官，专管"土石金玉"制作的手工营造之官，等等。这说明已有了较为完善的中央管理机构。

当我们把黄帝时代所开创的"定都中原"，"定鼎九州"，"定制中央"的历史画面，一一展现出来之后，不由怦然心动。哲学家告诉我们，人类历史总是螺旋形上升发展的。原来我们中华民族的历史，在它尚处于没有阶级、没有剥削、没有私有制的原始公社社会，就曾经进入过民族大融合、天下大一统的时代，它不正是我们今天又在寻找和追求的天下一家、天下为公、社会大同其理想世界的原型吗？

三

黄帝时代的文化，其一是龙的文化。它告诉大家，我们人人都是龙的大家族成员。

我们前边把介绍伏羲时代的第五章，名之曰"龙之脉"，这是告诉你那里是中华龙脉起源的时代。如果你还记得，我们讲到龙的起源，是由各氏族图腾的集合而创造的龙的概念，那么我们今天讲的就成了龙聚中原而创造的龙的实体，它就是"部族联盟"之龙族"大一统"的大家庭。由概念的集合到实体的融合，它的内在逻辑都是对自己民族身份的认同。

首先，黄帝部族就是在龙的环境中孕育而成长的。黄帝有熊氏本身就诞生在天水伏羲龙的故乡；他的后迁之地不论是赵保沟文化，还是其前身的兴隆洼文化，都是龙的国度；而他自己所继承和创造的红山文化，其遍地出土的红山C型猪玉龙、熊玉龙、勾云形玉龙，更是龙的世界。其次，黄帝族所与之交往的都是龙族的兄弟。我们这里不再需要对传说中各个龙族其龙子龙孙形象的描述给予重复，只要对历史上太昊为青龙、炎帝为赤龙、黄帝为黄龙给予定位，其龙的大家族的概念便可确定。

　　说到这里，我们必须强调的是，这个龙族大家庭不仅有父系氏族龙的兄弟，还有当时母系氏族龙的姐妹，这个龙族大家庭是由兄弟姐妹共同组成的。前边我们只介绍了"蛙族"女娲，之所以确定"蛙"是母系图腾，是因为传说蟾与蛙代表月亮。其实母系图腾绝不会是"蛙"一种，应该还有"鲵"和在半坡、赵保沟、双墩等遗址反复出现的"鹿"纹（民间传说的"送子"之麒麟可能与鹿图腾有关，可惜我们在探源中，一直没有找到直接与鹿图腾相对应的母系氏族），虽然后世的父系图腾谁也再未提到它们，但它们在龙的形象构成中却从未缺席。不仅"鲵"（俗称娃娃鱼）的形象为龙的创造提供了蓝本，而且漂亮的鹿角甚至成为龙头最突出的特征。所以产生于伏羲时代的龙图腾，一直都是父系和母系氏族共同的图腾。

　　如果我们再联系自距今8000年前伏羲时代兴隆洼查海石摆龙的横空出世，与此后相隔千年而现身的黄帝"虎族"濮阳蚌塑龙、及炎帝祝融族的湖北梅县卵石龙，并对它们给予纵接千古、横贯南北的时空大对接，其大中华的龙脉传承和身份认同便一以贯之了。

　　正是这一龙族身份的自我认同，使龙由集合而成的族之图腾，成为融合而成的族之实体，促进了黄帝时代龙族"部族联盟"之天下一家的历史得以实现。

第二节　花传四海

一

　　进入黄帝"部族联盟"的新时代，在考古文化上亦有重要体现。这一变化，主要反映在代表黄帝族而取代炎帝半坡文化的长达千年的庙底沟文化（距今约6000—5000年）。受它辐射影响的不仅还有西部大地湾遗址中其仰韶庙底沟类型对半坡类型文化层的叠压，而且也一方面使黄帝自己原先的北福地与后岗文化融入了庙底沟文化，另一方面受庙底沟中原先进文明的影响，黄帝北部的赵保沟文化也被新的红山文化（距今6000—5000年）所替

代。当然东方太昊族的大汶口文化、南方炎帝祝融族以及后来接续到来的蚩尤、夸父族共同组成的大溪文化、还有东南方河姆渡文化、由马家浜文化演变而来的崧泽文化，这时也都成为了"天下一统"大联盟的成员。这便是仰韶文化由早期进入到中期后的大形势图。

我们中国人以"炎黄子孙"自称，足以说明"炎黄"对中国文化和中华民族的影响，这种影响不是其他传说时代帝王所能比拟的。半坡类型与庙底沟类型是仰韶文化最主要的两个类型，其中又以后者传播最广、影响最巨。它以华山之下的晋南、豫西、关中东部为核心，西至甘、青，东临海岱，南及长江，北达辽西，都是其影响范围，这与黄帝被古人立为中央天帝也正相吻合。这里可以借用许多考古学者对仰韶文化、特别是其庙底沟类型的有关论述来说明：

宋建忠、薛新民先生认为："兴盛时庙底沟文化的分布范围北达内蒙古南部，西到陇东一带，南及汉水流域，东越河南中部。庙底沟文化因素的传播更远达数百、上千里之外，使黄河流域及周边地区文化面貌空前相类。这种大一统的局面在我国新石器时代是绝无仅有的。"（宋建忠、薛新民《北橄遗存分析——兼论庙底沟文化的渊源》，《考古与文物》2002年第5期）

戴向明先生说："继早期之后，庙底沟文化很快繁荣起来，并以强劲的势头向四周扩张，整个黄河中游及邻近地带的文化面貌、文化格局的形势发生了根本转变。原有的半坡文化、后岗一期文化——不管是在它们的文化中心区还是边缘区——无不被庙底沟文化取而代之。在如此广阔的区域内，庙底沟文化一统天下。"（戴向明《黄河流域新石器文化格局之演变》，《考古学报》1998年第4期）

张学海先生则以此证明中国古代文明的"中原中心论"，并明确这个"中心"即是仰韶文化之庙底沟类型。他说："仰韶文化发现于大中原，聚落群出现最早，发展过程最长，群体数量最高，并且拥有规模最大的聚落群体和中心聚落，因而诞生文明的基础也就较为雄厚，文明的诞生应不会滞后。当公元前4000年前后到公元前3500年的仰韶文化中期阶段，周边文化的聚落群大都才开始产生，基本上处于初期发展阶段，仰韶文化的聚落群已经历了早期发展阶段而进入蓬勃发展时期，在关中、豫西、洛河中游、晋西南和陇东等地出现了大规模的聚落群体和超大中心聚落。所以从聚落层面考察，仰韶文化的'花心'地位是明确的，而且这个花心是全国新石器文化的

'花心'"。（张学海《新中原中心论》，《中原文物》2002年第3期）

许顺湛先生在分析仰韶文化聚落群时，仅针对关中地区庙底沟类型而言，说："以庙底沟类型为主体的20个聚落群中有特级聚落15处，其面积均在50万平方米以上，最大的达300万平方米。每一个聚落包括的氏族少者十多个，多者可能要有几十个，甚至近百个。如果将未判定类型的可能是庙底沟类型的聚落估计在内，其氏族数量是相当庞大的，保守估计也有800个以上的氏族。由800多个氏族组成的庙底沟类型的仰韶族团生产、生活在关中及延安地区，长达500年甚至上千年的时间，这是多么伟大的一个族团。"（许顺湛《陕西仰韶文化聚落群的启示》，《中原文物》2002年第4期）

毫无疑问，仰韶文化庙底沟类型这种繁盛和影响，在传说时代古史体系中，也只有黄帝时代能够当之。

二

在黄帝"部族联盟"的时代，庙底沟文化的中心地位和巨大影响力，从考古重大发现中，还反映出以下三个重要方面：

其一，"华山玫瑰"的强势传播。

我们在此前庙底沟类型的考古介绍中，相信彩陶上"华山玫瑰"图案的横空出世和向四周文化的广泛传播，一定会给你留下深刻而强烈的印象。其实最早受到强烈震撼和冲击的不是我们，而是战斗在考古一线的发掘者和研究者。由于"花"之实物图形的出现，才使他们开始将以华山为中心的中原地区与中华民族起源的思考，由此直观联系了起来。

探寻中华民族源自何地、名自何来的真实答案，应该说一直是国人挥之不去的 ·个心结。1906年12月，同盟会于东京召开纪念《民报》创刊一周年大会，孙中山在演讲中第一次提出"中华民国"这个将来拟用的国名。次年，大学问家兼革命家章太炎在《民报》第十七号上发表了《中华民国解》一文，专就"中华"之名作了论证。

章太炎的论证原文是这样说的："中国之名，别于四裔而为言。印度亦称摩伽陀为中国，日本亦称山阳为中国，此本非汉土所独有者。就汉土言汉土，则中国之名以先汉郡县为界。然印度、日本之言中国者，举土中以对边郡；汉土之言中国者，举领域以对异邦，此其名实相殊之处。诸华之名，因其民族初至之地而为言。世言昆仑为华国者，特以他事比拟得之。中国前皇曾都昆仑以否，史无明征，不足引以为质。然神灵之育自西方来，以雍梁二州为根本。宓羲生成纪，神农产姜水，黄帝宅桥山，是皆雍州之地。高阳起于若水，高辛起于江水，舜居曲城（据《世本》，曲城为汉中郡属县。故公孙尼子言：舜牧羊于汉阳。据《地理志》，汉中郡褒中县有汉阳乡），禹生石纽，是皆梁州之地。观其帝王所产，而知民族奥区，斯为根極。雍州之地东南至于华阴而止，梁州之地东北至于华阳而止，就华山以定限，名其国土曰华，则缘起如是也。其后人跡所至，遍及九州。"章太炎先生所论，皆来自典籍，因为当时之中国的考古发掘尚未起步。但这已是关于"华"之国名来自"华山"的最早论证。故鲁迅作为章太炎的学生，曾无不深情地这样说："唯我们的'中华民国'之称，尚系发源于先生的《中华民国解》"。

明白于此，当华山脚下庙底沟文化之标志性彩陶图案"玫瑰花"的出土，以及它向周边文化强势传播的发现，对于终年劳作、孜孜以求的考古学者来说，其惊喜之情实不异于哥伦布发现美洲新大陆。苏秉琦先生曾将"华山玫瑰燕山龙"之句赋予诗作，并说："在华山脚下形成的以成熟型的双唇小口尖底瓶与玫瑰花枝图案彩陶组合为基本特征的庙底沟类型，这是中华远古文化中以较发达的原始农业为基础的、最具中华民族文化特色的"火花"（花朵）。其影响面最广、最为深远，大致波及中国远古时代所谓'中国'全境，从某种意义上讲，影响了当时中华历史的全过程。"（苏秉琦《华人·龙的传人·中国人——考古寻根记》，辽宁大学出版社1994年版）虽然苏秉琦先生并不知道此时已进入了黄帝时代，但他仍认为："庙底沟类型遗存的分布中心是在华山附近。这正是和传说华族发生及其最初形成阶段的活动和分布情形相像。所以，仰韶文化的庙底沟类型可能就是形成华族核心的人们的遗存；庙底沟类型的主要特征之一的花卉图案彩陶可能就是华族得名的由来，华山则可能是由于华族最初所居之地而得名。"（苏秉琦著《苏秉琦考古学论述选集》第188页，文物出版社1984年版）

注：苏秉琦先生在他著名的《华人、龙的传人、中国人——考古寻根记》一文中说："华(花)人、龙的传人、中国人的源、根从何而来，三者成为同义词从何说起？中国考古学者经过半个多世纪的努力，对于这问题总算已经找到解答的钥匙。中国古文化有两个重要区系：一个是源于渭河流域的仰韶文化；一个是源于大凌河流域的红山文化。它们都有自己的根(祖先)、自己的标志。两者出现或形成的时间约当距今六七千年间，都是从自己的祖先衍生

或裂变出来的。仰韶文化的一种标志是玫瑰花(包括枝、叶、蕾、冠或仅花冠);而红山文化的一种标志是C型玉猪龙。"于是他由此得出,"中国"的概念是由"花"与"龙"两个区系文化在其中部地区融合而来,以及中华民族的起源为"满天星斗"之"多元一体"的结论。并将这种一体融合而产生的父系炎黄"五帝时代",推后到距今5000年以后仰韶文化向龙山文化过渡的时期(见苏秉琦《中国文明起源新探》)。这些基本代表考古界的总观点及其结论,却是本文所不能苟同的。

其二,女娲坛庙冢及塑像的考古发现。

上世纪80年代中期,考古发掘了属红山文化的辽西朝阳牛河梁遗址,其距今大约5500年前的大型祭坛、女神庙、积石冢"金字塔"式建筑,代表了已知的中国北方地区史前文化的最高水平,被称为可与埃及金字塔相比的世界性发现。这是一处坐落在山梁顶部中央,用大石块砌筑的呈中心两侧对称形制的建筑群。其圆形祭坛旁出土的与真人一样大的泥塑女神头像,证明了它是一处祭祀女娲的重要遗址。在朝阳牛河梁遗址考古发掘中,还出土了熊下颚和熊掌泥塑残体、"双头熊"三孔玉器,连从华山脚下传播来的"玫瑰"图案也在这里赫然出现。它不仅证明了这一红山女娲庙坛的修筑者,正是迁徙并定居于这里的轩辕有熊氏黄帝族;而且"花"、庙相聚所印证的,也正是入主中原而作为天下共主的轩辕有熊氏黄帝族,对华胥女娲老祖母寻根崇祖的拳拳之心。

无独有偶,女娲塑像的出土,不仅有大地湾庙底沟文化层的短发流海、眉目清秀、身饰花衣的人首口葫芦瓶,还有远隔千里太湖流域崧泽遗址独特的前胸开口人首葫芦瓶。这些形象你在前边的考古出土图片中,已一睹她们的风采。如果查其年代,它们和红山女娲头像一样,恰恰都是黄帝"部落联盟"大天下时代、亦即与庙底沟文化同时期的作品。

祭祀一直是中国文化继承传播的一个重要方式。女娲也好,伏羲也好,这些神话传说本身就具有纪念和祭祀的意义,这种传说到后来就变成祭祀仪式之庙宇、塑像这样的实体,一代一代传了下来。

其三,"双唇口"尖底瓶的传承。

尖底瓶与"华山玫瑰"之花,都是仰韶文化的重要标志。只是"华山玫瑰"花是在仰韶文化中期的庙底沟类型时才开始出现的,而尖底瓶却一以贯之、连接了炎帝与黄帝两个时代。由于过去我们只把尖底瓶当做了汲水的实用器,因而对它们之间传承关系所体现的深层内涵与意义没有觉察,更没有深究。

前边我已论证过，尖底瓶其实就是炎帝族崇祖祀祖的神器。这里就提出了一个问题，在考古发现中凡一个族群或时代取代了另一个族群或时代，前一个族群或时代的图腾物便从此销声匿迹，而对于炎帝族来说他鱼图腾的半坡文化消失了，而为什么他尖底瓶的祖神器却得以传承？

其实这个问题并不复杂，也并不难回答。因为鱼图腾是代表炎帝的夸父族图腾，而尖底瓶却是作为女娲和伏羲嫡传后裔的炎帝族之祖神器，是最大的祖图腾。作为与炎帝同为"兄弟"的黄帝，他虽然可以用自己的熊图腾、鸟图腾取代鱼图腾，但却一定要将祭祀女娲、伏羲的尖底瓶也作为自己的祖图腾，因为炎黄本是同祖、同根、同源的。

至于黄帝为什么要将尖底瓶的"葫芦口"，改为具相的"双唇口"，这里也有一个意义的微妙变化。如果我们联系前边庙底沟时期祭祀女娲的坛庙及女娲塑像，以及代表华胥女娲的"华山玫瑰"的横空出世和强势传播，你就一定会领悟到原来黄帝以父系为主体的"部族联盟"时代，已是明确以华胥女娲为祖根崇拜的。

三

"花"文化与"龙"文化一样，也是黄帝时代的主体文化。它告诉人们，我们人人都是华胥女娲老祖母的子孙。具体讲：

其一，祖根与血缘的认同。

如果说女娲抟泥造人、炼石补天的传说，在今天仍家喻户晓，那么在黄帝的时代就一定更是深入人心了。对于这些神话传说，我们今天分成信古派、疑古派、释古派，而在尚无文字的史前时代这些由先人一代代口传心授的神话传说，就是"古经"、就是"无字天书"，如果连先人告诉你的东西你都不去相信，那就再没有什么可信的东西了。

传说炎帝和黄帝是兄弟，那是从他们都是少典伏羲族和有蛴氏女娲族的后代而说的。另一传说，说黄帝比炎帝晚500年。按照考古发掘，成熟的半坡文化之前还有一个零口（在今临潼）类型遗址，它是华县老官台、临潼白家村等"前仰韶文化"向半坡仰韶文化演化的数百年之过渡期，所以它应是早于黄帝族的炎帝族之形成期。按照这样一个时序来推算，晚于炎帝族

500年的黄帝族，从离开甘肃天水他的出生地到在燕山南北繁衍开拓、再到他回到华山女娲与伏羲的故乡，已经又过去整整千年了。千年游子的回归祖地，女娲崇拜、花图腾崇拜就成了黄帝族寻根归宗情感的总爆发。黄帝族的回归祖地，是通过炎黄战争而取代了他的兄长炎帝领地而实现的，因而对于尖底瓶所代表的女娲祖神器的继承和崇祀，就不仅是顺理成章的，而且更会给他的这一继承权以法理的支持。

至于黄帝时代为什么要通过对尖底瓶"葫芦口"的改造，以实现对于女娲祖神的专祀，其中的道理主要是这时黄帝族已成为了"部族联盟"的总首领。由于这一联盟中还有太昊等伏羲族，所以他代表联盟所崇祀的祖神就必须上推到华胥女娲这一诞生伏羲的老祖母。唯其如此，才会以祖根和血缘的认同，而完成联盟的组建和维系。

其二，历史与文明的传承。

具有庄严仪式意义的图腾崇拜和祖宗祭祀，一直是中国历史和文化传播的一个重要载体。这种对图腾、塑像及庙宇实体的祭祀，不仅具有崇祖重根、慎终追远之纪念意义，更具有历史、文明和精神传承之教育意义。中华历史与文明之所以不曾中断且薪火相传、返本开新，正与这一传播形式其神圣的仪式性、全民的普及性、日常的深入性与有效性，不无关系。

黄帝"部族联盟"时代，高规格女娲庙坛的建设和女娲塑像、"双唇口"尖底瓶祖神器的崇祀与传播，加上"华山玫瑰"从华山脚下出发，承载着华族先祖厚重的历史文化，穿越万水千山，传之四海、落户"万邦"，这一气势和规模不论是广度还是深度上，在中国甚至世界的历史中都是空前的文化现象。

其三，精神与思想的源泉。

如果要问，是什么精神力量支撑黄帝的时代传承了千年，使中华天下一家的"部族联盟"维系了千年，并为煌煌的中华文明创造了根性的灿烂篇章？我的回答不是别的，而是来自黄帝对女娲与伏羲时代其根性文明和创造的继承，以及对自身所历沧桑历史与经验教训的深刻反思和总结。这一认识不是来自考古，而是来自传说所传达出的思想信息：

一是危机忧患意识。前边我们介绍过黄帝战胜炎帝蚩尤后，会师华山，合符釜山，最后在西泰山大会鬼神、结盟诸侯、龙行天下。从对这支盛大而威仪队伍与场面的描绘中，我们猜想坐在龙车上的黄帝一定是以胜利者的姿

态，踌躇满志，欢欣鼓舞。然而情况却并非如此，黄帝将他此时的所思所想制作了一支名叫《清角》的乐曲，教给大家传唱。这究竟是一支什么样旋律的曲调呢？原来乐曲的旋律清越沉重，悲天悯人。它表达的是黄帝面对战争的灾难与教训，其忧国伤时、危机忧患之情，和自警自励、自赎自新之愿。

《韩非子·十过篇》这样描写说：春秋时晋平公设宴招待来访的卫灵公，当听了卫国乐师奏的一曲乐曲《清商》后，觉得还不过瘾，便让自己晋国的乐师师旷奏了一曲《清澂》的曲子。乐曲奏起，就有十六只玄鹤从南方列队飞来，集在城门楼上，引颈高歌，并张开翅膀随着节拍舞蹈起来。看到宾客都十分高兴，晋平公便为师旷赐了一杯酒，又问：还有更感天动地的曲子吗？师旷回答说：那就莫过于黄帝当年在西泰山所作的《清角》了，但那不是什么场合都能够随便弹奏的。平公非让师旷奏《清角》为宴会助兴，师旷难于违命不得已便奏了起来。谁知乐曲一起，便风雨大作，"裂帷幕，破俎豆，隳廊瓦，坐者散走，公恐惧，伏于廊室之间；晋国大旱，赤地三年，平公之身遂癃病"。意思是，乐曲引来的狂风骤雨，将挂在台上的帷幕张开撕破，把宴席桌案上盛菜盛汤的盆盆罐罐都吹下地来砸个扁头扁脑，连廊檐的屋瓦也被掀翻砸了一地，吓得在座者四处逃散，平日养尊处优的晋平公也骇得爬在廊角下不停地颤抖；此后晋国大旱三年，平公也因此而得了一场重病。由此可见，黄帝《清角》乐曲的精神，具有惊天地、泣鬼神之神奇力量。

由此可知，黄帝《清角》音乐基调与民族大联合喜庆场面的强烈反差，其内在的深层意义是黄帝对此前残酷生存战争的深刻反省。正是这一反省所产生的"和"的思想，才使"天下一家"、"天下大同"的大联合成为了现实，使由此产生的中华"和合"思想变为了一次成功的实践。

二是革鼎开新。司马迁在描写黄帝铸鼎成功之后这样说："获鼎，迎日推策"。这又是一个多么亮丽宏阔而令人振奋的场面。黄帝在自己刚刚铸成的国之重器"鼎"的面前，迎着蓬勃升起的朝阳，推展开置于案几的典策，高声朗诵，将自己的治国方略和九州蓝图昭告天下。这一方略和蓝图，必是以反思历史的忧患意识为指导，以女娲炼石补天、伏羲龙行天下的创造精神为支柱，以继往开来、自强不息的思想为旗帜，从而成为革故鼎新、励精图治、重铸辉煌的时代宣言。黄帝时代的"部族联盟"维系了千年，其所创造的震古烁今、灿烂辉煌的物质文明和精神文明，最终实现了这一蓝图，兑现了这一宣言。

三是华胥之梦。中国文化经典有一个梦系列，它的开篇就是黄帝所做的华胥梦。这个有名的梦记载在《列子·黄帝篇》里，用白话翻译过来，其大致内容是：

黄帝统一中原后，以文明教化万民，设立四方之官，达到了天下大治。但在最初的两个十五年中，无论他尽情快乐，还是勤政为民，都不能摆脱面色晦暗、头脑昏乱、心绪恍惚的状况。于是他放下纷繁的日常事务，离开了宫殿寝室，居住在宫外的茅屋中，三月不亲政事，专心思考以求领悟生命和治国的大道。

一日昼寝而梦，梦中自己竟然长出一双翅膀，腾空飞了起来。听着耳畔呼呼的风声，任由那双翅膀带着他飞翔，不知飞了几千万里，来到了一个叫华胥国的地方。他缓缓降下，在街上转悠，看到树下坐着几个老者，急忙上前和他们攀谈起来。老者告诉他：华胥国这里，没有长官和统帅的管理者，百姓只有性别、年龄的不同，而绝无高低贵贱、贫富贤愚之分；所有的人都是平等的、自觉的，不需要管别人，也不需要别人来管，一切都是顺其自然而已。这里的人民无嗜无欲，他们尽情享受生活，但并不需要特别强调生的快乐和死的哀伤，人人都长寿而终，因而没有夭殇的概念；他们不知亲己私己，也不知疏远外物，因而没有爱和憎之分的观念；他们不知道什么叫背叛，也不懂得什么叫顺从，因而没有趋利避害的意识。总之，在这个一切顺其自然、公而大同的国度里，人人都无需特别关爱自己，人人都无需畏忌他物，从而自然自在的活着，雾霭不能影响他们的视线，雷鸣不能妨碍他们的听觉，高山峡谷阻挡不了他们前行，美丑不会影响他们的心绪，一切全凭精神意识的随心神行而已。对此，黄帝感羡不已，顿觉大悟。

醒来后，黄帝觉得十分愉快和满足，于是把大臣天老、力牧和太山稽叫来，对他们说："我闲居的三个月中，清除各种杂念和欲望，专心考虑却始终不得其法。后来我因疲倦而睡着了，做了一个这样的梦。现在我才懂得最高境界的'道'是什么。我明白了！我得到了！但却不能用语言来告诉你们。"

又过了二十八年，黄帝按照梦中得到的启发治理天下，终于实现了天下大同之治，几乎和华胥国一模一样。到了黄帝御龙升天后，老百姓悲痛大哭，二百多年都不曾中断。

　　黄帝"返本开新"的华胥梦，成为中华民族追求自由幸福的美好愿望和政治理想，而一代代相传的中国梦。它所反映的深刻内涵，是哲学、历史学、社会学、政治学、文化学、人类学等领域，历久弥新，永远说不尽的话题。这里特为引述的目的，是要面对黄帝时代出土的女娲塑像、庙坛及花图腾，向你证明以上所解读的黄帝时代如此普及的"花"文化，并非凭空想象，它正是中华民族原始共产社会一段真实的历史。这一颠覆性的发现，就使黄帝华胥梦所给我们提供的认识价值，成为了将母系氏族社会进入到父系氏族社会之"大天下"后，其同与不同、似与不似之间"返本开新"的继承和发展变化关系，描述得更为具体、准确而传神的真实历史画面。

　　"花"文化的广泛传播与深入人心，使华胥女娲成为黄帝时代"部族联盟"的共同祖宗崇拜。正是这一共同的祖根崇拜、血缘认同和文化认同，使黄帝时代的"万国"一家、天下大同的民族之生命共同体，得以维系和巩固。

第三节　凤翔九天

一

　　黄帝"部族联盟"时代的主体文化，除了"龙"与"花"文化之外，还有一个"凤"文化。它是又一个"返本开新"的时代产物和时代符号。

　　为了弄清"凤"文化的缘起与所处时代，我们必须对以往头脑中浑沌的"黄帝"概念以及黄帝"部族联盟"存在的千年之间，其初创、形成、发展与解体的各个阶段，予以厘清。

　　其一，初创发轫阶段。

　　创建"部族联盟"的黄帝，是一位黄帝姬姓轩辕部族的首领。由于他属于姬姓部族最大的、也是最早的"有熊氏"集团，因而我们称他为有熊氏轩辕黄帝。在他作为黄帝部族首领时，正遇蚩尤北犯。是他率领"熊、罴、貔、貅、貙、虎"部族各成员，并联合周边其他部落，绝地反击，与蚩尤大战涿鹿与阪泉。在诛杀蚩尤（这里应指蚩尤族首领），夺取战争全面胜利之后，会师华山，合符釜山，又在西泰山大会诸侯，一统天下，成为天下共主。在此后的初创阶段，是他设官建制，通道睦邦，定鼎九州。他的这一"返本开新"的精神源泉与最终大同大成的社会实现，在他华胥梦的描述中得到充分的体现。

据说轩辕黄帝是一个十分长寿的人。按照华胥梦中的叙述，梦前他经历了两个15年，梦后按照所悟华胥国治国之道又奋斗了28年。如果再加上他即位部族首领前的年龄和与蚩尤大战的时间，应该说他是在百岁左右逝世的，大致不会太离谱。传说他是在铸鼎成功之后跨黄龙升天而去的，这里的铸鼎成功应指"定鼎九州"之事业的成功。这位黄帝的具体名字我们并不知道，我们都称他为轩辕黄帝，但在上古神话传说的"三皇五帝"中，将其一个人的一生履历及业绩表述得如此具体而完整的，轩辕黄帝当数第一人。轩辕黄帝死后葬于陕西桥山，从而也宣告了他所开创的黄帝"部族联盟"时代，由此奠基。

其二，形成发展阶段。

在古代的传说中，黄帝的内容最为丰富，但也与其他传说一样不仅具有浓厚的神话色彩，而且更是一词多义的，这给人们的理解带来很大的困惑。本文开始时就曾列举过《大戴礼》中孔子与他的学生宰予的一段对话："宰予问于孔子曰：昔者予闻诸荣伊，言黄帝三百年。请问黄帝者人耶抑非人耶？何以至于三百年乎？孔子曰：生而民得其利百年，死而民畏其神百年，亡而民用其教百年，故曰三百年也"。孔子的这一人文性解释，有其一定道理，但他并不知道这里的"黄帝"已不是指百岁的轩辕黄帝个人，而是代指在他之后黄帝有熊族继承他的事业而为"部族联盟"之"天子"共历时三百年。应该说这正是黄帝"部族联盟"大天下进一步形成发展的阶段。

无独有偶，黄帝华胥梦的最后也说：黄帝死后，百姓悲痛大哭，二百多年都不曾中断。人再悲痛，也不会痛哭二百多年。其实这二百多年的"痛哭"，正是暗指黄帝有熊族"畏其神"、"用其教"，继承遗志，众志成城，继续前行的二百年，加上黄帝活着的百年，也正好是三百年。

要知道这个三百年过后，"部族联盟"的首领族，就不再是黄帝族的"有熊氏"，而成为了黄帝"虎族"兼"鸟族"的少昊氏。

其三，巩固兴盛阶段。

《史记·五帝本纪》载："黄帝二十五子，其得姓者十四人。黄帝居轩辕之丘，而娶于西陵之女，是为嫘祖。嫘祖为黄帝正妃，生二子，其后皆有天下：其一曰玄嚣，是为青阳，青阳降居江水；其二曰昌意，降居若水。昌意娶蜀山氏女，曰昌仆，生高阳"。

请大家注意，这里的"黄帝"是一个大概念，它说的是姬姓黄帝大部族总的繁衍发展情况。前边两句"黄帝二十五子，其得姓者十四人"，是说黄帝姬姓部族，自从天水姬水流域的轩辕之丘诞生以来，数千年间共繁衍了25个支族，和14个小姓。下边说的是这一部族的"有熊氏"，在迁居燕山南北的轩辕之丘后这一段时期，主要与西陵氏一个名叫嫘祖的女娲族长期联姻（所谓"正妃"）。史传西陵氏姓方雷，雷通假作纍，《大戴礼》记作嫘祖，《汉书》表作絫祖。从这里我们也找到了红山文化为什么出土有勾云形玉佩，和此后古陶与青铜器多有云雷纹；而前边所说黄帝"官名皆以云命，为云师"，亦源于此。

这里明确记载了，黄帝"有熊氏"与西陵氏"嫘祖"，又繁衍了两个支族：一个是叫"玄嚣"青阳氏的虎族（"玄嚣"之名，应来自虎啸之声）。它就是第一次炎黄之战时，南下而居于江水流域的空桑之地，并最终与太昊族联姻而诞生的黄帝青阳氏少昊之"鸟族"。这一少昊"鸟族"，又在第二次炎黄之战中先被蚩尤"伐空桑"之地时战败，后在黄帝族涿鹿大战的绝地反击中，被称为"应龙"（有翅膀会飞的鸟龙）之师，屡立战功。在轩辕黄帝统一天下的"部落联盟"中，其"大鸿"之位即由少昊"鸟族"担任，成为辅佐黄帝治理天下的主要支柱。三百年后，少昊"鸟族"接替了"有熊氏"，成为天下新的共主，名叫"青阳"少昊帝。有些史料也称他为"帝鸿"、"帝江"、"中帝混沌"等。

少昊族是一个具有极强生命力和自强不息精神的族群，是他继承轩辕黄帝的遗愿把天下一家的"部族联盟"时代，推向了巩固和兴盛期。少昊族为帝达四、五百年之久，贡献极大，故后世多把他列入"五帝"之列。

其四，末期解体阶段。

黄帝族与西陵嫘祖族繁衍的另一个支族叫"昌意"，他后来发展到了巴蜀的若水流域，并和一个叫"蜀山氏"的母系氏族联姻。《竹书》云："昌意降居若水，产乾荒，乾荒即韩流也，生帝颛顼"。《山海经》亦云："韩流生颛顼"。《玉篇·宋》云："颛顼名高阳，有天下号也"。即是说黄帝昌意支族的子孙中，有一位颛顼部落名叫"高阳"的，后来又接替少昊做了联盟共主，后世亦有人将他列入"五帝"之列。"高阳"颛顼帝在位已是黄帝"部族联盟"时代的末期，更准确地说是他后来决意"绝地天通"，自己宣布联盟解体的。

关于黄帝"部落联盟"的解体，本文后面将设专节介绍。这里所提，只是为了给予黄帝"部族联盟""大天下"的千年时代，其发生、发展与终结的各个历史阶段，一个完整的概念。

二

黄帝时代的"凤"文化，产生于少昊帝时的兴盛期。

少昊帝作为"五帝"之一，并非名不副实，而是"有实无名"。原因是他的具体业绩史载不多，且多常误记或归于他人名下，故而显得面目不清。连司马迁在《史记》中也说，"黄帝崩，葬桥山。其孙昌意之子高阳立，是为颛顼帝也"，一下也冒过他去说别人了。

少昊帝的面目不清要分两部分来说：

一方面，是关于少昊族的起源。过去也有人说过少昊就是"玄嚣族"。但如果不是我们与濮阳墓葬"龙虎图"的发现（注：濮阳即在古江水之空桑地）相联系，恐怕谁也无法将这个与太昊"鸟族"其名、其族如此相近的少昊"鸟族"，能与黄帝有熊氏之"虎族"以及黄帝嫡传之子"玄嚣"续上血缘。这种情况与蚩尤这一炎帝与太昊两族融合产生、而又实质归为炎帝姜姓族，是十分相像的。也正是由于其真实身份与起源的湮没难辨，历史上几乎常将少昊又称为东夷族，难怪他的"应龙"之功、大鸿之位，甚至连"帝江"、"帝鸿"、"中帝"之名，至今也很少有人敢于确凿地说就是少昊。

另一方面，是关于少昊帝的功业。少昊既非创基之帝有伟绩可纪，亦非败业之王有劣迹可述，而少昊作为黄帝时代中兴之主，他的业绩只是实现黄帝梦中华胥国的大同之治。而这种大同之治："其国无帅长，自然而已；其民无嗜欲，自然而已"，以"无为而治"是为大治，以"无用之用"是为大用，功业愈烈便愈无以表述，故数百年之行迹浑沌难留一字。《庄子·应帝王》云："南海之帝为儵，北海之帝为忽，中央之帝为浑沌。儵与忽，时相

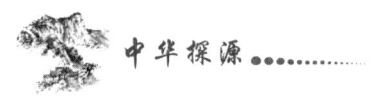

与遇于浑沌之地，浑沌待之甚善。儵与忽谋报浑沌之德，曰：'人皆有七窍，以视、听、食、息，此独无有，尝试凿之。'日凿一窍，七日而浑沌死"。此之谓中帝浑沌者，少昊也。

然而为还历史以真面貌，愈难寻觅我们愈要寻觅。而为我们提供少昊帝之端倪的，正是由他所发端的"凤"文化：

其一，考古中的鸟形遗迹。

我们知道，仰韶文化于距今6000年时，由半坡文化经史家村文化而转入庙底沟文化，并从此进入黄帝"部族联盟"的黄帝时代。发掘发现庙底沟遗址内涵又分为两个时期：一期（下层）距今约6000—5300年，为仰韶文化中期，命名为仰韶文化庙底沟类型。而二期（上层）则距今5300—4600年，为仰韶文化的晚期，是仰韶文化向龙山文化过渡性质的遗存，后发展为河南龙山文化。庙底沟一期文化区别于二期文化的主要特征，除过一期蓬勃发展的"花"文化外，又一重要发现是太阳鸟纹彩陶的大量出土。这就为"鸟"图腾的出现，以及起讫时限划定了一个大致范围。

陕县庙底沟一期文化的这一重要特征，在华县泉护村考古中得到充分体现。前边我们所讲"华山玫瑰"的独特文化现象，正是泉护村考古给我们所揭示的。其不知泉护村考古往往被人忽视的另一重要意义，是更完整的"鸟"文化的发现。这里不仅出土有背负太阳奋飞的"太阳鸟"，有鸟头龙身展翅腾飞的"龙鸟"，还有造型准确生动、霸气十足、雄视天下的黑陶鸟塑"鸮尊"，皆极具视觉冲击力。

泉护村遗址又分为前后两段：一为庙底沟一期文化的前段（即西阴文化），应为黄帝及"有熊"族为帝阶段；二为庙底沟一期文化的后段，应是对应少昊"鸟族"为帝阶段，也说明少昊帝终结的时间为距今5300年。鸟形遗物皆出在泉护之后段，它不仅使《史记》遗失的黄帝时代其中兴阶段的少昊帝得以确证，而且使少昊族一直浑沌的面目开始清晰起来。

其二，传说中的凤鸟王国。

黄帝时代其少昊帝的凤鸟王国，在神话传说中描述得更为翔实而生动。

《左传·昭十七年》载："少昊挚之立也，凤鸟适至，故纪于鸟，为鸟师而鸟名。凤鸟氏，历正也。玄鸟氏，司分者也；伯赵氏，司至者也；青鸟氏，司启者也，丹鸟氏，司闭者也。祝鸠氏，司徒也；睢鸠氏，司马也；鸤鸠氏，司空也；爽鸠氏，司寇也；鹘鸠氏，司事也；五鸠，鸠民者也。五雉

为五工正，利器用，正度量，夷民者也。九扈，为九农正，扈民无淫者也。"

这段话很复杂。它告诉我们少昊为帝时的官职设置，已取代了轩辕黄帝"有熊氏"的"官名皆以云命，为云师"，而是以"以鸟纪官"的"鸟师而鸟名"。其官职设置与分工也更为细致而明确，反映了其对"部落联盟"的中央管理，比此前又升级了一大步。具体讲：凤凰是总管官。其下，有管四方四季天时"分、至、启、闭"的四种鸟；有管民之政事"司徒、司马、司空、司寇、司事"的五种鸠鸟；有管工程营建及器物制造"五工正"的五种雉鸟；有管农事"九农正"的九种扈鸟。这样连同凤凰算来，共有分工不同的鸟达25种之多，实在是一个鸟的王国。这个鸟的王国之王，名字为"挚"（挚，古通鸷），他就是少昊帝自己"鸟族"的名字。

叙述到此，不用再提醒你也一定会将少昊帝"挚"与泉护至尊的"鸮尊"联系起来。这一天衣无缝的连接意义重大，它像8000年前的查海"石摆龙"、6500年前的西水坡墓蚌塑"龙虎图"一样，为我们的中华探源建立了一个新的历史坐标系，使我们的探索又大大深化了一步。

其三，少昊帝履历的再探。

少昊帝面目的浑沌，缘自于少昊族之面目的浑沌。有了上面新的坐标系，我们再将更多的少昊族的传说缀连起来，整个黄帝时代起承兴替的历史面貌，就会更加清楚。

一是少昊之源。

《拾遗记》载："少昊母曰皇娥，处旋宫而夜织，或乘桴木而昼游，历经穷桑（即，空桑）沧茫之浦。时有神童，容貌绝俗，称为白帝之子，降于水际，与皇娥谦戏，奏缍娟之乐，游漾忘归。穷桑者，西海之宾，有孤桑之树，直上千寻，叶红椹紫，万岁一实，食之后天而老。帝子与皇娥泛于海上，以桂枝为表，结薰茅为旌，刻工为鸠，置于表端，言鸠知四时之候，今之相风，此之遗象也。帝子与娥皇并坐，抚桐峰梓瑟，皇娥倚瑟而清歌，白帝子答歌。及皇娥生少昊，号曰穷桑氏，亦曰桑丘氏。"

少昊之生地在穷桑，亦称空桑、江地。它是一个炎帝、黄帝、太昊三族的交汇之地，故也是一个多灾多难多事之地，两次炎黄之战皆由此地而暴发，但这些此前大家都不是十分清楚。少昊之根是黄帝族南下的玄嚣"虎族"（后岗文化），他与西邻之共工（大司空村文化）、南邻之蚩尤（北辛

文化），还有黄河南岸先后存在的祝融、夸父（即郑州大河村文化），他们之间你来我往、相互交错的复杂关系，造成近千年间不同文化遗址遗存在此交互叠压、重现，把考古学家也搞得一头雾水，一直争论了几十年。当然生于此地的少昊之族属、血缘也就更无人说得明白了。我怀疑司马迁在黄帝族谱问题上，既说"嫘祖为黄帝正妃，生二子，其后皆有天下"，又在接替黄帝大位上，冒过少昊直接去说颛顼一人，主要原因还是对少昊的黄帝族血统心里不踏实。

现在有了新的坐标，再来看这段少昊父母卿卿我我相恋的爱情故事，你就会知道"乘桴木而昼游，历经穷桑沧茫之浦"的少昊之母"皇娥"，就是太昊的女娲之族；而称为天上太白金星儿子的"白帝之子"，就是黄帝的"白虎族"，这个你从后人将少昊封为主管西方之西岳华山主神时，称他为"白帝"并以"白虎"为其图形就可证明。至于少昊族之图腾为"鸟"的来历，当然与其母为"鸟族"有关，这在故事中他们两人"以桂枝为表，结薰茅为旌，刻玉为鸠，置于表端"的描写中，也给了我们以明确的交待。少昊之父为黄帝的"白虎族"，那么少昊的血缘族属当然为黄帝姓族，便就确定无疑了。

二是少昊之绩。

少昊鸟族的图腾虽然是凶猛的"鸮鸟"，但他的性格却不是进攻型的，相反而以包容、睦邻而见世。作为黄帝族与太昊族融合的新生儿，他与邻居共工族同处江地而从未见冲突；他与母亲太昊族始终情同手足、水乳交融；他与蚩尤及夸父族和平共处达二百余年、若不是后来蚩尤的北伐空桑他绝不会卷入战争；他在西泰山黄帝大会诸侯中、为促进结盟全尽地主之谊；就是他接替了黄帝天子大位之后，对南帝、北帝等各兄弟族亦平等友善，故而得到普遍尊重和赞誉。至于他为帝之时的宏功伟业虽无以言表，但从他"以鸟为官"的严密分工和完善管理中，便可管中窥豹；从他将一个无私无欲、平等自然的大同社会，维系并发展了长达四五百年的历程中，便可永垂青史。其实后世所传黄帝个人的种种伟大创造，都是包括了少昊帝在内的黄帝整整一个时代的千年创造。有了包括少昊帝在内的各个时期的历史划分和认知，黄帝创造的大同时代的真实历史，就会越来越明晰，便再也不会被虚无化了。

三是少昊之都。

　　传说中的黄帝之都像是一个谜，一会在东，一会在西。其实，它正是黄帝时代各个历史阶段流变的真实反映。

　　黄帝大会诸侯、一统天下之后，定都新郑轩辕之丘达三百年，这是我们在上边的论证中得出的。那么，少昊接替黄帝之位后的都城设在哪里？《山海经·大荒东经》说："东海之外大壑，少昊之国"。可见他的鸟之王国的都城就在他自己的领地之濮阳，从描述的位置看，甚至这时还有与东海边母亲的太昊族进一步融合、结成更亲密联盟的可能。

　　《绎史·卷七》引《帝王世纪》云："颛顼生十年而佐少昊，二十而登帝位"。《山海经·大荒东经》亦云："东海之外大壑，少昊孺帝颛顼于此，弃其琴瑟"。这里便开始接触到了颛顼和少昊的关系。传说颛顼是少昊的侄子，现在我们明白少昊是距今6500年黄帝"虎族"与太昊"皇娥"女娲联姻所生，而颛顼是黄帝另一支族"昌意"与蜀山氏女娲联姻的后代，其产生时间不可能超过距今之6000年黄帝战胜蚩尤后才南下发展的时限，所以传说他们为叔侄关系也是恰当的。作为年轻后代的颛顼，这时应该已是有熊氏的部落之王，于是他在以少昊虎族为帝的"部族联盟"中担任重要职务。所以传说既说他是在叔叔少昊的养育下（即"孺"）长大的，又说他很小就协助叔叔少昊管理国政（即"佐少昊"）。据说少昊这个叔叔对颛顼侄儿是很疼爱的，并专门给他作了琴和瑟，供他弹唱玩耍。但蹊跷的是，传说又专门把少昊后来"弃其琴瑟"、即把给侄子玩耍的琴瑟丢到东海里去了这件事，予以重点传载，使人隐约感到发生了什么大事，似乎是叔侄之间从此决裂、恩断义绝的意思。且不管我们的猜测是否正确，总之是少昊帝后来留下了他的一个臣子（亦说是他的儿子）名叫句芒的，帮助太昊管理东方的国家，自己来到西方另一个叫蓐收的儿子所在之地，把那里的昆仑之丘作为了新的"帝之下都"。

　　关于新都昆仑之丘及所在西方之地，传说多有描写。《淮南子·时则篇》载："西方之极，少昊蓐收之所司者，万二千里"。《庄子·天地篇》："黄帝游于赤水之北，登乎昆仑之丘"。《山海经·大荒西经》："昆仑之丘，其下有弱水之渊环之，其外有炎火之山，投物辄燃"。《山海经·西次三经》载："昆仑之丘，是惟帝之下都，神陆吾司之。其神状虎身而九尾，人面而虎爪。是神也，司天之九部，及帝之囿时。有凤鸟焉，其名曰鹑，是司帝之百服"。有不少典籍还说:昆仑之墟，百神之所在。中有五城

十二楼,以玉为槛,面有九门。看守开明门（可能是最大的正门）的神兽，身大类虎而九首，皆人面，东向立昆仑上。山上遍生玉树嘉禾，山下遍布醴泉、瑶池与悬圃等名胜之处。这些描写与西王母所居的西天昆仑如出一辙，若非传说中陪伴西王母的东王公，就是东来的少昊黄帝了。我猜想，与章太炎先生关于中华民族起源于"华山说"相对立的西部"昆仑说"，可能就是以此传说为据的。

颛顼帝长到"二十岁"便登上了黄帝之位，他取代叔叔少昊的具体时间我们并不能确切知道，但将其定在距今5300年庙底沟一期文化结束之时，应该是大体不错的。颛顼接了少昊的大位成了"部族联盟"的共主，但他并不能取代少昊和他的儿子蓐收在西地领主的地位。事实上少昊在蓐收的辅佐下后来成为了"西方之帝"（白帝）。五岳中的西岳华山，其图腾就是"白虎"。西岳庙（全名：西岳华山神庙）中的两座石牌坊上，至今仍镌刻着"少昊之都"和"蓐收之府"，将他们父子作为主管西天的西岳华山之主神而永祠。

少昊黄帝及其后代以其顽强的生命力，在西地繁衍时间十分长久。考古中从天水大地湾的庙底沟期开始，此后一直向西继续发展的马家窑、半山、马厂等文化，其延续近2000年的遗址遗物都有少昊文化。它后期陪伴了中原尧舜禹的"龙山文化"时代，此后便直接进入了夏王朝的时代（变为了齐家文化）。我们之所以能够如此肯定夏之前的西部一直是少昊黄帝文化，主要是这些文化遗址中皆有黄帝祖神器尖底瓶和"花"图案的出土告诉的。当然这时的西部并不是黄帝少昊族的单独存在，与他一起共生的还有比他早到这里的炎帝羌族和迟到这里的三苗族。

三

我们之所以能够从出土鸟形遗物及凤鸟王国的传说中，找到少昊黄帝并使其时代面貌由模糊而变得清晰，那是因为凤鸟文化本身就是少昊时期的重要特征和新的创造。凤鸟文化作为黄帝时代的又一个重要文化，不仅是其时代的必然产物，更具其历史价值与意义。

其一，太阳鸟的传说。

泉护遗址出土的陶器上所绘之鸟，多是背负太阳飞翔的，还有那几只鸟首龙身长翅的"龙鸟"也是以追逐太阳的形象出现的。所有这些都告诉我们，它们就是传说中的太阳鸟。

《山海经》云："有女子方浴月。帝俊妻常羲生月十二，此始浴之"，"有女子名曰羲和，方浴日于甘渊。羲和者，帝俊之妻，生十日"。是说我们的祖先是帝俊，他的一个妻子叫常羲，为他生了十二个月亮女儿；另一个妻子叫羲和，为他生了十个太阳儿子。两个母亲常在大海里为这些可爱的月亮女儿和太阳儿子洗浴，陪他们玩耍。有的故事还说，这十个太阳还时常上到东海边的扶桑树巅上戏耍，并轮流在天上值班，由母亲羲和驾着龙车每天从东到西陪伴着他们。

中国神话中关于民族创生的传说是分时期的。"女娲抟泥造人"产生于母系氏族社会前段的女娲"单轨制"时代，其后生之伏羲与女娲的关系是母子关系。后段到了"双轨制"的伏羲时代，其早期传说变为了伏羲与女娲"葫芦兄妹成婚造人"；而其晚期因伏羲族已发展壮大，传说中的伏羲与女娲关系就明确变为了夫妻关系，故而才有传说以"帝俊"为夫的主导地位，并将所生之父系伏羲后代称为太阳族，所生之母系女娲后代称为月亮族。这样以来，其日后的所有父系氏族几乎都成了太阳族。炎帝和黄帝是太阳，太昊和少昊也是太阳，而各个父系"鸟族"的鸟图腾，便当然更是"太阳鸟"了。我们的古人把太阳称为"金乌"，是说太阳象鸟驮着一样从东方天空飞到西方，其出处皆源于此。

其二，凤鸟的时代。

鸟图腾的称谓和意义，也是随着时代的发展变化而来的。

先说"龙鸟"与"太阳鸟"的区别。"龙鸟"的称谓应该在较早的龙图腾产生之后。要知道龙是伏羲和女娲共同的图腾，当然作为伏羲父系的"鸟族"也是龙的大家庭的成员，故而亦可称为"鸟龙"了。而"太阳鸟"的称谓不仅应在较晚"帝俊"生十个太阳儿子的传说之后，而且更应在后来的鸟族发展已经十分兴盛的时期，因为如果不是这样，"鸟"图腾也不会成为"太阳族"众多成员的代表而象征太阳。因此，"太阳鸟"是有别于女娲而只代表太阳，或更准确地说它是宣称自己"鸟族"只是父系伏羲"太阳族"成员。

再说"凤鸟"与"太阳鸟"的区别。应该说"太阳鸟"的称谓产生在

前，它是更多"鸟族"成员各奔东西、安家落户之后，而对其父系"太阳族"的认同。《家语》载："孔子在卫，闻哭声甚哀。颜回曰：回闻恒山之鸟，生四子焉，羽翼既成，将分四海，悲鸣而送之，哀声似此"。这与我们今天漂流海外之赤子，痛离母体而不忘其族其根是一样的道理。而"凤鸟"的称谓则在后，它应产生于"鸟族"各成员后来团聚之时。在黄帝西泰山大会诸侯的队伍里，"驾象车而六龙……虎狼在前，鬼神在后，腾蛇伏地，凤鸟覆上"，这里的"凤鸟"称谓，应该是众鸟相聚后最早出现之处。

相传，轩辕黄帝统一了三大部族（姓族），七十二个部落，建立起世界上第一个有共主的国家（前国家之"古国"），一直打算在原来各大小部落使用过的图腾基础上，制定一个统一的国族之图腾（类似现在的国旗、国徽，即国家的标志）。"凤鸟"的称谓为"凤凰"的产生做好了铺垫。而"凤凰"作为众"鸟族"新的图腾，应在少昊"鸟族"接替黄帝大位、成为天下共主之后。《韩诗外传》卷八云："黄帝即位，宇内和平，未见凤凰，惟思其象。乃召天老而问之，曰：凤象何如？天老对曰：夫凤象，鸿前麟后，蛇颈而雉尾，龙纹而龟身，燕颔而鸡喙"。这应是少昊黄帝在让大家构思实际存在的鸟王国之新图腾的研讨会上，天老所献的方案。另一传说是母亲嫘祖知道少昊黄帝制定新图腾的心思后，她仿照以前制定龙图腾的方法，汇集百鸟之体：孔雀头，天鹅身，金鸡翅，山雉尾，金雀羽毛……组成了一对漂亮华丽的大鸟。造字的仓颉将这两只大鸟取名叫"凤"和"凰"。凤为雄，凰为雌（因为这时还有一定比例的母系氏族），连起来就叫"凤凰"。《尔雅·释鸟》也说，凤凰："鸡头、燕颔、蛇颈、龟背、鱼尾、五彩色,高六尺许。出于东方君子之国，翱翔四海之外，过昆仑，饮砥柱，濯羽弱水，暮宿风穴"。这就是"凤凰"图腾的来历。

凤凰图腾的创造，是父系氏族社会进入黄帝时代各部族实现联合之后的必然产物，也是这个开始以少昊父系"鸟族"为主体的"部落联盟"其天下大同的具体体现。故而《山海经·南次三经》才说："有鸟焉，其状如鸡，五彩而文，名曰凤凰。是鸟也，饮食自然，自歌自舞，见则天下安宁"。

其三，凤凰图腾的意义。

当我们将"鸟族"的历史及其凤凰图腾产生的时代背景，一一搞清之后，作为一种文化现象，凤凰图腾的真实意义便凸显了出来。

一是"和合"。

这一内涵是与"花"与"龙"文化相联系而体现出来的。具体说："花"图腾的内涵是"合一"。它反映的是华胥女娲通过肇始"族外婚"而首创自身，从而成为中华民族"华之源"的"一元之始"的血缘祖根。

"龙"图腾的内涵是"合分"。它反映的是华胥女娲又衍生出伏羲父系而"一分为二"，继而又各自分蘖衍生出众多的支族女娲和伏羲，当它们将各自众多的图腾给以集合的想象，从而便组成"龙之脉"的龙族而"龙行天下"。

"凤凰"图腾的内涵是"和一"。如果说"龙"图腾是由概念而创造实体，亦即"龙"的实体只是一个概念集合，那么"凤"图腾就是由实体而创造概念，亦即"凤"的概念反映的已是一个实际形成并存在着的"部族联盟"之国族实体。这一"和一"的实体集合，就是天下归一的"部族联盟"之大同社会。

二是"和谐"。

"和合"的最高境界是"和谐"。在"和合"的实体中，"和谐"的意义在于"和而不同"，它不是以取消各成员的特性、个性、独立性而求其"同一"，而是在保持并发挥各成员"不同"特质基础上的"和谐"。

在少昊黄帝的鸟王国里，所谓管总的"凤凰"其实只是这个"和合"共同体创造的图腾。少昊黄帝还是自己的"鸮鸟"（鸷鸟），太昊还是自己的"玄鸟"（燕子），祝融还是自己的"火鸟"（毕方鸟），蚩尤应该还是自己的"鹳鸟"，还有红山出土的猫头鹰、河姆渡出土的朝阳鸟，它们都还是它们自己。而且在分工上也尽量发挥其所长。对此传说中描写得很形象："诗云：鸤鸠在桑，其子七兮。其养其子，朝从上下（早从上往下喂），暮从下上（晚从下往上喂），平均如一。是为司空"，司空就是主持营造和公平分配之官。"祝鸠，阴则屏逐其匹，晴则呼之。语曰：天将雨，鸠逐妇，是也"，大家公认祝鸠对家庭成员管理教育得好，就让它作司徒官，管理教育。于是性情猛悍的鸷鸟掌管兵权，相貌威武的鹰鸟掌管刑法。斑鸠这种整天到晚叽叽喳喳爱说话的鸟，就叫它到朝堂上反映情况、尽情发表意见。难怪古人对凤之百鸟争鸣的和谐之音赞誉有加，《广雅》云："凤鸣如箫笙，音如钟鼓。凤凰，雄鸣曰喞喞，雌鸣曰足足，雌雄和鸣曰锵锵"。所有这些展现给我们的，是一个：鸾凤和鸣、百鸟朝阳、自歌自舞、各展其长、和谐自由、太平瑞祥而仪态万方的百鸟王国。

原来少昊的黄帝时代并不再像华胥国那样最原始的和谐社会了，而是在此基础上又前进了一大步，它已是由氏族、部落、部族（姓族）阶段，而进入到了"部族联盟"新的创制时代。这一通过制度、文化、理念的协调整合而实现的具有内在生命力之共同体，正是"凤凰"图腾"和而不同"内涵所彰显的"天下大同"之生命共同体。这就是黄帝时代所缔造的、值得我们永远纪念的和谐统一之中华民族和国家的原初形态。

三是"和生"。

凤凰作为百禽之王，亦称不死鸟、长生鸟、东方神鸟，它的内涵从诞生之日起就与火结下不解之缘。传说："天方国，有对神鸟，雄为凤，雌为凰。满五百岁后，负香木飞入太阳神庙中，于神坛上自焚，复从死灰中更生。从此鲜美异常，其羽更丰，其音更清，不再死"。这一关于凤凰集木自焚、浴火重生的传说，其哲理寓意是十分深刻的。它的思想源泉不是别的，正是对民族自身从诞生而发展到目前其数千年真实历史的深刻记忆和反思。如果我们联系华胥女娲自创生中华民族以始，且不说女娲"炼石补天"所面对的天塌地陷、伏羲葫芦兄妹面临的洪水灭世、炎帝女儿"精卫填海"的痛失家园，等等这些在自然灾难中浴火重生的壮烈历史，单就女娲与伏羲的后代像水波纹一样从华山中心圆点向四周梯次扩展的过程中，因生存斗争而发生的两次腥风血雨的炎黄大战，最终回归圆点，将所有恩怨情仇投火自焚，以血与火的洗礼实现自觉自解、骨肉相聚、天下一家，就便是对凤凰涅槃而永生内涵的最好诠释。

对此，我们将"凤凰"图腾的这一重要内涵归结为"和生"。其具体内容包括四个方面：一曰自焚，即理性对待灾难磨砺与痛苦考验的自我反省、自我否定、自救自赎的批判精神。二曰自新，即追求光明、提升自我、永不言败的弃旧图新、返本开新、求变日新的创新精神。三曰尚和，即在"合一、合分、和一"对立统一之矛盾运动过程中，在"竞"与"和"、"逆"与"顺"的关系处理上，始终坚持"以和御竞"、"以和致顺"的贵和精神。四曰重生，即以上三点皆以民族生存发展为出发点和归宿点，从而在自强自励自新中走出灾难和危机，实现"浴火重生"、"涅槃新生"之生生不息。

《易》曰："生生之为易"、"天之大德曰生"。凤凰涅槃的"和生"思想与精神，所象征的正是民族的团结、统一、太平、祥瑞与永生。难怪后

220

世无论是时逢民族新兴之太平盛世，还是遭遇民族危亡之重要关头，人们首先都会自然而然想到凤凰。《尚书·益稷》载："《萧韶》九成，凤凰来仪"。《国语·周语上》也有周王朝兴起之时，"凤鸣岐山"的记载。《诗经·大雅》有句曰："凤凰于飞，亦傅于天……凤凰鸣矣，于彼高岗"，讲的就是凤鸣岐山之事。春秋末期的孔老夫子一生追求"天下大同"而不得，在他生命即将终结之时无奈对天长叹："凤鸟不至，河不出图，洛不出书，吾已矣夫！"至于"五四"时代郭沫若发表的《凤凰涅槃》新诗，为唤起民族救亡、民族觉醒而重获新生，长歌当哭，振聋发聩，令人热血沸腾，亦足见中华民族"凤"文化的根性之伟力。

"凤"文化，是黄帝时代继承发扬"花"文化、"龙"文化基础上所创造的新文化，它的意义不仅是时代性的、更是历史性的，从而成为中华民族最宝贵的精神支柱和思想财富，体现的是中华民族之魂。

在古代中国，凤凰作为百鸟之王，是尊贵、崇高、吉祥、天下太平、天下大同的象征，"龙凤呈祥"更表现为对美好事物的向往、追求和祝福。据有关的资料记载，在我国当今有42座山叫做凤凰山，分布近二十个省，遍及全国各地。这种地名重名之广，是很少见的，真可谓"九州凤凰多"。它们的名称由来，现象上虽多因其山状似或腾飞、或蹲伏的大鸟，但其真正的根源不仅因"凤凰"与"龙"一样，都是中华民族的图腾，更是代表天下一统、天下大同时代的图腾。因而遍布九州的凤凰之山犹如天下一统的地标，成为中华民族"凤翔九天"的永远记忆和憧憬。

第四节 人文初祖

一

如果我们将"三皇"的华胥女娲称为中华之祖，伏羲称为中华之宗，那么进入"五帝"时代的炎帝和黄帝，由于他们对中华文明所做的开拓性贡献，故应称为中华"人文初祖"。只是黄帝是在炎帝基础上的再创造，因而

功绩更为辉煌，影响更为深远。这里说的黄帝、炎帝，其实是指他们所代表的那个时代，因而所谓黄帝、炎帝的创造，实际就是他们所在时代的创造。

先说黄帝时代的物质文明创造：

其一，农牧业的继承和发展。

黄帝对于炎帝先进犁耕农业的继承，在北福地与赵宝沟文化的黄帝早期繁衍之地，不仅出土了大型石耜（石制犁头）甚至还把它作为祭器，足以证明其将犁耕先进技术放于"安身立命"地位的重视程度。关于黄帝"凿九井"的传说也告诉我们，炎帝时的凿井技术也是被黄帝继承了的。这时的凿井显然还不可能是用于灌溉，古人因受饮水限制，居者靠河流，牧者逐水草，很不方便。井的发明，使人们才有可能到远离河流的更为广阔的地方去开发，从而拓宽新的生存空间。

黄帝时代对农业的发展不仅是继承，而是有了新的创造和贡献。我们从前边所引《史记》："举风后、力牧、常先、大鸿以治民。顺天地之纪……时播百谷草木，淳化鸟兽虫蛾，旁罗日月星辰……有土德之瑞，故为黄帝"的记述中，亦可感知其对农业的重视，以及在掌握安排农时、改良农作物及畜禽品种等方面，所取得的新成效、新进步。以黄帝之时天文历法的巨大进步和天下一统的千年太平之世，农业"以食为天"的首要地位和历史性的发展，应该说是必然的事情。

其二，养蚕与织丝的发明。

中国通往西亚和欧洲的丝绸之路，其驼背上最早所驮运之通商货物主要是茶叶和丝绸。如果说茶叶的发现起于炎帝，那么丝绸的发明就应归功于黄帝族。传说"元妃嫘祖始养蚕以丝制衣服"，是说黄帝的妻子嫘祖发明了养蚕织丝和制作衣裳。但是按照"疑古"派学者的观点，这是完全不足为信的，然而当黄帝时代红山文化的"玉蚕"雕件的不断出土，当庙底沟文化之西阴遗址"半个蚕茧"的赫然面世，它便为考古实物所明证。前边说过，嫘祖应是黄帝族联姻的一个著名的母系氏族，传说将养蚕织丝的发明者具体到了一个氏族，其物其地其时其族又如此吻合，的确是一个奇迹。上古的黄帝时代，人们就已穿上丝绸的衣服，实在令人不敢相信自己的耳朵和眼睛，但不相信也得相信。"衣食"的称谓顺序是以其文明重要程度而定的，我们的祖先从树叶兽皮遮身而一下跃升到能够着丝挂绸的服饰文明，这便是黄帝时代所创造的中华文明之光。

其三，舟车的发明。

传说舟车等交通运输工具也是黄帝发明的。车的发明已难找到出土实物，但从黄帝生之轩辕、名之轩辕、都之轩辕，加之传说炎黄之战中黄帝指挥战车作战、大会诸侯时黄帝坐在六龙御驾的龙车上等等描述，应该说黄帝发明辕车的传说是不能轻易否定的。

至于传说黄帝发明木舟，实在与黄帝的生存环境有关。现在我们已经搞清楚了黄帝早期迁徙定居的发展之地，是在保定北福地文化的环渤海湾地带，它正是黄帝族所活动的北海、东海之岛国。《山海经·大荒东经》载："黄帝生禺虢，禺虢生禺京。禺京处北海，禺虢处东海，是为海神"。岛国先民之生存往来，如果没有木舟是不可想象的。木质之实物遗存，在北方考古难以发现，但它却保留于南方河姆渡等遗址的地下。这里同时期的木舟木桨，以及各种木质辕犁、织机附件、织物残片、大型干阑榫卯式建筑的出土，对包括木舟在内的许多发明的传说，都给予了很好的答案。

其四，大型宫殿坛庙建筑物的发明。

中华先民的居室，是沿着巢居、穴居、半地穴建筑、地上建筑的方向发展的，但真正的大型地上建筑的出现是在黄帝时代。传说黄帝教给人们"伐木构材，筑作宫室，上栋下宇，以避风雨"。我们前边介绍过的黄帝红山文化祭祀女娲的大型庙宇、祭坛以及山顶上的金字塔式积石冢建筑群，其规划布局之科学、规模气势之恢宏，令世人惊叹。无独有偶，黄帝时代西部大地湾的庙底沟文化层出土的绘有地画的大型宫殿建筑遗址，使人不得不联想到少昊黄帝西迁昆仑之丘的帝都。虽然我们今天已无法论证它一定就是少昊黄帝的新都，但它作为少昊帝时代创造的建筑却是确定无疑的。

其五，指南针的发明。

《太平御览.卷十五》载："黄帝与蚩尤战于涿鹿之野，蚩尤作大雾，弥三日，军人皆惑。黄帝乃令风后法斗机作指南车，以别四方，遂擒蚩尤"。《宋史·舆服志》云："指南车，上有仙人，车虽转而手常南指"。这里说的指南车，就是装有指南针的战车。它是黄帝一个叫风后的臣子，根据固定在北方天际的北斗星，其斗柄依着四季时序不同而变换方向的天象而创造的。指南针的发明不仅对于战争的胜利起到了重要作用，而且对日后出海航行、大地测绘、天象观测，意义更为深远。黄帝时代指南针的发明，是中华民族的"四大发明"之一，并对世界文明、特别是对欧洲文艺复兴时的环球

航海与新大陆发现等，做出了不可磨灭的贡献。

二

现在来说黄帝时代的文化创造。

其一，艺术的创造。

黄帝时代天下一统的千年太平，使其成为了一个发明创造狂的盛世，从而也为艺术的自由发展创造了土壤条件。首先，是极具视觉冲击力的绘画、雕塑等造型艺术的出现，如：由具象而不断向抽象旋纹变化而使人目不暇接的"花"的图案；北福地具象的动物面具；大地湾巨幅的地画；龙（猪龙、鹿龙）鸟纹陶尊及龙虎形蚌塑、龙石摆塑；各类龟、鸟、蚕、勾云珮、C形龙的玉雕；与真人一样大的女娲头塑像及各类造型准确生动的人首葫芦瓶陶塑等等,那一件放到今天都是难得的艺术珍品。其次，是音乐的繁荣：传说黄帝的一个叫伶伦的臣子，是一个天才的音乐家，他既能"取谷之竹以作笙箫"等各种乐器，更能"定五音十二律（音阶）"谱写各种美妙的乐曲。爱好音乐的黄帝拜他为师，经常和他一起探讨音乐并自己创作乐曲，可见当时社会对音乐的爱好与重视程度。

绘画、雕塑、音乐作为重要的艺术形式，不仅是放飞心灵的自由创造，更具娱人耳目、撞击灵魂的精神力量，因而它在阶级社会产生之前的黄帝天下大同之太平盛世，其繁荣之局面便是必然的。难怪考古学家王仁湘先生直呼其为："史前中国的艺术浪潮"。

其二，医学的创造。

传说黄帝还精通医术，他经常和一名叫作岐伯的神医一起，探讨人的生命与自然四时、阴阳寒热变化的关系，以及各种病理和诊治的方法。他们之间关于医学的这些对话，被后人编成中国最早的一部医书《黄帝内经》。如果说中草药是炎帝发明的，那么黄帝关于病理及诊断和医治方法的探索，就又使医药学的领域扩展并深化了一大步。现存的《黄帝内经》是我国中医学的源头和经典，它的内容当然会有后世新的医学成果的不断补充和完善，但其基本的原理和架构一定是源于黄帝时代的创造。与西医不同的是，中医是将人的有机体与自然母体研究相结合的生命科学，是将"致病"与"治病"以及"防病"内在原理探索相结合的辨证施治之术。正因为如此，它们二者

对人类健康及延年益寿的意义和作用是不可同日而语的，这一点现在是看得越来越清楚了。有人说如果将中国"四大发明"的入选范围再扩大一点，丝绸与中医必在入选之列，应该说道理是很充分的。

其三，文字的创造。

传说黄帝时代"仓颉始制文字，具六书之法"，并说仓颉造字"天雨粟，鬼夜哭"，可见他做的是一件惊天地、泣鬼神的大事。我常想，中国的神话传说实在与中国的书法绘画一样，都是以写意、传神为宗旨而往往"得其意"而忘其形的。文字创造与"天雨粟，鬼夜哭"八竿子打不着，但文字创造的文明之光在原始初民心目中的意义，恐怕今人写成再长的论文也敌不过这两句话。这便是我在解读诠释古代神话传说中，所得出的最深刻体会。

中国古代的神话传说，多为考古出土实物所证明，相信传说大写特写的仓颉造字这件大事也绝对不会是空穴来风。中国文字的形成过程在考古发现中是有实证的，从贾湖到半坡的刻划符号，再到双墩的图形文字，此后近两千多年突然失踪，等到殷商甲骨文的出土时所见已是十分成熟的象形文字了。文字的失踪往往是由于历史的中断，而恰恰相反此后进入的正是黄帝时代千年盛世。在这样天下大一统和大发明、大创造的时代，对于炎帝时代末期已与甲骨象形文字仅差一步之遥的双墩图形文字，进行再加工整理、完善丰富并使其得以统一和更为标准化，就是必要必然而毋庸置疑的了。

至于文字消声隐迹的原因，我想还是要在它的载体演化上去思考。要知道双墩的图形文字都是以单字随意刻在单个碗的底部，并不能组成语言以表情达意。而黄帝时代创造出的相对成熟并能表情达意的文字，很可能因对文字的敬畏而不再随意刻划而抛弃了原来的载体，而且必然会寻找到新的既容易制作、且可长篇记事的竹木简册来替代。这个假设条件不用说在当时是完全具备的，只是因为它们易于腐朽而无法保存下来罢了。而存留下来的只有到了殷商锲刻在甲骨和铸于青铜礼器这些特殊载体之上的占辞或纪事之类的文字。我们今天能够找到的最早竹简，是通过考古而发掘出的战汉之时的遗存，但谁都知道在战汉之前的春秋之时或更早，竹简木牍等载体的古老典籍早已存在。至于文字书于竹简木牍到底是从何时开始，按道理应该就在仓颉创造文字之后，然春秋之前的竹简木牍尚已绝迹，黄帝时代的实物便更无法证明了。

其四，天文历法的创造。

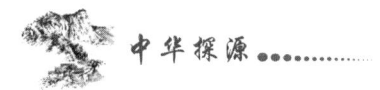

　　我们前边说伏羲创历法、炎帝也创历法，现在又说黄帝"推算历法"，这到底是怎么回事？原来历法的创造是一个长时间的积累和修正过程，更是一个随着观测记录等新技术条件与手段的产生而不断完善和精确化的过程，黄帝时代正具备了这些条件。这一时期不仅创造了文字、指南针，而且相传黄帝还命"隶首作数，定度量衡之制"；"使大挠作甲子"，以十天干（甲、乙、丙、丁、戊、己、庚、辛、壬、癸），配合十二地支（子、丑、寅、卯、辰、巳、午、未、申、酉、戌、亥），六十年为一花甲，这一纪时方法一直沿用至今。

　　我们从传说的描写中，也能感知到这一时期天文知识的进步。例如："法斗机"对北斗及斗柄变化的观察；少昊之父为"太白金星"的传说；将中隔"天河"的"织女星"与"牛郎星"演绎而成的爱情故事；还有少昊之子蓐收被派往西方天边专门守护和观察太阳落下的情况；有些研究者还说"太阳鸟"之所以为"三足鸟"主要是代表"心宿三星"，等等。

　　中国的历法到夏时才十分完善，故称"夏时历"，因其对农业的发展联系紧密亦称"农历"。但它并不是单纯以月圆月缺十二次为一年而俗称的"阴历"（炎帝时的历法可能是这一称谓），而是要有"闰月"来衔接太阳四季轮回周期的"阴阳历"。黄帝时代的"推算历法"，应该是朝着这一艰难的探索迈步并取得一定成效的历法，故今民间亦称"农历"为"黄历"，以示纪念。

　　其五，哲学的创造。

　　中国的哲学思想，孕育于伏羲时代所开创的"河洛文化"之《易》学，而其后对《易》作出重大贡献的是在炎黄时代。史传：《易》有"归藏易"，为伏羲所创，亦称"坤乾易"（以代表母性之"坤"，为八卦之首）。有"连山易"，为炎帝所制。有"乾坤易"，为黄帝所作，这时已变为以"乾"为八卦之首了。这些都正好反映了从母系氏族社会到父系氏族社会不同发展时代的各自特征。但黄帝时代的《易》学究竟到底发展到什么程度，恐怕今天还没有人可以给出明确的答案。其实这个答案还是可以找出的，因为作为"形而上"的哲学并非凭空的创造，而是"时代的精华"，所以无论东西方最早的哲学都是"文、史、哲"不分家的。过去我们之所以无人能给出答案，是因为大家都对黄帝时代的历史和文明创造过于浑沌，如果我们用以上得出的对黄帝时代历史和文明创造的破译，来直接对照今天《易

经》的核心观点，答案便摆在了你的面前。

无中生有，一划开天：盘古开天，创造世界和人类；

无极而太极，太极为一：女娲抟泥造人，创造中华民族；

一生二，二生三，三生万物：女娲生伏羲，伏羲兄妹生九州之民；

万物负阴抱阳，两仪立焉：伏羲为"太阳族"，女娲为"月亮"族，并从母系氏族社会进到父系氏族社会；

阴阳互变，相生相克，万物竞生，相反相成：共工怒触不周山，精卫填海，蚩尤伐空桑，涿鹿与阪泉之战，夸父追日；

物极必反，和实生物，仇必和而解：合符釜山，西泰山大会诸侯，结盟天下；

保和太和，和而不同，鸾凤和鸣，天下归一：实现第一次民族大融合，建立天下一家的大同社会；

夕惕若厉，自赎自新，自强不息，生生为《易》：从黄帝作《清角》的忧患意识，到凤凰集木自焚，浴火重生而永生之哲学思想的完成。

以上所做简单之对比，目的是要告诉大家，其实《易》的主要思想在黄帝时代就已基本形成。只是这里要说明的是，上边所引我们在本文开头就提到的"盘古开天"这一并非历史而是哲理的传说故事，看来正是黄帝时代才最后完成的。因为这一古代"天人合一"的宇宙观，只有在黄帝时代既处"万物有灵"原始阶段、又具较高历史哲学认知和抽象思维水平的历史条件下，才有可能完成。"天人合一"的宇宙观与"凤"文化求变图新的"和生"哲学观相结合，将中华文明推向了一个新的历史高度。

三

从"三皇"时代的女娲与伏羲母系氏族社会，进入到"五帝"时代的父系氏族社会后，再由"人文初祖"炎帝所代表的"部族""姓族"时代和黄帝所代表的"部族联盟"时代而创造的中华文明，使中华民族由一粒种子生根发芽、开花结果，并成长和繁衍为了枝繁叶茂的大树林、大家族。

由从来不曾中断的中华民族历史，而薪火相传所创造的中华文明，不仅以"盘古开天"的哲思回答了他对宇宙生命之源的追问，而且以心口相传的历史文化，铭记并发展着自己同根同源之民族。应该说到了黄帝天下大同之

时代的中华民族，在关于"我是谁，我从哪里来，我到哪里去"的问题上，一直是清醒而自觉的。

其一，同祖的认同。

同祖即是同根，它分为两个方面：

一是生命之同源。它是上推由伏羲、女娲、燧人氏、有巢氏的"三皇"，并上追到创造宇宙、创造生命、创造人类的"盘古开天"，它找到的是"天人合一"的自然之源、自然之母。这便就形成了中华民族的自然崇拜。

二是血缘之同种。从猿进化到人以来，我们的祖先经历了有巢氏和燧人氏两个时代，历时长达200多万年。但由于他们一直都是血缘亲的"族内婚"，这犹如自花授粉而会移动并不断扩大的自生林，但其相互之间并无血缘关系的往来，所以没有"同种"可言，而只是一个个独立的原始群。

到了距今一万多年的新石器时代，正是华胥女娲开创了"族外婚"，不论是女娲时代的以母系纪血缘的"单轨制"，还是伏羲时代又发展出以父系纪血缘的"双轨制"，其目的都是为了防止近亲结亲退化而促进与族外通婚。这样以华胥女娲族的血缘为原点，由胞族到婚族、氏族部落、再到姓族，当黄帝将发展到所有九州的部落姓族结盟为一体时，大家知道自己血管里流的都是华胥女娲的血。因此以血缘为纽带的中华民族，其上追的祖根就是华胥女娲老祖母了。黄帝时代各地对"华山玫瑰"的传播、女娲庙坛的建造，以及后世对"雷泽"祖地的复制，都是对血缘认同、祖根认同之祖崇拜的具体体现。它向世人宣告中华民族是一个血缘共同体。

其二，同文的认同。

秦始皇统一中国时，统一度量衡，实行"车同轨，书同文"，这里的"文"是指文字。中国的语言发音千差万别，但其用书面写出的文字却是统一的，这个文字就源于黄帝时代的创造。不过我们这里重点要讲的"文"是指文化。

细数中国上古，由于要使后世永远记住他的根、他的先祖为了生存繁衍而创造的赫赫史绩，便有了口传心授给一代又一代的神话传说（所谓"神话"的概念应是后世所加的，相信当时人主观上并无这一概念，而是按其认知水平，心口如一的怎么能表其情达其意，便怎么说）。例如本文一直所引的：盘古氏开天辟地，有巢氏构木为巢，燧人氏钻木取火，巨灵神擘山导河，女娲氏抟泥造人、炼石补天，伏羲兄妹同婚续代，神农氏造耜耒、尝百草，共工氏怒触不周山，愚公移山，精卫填海，夸父追日，还有黄帝时代的种种传说，如此等等。这些既是历史，又寓哲理，更是内涵丰富的文化，它赋予人们以知识、以智慧、以经验和教训。从而使文化的认同溶化于民族的血液之中，形成了特有的思维方式、民族心理、信仰崇拜、思想禀赋和精神特质。它向世人宣告中华民族是一个文化的共同体。

其三，同体的认同。

同根同祖、同文的中华民族，在其发展演化中形成了不同阶段的民族体。"花"图腾所代表的，是华胥女娲时代母系氏族"单轨制"的共同体。"龙"图腾所代表的，是伏羲兄妹时代"双轨制"的母系氏族社会的共同体。"凤"图腾所代表的，是"龙聚中原"之后由姓族部落"联盟"所组成的"天下大同"的生命共同体。

这些不同阶段发展演化而形成的各个共同体，又以它的同祖和同文的认同整合，从而形成"大天下"的族群共同体，"大同"的社会共同体，"和合"、"和生"的生命共同体，这便是黄帝时代业已形成的多氏（姓）一体之大华族。

"花"、"龙"、"凤凰"都是中华民族在不同时段形成的共同图腾和文化，后世根据其内涵的不同侧重点，以"华"（花）为其血缘之族名，以"龙"为其生命之族体，以"凤凰"为其一体之族魂，从而使中华民族生生不息地屹立于世界之东方。

第五节 黄帝四面

一

黄帝时代的末期，颛顼作为轩辕黄帝之"孙"，他接替"叔父"少昊天子之位成为"部落联盟"的共主，也即是最后一位"天子"黄帝。传说中这位末代黄帝，并未见做过什么人民称赞的事情，反倒是下了许多令人不解的命令。

其一，"男"尊"女"卑。

《淮南子·齐俗篇》载："帝颛顼之法，妇人不避男子于路者，拂之于四达之衢"（《御览》引"拂"作"被"，有注云，除其不祥）。意思是说，颛顼为帝时下了一道法令，妇人在路上碰见男子，一定要赶快回避路边，以示尊敬。否则，就要被拉到十字街口，叫巫师们敲钟击磬，作法事以袚除她身上的妖气。如果按其字面的"妇人"与"男子"去理解，那就很难讲通，因为如果母亲在路上遇见自己的儿子也要这样，那不就乱套了吗？但如果我们将其"妇人"理解为母系氏族、"男子"理解为父系氏族，情况就大不一样。原来传说如此郑重其事地将其记载并传之后世，是想告诉你这时的父系氏族，不仅在数量上、社会地位上已大大超过了母系氏族，而且还凌驾于母系氏族之上以显其权威和尊严，昔日二者之间平等和谐的关系已不复存在。

其二，"兄妹"禁婚。

《搜神记》卷十四载："昔高阳氏（即颛顼帝）有同产而为夫妻，帝放之于崆峒之野，相抱而死，神鸟以不死草覆之，七年男女同体而生，是为蒙双氏"。这又是一个关于颛顼帝另一法令之郑重其事的传说记载。这里所说的"同产"字面之意是为同胞兄妹，然其同先前传说伏羲与女娲同胞兄妹同婚造人一样，说的还是母系氏族与父系氏族联姻之事。是说颛顼帝时不仅父系氏族与母系氏族的关系和地位发生了变化，而且禁止它们之间再通婚。有两个近血缘的母系和父系氏族违反了这一禁令，便被流放到边远的崆峒之地，相抱而死，多得神鸟（鸟族）出手相救，才死而复生。并告诉我们这就是发生在后来的蒙双氏身上的事，说得十分具体，犹如今日"以案说法"。

其三，织女与牛郎的传说。

关于民间广为流传的织女与牛郎的凄婉爱情故事，似应也产生于这一时期。从故事的细节你可以看到它的时代背景，织女是王母娘娘的女儿，她和她的神仙姐妹具有夜织锦缎十匹之神力，这不正说明她像嫘祖一样是一个会养蚕织丝的母系之族吗？而牛郎因与神牛相依为命以得名，不也是说他是牛图腾的炎黄后胄吗？如果说昔日嫘祖这个织女与她的牛郎轩辕黄帝能够相配、自由生儿育女，那么今天的王母又为什么好端端地要在自己女儿与牛郎这一对有情人之间划一道天河，硬生生使他们分离而天各一方。如果不是众"鸟"相助，这对夫妻恐怕每年七夕跨过鹊桥相会一次的机会也没有了。难道它的真实原因就是人神相恋的必然悲剧吗？

其实织女与牛郎的爱情悲剧，正好与上边的其他传说相印证。原来母系氏族与父系氏族之间开始出现的这些龃龉和不和谐，都是时代发展变化之使然。如果说颛顼帝反对父系氏族之男性再自由去母系氏族那里走婚或同居，是为了维系已占绝大多数的父系氏族其婚姻家庭的稳定和忠贞，那么王母反对织女出嫁牛郎，就完全是因为母系氏族这时已开始出现女性接班人可能断代的危机。加之数代长期定居为邻而通婚的父系与母系婚族之间，实际上也最易造成血缘亲兄妹成婚的可能性，故而也有不得不禁的实际原因。这样看来，我们今天每年七夕都要纪念一番的织女与牛郎的神话传说，原来就是中华民族上古之时的一段社会转折期的真实历史，只是我们仅接受了它永恒的文化内涵，而对它真实的历史内涵却茫然无知了。

传说要成为历史，还须"双重证据法"来支撑。考古在距今5000年左右这一时期的墓葬中，一方面开始出土有更多的男根陶祖（陶塑祖器），说明男性生殖崇拜已开始取代女性生殖崇拜；另一方面开始发现夫妻同葬，而"二次葬"现象也开始绝迹。许多考古专家仅因这时才出现夫妻同葬现象，就认定父系氏族是从这时才开始的，使其误判整整晚了2000多年。现在看，"二次葬"的绝迹与夫妻合葬现象直到此时才同时出现，一定是因时代变化而引起的丧葬制度与社会习俗的转轨所致，即由此时开始已婚女性死后即葬夫家，而无须再回母族再葬了。

二

黄帝时代的末期更发生了一个大事件，它就是颛顼与共工之战。

这场战争的实际情况，许多典籍将此前"共工怒触不周山"的传说，从千年前共工与祝融之战而引发的第一次炎黄之战中，移花接木到这次战争之中来，造成了各种版本的混淆不清。如果我们再回过头看一下第二次炎黄之战中，从西北干旱地区而赶来帮助父亲战胜蚩尤的黄帝女儿魃，《山海经·海外北经》关于她所处之地"有共工之台，射者不敢北向"的确切记载，便可知共工"怒触不周山"而一部流落西北之地是在此前，而绝不会在此后的颛顼时代。

共工祖居冀南豫北之江地，地理位置十分特殊，《管子·揆度》说："共工之王，水处什之七，陆处什之三，乘天势以隘制天下。"加之此时他的北边和南边都是颛顼帝的领地，夹在中间的他显得十分碍事，于是发生了战争，失败的当然还是共工。

共工与颛顼之战之所以被大书特书，恐怕主要与引发战争的那场争论性质有关。这个争论的内容为"平水土"：共工一方主张坚持继续"平水土"，颛顼一方反对继续"平水土"。过去一般都是从字面上理解，认为这是关于应否将土地削高填低以便耕作灌溉的不同观点之争，现在看这完全是个误会。要知道使用"平水土"一词，并非独此一处。且不说后之千年大禹治水舜帝曾有"汝平水土"之赞，就在此前少昊帝为鸟族王国的分工中，《左传》就曾有注曰："鸼鸠，平均，故为司空，平水土"。可见"平水土"除为道德概念外还是一个大的政治概念，是说天下的土地河流等自然资源，是人人都可以平等享用和利用的生存空间，它不应为任何族群所独占。这正是黄帝时代天下一家、社会大同的核心政治理念。千年的"部族联盟"绝对不可能没有发生过大的自然灾难，但它不但有效避免了族群因争夺生存空间而发生的战争，而且使联盟中的各族群通过自由流动、融合与和谐相处中共度时艰，并得以巩固和延续。要知道轩辕黄帝定都中原的新郑轩辕之丘，实际上是与共工族的后代叫作"后土"的部落，一直共处共生一地的。现在颛顼帝要改变这一制度，必然引起共工等处于灾害多发地之部落的反对，于是爆发了一场战争。

这场战争不论大小与胜负（据说，是将共工族从无法生存的江地赶到了生存条件更为恶劣的淮地，使其"自沉于淮"），关键在于其性质之特殊。炎帝族的共工因又一次遭遇水患，不仅在迁徙中没有得到应有的安排照顾，反而由颛顼帝发动战争予以驱逐，这无异于是对天下一家、社会大同之"平水土"制度的自我否定，因而战后的所谓"部族联盟"的"大天下"也便就名存实亡了。

三

关于颛顼帝的传说，除过他与共工的这场战争，对后世影响最大的还有他"绝地天通"这件事。后世至今对这句话的内涵说法不一，现在就让我们来解读"绝地天通"到底是怎么一回事。

《国语·楚语》曾说："昭王问于观射父曰：《周书》所谓重、黎实使天地不通者，何也？若无然，民将能登天乎？"我们且不管他的臣下是怎么胡乱向他解释的，试想春秋时的楚昭王能这样问，就说明连楚王对这个奇怪的传说也不理解，所以他才会说："若照这样说来，在重和黎未隔断天地的通路前，岂不是下方的人都可以随便到天上去了吗？"可见楚昭王还是有点质疑精神的。

那么典籍所载对这件事原本是怎么说的呢？《山海经·大荒西经》云："颛顼生老童，老童生重及黎。帝令重献上天，令黎邛下地"。《国语·楚语》亦云："颛顼受之，乃命南正重司天以属神，命火正黎司地以属民"。这里说的是颛顼为帝之后，让他的一个叫重的孙子任南正，管理中央之事（司天）并负责祭祀上天祖神（"献上天"以属神）。让他的另一个叫黎的孙子任火正，管理地方民间之事（"邛下地"以属民）。只是这个既司火正又叫黎的孙子，怎么看都像与祝融的火族和蚩尤的黎族有关，如果想想此前少昊帝与蚩尤的双重身份，应该也是说得通的。

至于"绝地天通"的原委，《尚书·吕刑》是这样说的："蚩尤唯始作乱，延及于平民，罔不寇贼鸱义，奸宄夺攘矫虔。苗民弗用灵，制以刑，杀戮无辜。民兴，胥渐泯泯棼棼，罔中于信，以覆诅盟……帝乃命重黎绝地天通，罔有降格"。如果我们将这段话的时代背景，与颛顼帝前面反对父系与母系通婚、反对继续执行"平水土"并与共工发生战争联系起来，那就会知道已在南方与苗民共同生存了近千年的蚩尤族，这时为什么会对颛顼不满而联合（或教唆挑动）苗民开始造反（唯始作乱），并公然宣布退出联盟（以覆诅盟）、不再听从颛顼中央的号令。面对蚩尤与苗民的造反和对盟约的颠覆，颛顼帝采取的对策，实际就是宣布将其开除，联盟中央不再降格管理他们（罔有降格），并命军队将其所辖之"地"与中央之"天"相通的关隘道路把守起来，断绝一切往来，这便是"绝地天通"。

"绝地天通"对天下一统"部族联盟"的破坏，就不仅是使其名存实亡，而是走向分崩离析了。

四

"绝地天通"的后果，不仅是共工及蚩尤与苗民的脱离联盟，而是整个"部族联盟"的解体，典籍所载的这个直接后果是："黄帝四面"。

关于"黄帝四面"，我们在文章一开头就举过这个例子，孔子的解释是：黄帝设了东西南北四方面的机构和官员，去管理四方。从字面表达的正常语法讲，要么是他的学生理解的说黄帝有四张脸，要么就是孔子相对靠谱的这个解释。其实这里的语法很特殊，说的是"黄帝"被"四面"，即黄帝的"部族联盟"不存在了，它被分为"四面"的东西南北之"四帝"所取代了。具体说：

中帝黄帝，后土佐之，为黄龙，属中土之神。由于黄帝居中的"部落联盟"之解体，中央政权的"中帝"不存在了，因而分立为以下"四帝"：

东帝太昊，勾芒佐之，为青龙，属东方之春神。

西帝少昊，蓐收佐之，为白虎，属西方之秋神。

南帝炎帝，祝融佐之，为朱雀，属南方之夏神。

北帝颛顼，元冥（即禺强、亦名禺京）佐之，为玄武（龟蛇），属北方之冬神。《淮南子·时则篇》："北方之极，颛顼元冥之所司者，万二千里"。可见颛顼解体了大联盟，丢了中央黄帝之位，便只好成为自己领地的一方之帝了。

中国古代即有"四灵"瑞兽之说，最早之"四灵"之瑞兽为：龙、麒麟、凤凰、龟蛇，其名显然皆源自古老的图腾。后来的"四灵"之瑞，又有新的变化，主要是以少昊的"白虎"代替了"麒麟"（以鹿等动物为主体构成，民间称"四不像"，并有"麒麟送子"之说。它可能是最古老的另一代表母系氏族的图腾），因为"白虎"的少昊正是西地之帝。看来为了表现新生的"四帝"，古老传说的神物"四灵"，也是可以与时而变的。

"四灵"的变化非同寻常，它标志着到了距今5300年前时，一个天下一家原始"大同"时代的结束。中国父系氏族的原始社会，经历了以炎帝为代表的"部族"（姓族）时代，和以黄帝为代表的"部族联盟"之大天下时代，从此以后便分为"四帝"而进入各自独立发展的城邦（邦族）时代。

《中华探源》附表（四）：

黄帝时代(仰韶文化"中期")天下一统图表
（距今6000—5300年之新石器中期"后段"）

地缘部族	轩辕时期 （距今6000-5700年）	少昊时期 （距今5700-5300年）	颛顼时期 （距今5300年前后）
黄帝族 （天子）	轩辕黄帝（熊族）战胜蚩尤入主中原，其北方领地进入红山文化，其中原新领地进入仰韶中期的庙底沟文化(距今6000—5300年)，并开创了天下一统新局面。 ①龙聚中原，创中华统一之民族实体。 ②花传四海，创中华统一之文化实体。 ③铸鼎九州，定制中央，创中华古国统一之政治实体。	少昊族作为黄帝虎族一支，南下后与太昊族融合而成为鸟族。接替轩辕熊族而为天子(见华县泉护出土鸟尊，鸟龙)。 其创立的完备中央鸟官制度与凤凰图腾崇拜，把中华天下一统的民族、文化与古国政治，提升到一个更高的水平，把天下为公的原始大同社会推向一个新阶段。	颛顼族是黄帝熊族在巴蜀及汉水一带繁衍的一支，先是协助少昊管理天下，后替代少昊成为了天子。而少昊族从此西迁西方昆仑之都，与蓐收共管西部之地。 颛顼作为最后一位黄帝，因否定遭到水患的共工所提出的"平水土"之安置要求，并与之发生战争。战后实施"绝地天通"、各自划疆而治的政策，导致天下一统的局面彻底破坏，从而出现"黄帝四面"而分为"四帝"的局面。颛顼自己也因此变为"北帝"。
炎帝族	①因两次炎黄大战而南迁江汉的炎帝祝融与蚩尤族，在黄帝天下一统之时，以大溪文化（距今6400-5300年）活动于江汉。 ②自炎帝时代就向西发展为甘肃大地湾仰韶文化的鱼族，蛙族（母系），在黄帝天下一统及少昊西迁后，一直生存于西部而繁衍了羌族等后裔。		①颛顼"绝地天通"后，祝融成为了"南帝"，与此对应的是大溪文化演变为了屈家岭文化（距今5300-4600年）。 ②西部炎帝族亦成为"西帝"少昊之地缘部族，并共同创造马家窑文化（距今5000多年）。
太昊族	太昊族于黄帝天下一统之时，一直以大汶口文化（距今6200-4500年），活动于东部山东一带。		颛顼"绝地天通"后，太昊成为了"东帝"。
东南各族	在黄帝大一统之天下时，东南诸族一直以河姆渡文化（距今7000-5300年），崧泽文化（距今5800-4900年），活动于东南一隅。		①颛顼"绝地天通"之后，崧泽文化开始演变为良渚文化(距今5300-4200年)。 ②河姆渡文化因发生海浸，于距今5300年消亡。

236

第七章 夏之中—尧舜禹时代

内容提要：

1.“黄帝四面”而分为的“四帝”是：

（1）北帝颛顼，对应于原来北部的红山文化，和起始于距今5300年的中原仰韶晚期庙底沟二期文化。

（2）西地少昊，对应于西部大地湾（上层）及此后向西继续发展的马家窑、半山、马厂文化。

（3）南帝祝融，对应于距今5300年接替大溪文化的屈家岭文化。东南之崧泽文化亦于距今5300年演变为良渚文化。

（4）东帝太昊，仍处于原大汶口文化。

2.“四帝”的分治发展，使各自进入了独立发展的城邦（邦族）时代。同时以占居中原的颛顼夏族为中心，大华族开始有了中原夏族与四夷之族的“夏夷之分”。

3.距今5000年时北部气候变冷，发达的红山农耕文化退而演变为了小河沿文化。留在北地的玄嚣虎族迫于生存而南迁，使原就已协政于颛顼的虎族帝喾，由此替代颛顼而成为了夏邦新主（故帝喾在位时间，应起于距今5000年，止于仰韶晚期文化结束的距今4600年）。帝喾的历史功绩除带领中原夏邦继续领先发展外，还使颛顼时就已出现的母系氏族因与固定相邻父系通婚血缘同化而难以为继的局面，最终得以顺利转化，促使中原夏族率先进入了"单轨制"的父系家庭社会。

4.尧族接替为夏邦之主，是在中原夏地遭遇特大干旱而通过内"射九日"、外"征三苗"实现的（对应于距今4600年石家河文化取代屈家岭文化，及尧都"平阳"之陶寺遗址之年代）。尧的时代开始进入了龙山文化。尧族的历史功绩是使各自独立发展的"四夷"城邦，最终实现了中华历史上第二次民族大联合的"城邦联盟"之大天下。

5.《尚书》所记之帝尧，应为尧族最后一个夏主，亦是实现了城邦联合体的第一个"天子"，继位时间在公元前2213年。帝尧的历史功绩，一是在城邦联合体中推行了"公天下"的"天子禅让制"；二是在任命鲧治水失败，又领导舜和禹终于战胜了世纪性洪水，使中华民族免于毁灭而浴火重生。

6.尧70年时（公元前2143年），推选30岁的舜为接班人。舜先协助帝尧总理政务20年，于50岁时接受禅让"摄行天子事"（公元前2123年）。舜在"天子"位8年时帝尧崩（公元前2115年）。三年守丧期满后，舜选治水有功之大禹为接班人（公元前2112年）。

7.帝舜83岁其在位33年时，禅位于禹（公元前2090年）。禹继"天子"位后17年,帝舜崩(公元前2073年)。

三年守丧期满后，禹立国为夏（公元前2070年）。大一统之夏王朝实行中央方国对四裔方国的"五服制"；并坚持"天子"禅让制，先后选定皋陶、伯益为接班人。

8.大禹在夏王朝"天子"位10年而崩(公元前2060年)。禹的儿子夏启破坏禅让制，夺取"天子"位自立为夏王。中国历史由此进入"夏传子，家天下"的"大道既隐"之"家天下"私有制社会。

第一节　天下大势

一

天下大势，合久必分，分久必合。"黄帝四面"宣告了天下一家、社会大同之黄金时代的结束，代之而起的是以"四帝"为首领的各军事酋邦之间，在独立发展中既斗争又联合的社会大转型期。这一社会大转型的完成最终使中国的新石器时代和父系氏族原始社会在其末期划上了句号，并以"前国家"的城邦（邦族）制及"城邦联盟"，为国家的形成创造了条件。

这个社会转型是分阶段一步一步走过来的。现在先说"黄帝四面"之后，社会性质究竟发生了那些变化：

其一，"天下一家"的社会，被部落城邦（邦族）的分而治之所取代。

黄帝"部族联盟"对炎帝"部族"（姓族）时代的取代，表明了原始氏族共产社会进入到它的最高阶段，即我们所说的黄金期。我们平常之所以将整个原始氏族公社都冠以"共产"二字，主要还是认为在新石器时代低下的生产力条件下，族群内部没有剩余产品可言、故而在分配上实行仅供每一成员维持生存的平等和平均。这一从生活资料的平均分配角度界定原始"共产"之义，只能反映整体性和普遍性，而无法反映并区分其特殊性之不同阶段。但当我们从生产资料、特别是劳动对象的"自然资源性"生产资料的占有角度来分析，情况就大不一样。如果说在女娲、伏羲时代的族群迁徙和定居，因那时地广人稀其对自然资源的占有几乎是自由无碍的；那么到了炎帝的"部族"时代，因其优越自然条件的地域已多为各"姓族"部族所属，故而自然灾害多发之地（主要是洪水灾害）族群的生存空间就必然受到严重限制。了解于此，炎帝内部以及炎黄之间为什么多次发生争夺资源的生存战争，便就容易理解了。

我们之所以将黄帝"部族联盟"时代称为黄金期，是因为这一"天下一家"的新型社会，不仅使受灾族群能够在"平水土"的制度安排下，打破地域限制找到新的生存空间，并在千年之中有效消弭了部族（姓族）战争，而且也使自然资源开发的深度和广度得到提升，民族的融合与发展得以推进。

用自然资源"平水土"的"天下一家",而保证原始共产社会的"千年大同",这是人类历史上最早也最成功的一次最伟大创举和社会实践,它就实际发生在中国的千年黄帝时代。

正如《易》理从"日中则昃、月盈则亏"的自然现象所阐释的社会原理一样,原始共产社会发展到它的最高阶段之后,必然以自身内在"否定之否定"规律所支配。当"天下大同"之社会使代表生产力的新石器发展到它的更高水平,中心区的自然资源开发和人口发展达到一定饱和成度,以中央制度性的"平水土"来调节族群之间生存空间的手段和条件,实际上已十分艰难。于是面对因灾避难不断导致的族群战争而对社会秩序的巨大破坏,"绝地天通"的分而治之便成为无奈的选择,从而为后世留下永远的伤痛和怀念。自然资源的"天下一家"演变为"绝地天通"分而属之,这便是"黄帝四面"原始共产社会末期变化了的社会属性。

其二,部族血缘族群的管理,被地缘社会结构的管理所取代。

原始社会的管理,是由血缘的氏族、胞族、婚族部落、部族(姓族)、部落联盟的管理,而逐步向地缘的管理过渡的。如果说此前的地缘关系皆融于血缘的关系管理之中,那么"绝地天通"之后分而属之的各邦族之自治,就必然是以地缘的社会结构管理为主体了。这是因为经过"天下一家"之千年大同时代,各氏族、部族在发展中为寻找新的生存空间而长期自由迁徙流动,其所导致的同一地区而生存的不同血缘族群之间相互交错、融合,已经达到你中有我、我中有你的地步。因此分而治之的新生城邦(邦族)之"邦天下",它的首领虽仍在主体族群或强势族群之间轮番主持,但他所代表的不再是自己一个族群而是地缘全体族群,他所肩负的职责成为了对整个地缘内部关系的处理和管理,因而也不能不算作是更高一级的社会管理形态。

其三,平等平均的社会关系,被社会分工而带来的社会分化和等级制度所取代。

原始社会人与人的关系基本是平等的、分配基本是平均的,但随着生产力的逐步提高,这种关系并非是自始至终而一成不变。如果说女娲与伏羲时代就是黄帝"华胥梦"中所说"其国无帅长"、"其民无嗜欲"一切"自然而已"的平等平均;黄帝"部落联盟"时代虽然有了中央设官建制的统一管理,但其每一族群及成员皆在"凤凰"大国族中享受着"自歌自舞,饮食自然"的平等和平均;那么在城邦制的社会中随着社会分工的分化,这种平等

与平均便发生了显著变化。从这一时期之后的墓葬中，你会发现夫妻合葬的女性多为朝向男性的屈肢葬，大墓与小墓主人的陪葬品的多寡更是出现天壤之别。但这种社会分工与分化，虽所导致的父权已占统治地位，并在分配上脑力劳动的公权管理者对剩余财富的多占，然由于其自然资源的生产资料并未私有化而是仍为邦族内全体成员所公有，因而其贫富的分化仍处在保障每一社会成员的基本生存为前提的范围内。所以，作为自然资源生产资料由"天下一家"的公有制转型到"绝地天通"的"邦天下"之公有制，如果与之前千年黄帝"部族联盟"的"黄金时代"相比，后来的千年这一特殊过渡阶段，便就只能称为"白银时代"了。

二

要弄清后来千年的天下大势之初始阶段的变化，必须从发生在颛顼帝身上的所有变化说起。主体的变化说清了，周边的变化便不言自明。

其一，颛顼所辖疆域的变化。

关于颛顼帝由共主之"天子"而退为北帝，其所治疆域的变化在典籍之传说中亦有反映。

《史记·五帝本纪》载，颛顼帝的辖区非常大："北至于幽灵，南至于交趾，西至于流沙，东至于蟠木，动静之物，大小之神，日月所照，莫不砥属。" 显然这里说的是颛顼为"部族联盟"共主之"天子"时的领地，这个领地就是"日月所照"的普天之下。当然这个天下也是有四址的。西至流沙、东至蟠木我们可以理解，而北至幽灵、南至交趾（即今之越南境）我们便有点犯嘀咕，不过还是不要轻易否定为好。应该知道，华胥女娲及伏羲当年向远方究竟发展到何处，对于我们来说仍还是一个未知王国，而今天已知的考古发现所能告诉我们的，毕竟是有局限的。

史载，颛顼帝为天下共主之时，以帝丘（今河南濮阳）为都城，以句芒为木正、蓐收为金正、祝融为火正、玄冥（元冥）为水正、句龙为土正，合称五官。然而《淮南子·时则篇》却说："北方之极，颛顼元冥之所司者，万二千里"，显然后面所说应是颛顼"绝地天通"之后。这时分别辅佐东帝太昊、西帝少昊、南帝炎帝的句芒、蓐收、祝融，皆已独立，所以由共主变

为北帝的颛顼所辖之地，便只有与元冥所司的"北方之极"了。

不过这里请勿误会，"北方之极"虽包括北方所有土地，更包括中原之渭河与黄河流域的广大土地。如果我们用"九州"的概念来划分，这时的东帝太昊所辖之地为青州，西帝少昊所辖之地为雍州，南帝炎帝所辖之地为荆州和扬州，而颛顼北帝所辖之地就为幽、兖、徐、冀、豫等五个州。所以不仅仍为中华大地的主体，而且仍是它的中心。

其二，颛顼帝所辖之民的名称变化。

颛顼作为末代黄帝，原来他所治普天之万民皆为"华人"，因为大家都是华胥女娲的后代。那么颛顼退之而为北帝后，为了与其他三帝之民有所区别，他将自己的所辖之民又称作什么呢? 显然这个称谓必须与自己之族的来历有关,并以自己主体之族称谓为代表。这便引出"夏夷之分"这个大话题。

前边我们已经说过，颛顼是轩辕黄帝的孙子。父亲昌意，是黄帝与嫘祖的次子，封于蜀之若水，娶蜀山氏之女昌仆为妻，生颛顼。颛顼亦娶蜀山氏之女为妻生韩流，韩流生老童，老童生重、黎并吴回。重、黎就是颛顼帝委以"绝地天通"重任的他的两个后代支族。而作为"火正"之官的黎，我们曾从其官职与名字怀疑过他的身份与祝融有关，事实上有些传说也明确表示过他就是颛顼与祝融族联姻的后裔。以上介绍告诉我们，颛顼族虽为轩辕黄帝"有熊氏"的嫡系血统，但他的诞生与早期数代之间的发展脉络却一直在蜀汉之地。故而史载，颛顼十五岁时就辅佐叔父少昊治理九黎地区，曾为九黎族的首领。

我们知道西南之蜀汉之地古称"华阳"，这应是古之先民以华山为中心"地标"的一种习惯性命名，并一直传至近代（魏晋时所著四川及云贵的中国首部地方志，即名《华阳国志》）。处于华山之阳的汉水，据专家考证其实古时就称夏水，意思还是表示此水处于华山之阳地区。明白于此，我们就会知道颛顼之族从来都是以夏民或夏人而自命的。因而他将其后来自己所辖地缘全体邦民，亦命名为"夏民"或"夏人"，便是顺理成章的事情了。

颛顼将自己所治地缘之民称为"夏人"，使其成为华人中心地区的主体之民，相对将"夏人"之外的其他地缘之华人便被称为"夷人"。先是统称四夷（四方之夷人），可能是因为他们都善于使用弓箭的原因吧，其实原意只为区别于夏而并无其他贬意的。到了后来为了对四夷之人再有区分，于是便逐渐演变为后世的东夷、西戎、南蛮、北狄之称。所以在大华族中，如果

夏人可以称自己为"华夏"，夷人便也可称自己为"华夷"的。我们今天的历史学中常有人说"华夷之分"，这绝对是不能容许的原则性概念错乱。正确的提法应是"夏夷之分"，因为在大的概念上夏人、夷人，都是同根的华人。这一点，今天必须说清楚。

《春秋纬》中一本叫《命历序》的书说颛顼部落共传20世，350年。颛顼帝前承炎黄与少昊，后启帝喾与尧舜，"夏夷"之名由此而始。

三

以上天下之大势，是我们根据史载传说所得出的。下面我们再对这一时期的考古发现作以介绍，以便对此获得更真切的感受。

其一，屈家岭文化（距今5300—4600年）

屈家岭文化因1955首先发现于湖北京山屈家岭遗址而得名。其年代上承大溪文化末期，下接石家河早期，距今5300至4600年之间。分布地区以江汉平原为中心，西越宜昌但未进入四川境内，东到武汉一带但未超出湖北境内，北达河南西南部（南阳地区），南抵洞庭湖区并局部深入到湘西沅水中下游。从其时间点和地域范围来看，正应是"黄帝四面"之后"南帝"祝融族之遗迹。

稻作农业是主要经济产业，居民还饲养家畜，兼事渔猎。其中屈家岭、放鹰台的稻壳经鉴定，为人工栽培的粳稻，与现代长江流域普遍栽培的稻种相近。生产工具有石制斧、锛、镰、凿、镞、穿孔石耜、打制的凹腰或双肩石锄及彩陶纺轮等。后期的石器多为磨制，制作水平已相当高超。陶器主要是泥质黑陶和泥质灰陶两个系统，与以前的大溪文化以红陶为主判然有别，而与黄河流域的龙山文化则有相似之处。彩陶的绘制方法亦具有特点，里外皆施彩，作笔有浓淡晕染风格，不讲究线条。大量精美而富有特色的薄胎蛋壳陶器、彩绘陶器和彩绘纺纶，说明新石器时代江汉平原地区具有较高水平的烧陶技术和纺织手工业。

考古发现数处早期城址，其中湖南澧县城头山的圆形城址，直径约310米，外侧有护城河。城内居民的房屋大多是方形、长方形的地面建筑，多为红烧土居住面。出现了较大住房内以隔墙单间布局的现象，单间的面积一般

10平方米左右。有的是出入一个大门的里外套间式房子；有的是长方形双间、多间的连间式房子，甚至多达二三十间成排相连。这种隔墙连间式住房，显示出建筑技术的进步，同时也反映了父系家族生活的背景下实行小家庭分居生活的场景。

在六合、屈家岭、关庙山等地，均发掘了屈家岭文化的墓葬。成人墓多集中于氏族公共墓地，多单人仰身直肢葬，也有无葬具的屈肢葬，少数亦发现有拔掉上侧门齿的现象。划城岗墓地的90多座墓葬，随葬品一般为4—8件，但少数墓却十分丰富。居首排并列的3座墓分别多达77、50、65件，均有多件朱绘陶器和朱绘卷云纹穿孔石钺等，墓主当是氏族中的上层人物或酋长。

屈家岭文化的考古告诉我们：作为千年前南下并创造了大溪文化的炎帝族之三苗，又在这700多年间向北扩展并创造了新的屈家岭文化。它的北部边界已到达河南南阳地区伏牛山南麓淅川一带，并与黄河流域腹地的末期仰韶文化以及大汶口文化在这里发生接触和交流，使其已进步为多文化、多部族交融的早期城邦。屈家岭文化的北部疆界，正应是颛顼帝在此期间派重黎与之"绝地天通"的地方。

其二，凌家滩遗址（距今约5300年前——？）

凌家滩遗址1985年发现于安徽省含山县凌家滩村，遗址总面积约160万平方米，经测定距今约5300年或稍早一些，是长江下游巢湖流域迄今发现面积最大、各类遗存齐全，文化内涵丰富，保存最完整的新石器时代晚期聚落遗址。

自1987年以来，由安徽省文物考古所主持了5次发掘，合计发掘面积2550平方米，仅占遗址总面积160万平方米的1/800，便已发现聚落遗址内居址、墓地、祭坛、神庙或宫殿遗迹、玉器加工作坊、红陶块砌筑的水井以及近3000平方米的红陶块（中国最早的砖块）建筑遗迹。同时发掘出土大批精美玉礼器、石器、陶器等其他珍贵文物1900余件，其精美程度和工艺水平为同时期其他遗址中所罕见。由发掘仅露出的冰山一角而推断，远古时期神秘而丰富的凌家滩已是一座繁华的城市。

凌家滩大型的祭坛遗址，为正南北向的长方形，原面积约1200平方米，位于凌家滩遗址的最高处。在祭坛上发现有用于祭祀的"积石圈"和3个长方形的祭祀坑，整个祭坛的形制和特征都表明它是凌家滩遗址中极为重要的一处举行宗教仪式的场所。

凌家滩墓葬区位于凌家滩聚区北部高岗平台地上，总面积约14000平方米，规划周密，由南向北分列八排，以第一牌和第二排墓葬规格最高。在祭坛近顶部发现的一座疑似部落首领大墓，墓坑内摆放随葬品约400多件。墓主人胸前摆放着10多件玉璜，两臂各戴着10件玉镯，胸部以下至脚部叠压着玉钺、石钺、石锛、石凿，部分部位器物叠压达2至6层。

凌家滩遗址出土玉器数量之多，品种之丰富，雕琢工艺之精湛，令人叹为观止。主要有礼器类的斧、钺、戈；动物类的猪、龟、龙、凤、鹰、熊、虎；装饰类的镯、璜、环、玦、璧、双连璧、管、珠等，仅虎首、龙凤首之类的各类玉璜就达20余种。在祭坛近顶部发现一件用玉石雕刻的猪形器，重达88公斤，堪称新石器时代玉器之最。还有，首次发现熊鹰合体的太阳鸟；头部清晰雕出两角的玉环龙；圆雕类的男性戴冠立姿人像和坐姿人像；玉龟和原始八卦图玉版等，都反映了丰富的历史文化信息。此外，凌家滩玉器钻孔技术也令人称绝，有的孔径仅有0.15毫米，比人的头发还细，这种技术就在现今恐怕也不易做到。

凌家滩遗址反映出的丰富历史信息告诉我们：

一是，从出土的祭祀坛庙、玉龙、玉猪、玉龟、玉鸟，还有虎、熊玉件看，它几乎就是红山文化的翻版。不仅说明了它与红山文化的历史渊源，而且证明在炎帝三苗族屈家岭文化的东邻巢湖地区，这时也活跃着一支南下的黄帝部族。

二是，从出土的凌家滩部族的玉鹰图腾看，胸腹部饰太阴八角主体纹，双翼均呈熊首形（由上耸的圆耳判断应为熊首，而非猪首），从而巧妙地构成熊鸟合体的太阳鸟。它不仅表明自己的身份就是黄帝族有熊氏，而且证明它的崇拜已变化为以父系氏族为主体地位的太阳神鸟崇拜了。

三是，产生于距今5300年前的颛顼时代的凌家滩遗址，由于它本身颛顼族有熊氏（当然还有与之相伴的虎族）的特殊身份，因而不仅证明了颛顼由末代黄帝到北帝的历史变化，而且使这一历史过渡时期的城邦面貌、社会分化、原始崇拜以及产业技术的进步等，都得到全面的展现。

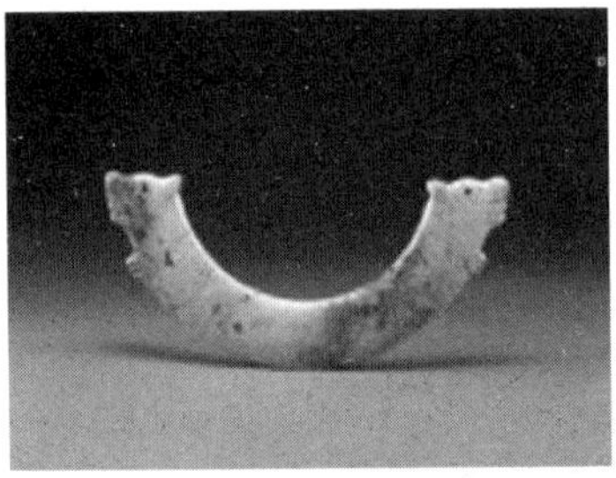

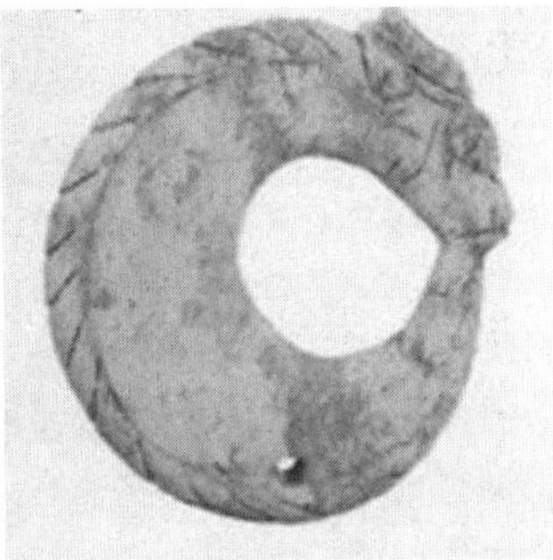

玉龟腹上的太阳纹八卦图

其三，良渚文化（距今5300—4200年）

新石器时代晚期，长江下游一带继崧泽文化之后兴起的是良渚文化。这种古老的文化是因1936年浙江省余杭县良渚遗址的首次发掘而命名的。主要分布在太湖地区，南以钱塘江为界，西北至江苏常州一带，其影响曾达长江北岸地区。据碳14测定，存续时间约为距今5300年至4200年的新石器时代晚期。这几年，良渚文化各种遗址的发掘发现，从40多处已增加到135处。

2007年，良渚文化时期的古城址发掘发现于良渚遗址的核心区。古城东西长约1500—1700米，南北长约1800—1900米，城墙部分地段残高4米多，基宽达40—60米（我国现存最完整的古代城垣——明朝洪武年间建造的西安古城墙，仅底宽18米，顶宽15米），底部先垫石块，上面堆筑纯净的黄土，由人工堆筑而成，外挖护城河。占地面积达290多万平方米，其年代不晚于良渚文化晚期，是长江中下游地区首次发现的同时代最大的城址，被称为"中华第一城"。新发现的这座古城遗址，从其位置、布局和构造来看，专家认为当时已有宫殿，生活着王和贵族，相当于良渚时的都城。它标志5000年前的良渚文化时期已经开始进入了成熟的史前城邦文明发展阶段。

在良渚文化发现的反山、瑶山、汇观山等贵族墓地，大都建有耗费巨大人工夯筑的大型墓台和宽大的墓穴、精致的葬具，特别是皆随葬有一大批制作精美的玉礼器，其中有座墓随葬玉器达500多件。与其相对的则是如徐步桥、千金角、平邱墩、吴家埠、庙前等遗址所见到的小型平民墓葬，它们不具有专门的营建墓地，只是散落在居住址的周围，墓穴狭小，随葬的只是简陋的陶器及小件的装饰用玉饰件。贵族大墓与平民小墓等级的分野，显示出社会分化的加剧，而这种差别中蕴含的财富聚敛，明显则是通过凌驾于氏族社会之上的某种社会公权力而达到的。

考古研究表明，在良渚文化时期社会生产力得到长足的发展。从出土的大量三角形犁形器、耘田（除草）器、半月形刀、镰等农具看，良渚人已摆脱一铲一锹的翻耕而迈入了连续耕作的犁耕稻作时代，从而为当时社会的繁荣奠定了雄厚的物质基础。

手工业从农业中开始分离出来并趋于专业化。陶器早期以灰陶为主，晚期以泥质黑皮陶著称。轮制已较普遍，一般器壁较薄，器表以素面磨光的为多，少数有精细的刻画花纹和镂孔。器种变化多样，有断面呈丁字形足的鼎、竹节形把的豆、贯耳壶罐、宽把带流杯等。尤其是鼎、豆、壶的组合，

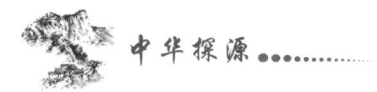

构成了富有良渚文化特色的器物群。良渚文化出土的丝织品残片，是先缫后织的，这是我国迄今发现最早的丝织实物，堪称"世界第一片丝绸"。其他诸如漆器、木器、竹编器、丝麻织品、象牙器等，均表现出当时生产力一定程度的先进性及其所孕育的文化内涵。

玉器是良渚先民所创造的物质文化与精神文化的精髓和最大特色。所出土的玉器，其数量之众多、品种之丰富、雕琢之精湛，制作工艺之高超，达到了中国史前文化之高峰。尤其是众多象征神权的玉琮、玉璧和象征军权的玉钺等大型玉礼器的出现，揭开了中国礼制社会的序幕，为研究阶级的起源提供了珍贵的资料。而雕琢其上精美神秘的神人兽面纹（饕餮纹），和各类鸟、鱼、龟、蝉雕件，所传达的历史文化信息及内涵，更给世人带来了无限的遐想。

文字是文明社会的一个重要标志。在良渚文的一些陶器、玉器上已出现了为数不少的单个或成组具有表意功能的刻划符号，学者们称之为"原始文字"，被认为是中国成熟文字的前奏。

综合分析良渚文化所传达的历史信息，我们发现：

一是，多元的文化与部族构成。良渚文化的前身是崧泽文化。然它之所以在距今5300年的时间点上演变为良渚文化，一方面是由于南邻（钱塘江之南岸）这时因海浸而消亡的河姆渡文化，其族人的大举北迁逃生；另一方面是因北邻（长江之北岸）刚刚建立的凌家滩文化所带来的红山玉文化之传播；同时这里逐渐兴起的黑陶文化和鸟形袋足陶鬶的出现，显然又是受山东大汶口文化的强劲影响。另外，鱼形玉件和饕餮图腾的出现，也说明此时西邻的炎帝族大溪文化在祝融三苗族向北扩展为屈家岭文化的同时，它的蚩尤族和夸父族也向东来到了这里。距今5300年的这一时间点，也正是颛顼接替少昊为"部族联盟"共主其后又解散联盟之时段，新的良渚文化这时在历史风云际会中的诞生，正是此前尚处于天下一家大同时代其各种文化、各个部族之间自由交流融合的产物和真实反映。

二是，蚩尤族成为了良渚文化的主体。蚩尤族作为大溪文化中的炎帝鸟族，在向东迁徙中与崧泽、河姆渡及太昊鸟族相聚合，从而构成良渚文化新的鸟族王国，并同时成为了这一王国的首领。我们之所以这样肯定，是因为良渚文化所镌于琮、璧大型礼玉甚至陶鬶之上的主体图腾，都是代表蚩尤的饕餮纹（即神人兽面纹）。这些有着神人兽面纹的良渚玉器往往都出自相当高等级的墓葬。如果你仔细观察，有些独立的饕餮纹玉件其外轮廓都多为展开双翅的鸟形，而另一尖三角玉圭上的饕餮纹几乎就是写真的带角牛首（见放大图）。我们知道，在众多部族中既为鸟族又为带角牛首的，唯有蚩尤。其实在古代的传说中，刑天和饕餮都是对蚩尤的另一称谓。千年前因被黄帝战败而南下的蚩尤族图腾又在这里出现，实在令人惊喜。过去我们只知道蚩尤族是一支强悍的战神，其实好多传说也说过他本来就是农业方面的专家，现在你再看看蚩尤族领导的良渚千年城邦,其高度发达的犁耕稻作农业和制玉等众多领域技术领先的手工业，相信这一极具生命力和创造力的炎帝蚩尤族所给你的新印象,就不仅是惊喜而是震撼和感佩了。

三是，原始社会末期千年文明的真实展现。良渚文化西邻、南邻的屈家岭和凌家滩文化，虽与良渚同于距今5300年产生但却都在距今4600年消亡了，唯独良渚越过这个坎而与后来中原新的龙山文化并行，一直独立发展到了距今4200年的原始社会的末期。这个现象唯有代表少昊族的甘肃大地湾仰韶中期庙底沟文化，向西继续发展为马家窑、半山、马厂文化一直到原始社会终结，与其情形十分相似。我们有了良渚文化这一历经黄帝天下一家大同时代、颛顼"绝地天通"后的"四帝"分立时代、以及此后中原龙山文化的尧、舜、禹时代作参照系，我们所要探索的原始社会末期父系氏族社会千年文明的总体面貌，便直观地展现在了我们面前。

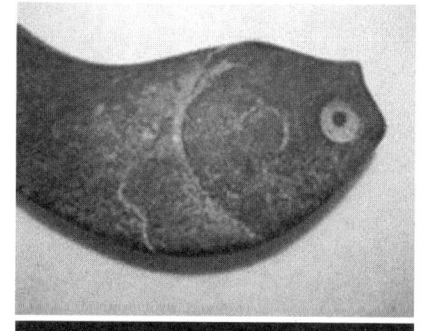
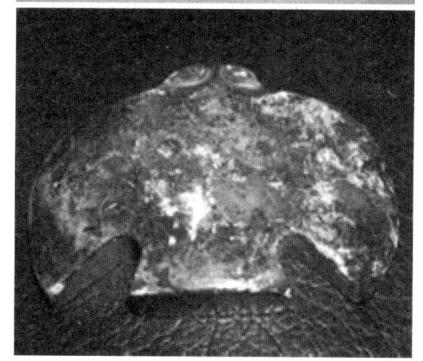

十二节玉琮

柱形玉器

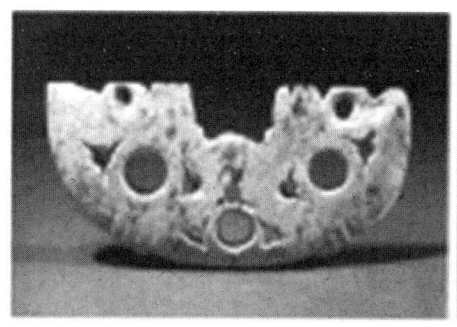

其四，仰韶晚期、即庙底沟二期文化（距今5300—4600年）

考古学将新石器时代分为三大阶段，即前仰韶文化，仰韶文化，龙山文化。令人惊喜的是1956年的发掘中，在代表仰韶中期的庙底沟遗址的上层，不仅发现了龙山文化层，而且还发现了夹于二者中间长达700年的过渡层，考古将这一过渡层命名为庙底沟二期文化。也有人将这二期文化称为仰韶晚期文化或龙山早期文化，但事实上它既不属于仰韶文化也不属于龙山文化，而是作为两者之间过渡期的独立文化。这种情形与当年半坡文化向庙底沟文

化过渡时，中间存在一个发生过蚩尤与炎帝、黄帝发生战争而相对独立的史家村文化十分相像。

经碳14测定，这个过渡层的年限在距今5300至4600年之间。之所以考古将其认作过渡期，是因为它出土的遗存面貌不仅与其后的龙山文化迥然不同，而且与此前的庙底沟文化相比，繁荣的彩陶消失了，纯一色的红陶器开始由以篮纹与绳纹的灰陶为主体（亦有少量泥质黑陶）所取代，祖神器的"双唇口"尖底瓶也变为了"平沿口"，且代表生产力的石器基本再也见不到打制现象，已全部变为磨制精良而更为先进的生产工具了。

由于这一年限和文化面貌，是在庙底沟同一个具有时空连续性的遗址上测定和获取的，它将仰韶文化如何过渡到龙山文化的大时代关系，交代得十分清楚，因而便使它成为考古学日后断裁周边其他文化在时空上是否属于这一过渡期的"标准件"。正是这一"标准件"的运用，从而我们发现：

一是，以此断裁中原所有仰韶文化新的转变，无论是上层也发现有龙山文化的山西芮城西王村（一些考古将其作为仰韶晚期文化代表）、华阴横阵村、华县泉护村、夏县东下冯村、郑州大河村、安阳后岗和大司空村，还是独立存在的河南偃师高崖、郑州林山砦，山西平陆盘南村、还有与屈家岭文化相互重叠的河南淅川下王岗等遗址，都存在着这一相同文化面貌的过渡期。从而以考古实物证明了颛顼接替少昊共主之位并使原有文化发生转型的这一特殊过渡时期的真实存在。

二是，以此断裁距今5300年同时间点产生的屈家岭、良渚以及凌家滩文化，不仅它们都反过来证明了在距今5300年前后的不到百余年间内，颛顼便因联盟的解体由共主而变为了北帝，而且它们之间实际存在的地域关系，也使"绝地天通"之后南帝与北帝之间新的疆界得以清晰展现。与此同理，以此断裁东帝太昊的大汶口文化、西帝少昊的大地湾四期及向西发展的马家窑等文化，也都在时空和文化面貌的变化上，与之遥相呼应。

三是，当我们通过考古文化论证了颛顼由共主的黄帝而转变为北帝的起始点之后，还需要找到他的终结点。这个终结点也是考古文化所告诉我们的，它不在距今4600年这一过渡期的终结点上，而是在距今5000年小河沿文化取代红山文化的终结点上。地处最北端的红山文化是颛顼有熊族的故地，也是他之所以称为北帝的根本理由。北地的红山文化不存在了，颛顼的北帝也就做到头了。

四

这样算来，颛顼由共主的末代黄帝到北帝，共经历了大致300多年（距今5300—5000年），这与前边《命历序》所说的350年是基本吻合的。那么庙底沟二期后边的近400年，又是谁接替了颛顼帝的呢？

史载："帝颛顼生子曰穷蝉。颛顼崩，而玄嚣之孙高辛立，是为帝喾"。是说颛顼的后代叫穷蝉，但颛顼没能将帝位再传给他的后代（如再嫡传，按照惯例必然在传说中还叫颛顼），而是传给了名叫高辛氏的帝喾。高阳氏的颛顼帝是黄帝族的有熊氏后代，而高辛氏的帝喾是黄帝族的另一支、即玄嚣"虎族"的后代，他们是后世黄帝族内轮番执政的两大主体。

老实说在古代历史上，颛顼和帝喾这两个名字人们一直对其知之甚少，因而显得十分陌生而模糊。这其中的原委可能因为他们都是过渡期的人物。要知道，凡历史上大的时代转型之过渡期，多是天下动荡、战乱频仍之世，此中历史人物亦关系交错复杂、分合变幻不定。所有这些，都为我们的历史探索带来许多烦恼和困难，从而成为众说纷纭的难点。

以上我们从上章最后一节的"黄帝四面"开始，本章又以"天下大势"撒开大网，通过传说史料与众多考古文化的对接整合，终于使颛顼帝的面目也由浑沌而变得清晰了起来。然而所有这些还只是将庙底沟文化700多年的过渡期探究了一半，而剩下属于帝喾的后一半又在等着我们去揭示。并且只有我们将这一整个的过渡期全说清了，此后属于新的尧舜禹的大时代才会登场。

第二节 帝喾篇

一

首先，让我们先来了解帝喾的族群身份与他接替颛顼为帝之前的一些情况。

前边我们说过，颛顼死后，他的侄子高辛氏继位，是为帝喾。《史记·五帝本纪》载："帝喾高辛者，黄帝之曾孙也。高辛父曰蛴极，蛴极父曰玄嚣，玄嚣父曰黄帝。自玄嚣与蛴极皆不得在位，至高辛即帝位。高辛於颛顼为族子"。

从这里我们知道，帝喾和颛顼都是黄帝族的后裔，但却分属两个支族。颛顼是轩辕黄帝的有熊氏发展到蜀汉一带，由昌意到颛顼，是自南而向北回归的一个支族。由于其最后定居于高阳（在今之河北），故名高阳氏。而帝喾是黄帝的"虎族"，由玄嚣到蛴极、再到帝喾，是自北向中发展的一个支族。相传帝喾亦生于穷桑（即少昊族诞生之地），少小聪明好学，十二三岁便有盛名，十五而佐颛顼，被封高辛之地（今河南商丘市南之高辛）故名高辛氏，实住帝丘（今濮阳）。三十而得帝位，迁都亳邑（今河南偃师县西南），死后葬于濮阳顿丘城南之秋山。

帝喾是玄嚣的后代，这一点是清楚的。但他与同为玄嚣"虎族"后代的少昊族是什么关系？从以上《史记》所说："自玄嚣与蛴极皆不得在位，至高辛即帝位。高辛於颛顼为族子"，应该已说得很清楚了。帝喾与少昊都生于穷桑，但少昊是一千多年前（距今6400年）由玄嚣的"虎族"一部来到穷桑之地，最后因与紧邻太昊族同婚而成为了"鸟族"。而帝喾是千年后玄嚣虎族的再次南下，来到穷桑之地后所生之后代，所以他应该还是黄帝的"虎族"。这时的穷桑少昊族，因将黄帝共主之位交予他的侄子有熊氏的颛顼，而迁到西地去了。

从"十五而佐颛顼"的记述中，我们得知帝喾在接班之前就已是颛顼帝的主要助手。有些传说曾说帝喾称帝后也与共工发生过一次战争，这应该是

一个误会。实际上当年颛顼帝与共工因"平水土"之争而发生的那场战争，帝喾族本身就是战争的参与者、甚至是包括后来"绝地天通"战争的直接指挥者。因为有的传说也说，帝喾因重黎对共工族剿灭不力曾处罚过他们、甚至让他们的同族堂兄弟吴回替换了他们的职位，所以说应该是同一次战争而不是还有另外一次战争。之所以要把这些说清楚，关键是要证明帝喾族不仅是颛顼帝的接班人，而且是他所有既定政策的实际执行者，从而以接力跑的方式共同实现了这一过渡期。至于史料所说帝喾之具体年龄，可能是就具体帝喾族某一代表性首领而言，这种情况在传说中经常遇到。而实际帝喾族从辅佐传了20代的颛顼到以后自己为帝，前后共达700多年（即距今5300—4600年），这是由庙底沟遗址二期考古所测定的。那么其中帝喾族自己为帝的时间又应从何时算起呢？

二

下面让我们来对帝喾取代颛顼的具体时间，作以探索和论证。

距今5000年之时，繁荣的红山文化突然不见了，而在它原来所在的地区留下了一个小河沿文化，这件事一直使考古界疑惑不解。但由于过去对红山文化与黄帝及其颛顼、帝喾族的关系并不清楚，所以就是现代科学测定已经告诉了导致这一变化的气候原因，还是没有引起我们的重视和深究。人常说"魔鬼总在细节处"。原来我们苦苦寻找的帝喾接替颛顼的时间点，正隐藏于这一气候事件之中。

其一，小河沿文化（距今5000—4200年）

小河沿文化因首次发现于敖汉旗原小河沿乡(现四道湾子镇)而得名，分布区域与此前的红山文化基本一致。上起距今约5000年，下至4200年并与夏家店文化相接。小河沿文化经过发掘的还有翁牛特旗的石棚山墓地。

小河沿文化的先民们仍过着定居生活，但从生产工具以磨制精致的带孔石铲，取代了红山文化的柳叶形石耜的情况看，显然先进的犁耕农业已经退去，经济形态退变为了畜牧兼狩猎为主。昔日高度繁荣的制玉文化已风光不再，彩陶图案和纹饰既与红山文化有着承袭关系，而新的陶器镂孔技术及器型又使其具有不尽相同的风格和特点。

　　遗址中出现了双间式房址。墓葬多为仰身屈肢单人墓,同时发现男女合葬墓。合葬墓都是二人脚相对,头向相反,下肢屈而相互交错,这种特殊的埋葬方式在我国新石器时代墓葬中颇为罕见,在内蒙古、东北一带也是首次发现。由此证明父系对偶婚已占主体地位。小河沿文化彩陶上发现的原始图画和文字符号,符号共有12个,比半坡或大汶口文字符号的结构更为先进和复杂。

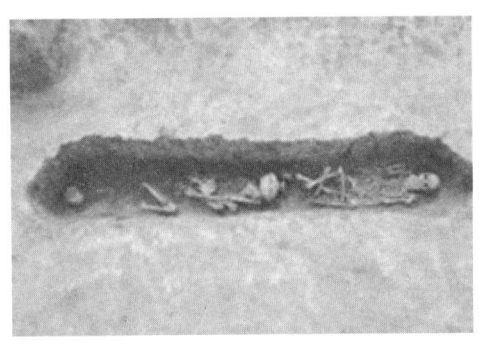

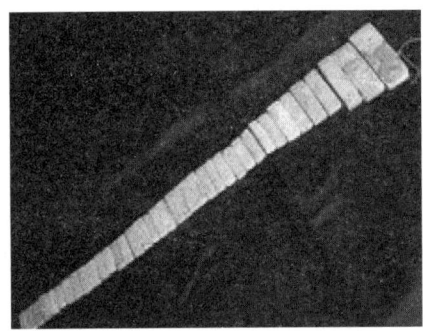

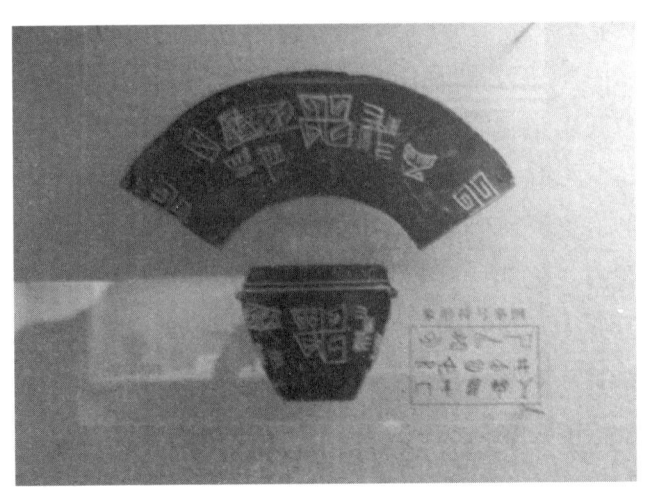

其二，古气候学的测定。

古气候学是根据古代不同地质时期，其呈现于地层中的沉积岩结构、冰层、树轮等自然指标，而建立的地球气候系统变迁过程及规律的综合科学。本文以下所取数据，来自于内蒙古中南部岱海地区的老虎山起自更新世沉积剖面所测定的自然生态环境变化。之所以选择这一剖面数据，是因为它处在红山与小河沿文化西南邻的相近同纬度上，因而能够更好地反映这一气候变化敏感地带的真实情况，从而了解其相对应考古文化变迁的真实原因。

我们知道人类诞生于第四纪更新世的冰川期，自距今200多万年起经历直立人（有巢氏）、智人（燧人氏）时代，于距今1万多年前进入了全新世。从全新世起地球气候开始转暖，于是由旧石器时代进入新石器时代，我们的先民才开始有了原始农业和制陶的定居生活。自距今10000—7000多年气候逐渐升高的3000多年间，处于华山脚下的华胥女娲族，充分利用黄河东去新创造的渭、洛、汾河平原的有利气候与地利条件，不仅率先进入了原始农业的定居生活，而且首创母系族外婚先进婚姻制度，并且以女娲母系和所生伏羲父系的血缘关系向四周强力传播。燕山北麓的兴隆洼文化和8000年的查海石摆龙，正是这一时期北上的女娲和伏羲族所创造。

老虎山自然沉积剖面，正好是自距今7000至2000年间这一地区气候与生态变迁过程的地层记录。这一记录告诉我们，距今7000年之后变暖的气候其实也是冷暖交替的。尤其是在北纬40多度线这一生态变化敏感地带，当处于湿暖气候期时这里便呈现适于农业发展的亚热带森林生态面貌，而当降温期来临后这里年平均气温便低于摄氏0度，其无霜期少到连生长期最短的粟类作物也无法成熟,于是产业由农耕而退变为了畜牧业。如果我们以此与这一地区的各个考古文化相对应，它们之间的线性关联便得以展现。

一、距今7000—5000年的两千年间，主要为暖温气候，中间只有短时间的降温期，故称"仰韶适应期"。具体表现为：

1.自全新世气候变暖以来,到距今7300—6600年间进入稳定的大暖期盛期，这里年平均气温比现在高出2至3度，岱海因此水面升高（海拔1250），比现在高出20米。与此时期相对应的是北迁此地的黄帝族所创造的燕山南北麓的北福地文化与赵保沟文化，以及中原炎帝族所创造的半坡文化。

2.这一气候环境到了距今6600年时，被新出现的寒冷事件所中断，反映在地层剖面中是其百余年的冰楔形成现象，此段降温期终结于距今6400年。

与此时期相对应的是，黄帝"虎族"第一次南下而形成的后岗一期文化。于此看来，第一次炎黄大战的原因并不单纯，而亦与北方降温引起的生存环境变化有关。

3.从距今6400年以后气温又逐渐升高，一直到距今5000年前的一千多年间一直处于暖湿气候。与此时期相对应的是燕山北麓兴起的繁荣红山文化，以及中原地区从史家文化过渡到的庙底沟文化。这便是经历了第二次炎黄大战及之后所形成的天下一家的黄帝时代。

二、距今5000—4000年的一千年间，气候先冷后热。具体表现为：

1.到了距今5000—4600年时又发生了一次突然降温事件，反映在地层剖面中的是夹有冻融褶曲层，说明当时年均气温已降至0度以下。与此时期相对应的是先进农业的红山文化为畜牧业的小河沿文化所取代，而中原则是"庙底沟二期文化"的后段，由于气候变冷而黄帝"虎族"的再次南下，导致帝喾对颛顼北帝地位的取代。

2.到了距今4600—4000年间气温又开始回升（其中距今4400—4300年只有短期的降温）。与此时期相对应的是这里兴起的老虎山文化，和与老虎山文化相连接的晋地帝尧的崛起，从而由此宣告进入尧舜禹时代，并最终终结了原始社会。这些是我们在此后才会涉及并要深入讨论的。

三、距今4000年后的全新世，气候总体向冷的方向发展。其中除距今3675—3155年、和2500—2000年（大约为商代和战国两个时期）出现过两个暖湿期外，至今都基本处于冷干期。

其三，帝喾的中原夏族。

以上我们为了寻找红山文化的去向和小河沿文化产生的原因，运用了老虎山自然地层剖面的科学测定。于是我们在找到黄帝族最后放弃故地举族南迁时间点的同时，也对燕山南北黄帝文化的来龙去脉与中原黄帝文化的起始进行了一次全面的梳理和对接，应该说是意料之外的收获了。

下边让我们运用以上探索为参照，再就帝喾的时代作以深入探讨。我们知道先期南下的帝喾族本来就是颛顼帝"绝地天通"的参与者和执行者，因而他最早到达穷桑的时间应不晚于距今5300年颛顼与共工、三苗之战时。按此推算他接替颛顼帝位的时间，就当在后来留在红山文化的"虎族"因气候原因导致生存环境恶化，而于距今5000年举族南下之后。这样他所接替的就不再是颛顼"北帝"的名号，因为"北帝"所辖的真正"北地"已被他们放弃了。事实上古时只称颛顼为北帝，而从未见称帝喾为北帝的。于是帝喾所真正继承的，就只有中原大地和生活在这片中心地带的颛顼夏民了。这样中华一统的"天下一家"，从颛顼"绝地天通"之后所形成的东西南北"四帝"时代，到距今5000年帝喾为帝时起，便形成了以中原夏族为中心并与"四夷"相对应的新格局。如果我们联系这时它北方的小河沿文化以及其周边正在独立而蓬勃发展的大汶口、大地湾（四期）、屈家岭、凌家滩、良渚等城邦文化，到了这时帝喾接替颛顼所开启的过渡时期，便开始了自己新的使命，一个新的城邦制社会呼之欲出。

三

最后，再来探讨帝喾对内治理的情况。

帝喾，也是被列为上古五帝之一的。传说他把天下治理得很好，似乎是一位有为之君。《史记》这样评价他："高辛生而神灵，自言其名。普施利物，不于其身。聪以知远，明以察微。顺天之义，知民之急。仁而威，惠而信，修身而天下服"。魏时曹植曾作《帝喾赞》以颂之："祖自轩辕，玄嚣之裔，生言其名，木德治世。抚宁天地，神圣灵宾，教讫四海，明并日月。" 这些赞誉对一个原始社会虽已不是天下一家之大同、但却仍是独立一邦之大同的君王来说，应该并非是过溢之词。然而对于这些过去总觉得只是泛泛之词的赞誉，今天用审视的目光再来细究，难道你不觉得还有许多特殊而强烈的实际信息隐涵其中吗？

要破绎这其中只可意会不可言传的意蕴，还得从帝喾"生言其名"开始。传说帝喾生而自言其名曰"俊"，这难道不是帝喾自称他就是上古生了十个太阳的"帝俊"再世吗？帝喾族为帝400余年的中原，好像再没有发生过大的战争和自然灾害，算是一个太平盛世。但他有别于原始社会其他太平盛世的地方，可能主要还是与他"生言其名"为"俊"的传说有关，因为是他促使并基本完成了中原夏民族之母系氏族向他的父系"太阳族"转化的大事变。

应该知道，母系氏族发展到最后阶段，原来"普那路亚"式的与外族同辈兄弟之间的群婚制一定也会发生演化，从而逐渐产生了外族男姓定居女家

"倒插门"式的对偶婚母系家族。对偶婚母系家族与前之母系氏族相比是一种比较特殊的家族制度，在共同家族内的夫与妻仍然属于不同的氏族，但所生子女一定仍属妻之母族姓氏而下传。随着母系对偶婚也愈来愈带有专偶婚的特点，这样就开始在母系家族内包藏了一个潜在的危机，即除了生身的母亲之外，它又确立了确定的生身父亲。有些研究者曾说，"母系家族的出现是母系氏族公社由盛到衰的一个重要里程碑，是由母权制氏族开始向父权制氏族过渡的重要标志之一"，这不是没有道理的。由于生产力的发展，男子在经济生活中地位的提高，父权不可避免地生长起来，父亲开始希望把自己的财产传给亲生子女，并由此必然要求自己所在的母系家族过渡到以自己姓氏传承的父系家族和家庭。帝喾面对这一时代的现实，并顺应时代的要求推动了这一过渡，从而使"双轨制"的氏族社会开始向他的父系家族和家庭"单轨制"的更高阶段转化，也使帝喾成为了继颛顼后历代夏族祭祀的共祖。

关于帝喾顺应时代的要求而推动母系氏族向父系氏族转变的历史史实，我们是通过帝喾族繁衍众多后代的传说而破获的。史载帝喾有四妃，他的元妃姜原生了弃（即后稷），弃是周的始祖。次妃简狄生了契，契是商的始祖。三妃庆都生了尧，尧是历史上有名的圣贤之君，也是五帝之一。四妃常仪，聪明美丽，发长垂足，先生一女叫帝女，后生一子叫挚（亦名质）。帝挚继承了帝喾的帝位，后被帝尧取代。由于帝喾的这几个儿子在历史上都很有名，所以关于他们是如何诞生的传说便没有在历史的长河中湮灭，而是被珍贵地口口相传了下来。为了说明问题，下边仅就弃和契诞生的传说，作以具体介绍。

帝喾的长妃叫姜原，是母系氏族有邰国君的女儿。相传姜原在娘家时，因出外踏上巨人脚印而怀孕，因无夫生子，所以把生下的孩子先后三次弃于深巷、荒林与寒冰之上，但均得牛羊虎豹和百鸟保护而不死，只得又抱了回来，所以起名叫"弃"。这个儿子后来长大喜欢农艺，教人种五谷，被尊为"后稷"，并成为周族的祖先。次妃简狄，是母系氏族有松国君的女儿。相传简狄与其妹建疵在春分时到玄池温泉洗浴，有燕子飞过，留下一卵，被简狄吞吃，后怀孕生契。契长大后被封于生地"商"（即今陕西商州），成为商族的祖先。

这两个故事都很离奇而令人费解。俗话说"家丑不可外扬"，而贵为商

与周两大王朝之国族，为什么要将其先祖在娘家的这些"丑事"说得如此清楚而传之后世呢？然而事情并非我们现今观念所理解的那样褊狭，而是另有所指的。原来所谓帝喾的这些妃，其实就是由母系氏族发展而来的母系家族。此前她们"在娘家"的子女都是随其母族之姓氏，但这些子女的父亲是谁却已是清清楚楚的。故事通过履巨人迹、吞玄鸟卵所表明的，就是告诉后世他们的父亲实为"巨人族"与"玄鸟族"。"巨人族"在古代传说中多指炎帝神农族，这从后稷被尊为"稷神"及其母"姜原"之"姜"姓中也可反映出来。但"鸟族"却有太昊、少昊及蚩尤等族多家而非一家。然从商代所铸祭祀之鼎多以饕餮纹为主体图腾，猜想生于商洛之"商地"的商人，其祖辈下传而使其心知肚明的祖宗"玄鸟"，应该就是南下而留在商地一带的蚩尤族。因为祖先是不会乱祭的。然而"弃"的周族和"契"的商族，后来都是以帝喾后代的名义而归入了黄帝族，这明显是帝喾族后来以联姻的方式将这些母系家族改造成了父系家族。于是这些母系家族原来的男性，从此皆被"赐"以帝喾族姓而娶妻生子，但却将自己真实的父系血缘口口相传而告之后世。这便是以上传说所如此曲曲折折告诉我们的全部内容。

现在再回过头来看帝喾生而自言其名为"俊"的传说，其实就是称颂帝喾的一生，干了像更早传说中帝俊生"日"一样的大事。当然帝俊当年不仅生有十个太阳，而且还生了十二个月亮，所以帝喾比起帝俊来，便只能称"帝俊第二"了。我们常说"时势造英雄"，如果回顾历史传说：从当初华胥女娲时代"抟泥造人"而创造母系的"单轨制"婚姻，到伏羲时代传说的"葫芦"兄妹以及"帝俊"与羲和生十日、与常仪生十二月而创造的父系与母系的"双轨制"婚姻；再到炎帝、黄帝开创的"五帝"时代使父系姓族逐渐成为主体，而最后帝喾又顺应时代要求，在中原地区率先将"双轨制"的氏族引导到父系的"单轨制"家庭，这一震古烁今的千年大变局，不能不说又是人类婚姻文明的巨大进步，它的意义用什么样的语言加以赞誉也是不会为过的。了解于此，司马迁在《史记》中赞帝喾："普施利物，不于其身。聪以知远，明以察微。顺天之义，知民之急。取地之财而节用之，抚教万民而利诲之，历日月而迎送之，明鬼神而敬事之。其色郁郁，其德嶷嶷。其动也时，其服也士。帝喾执中而遍天下，日月所照，风雨所至，莫不从服。"所言之内涵，自当明之。

帝喾继承颛顼开启的过渡时期，又经历400余年的和平发展，使中原的夏

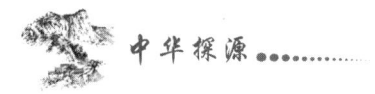

民族再领风气之先而步入新的文明。这样当他的儿子帝尧继位之后，所开启的便必然是以此为基础的父系家族公社城邦制的全新时代。

第三节 帝尧篇

一

中国的"史前时代"有两个古史系统：一个在传说史料中，故称"传说时代"；一个在史前考古资料中，故称"考古历史"。史前考古资料因长埋于地下，没有人为篡改增删的可能，其客观真实性毋庸置疑，故是传说史料最可靠的参照系。我们之所以说中国是世界上唯一没有历史中断的民族，其实过去原是就传说的历史没有中断而言的，但是我们拿什么来证明那些传说中的事件和人物是真正发生过的呢？现在看，经过近一个世纪艰苦的考古工作，中国未曾中断的历史也完全可以被证实，只是还没有人能够将二者之间的对应关系找出来，并作以互证与互释罢了。本文将最新的考古成果与古老"三皇五帝"的传说体系，一步一步由远及近并以点面结合的方法相对接，从而充分证明后世的文献记载和传说，并非后人为了某种目的所杜撰，而正是民族的记忆，史实的反映。论证到此，这种对接现在仅剩下了尧、舜、禹的传说时代，它离最后的成功便只有一步之遥了。

在考古学上，仰韶文化之后，经过仰韶晚期即庙底沟二期文化的过渡，便进入了龙山文化期这一原始社会的最后阶段。那么这一最后阶段到底是个什么样子，它和尧、舜、禹的传说时代是什么关系呢？下边让我们按照此前的惯例，先来介绍这一阶段考古所发现的文化遗址。

一、老虎山文化（距今4800—4300年）

老虎山文化遗址位于乌兰察布盟凉城县境内，1980年发现。从1986年开始又先后发现了西白玉、狐子山、板城、园子沟、合用窑和大庙坡等"岱海遗址群"，并进行了清理和挖掘。遗址包括石墙、祭坛、成排的房屋、专业集体作坊以及卧室和炊室。据考证，其年代距今4800年至4300年间。这些分布于以河套地区为中心的内蒙古中南及陕北、晋北一代具有相同文化特征的遗址，被命名为老虎山文化。

老虎山遗址位于山坡凹地上，其四周有高出地表的石墙环绕，总面积约13万平方米。遗址内发现依山坡台地修建的70座长方形或凸字形房屋，城外的低洼处有当时的窑场，出土陶器481件、石器214件，骨、牙、角器16件。整个石墙环山而筑，依山势走向沿两侧山脊而上，至山顶与方形石城（残墙）相连，壁垒森严，一派古国风貌。这是迄今发现的我国古代最早最完整的石墙城垣防护体之一，它标志着凉城地区已进入了初具雏形的城邦王国时代。

老虎山文化的又一重大发现，是早期陶器为蛋形瓮、小口尖底瓶与三袋足鬲形器并存。这类鬲形陶的制作过程，是先用与制尖底瓶一样的方法模制三个相同的袋足,再将三个袋足口分裆拼粘在一起,然后上接各类斝、甗之腹口,最后加耳、錾和附加堆纹，其与尖底瓶的嫡传关系一目了然。其出土的全国早期唯一完整的斝、甗、瓮类三袋足陶鬲体系，从尖底至圆底无一缺少，这为探讨后来延续千年的鬲形器之起源及演变发展，提供了极其珍贵的资料。

石城聚落群和三袋足器的出现，是老虎山文化的特征性标志。它表明在距今4800年气候开始升温后，早已掌握了石砌围墙技术的原红山文化的后裔又开始西进，与小口尖底瓶末期(仰韶文化系)从晋地北上的人群在此融合，于是迸发出了第二次文明火花。

二、陶寺文化（距今4500—4000年）

陶寺遗址位于山西省襄汾县陶寺村南，面积达300余万平方米，是中原地区龙山文化遗址中规模最大的一处，其年代距今约当4500—4000年间。同类遗址在晋西南汾河下游和浍河流域已发现70余处，统称陶寺文化。

在1999至2001年的发掘中，于陶寺遗址中心区又发现了中期城址（距今约4100年前），总面积达200万平方米以上，比早期城址（距今约4300年）大出5倍多。与规模空前的城址相匹配的，有约5万平方米的宫殿区和祭祀区大型建筑，以及王墓、世界最早的观象台（比英国的巨石阵早500年）、独立的仓储区、官方管理下的手工业区，还出土了一大块质地细腻坚硬如白瓷的精美刻花白灰墙皮、最早的板瓦和古井。陶寺城址在黄河流域乃至全国同时的城址中都是最大的。

陶寺居民的部落公共墓地面积3万平方米以上，发现墓葬1000余座。各类墓均呈"金字塔式"的比例关系，应是当时社会结构的反映。处在塔尖位置1%的大型墓使用木棺，随葬品丰富、精致，有鼍鼓、特磬、彩绘蟠龙陶盘等重要礼器，推测墓主应是掌握祭祀和军事大权的部落首领人物。分布在大型墓两侧的为女性。而占墓葬总数将近90%的小型墓，墓室仅能容身，死者身无长物。显示出氏族成员间的平等关系已被破坏，贵贱有别、高下依序的阶层等级制度已经存在。

遗址出土的生产生活用具，以扁平长方形石铲数量最多，晚期出现有肩石铲。石铲和木耒是当时两种主要的起土工具，灰坑壁和墓壁上留有它们的痕迹。陶器多是灰陶，还有烧成后再进行彩绘的彩绘陶，构成陶寺类型文化一大特色。极具王者之气的彩绘蟠龙图形的陶盘，是其中最富特征的器物。南下后的老虎山文化之三袋足陶器，也已在这里落户。

遗址出土的乐器，有木鼓、特磬、土鼓、陶埙、陶铃、铜铃等26件。成对的彩绘木鼓，鼓腔作直筒形，高1米，直径0.4～0.5米，系整树干挖制而成。由散落在鼓腔内的鳄鱼骨板得知，当初是以鳄鱼皮蒙鼓，即古文献中所称的"鼍鼓"。与木鼓同时出土的一件大型石磬（特磬），用石灰岩打制而成，作倨句型，长80-90厘米。其中，鼍鼓和特磬都是迄今所知同类乐器中最早的发现，这也使鼍鼓与特磬配组的历史从殷商上溯一千多年。陶寺出土的铜铃，是中国已发现最早的金属乐器，该铜铃为红色，长6.3厘米，高2.7厘米，壁厚0.3厘米，含铜量为97.8％。这些乐器的出土，对于揭示四千多年前的音乐发展水平，认识音乐与祭祀、埋葬习俗的关系，探索礼乐制度的起源与发展，都有着极其重要的意义。

1984年考古工作者在陶寺遗址中发现一片扁壶残片，残片上朱书两个文字，其中的一个字为"文"，另外一个字专家们有"尧"、"易"、"命"等多种解释。残片上的朱书文字实物表明，比殷墟早近千年的陶寺时期，人们的确已经开始书写文字了。

陶寺遗址的发现，对于探索中国古代阶级、国家的起源和尧舜时代的社会历史具有重要意义。

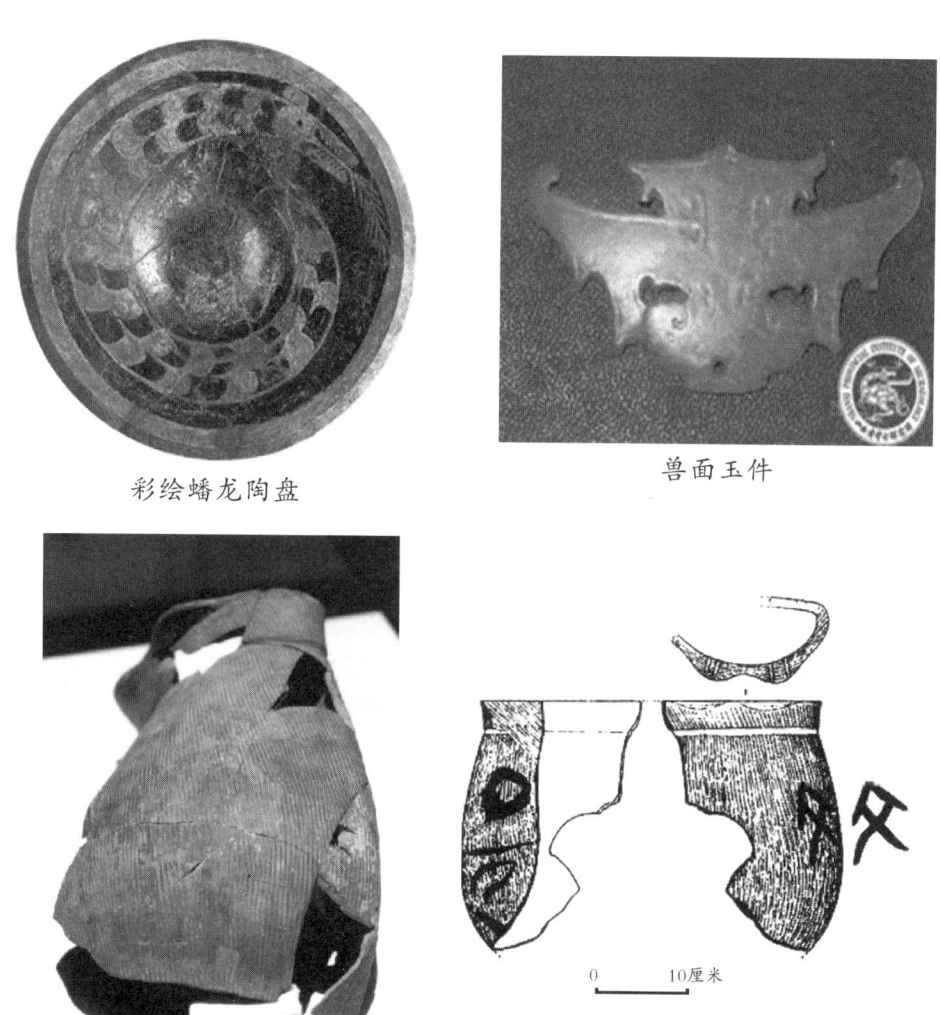

彩绘蟠龙陶盘

兽面玉件

0 　　　10厘米

朱书文字

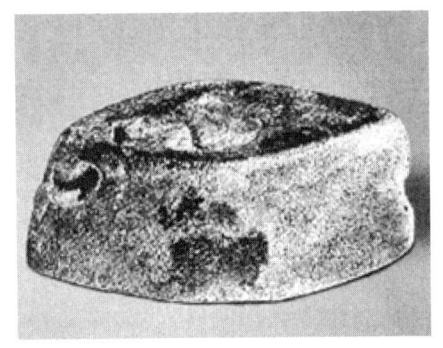

铜铃

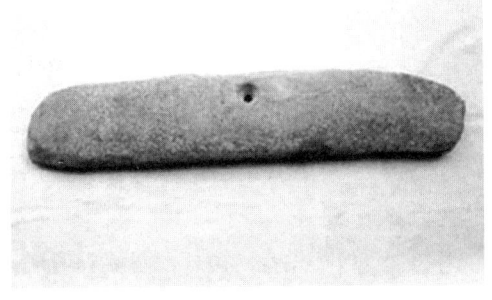

特磬（石磬）

观象台（顶部发掘面）

三、龙山文化（距今4600—4000年）

1928年的春天，考古学家吴金鼎在山东省济南市历城县（今章丘市）龙山镇发现了举世闻名的城子崖遗址。他在城子崖台地的西面断层上，发掘出了与石器、骨器共存的薄胎而带黑色光泽的陶片。在此之后，考古学家们先后对城子崖遗址进行多次发掘，取得了一批精美磨光黑陶。根据这些发现，考古学家于是把这种以黑陶为显著特征的文化遗存命名为"龙山文化"。这个以新的快轮制陶技术和采用了封窑烟熏的渗碳方法高温烧造出的薄、硬、光之黑陶器，尤其是薄如蛋壳的黑陶最具特色，所以也叫它"黑陶文化"。正是这一龙山"黑陶文化"于距今约4600-4000年间的新石器时代晚期，自西起陇山、东至泰山的黄河中、下游地区，甚至包括北方的老虎山文化、南方的良渚、石家河文化，都在它的传播范围，故通称之为龙山文化时代。

龙山文化时期的最显著特征便是城址的发现。如在山东地区，除城子崖龙山城址之外，还有日照尧王城遗址，寿光边线王城址，临淄田旺村城址，茌平三县发现的八座城址等。在河南则发现有淮阳平粮台城址、鹿邑栾台遗址、登封王城岗城址、郾城郝家台城址、辉县孟庄城址、新密新砦大型城址等。龙山文化处于中国新石器时代晚期，这个时期的农业和畜牧业较仰韶文化有了很大的发展，生产工具的数量及种类均大为增长，快轮制陶技术比较普遍，且已经出现了少量铜器，从而大大提高了生产效率。从社会形态看，当时已经进入了父权制社会，私有财产已经出现，即将跨入阶级社会门槛。

1949年以后，大量的发掘和研究表明，原先的所谓龙山文化其文化系统和来源并不单一，不能把它视为只是一个考古学文化。现在，我国考古专家根据几个地区不同的文化面貌，分别给予文化名称上的区别：

1. 河南龙山文化，主要分布在豫西、豫北和豫东一带，上承庙底沟二期文化，年代为公元前2600年至2000年，一般还分为王湾三期、后冈二期和造律台3个类型。

2. 陕西龙山文化，或称客省庄二期文化，主要分布在陕西省渭河及泾河流域，年代为公元前2600年至公元前2000年。

3. 山西龙山文化以新发现的襄汾陶寺遗址为代表，主要分布在晋西南地区，年代为公元前2500年至公元前2000年。

4. 湖北石家河文化和良渚文化，在正式命名前亦被分别称为湖北龙山文化和杭州湾区龙山文化。

5. 最典型的龙山文化还是山东龙山文化，即最初由龙山镇命名的那种遗存，它是继承大汶口文化的因素而发展起来的，主要分布在以山东地区为主的江苏北部和辽东半岛等处，下续岳石文化（已进入夏代），年代为公元前2500年至公元前2000年。

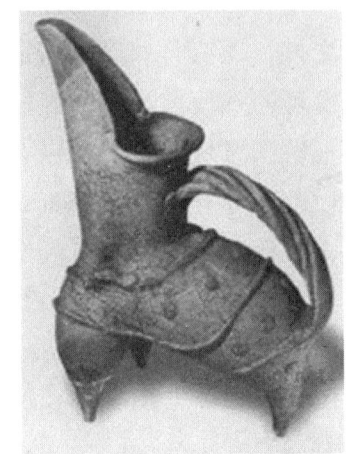

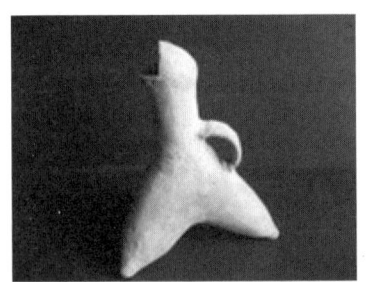

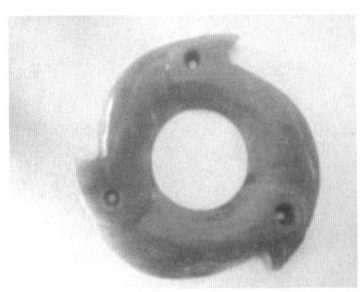

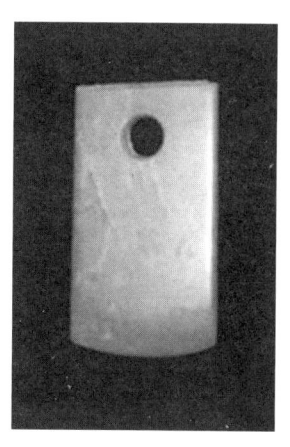

四、石家河文化（距今2600—2000年）

石家河文化是江汉平原取代屈家岭文化而发展起来的又一考古学文化，因最早发现于湖北省天门市的石家河遗址而得名，距今约4600—4000年。主要分布于江汉平原地区，东南至江西北缘的修水、南至湘北的澧水流域、西到三峡之西陵峡以东，北面沿汉水支流已达豫西南的伏牛山以北。其分布范围与屈家岭文化基本重合。

石家河遗址占地面积8平方公里，由40个不同地点组成，主要分布在土城村境内的东西二河之间，是新石器时代我国长江中游地区迄今发现分布面积最大、保存最为完整的聚落遗址。20世纪70至80年代，先后出土有数万件的石器、玉器、陶器、骨器，并发现祭祀遗迹、碎铜块、炼铜原料孔雀石和炼渣、类似于文字的刻划符号、还有男性陶祖这一原始社会父系氏族时期的重要标志物。

本地区经过考古发掘的石家河文化时期的遗址有，荆州阴湘城遗址、石首走马岭遗址、天门肖家屋脊、邓家湾、谭家岭遗址等。石家河遗址其中心区还发现一座构筑于屈家岭文化时期的大型古城城址，南北长1200米，东西宽近千米，面积达百万平方米。城墙为夯筑，城墙外有围壕，东有河，西、南有围沟，防御性能较好。

石家河文化的石器通体精磨，器类有斧、锛、凿、箭头、刀、镰等。陶器以灰陶和黑皮陶为主，不过也有不少红色的陶器，是该文化的一大特色。制作方法中快轮制陶占一定比例。陶器器表以素面为主，圈足器发达，较多

的源自北部的三袋足器已传至这里。另外邓家湾遗址还集中出土了大批多捏制而成的小型动物及人像陶塑，有的一座坑中竟达数千件之多。所塑有鸟、鸡、猪、狗、羊、虎、象、猴、龟以及抱鱼跪坐的陶塑人物等，造型生动，栩栩如生。这些陶塑可能供原始祭祀活动之用。邓家湾似为专门产地，通过交换输往各地。

石家河文化的玉器代表了江汉平原史前玉雕的最高水平，以出土小型精致的玉件而备受关注。琢玉工艺高超，且特色鲜明，造型丰富。玉人头、玉虎头、玉鹰和玉蝉属于石家河文化玉器中的精华部分。石家河遗址中出土了很多玉虎头，说明石家河先民已有南下黄帝虎族加入。玉虎头方头卷耳，生气勃勃，玲珑饱满，形象生动。另一鹰攫人首玉佩，上部为一只展翅之鹰，鹰头侧转，双爪下垂各抓一人首（实为一跪姿的大头人）。此佩图案较复杂，鹰与人首间的含义尚不明确，可能反映的是这里曾发生过的一场族群战争。又一人兽复合玉佩，上部为人首，饰双鸟形冠，长发后披，于两耳侧外卷，耳下有佩环。下部为兽首，中部为镂雕的人身与兽身，相互交错，不易分别。玉人头分为獠牙和非獠牙两种，在造型上富于变化。形状基本都具有"头戴冠帽、菱形眼、宽鼻、阔嘴、戴耳环和表情庄重"的特征。工艺上最突出的特点是剔地阳纹，也叫压地或减地阳纹，工艺和图案都媲美甚至超越于红山，良渚。

石家河文化晚期大小墓差别悬殊。肖家屋脊一座大型土坑墓长3米多，随葬品百余件；另一座成人瓮棺中有小型玉器56件，居该文化已发现的玉器墓之首。钟祥六合瓮棺内大多数随葬着玉石器及玉石料，这些表明人们以玉为财富。一般认为，该文化已临于原始社会瓦解阶段。

玉鹰攫人首佩 　　　　　　　　　玉人兽复合佩

1.2.3.4.陶人

陶型动物

二

现在让我们来探讨帝尧的历史。

史载帝喾的三妃叫庆都，相传她是大帝的女儿，生于斗维之野（大概在今河北蓟县），先被陈锋氏妇人收养，陈锋氏死后又被尹长孺收养。后庆都随养父尹长孺到今濮阳来，因庆都头上始终覆盖一朵黄云，被认为奇女，帝喾母闻之，劝帝喾纳为妃，后生尧。现濮阳有庆祖，原名叫庆都，立有庆都庙。这段传说很复杂，复杂的原因是它交代了尧的母亲族庆都，在来帝都濮阳前，先后与陈锋氏母系和尹长孺父系氏族通婚的历史演变过程。除此之外，它还告诉我们庆都母系氏族是轩辕黄帝的女儿族（大帝的女儿），尧是她迁徙到帝都濮阳之后与帝喾族同婚的后代。而且这时的庆都母系也被帝喾以"纳妃"改造成了父系氏族，因为她和帝喾所生的儿子尧，已明确随了父族姓氏而不再是母族姓氏（不再是像弃、契那样母在"娘家"与别族而生的后代）。这一传说所十分认真而负责地向你介绍的尧帝身世，实际正好反映了帝喾时代一支母系氏族如何衍化为父系氏族（尧族）的全过程。

帝喾族在其400多年的和平发展期，繁衍了许多后代，史称"八元"（不包括弃、契这些赐姓的姬姓后代）。尧是帝喾的小儿子，姓伊耆（祁），名放勋，号陶唐氏，史称唐尧。其发展中心在晋中南一代，古文献中有"尧都平阳"的记载。"平阳"即今之临汾市尧都区，地处临汾盆地中央，以在平水之阳，故名。境内东临太岳山脉之雷首山、霍山，西为吕梁山余脉，中部为断陷盆地，汾河由北向南穿境而过，形成东西两山夹平原的地貌。此地南通秦蜀，北达幽并，向称晋南之重镇。

临汾尧都地区留有关于尧的古迹很多，除了大家熟知的尧庙、尧陵外，尧庙的南边还有传为尧初生时，所寄"伊长儒之家"的伊村。伊村西边的土丘上存有"帝尧茅茨土阶"碑。《韩非子·五蠹》载："尧之王天下也，冬日鹿裘，夏日葛衣，茅茨不剪，彩椽不斫，粝粢之食，藜藿之羹，饭于土簋，饮于土硎，虽监门之养不敌于此矣"，这是对尧帝体恤人民和节俭俭朴生活的描述。《绎史·卷九》又载："尧为天子，蓂荚生于庭，为帝成历"。是说相传在尧帝当年住的茅屋前，其土阶缝隙中生长着一种草，这种

草每月初一开始生长一个豆荚，到月半长出15个，从十六以后又每天落一个豆荚，到月底落完。如是小月29天，那么就只剩一个豆荚焦枯而不落。这其实是关于尧"观象授时，制定历法"、发明日历和纪年的另一种形象说法。

《说苑·君道》载："尧存心于天下，有一民饥则曰此我饥之也，有一人寒则曰此我寒之也，一民有罪则曰此我陷之也"。帝尧如此忧国忧民，严于律己，遂使天下太平。尧都区有个康衢庄，村庄边有"击壤台"遗址，竖碑曰"击壤处"，并上刻《击壤歌》曰："日出而作，日入而息，凿井而饮，耕田而食，帝力于我何有哉"。这首《击壤歌》说的是一位名叫壤父的80多岁老头，有一天正在大路上天真烂漫地做一种"击壤"的游戏（一种以粗短树枝于地上相投击，击中者为胜的游戏，至今仍流传于晋陕民间）。观众当中有人感慨地说："啊，真伟大呀，尧帝的圣德竟广被到这个老头子的身上来了"。老汉听了这话，便向那人说："早上太阳一出来我就起身劳作，傍晚太阳一落山我便休息下来，我自己凿了井来喝水，自己耕了田来吃饭，我不知道这和帝尧有什么关系呢？"这一原始社会平常但却真实而深刻的故事流传至今。

《列子》中还记述，尧治理天下50年后，有一天散步来到这个康衢庄，听见小孩子们在唱一首后来名之《康衢谣》的民谣："立我蒸民，莫匪尔极，不识不知，顺帝之则。"意思是：使我百姓有衣有食，莫不是尧帝你的英明，大家没有人动投机取巧的心思，都无忧无虑的生活着，这都是尧帝你顺乎自然领导的结果。尧看到百姓怡然自足，非常高兴。"尧都平阳"的传说和这里丰厚的尧文化资源，成为今天"尧都"的历史渊源。

1978至1987年，中国社会科学院考古研究所山西队在这一地区，发现了面积达300多万平方米的特大型陶寺遗址，发掘墓葬一千余座。其中大贵族墓葬9座，并出土了陶龙盘、陶鼓、鼍鼓、大石磬、玉器、彩绘木器等精美文物。1999全2001年的考古，又确定了比早期城址大5倍、总面积达200万平方米的中期城址，以及宫殿、王陵、古观象台等重要遗迹，震惊海内外。陶寺遗址和城址面积之大、规格之高，为全国诸龙山文化之首。著名考古学家苏秉琦先生曾这样评价："陶寺文化不仅达到了比红山文化后期社会更高一阶段的'方国'（注：这里似应称"邦国"更为确切）时代，而且确立了在当时诸方国中的中心地位，它相当于古史上的尧舜时代，亦即先秦史籍中出现得最早的'中国'，奠定了华夏的根基。"这是考古界第一次将遗址和传说

中的具体历史人物相对接的公开表态，因为它们之间的关系已是再明确不过了。

三

陶寺遗址的发现，为破译尧的更多传说提供了新的参考资料，使那些无法自证的传说及其所要表达的真正内涵得以显现，从而让我们看到一个复活了的尧的时代。

现在让我们先来破译"羿射十日"的神话传说。

《淮南子·本经训》载："逮至尧之时，十日并出，焦禾稼，杀草木，而民无所食。猰貐、凿齿、九婴、大风、封豨、修蛇皆为民害。尧乃使羿诛凿齿于畴华之野，杀九婴于凶水之上，缴大风于青邱之泽，上射十日，而下杀猰貐，断修蛇于洞庭，擒封豨于桑林。万民皆喜，置尧以为天子。于是天下广狭险易远近始有道里"。《山海经》载："羿射九日，落为沃焦。"《楚辞·天问》王逸曾注曰："羿仰射十日，中其九日，日中九乌比皆死，堕其羽翼。"是说：尧的时候，天上同时出现十个太阳，草木、庄稼全烤焦了，河流也干涸了，出现了大饥荒，被饿死烤死的人民尸横遍野。尧命令羿去射十个太阳，羿射中了九个，九个太阳中的金乌都死了，羽毛和翅膀掉了下来，只留下了一个太阳在天上。这就是有名的羿射十日的故事，许多典籍中都有关于这一故事的记载。

天上本来只有一个太阳，太阳里也不可能住着什么鸟，而且人本事再大也射不下天上的太阳，这个故事的每一个环节都令人匪夷所思。"十日"和"太阳鸟"是中国神话中的一个常见母题，这些我们在前边已经十分熟悉了。这里的重点，是要破译尧时的"羿射十日，中其九日"到底蕴藏着一个什么样的重大历史事件。（关于"尧乃使羿诛凿齿于畴华之野，杀九婴于凶水之上，缴大风于青邱之泽，而下杀猰貐，断修蛇于洞庭，擒封豨于桑林"的内容，放到后边专题论述。）

史传帝喾是将王位传给了儿子挚（质）的，而小儿子尧是后来从挚（质）的手中接替王位的。这个过程也被考古所证实，因为帝喾的庙底沟二期文化是在距今4600年消失的，而帝尧的陶寺文化是从距今4500年才开始的，其中间相差的近百年当然便是帝挚（质）在位了。十日并出的事件，应就发生在这个时段。我们知道帝喾最出名的地方是他繁衍了众多的儿子，除弃、契、挚（质）、尧外，还有"八元"（史载："高辛氏有才子八，伯奋、仲堪、叔献、季仲、伯虎、仲熊、叔豹、季狸"）。这不是说帝喾只生男不生女，而是说他顺应时代要求对母系氏族进行了改造，其所传的后代多是父系的"太阳族"，故而才将他比做"生日的帝俊"。

到了帝挚（质）在位的后期，中原地区发生了一场特大旱灾（"焦禾稼，杀草木，而民无所食"），从而引发了这些"太阳族"之间为争夺水源土地等生存空间，而发生了一场混战，导致"十日并出"，天下大乱，生民涂炭。这时已经崛起的尧族，于是便联合了有扈氏的羿（一个善于射箭的氏族），在保护自己氏族免受侵害的同时，对那些趁机作乱的氏族进行武力镇压，从而恢复了秩序，最终度过了灾难。于是百姓拥护尧取代挚(质)而成为新的帝王。

这便是"羿射十日"的全部内容。在当时的时代语境下，传说这样表述应该说是十分自然而再妥帖不过了。它要告诉后人的不仅是这一场大旱和内乱，而是尧帝怎样在这场大旱和内乱中拯救了众生，恢复了原先应有的秩序，并以此为转折点，励精图治，开创了一个新的世界。这便是《康衢谣》中百姓所称颂的"立我蒸民，莫匪尔极，不识不知，顺帝之则"原始社会晚期的又一太平盛世。

如此看来，并非随便什么事情都能够被神话记忆下来、流传下来。只有那些强烈地影响了整个民族命运的历史事件，只有那些深刻地塑造着整个民族精神世界的先贤圣哲，只有那些关乎整个民族的生存制度之历史意义的事情，才有可能被一个民族世世代代传颂不已，并深深地扎根于民族的集体记忆中，从而成为宏伟叙事的民族史诗。

四

现在来破绎"嫦娥奔月"的传说。

与"羿射十日"相联系的是"嫦娥奔月"另一在民间广为流传的神话，并以此告诉我们中国古老的中秋"祭月"节的来历和意义。与民间后来出现

的各种版本且色彩绚丽的传说相比，古文献有关嫦娥的记载相对要简约而平实得多。

《全上古文·灵宪》这样记载："嫦娥，羿妻也，窃王母不死药服之，奔月。将往，枚占于有黄。有黄占之，曰：'吉，翩翩归妹，独将西行，逢天晦芒，毋惊毋恐，后且大昌。'嫦娥遂托身于月，是为蟾蜍。"意思是说：嫦娥是羿的妻子,她不经王母同意，私下吞服了王母的不死药,于是羽化成仙升到月亮上去了。她在作出吞药这一重大决定之前，还专门找到一位叫有黄的高人替她进行了占卜。有黄将占卜的结果告诉她说：大吉大利啊，漂亮的大妹你要回归天上去了，日后将单独走在西行的路上。如今世间是这样的纷扰而失去光芒，去吧不要惊怕也不要担心忧恐，你的子孙后代的命运日后注定是要昌盛的。于是嫦娥便吞药奔月，飞到天上化为了月宫的蟾蜍。

按照古籍所述，嫦娥奔月不仅是一个真实的历史事件，而且是嫦娥通过"占卜"深思熟虑后所做出的一个重大抉择。从我们此前破绎神话传说的经验看，且不说西王母这一后世一直将其作为母系氏族的代表性人物为什么要在这里出场，单就古代将母系氏族称为"月亮族"，并以蟾蜍（蛙）为其图腾来判断，显然这里所说的就是关于母系氏族最后如何自我消亡的重大历史事件。这一结论，仅是就古籍所提供的文本自身而推断的，当然我们也不会就此止步。只有我们自我加压、将承载这一历史内涵的具体历史事件能够探究出来，这一推断是否正确才会最终得出定论。

据传，与尧联盟而"射十日"的羿，是一个早期生活在陕西扈县一带的有扈氏部落，为颛顼帝熊族的后代，后因随尧征战迁居于洛阳一带。屈原在《天问》中曾问道："帝降夷羿，革孽夏民，胡射夫河伯而妻彼洛嫔？"可见是有传说说羿迁居洛阳之时，曾与黄河北岸的河伯部落作战（传说射瞎了河伯的一只眼睛），这里原与河伯族通婚的母系氏族洛嫔（即宓妃，最早来到洛水一带的伏羲女儿族，后世称其洛神），这时便又与羿族通婚（即妻彼洛嫔），所以才有屈原之问。只是这里的"妻"字，很可能是羿将洛妃母系氏族的女姓娶为了本族的妻子，将其也改造成了父系氏族。我们之所以这样说，是因为这一改造从帝喾那时就已开始了。

下边重点要探讨的是，羿的妻子"嫦娥奔月"事件与母系氏族终结之间到底是什么关系。史载尧的儿子叫丹朱，但丹朱却不随尧陶唐之姓，而是称为有扈氏。而且后边我们还将论证到，丹朱在被放到丹水之前就与有扈氏一

起生活在陕西扈县一带。这到底是怎么一回事呢？郭沫若曾解释说是，尧的儿子丹朱后来成了有扈氏"倒插门"的女婿。这一解释很有启发性，但问题是在帝喾时已开启的母系向父系氏族转化的时代大背景下，有扈氏父系的女姓后代为什么要逆潮流而"倒插门"又变为母系氏族？其实这里丹朱"倒插门"的并不是有扈氏父系的女姓，而是与有扈氏长期通婚的"母系"嫦娥妻族（即所谓羿之妻的嫦娥）。只是这一"倒插门"与我们现今理解的概念并不全然相同，而是将嫦娥母系氏族改造成父系氏族的另一特殊方式。从事情的结果看，最合理的方案是经过充分地酝酿，既使这一即将新生的父系氏族不再以原嫦娥母系之姓为姓，也不以丹朱之姓为姓，而是以承认他们原来真实的父系血缘、即与之长期通婚的羿族之有扈氏为姓。这样看来，尧与有扈氏的羿为什么能够结盟在一起的原因便清楚了，原来他们本身就是通过这一特殊的通婚方式，而使他们的后代成为了关系更为特殊的胞族。

其实"倒插门"在以往共存于一地的父系氏族与母系氏族之间，是一种很平常的事。不仅母系的女性可以嫁到父系氏族为妻，而且父系的男性也可以来到母系氏族为婿，二者之间维持着一种动态平衡。只是随着男性在家庭中地位的不断提高，这种发展趋势呈现的是父系氏族愈来愈多，而母系氏族愈来愈少。这种趋势经过数千年的演变，到了尧与羿时期的中原夏民地区，母系氏族已成难以为继的孤鸿，而嫦娥母系氏族恰就是这孤鸿中的最后一个。在这重大的历史关头，嫦娥族所做出的重大决定，是让自己的后代以其真实父系血缘继续传承成为有扈氏，而自己的母系血缘传承从此便宣告终结。于是人间（实际只是中原夏民地区）的嫦娥"月亮族"，便以"嫦娥奔月"的神话永远流传，并将自己母系"金蟾"的图腾置于月宫之中，成为了永恒。

中华民族从万年前的华胥女娲在以华山为中心的中原地区开始诞生，是她繁衍了伏羲父系并由此历经达4000多年的"双轨制"发展，在进入了距今4500年的时候，却在诞生她的中原地区自我消失了。从此这一地区率先进入了"单轨制"的父系家庭、即更高一级的父权时代。"嫦娥奔月"以神话传说浓墨重彩地记载了这一重大历史事件，传统的中秋节又以民俗"祭月"的仪式使其成为永恒的纪念，意义非凡。

五

现在来破译"尧征三苗"的传说。

以上"羿射十日"和"嫦娥奔月"所介绍的，是尧在建立自己邦国前后其内部的社会关系转型与变化，其实与内部变化同时发生的还有与外部周边邦国的生存战争。《六韬》说："尧伐有苗于丹水之浦"，《吕氏春秋·召类》亦说："尧战丹水以服南蛮"，这到底是怎么一回事呢？

我们知道，三苗是第一次炎黄之战被黄帝族赶到南方的炎帝祝融族古部落。他和第二次炎黄大战战败后也来到这里的蚩尤族、夸父族一起，先是建立了大溪文化，后又向北扩展建立了新的屈家岭城邦文化（其中部分蚩尤族东进还建立了良渚文化）。三苗族又称"三毛"、"有苗"、"苗民"。由于颛顼帝的"绝地天通"，遂将处于江、汉、荆楚之地的三苗，又称"荆苗"、"荆蛮"、"南蛮"。

为了找到"尧伐三苗"战争的时间点和时代背景，最直接的方法是与考古发现相对接。由于三苗所在的屈家岭文化，是在距今4600年以后被石家河文化逐步取代的，所以尧征三苗的起始点应不早于这个时间，而这个时间点正是帝挚（质）接替帝喾开始执政之时。有了这个时间点，我们便会知道"尧征三苗"的时代背景，是在帝挚（质）在位时"十日并出"的天下大乱之时。"尧征三苗"之战暴发的原因，实际上是尧族（可能不仅是尧族）在前所未有的大旱灾难面前，为了找到新的生存空间而以战争的手段向南邻三苗的江汉地区大举扩张。

在新的取代了屈家岭文化的石家河文化的考古中，我们还真找到了北方尧族等向南扩张的遗迹证明。

其一，客省庄文化（陕西龙山文化）的南侵。

考古学在对新生的石家河文化的整体考察中，又因其北部不同地区文化面貌所出现的差异，将其分为了乱石滩、煤山、杨庄二期等类型。其中处于鄂西北的汉江中游，因发现了只有陕西客省庄文化才有的典型陶器，故命名乱石滩类型。客省庄文化，俗称陕西龙山文化，因这种文化遗存最初发现于陕西长安客省庄遗址故得名。该文化已发掘的遗址除长安客省庄遗址外，还有长安斗门镇、西安米家崖、临潼姜寨、武功县赵家来等都是其代表性的遗址。这一文化的分布范围以陕西关中地区为中心，东起华阴，西至甘肃天水，向北大致可抵黄陵、洛川一代，而南界约在丹江上游的商县一线。可见其南邻的就是石家河文化的丹江与汉江一带。

历史上有两种说法：一是"尧放丹朱于丹水"，二是"稷逐丹朱于丹水"（稷即弃，亦名后稷，处于户县以西的武功一带）。可见来到丹水之汉江中游的客省庄文化不是别人，正是尧的儿子丹朱。丹朱"倒插门"于嫦娥而成为有扈氏，最初应活动于陕西扈县一代。这样看来，丹朱于"十日并出"的大旱之年和战乱之中，在与西边后稷作战不利，转而南下于三苗之乡，最终落户丹水，其情形更应符合当时的历史实际。因为丹朱是尧的儿子，所以史载"尧伐有苗于丹水之浦"便是顺理成章的了。

其二，王湾三期文化（河南龙山文化）的南侵。

王湾遗址位于洛阳城西约3公里处谷水镇王湾村，总面积约8000平方米。此文化又可分为三期，王湾一期文化属仰韶文化，王湾二期文化属于过渡期的庙底沟二期文化，而王湾三期文化则属于龙山文化。因王湾三期几乎遍布河南全境，故多称其为河南龙山文化。王湾三期文化的南侵几乎到达了石家河文化的腹地，为考古学说公认。随它南下的其典型带把斝形鬲、小口直领瓮、圈底盘等，形成了石家河文化的煤山和杨庄二期类型。

与王湾三期文化南侵相对应的传说有三：一是，羿"断修蛇于洞庭"，从羿最后迁居于洛阳（王湾遗址所在地）的地理位置看，它们之间是吻合的。二是，帝喾与常仪所生之"帝女"、即帝挚(质)的同胞之姊"女儿族"，南下于云梦大泽遇到了房王作乱，因有一神犬（名叫盘瓠，可能是伏羲时代就来到这里的古犬族）相帮，暗暗跑到敌营，咬死了房王，平息了祸乱，帝女遂履行诺言许配于神狗，后生十二南女于南地。此传说至今流传于湘黔一带苗瑶族中，当为历史记忆。三是，欢兜的入主。欢兜，又作欢头，驩头，驩兜，本为颛顼之后裔，似与重黎一样具有祝融族双重血统，后又为三苗之君。《尚书·帝尧》中，欢兜为尧的诸侯臣，常出现于尧的议事之中。考其身份的变化，似当也是此时南侵的。

其三，石家河文化出土文物的证据。

从前面的石家河文化的考古介绍中，我们知道石家河文化是取代了屈家岭文化而来的。其邓家湾遗址集中出土的大批捏制而成的小型动物中，虎的出现令人眼前一亮。另外，遗址中出土的很多生气勃勃、造型生动的玉虎

头，也说明石家河先人已有崇虎习俗。还有产生于北方老虎山文化而盛行于山西、陕西、河南三地龙山文化的三袋足斝、鬲类陶器，其后在江汉地区也大量出现，亦为中原龙山文化的南下提供了实物证据。所有这些都告诉我们，石家河文化的主人已不再是原来纯粹的三苗族了，而是由于北方帝喾"虎族"之尧，还有颛顼帝的熊族后裔有扈氏的羿和欢兜等的南下，而成为了炎黄多族杂居之地。这也从石家河出土的鸟、鱼、虎、熊中有所反映。

其四，尧逐三苗于三危。

古传"尧逐三苗于三危"，是说北方黄帝诸族的南侵，使许多原来居于江汉的三苗人被迫迁到了三危之地。于是这部分三苗族，后来由"南蛮"而融为了"西戎"的氐羌族。

古三危的地望从古到今争论不休，说法并不一致：一说是今甘肃敦煌附近的三危山；二说是甘肃天水附近的鸟鼠山；三说在今陕甘川三省交界嘉陵江附近；四说在川甘交界岷江、岷山一带。虽说法不一，但大的方位基本是相同的，这实际上已说明了问题。原来战败被逐的三苗一支，是被迫沿着汉江向上游迁徙，到了西汉水附近的陇地（可能已进入古三危之辖地，三危应是由此向西的一个大的地理概念），才开始逐步定居下来，融合到了两千多年前就来到这里（大地湾半坡类型）的炎帝古羌族，从而成为了"西戎"。

我们之所以这样理解，是因为考古为我们在这里找到了三苗的足迹。

甘肃洮河流域的马家窑遗址，是安特生上世纪二十年代的最早发现。由于它高度发达且鹤立鸡群的彩陶文化，使它的来源即就在"东来说"后来已经完全战胜"西（西亚）来说"的情况下，也并没有人能给出具体的答案。到1960年，甘肃省博物馆发表的《甘肃古文化遗存》（《考古学报》1960年第2期），公布马家窑文化遗址达157处，同时发现仰韶文化主要分布在甘肃东部的渭水上游、西汉水流域及泾水流域，而马家窑文化则主要分布在洮河、大夏河流域和兰州附近的黄河沿岸，并出土有铜刀和铜渣。这种情况说明，仰韶文化和马家窑文化（即甘肃仰韶文化）实际上是在时间上有先后关联的两个文化系统。1962年，甘肃省博物馆在武山石岭下遗址进行复查时，在典型的马家窑类型地层之下，还发现有一层文化面貌更接近于庙底沟（二期）类型的文化遗存，遂首次被命名"石岭下类型"。并发现"石岭下类型"的西汉水流域主要河流的谷地，每隔几公里就有一个晚期遗址，其密度之大胜过史前时期的任何一支考古学文化。据此分析，马家窑晚于庙底沟，是通过

石岭下发展为马家窑的，其前后因袭关系明确。至此考古学已完成了自己的任务，至于马家窑文化为什么继续西进的原因，几乎没有人再关心了。

现在看来问题十分明白，既然马家窑文化是在庙底沟（二期）的石岭下类型之后才出现的，这个时间点与中原帝喾庙底沟二期之后的帝挚（质）在位之时、即距今4600至4500年间被逐的"三苗"族来到这里，完全吻合。要知道中原这时的彩陶已完全消失，且祖神器的尖底瓶（已是由双唇口变为了平口）也已被三袋足的鬶鬲所取代。而在陶器的形制和纹饰方面另具一种面貌的马家窑文化，不仅坚持了尖底瓶（这时已变为喇叭口）的祖神器，并将"华山玫瑰"之花直接绘到了尖底瓶上，使彩陶上"花"与"蛙"之图腾图案更加绚丽多彩，所有这些只有炎帝之后裔的"三苗"族才会做到（它与这里的少昊族祖宗崇拜也相一致）。到此，我们不仅为马家窑文化找到了它的新主人，而且为"三苗"迁居"三危"找到了证据。

此后，马家窑文化其晚期又强势向西发展成为半山和马厂类型文化，其足迹达到河西走廊的西端敦煌及青海更大范围。在其后数百年间又演变为齐家彩陶文化，那时中原已进入夏王朝的时代了。

同时马家窑文化又向南从嘉陵江、岷江不同地点进入了西南的四川以及青藏地区。据《诗地理考》："羌本姜姓，三苗之后，居三危，今叠、宕、松诸州皆羌地"。"叠"即甘南叠山，与岷山相接；"宕"即今甘南宕昌，与岷江相近；而"松"即今四川松潘，处岷江上游。过去我们常将史载的传说不当回事，而今天的岷山县及松潘等地的考古却证明了它说得十分准确，并再次为"三苗"与"三危"的关系做出证明。

诞生于距今4500—1800年左右的宝墩文化，是成都平原迄今为止能追溯到的最早蜀文化源头的新石器时代晚期考古学文化。许多研究证明它正是由岷江上游松潘地区的营盘山文化发展而来的，而松潘的彩陶又是从甘肃岷山地区进入的，这便将它与真正的源头马家窑文化链接了起来。

宝墩遗址以在成都平原上相继发现的新津宝墩村、都江堰芒城村、温江鱼凫村、崇州双河村和紫竹村、郫县古城村等六座史前遗址群为代表，它既是这一时期成都平原时代最早的古城址的典型，也是四川即将跨进文明门槛的历史见证。对上述6座古城的发掘与研究还证明：它们与离它不远的广汉三星堆遗址第一期属于同期文化，这不仅大大丰富了三星堆一期的文化内涵，并且可与后来以夏商时期的三星堆三、四期古城为代表的古蜀文明相衔接。

唐代伟大浪漫主义诗人李白的"蚕丛及鱼凫，开国何茫然。尔来四万八千岁，不与秦塞通人烟"之描述古蜀国历史的诗句，还有关于蚕虫纵目、鱼凫神化仙去、杜宇化鹃、开明复活等古蜀国虚无缥缈的历史传说，现在终于可以揭开它神秘的面纱，原来它们所说的远古历史，正是炎帝"三苗"族迁徙于此的伟大创造。

后来的炎帝"三苗"，已不仅是早期祝融族的"三苗"，实际上已是与后期南下的蚩尤、夸父族的融合体。有的文献说三苗是以蚩尤为君的"九黎之后"，甚至《山海经》说："颛顼生驩头，驩头生苗民"。可见"三苗"的成分已不再单纯，这从留在石家河文化之地的羊、鱼、虎、熊以及蚩尤族之鹰、饕餮等众多杂处一起之图腾物的出土，即可知道。只是在这场战争中，"三苗"的一部分留在江汉，一部分被逐于三危，甚至西迁到遥远的青海、西藏成为今之藏族，更有一部分从四川继续南迁于云贵。流传在贵州北部的苗族史诗《芦笙古歌》中有这样的叙述："从前，我们苗家住在银大坝、金大坝。那些夏人，抢光了我们苗家的财物，烧我们苗家的房屋，血跟沟流，血跟路流。我们苗家没有住处，我们苗家没有立足之地。别人有家，我们有苗氏没有家，我们像铁鹞子和燕子去游荡天涯"。这首如泣如诉的苗族古歌所讲述的，正是中国历史上这场"尧逐三苗"旷日持久、惊天动地的战争。

每个民族都有一部战争史，但像苗族经历战争岁月之长，次数之多，规模之大，转辗迁徙，足迹遍布半个中国，举世罕见。前边说过，轩辕黄帝初定"九州"是有"幽"无"梁"，而此后的禹定"九州"则变为有"梁"无"幽"。应该说称为"华阳"之国的西南云、贵、川、藏之"梁州"的出现，实际上就是以炎帝"三苗"族为主体大规模迁徙于此的历史见证。

六

以上"羿射十日"和"尧征三苗"，说的是尧在继位前所参与的内战和对外战争。看来尧是通过平定内乱取得帝位、并以对外战争扩大生存空间而战胜旱灾所造成的饥荒以拯救他之夏民的。陶寺遗址的起始时间是在距今4500年，我们且不管"尧征三苗"的战争是何时取得完全胜利的，单就

"羿仰射十日，中其九日"来说，内战结束之日便当为尧定都"平阳"而继位之时。

现在我们再将《淮南子·本经训》所载复述一遍："逮至尧之时，十日并出，焦禾稼，杀草木，而民无所食。猰貐、凿齿、九婴、大风、封豨、修蛇皆为民害。尧乃使羿诛凿齿于畴华之野，杀九婴于凶水之上，缴大风于青邱之泽，上射十日，而下杀猰貐，断修蛇于洞庭，擒封豨于桑，万民皆喜，置尧以为天子。于是天下广狭险易远近始有道里"。显然这里所说的尧为"天子"的时间点，不是在取得对内"射日"胜利之后，而是还要在取得一系列更多对外战争胜利之后，这到底是怎么回事呢？

原来这里的"天子"，并不是指尧继承帝喾传给帝挚（质）的夏邦之王位，而是指尧继位之后又经过取得长期的对外防御战胜利，像当年的轩辕黄帝一样被周边城邦拥为共主之"天子"，是尧一手推动并创建的天下城邦新的联盟之"天子"。

下面，让我们对"猰貐、凿齿、九婴、大风、封豨、修蛇"这些周边城邦（邦族）及战争情况，再作分析。这是一件十分困难的事情，我们的介绍只能是尽其所能。

关于修蛇，因为说的是"断修蛇于洞庭"，所以我们知道它处于南方洞庭湖一带。修蛇实际上就是古巴族，其所崇拜之图腾为蛇，有"髻首"的习俗（即把麻和头发合编成结）。传说羿射杀修蛇，其尸骨化为巴陵。由于古巴族也是三苗族的一部分，这里所说"断修蛇于洞庭"，其实是以点代面，说的应该就是"尧征三苗"战争的一部分。.

关于九婴，所说"杀九婴于凶水之上"的"凶水"，虽不知所指，但传说九婴为九头之蛇，处于北地。此时的北方是从红山文化演变而来的小河沿文化，颛顼为北帝时因辖此北地，故以龟蛇的"玄武"为北帝之"四灵"，与此相符。可见被杀的九婴之族应在北地。

关于猰貐，《山海经·海内南经》载："猰貐龙首，居弱水中，食人"。是说他在轩辕黄帝一统天下之初，"有贰负之臣曰危，危与贰负杀猰貐，帝乃桎之疏属之山"，对危与贰负进行了惩罚，又使人拿不死之药救活了猰貐。谁知他被救活之后，却失去了本性，自己跳到昆仑山下的弱水中，变为了吃人的怪物。可见这次与尧作战的猰貐，是一个处在西方的古老氏族。

关于大风，所说"缴大风于青邱之泽"即是说战争发生在青州山川之地，说明他是处于大汶口文化的东方太昊风姓之族。这场战争虽说只是局部战争，但却使山东龙山文化从此取代了大汶口文化（距今4600年左右）。太昊族可能由于战后与尧族实现了结盟，从而加入了华夏集团。

至于"诛凿齿于畴华之野"与"擒封豨于桑林"，其"畴华"和"桑林"之地名与方位，今已无考。我们从"封豨"的名字上，只能推测他是一个以猪为图腾的"猪族"（因为传说中未见以猪为图腾的氏族，故对出土的众多猪图腾无法对接）。"凿齿"的名字显然与东南沿海古先民凿其门齿的风俗有关，而这时的东南沿海除山东的大汶口文化外，还有浙江的良渚文化，至于尧与良渚文化之间是否发生过战争，我们就无从知道了。

以上介绍告诉我们，这些战争都是与东西南北周边部族的战争，有的在尧执政之前，有的在尧得位之后，它可能是对尧之夏族一个较长时间段（大概数百年间）对外不同战争的综述。

七

本节"帝尧篇"到此尽讲了一些具体战争，给人的印象似乎帝尧的历史就是一部战争史，其实情况并非全然如此。如果对尧的历史进行全面分析，我们获得的将是一个全新的面貌。

尧作为帝喾的小儿子（实为一个后起支族），从其最后"定都"平阳（山西临汾）的方位看，他的南下路线应是翻过燕山后溯桑干河往西再沿汾河顺流南下的，这与当年轩辕黄帝北上路线重合但方向正好相反。这个路线的中间点是晋北河曲之地兴盛的老虎山文化，唯有它才是尧族驻足、成长、繁衍生息的圣地。尧族之所以后来能在"十日并出"的内战中，继续向南发展并取得最终胜利，除与善射的羿之有扈氏南北呼应结为联盟的因素外，自身力量的增强和有一个稳固的大后方不无关系。我们不能肯定尧在取得内战胜利并定都"平阳"之时，"尧伐三苗"的战争是否也已取得了完全胜利，但这场战争的最后结束不仅必定大大壮大了尧族势力，而且使新生的石家河文化之所有城邦成为了与尧联盟的第一大成员。我们说过中国父系氏族原始社会中后期主要有三大集团，即中原的黄帝族、江汉的炎帝族和山东的太昊

族。当中原与江汉的炎黄两大集团（不包括已西迁的部分炎帝三苗氏族），在新的条件下又一次结为联盟，于是天下大局已定。

从考古的资料看，陶寺遗址（即平阳）的起始点是在距今4500年，而遗址内的早期城址（小城）的起建点却到了距今4300年，而比早期城址大5倍、面积达200万平方米的中期城址（大城）的起建点，则更晚到了接近距今4100年。我们知道碳14的测定年代误差值一般在百年左右，但同一方法测定的年代之间的相对间距，应该是不变的。这里提供的考古数据从建遗址到建小城相距200年，从建小城到建大城相距又200年。这一与周边数百年前早已筑城建邦的情况相比，显得十分特殊。它一方面说明，尧在取得"射日"胜利、代挚（质）而立之后，的确实行的是与民休戚与共、励精图治的路线，可见传说之"茅茨土阶"以及《击壤歌》《康衢谣》等对尧古之圣王所赞之词是不虚的。另一方面也说明，400多年间发生6次局部战争，平均每次战争相距70多年，应该说是相对和平的年代了。如果我们再联系距今4400—4300的百余年间发生的又一次降温事件，应该推断出这些局部战争暴发的原因多为周边部落的因灾入侵，而注重休养生息的尧是被动应战的。而且战争的结果或者是这些周边部落从此融入夏民、或者是签订和平与结盟条约，使以尧为中心的联盟逐步扩大。而当尧在"缴大风于青邱之泽"后，与"三大集团"中最后的太昊集团结也结成了联盟，一个新的时代便开始了。

我们在前边反复引述的《淮南子》一段话中，其最后为"万民皆喜，置尧以为天子。于是天下广狭险易远近始有道里"，说的就是这个城邦联盟新时代的开始。要知道距今5300年之时，颛顼帝"绝地天通"结束了轩辕黄帝开创的"天下一家"的千年大同时代，而在又过了一个千年之后的今天，尧帝又以"天下广狭险易远近始有道里"的互通互盟，而结束了"绝地天通"的彼此分离与战争，其意义是何等之伟大。

对于尧帝所开创的以中原夏族为中心的新城邦联盟，其真实的历史存在论据有三。

一是，《尚书》所记载的这一联盟的组成与议事内容。在以尧为"天子"的联盟中央机构中："四岳"是管理夏民的总管（可能兼有联盟中央常设办事机构之职能）；"欢兜"是江汉石家河文化部落的首领；"皋陶"是山东龙山文化东夷太昊族落的首领；"伯益"，从后世嬴姓各族将其奉为自己的祖先看，可知其是西部陇地少昊族的一支首领；还有一个叫"放齐"

的，地位也很特殊，但不知为何方的代表。从议事的内容看，既有官员的选任，更有"天子"接班人的酝酿推举，说明实行的是"军事民主制"和共主"禅让制"。

二是，考古文化中斝、鬲的传播。斝和鬲都是以三袋足为鲜明特征的陶器，从袋足的形状与做法看，显然是从小口尖底瓶祖神器演化而来的。三袋足斝鬲的传播路线是，它诞生于大青山下的老虎山文化（苏秉琦诗句："华山玫瑰燕山龙，大青山下瓮与斝"），后随尧族传播到夏族以外的四方各族（除马家窑系的文化仍保留喇叭口尖底瓶外）。由于三袋足器的寓意可以解释为"共祖的同胞"，所以它不仅正好诠释了离散各华族的自我认同，而且可以成为新的城邦联盟共同的祖神器。三袋足的斝鬲此后一直延续到夏商周三代而不衰，可见其生命力之旺盛。

三是，《尚书》中尧、舜、禹"禅让"时序的确切记述。《尚书》是由孔子修订的中国最古老的历史典籍，它上起尧舜禹，下迄夏商周，所述皆备。当今天的夏商周断代工程，已经找到并确定了夏的起始年代为距今4070年（准确的表述，应为公元前2070年，下同），我们再以《尚书》所载的尧舜禹禅让交替的具体年代向上推算，所载尧的元年应为距今4213年（公元前2213年）。显然这不是距今4500年定都襄汾平阳的尧族，更不是此前"射日"和"征三苗"的尧族，而是以实现并领导了城邦联盟的尧帝，因为《尚书》所记尧之此后在位的生平仅为98年。

这个发现十分重要，它告诉我们此前所述之尧的近400年的历史，实际是取代帝挚（质）之后的"尧族"所创造的历史。接下来我们要向你介绍的，是创造并领导了城邦联盟的《尚书》所述之"尧"其人的编年史。当然这一介绍是同尧如何禅位于舜，以及舜如何在尧的领导下推进这一联盟，还有舜如何领导大禹治水取得胜利，最后舜又禅位于禹等后续事件而一并进行的。这些内容你只有等到下节"帝舜、帝禹篇"看到了。

第四节　帝舜、帝禹篇

一

我们要了解新开创的尧舜禹时代，必须先来了解这一新的联盟以及转型后变化了的社会性质。与早它两千年开始的黄帝"大同"时代比，主要区别表现在如下诸多方面。

首先，尧所组建的城邦（邦族）联盟与黄帝为首的部族（姓族）联盟，虽同叫联盟，但因时代不同，而性质有别：一是组成成员不同。黄帝时代的联盟各成员是同姓的部族（即大姓族），其内部是由同血缘的众多氏族部落所构成。而尧时代的联盟成员是城邦，其内部是由同地缘范围内的众多不同血缘的姓族、氏族部落所构成。正是这个原因，我们将这样早期的城邦称为邦族，将其之间的结盟亦称为邦族联盟。二是，"大同"之概念有别。黄帝时代是"天下一家"的"天下大同"，亦即全天下的自然资源为所有姓族、氏族所共有，无论是平时还是灾年都可以在不侵犯他人的情况下自由迁徙，从而不仅有利于自然资源的全面开发，且以避免战争冲突的方式促进了姓族、氏族之间的融合与团结。而尧时代则是"城邦一家"的"邦域大同"，亦即城邦辖内的自然资源为内部不分姓族、氏族所共有，但城邦之间则各有边界、自保其疆（至少初期阶段是这样的）。三是，联盟之中央职能有异。黄帝时代的中央是"天下一统"的中央，所以黄帝是总领天下的"天子"。而尧时代的中央只是参加联盟者的中央，而未与之结盟的边远城邦并不包括在内，所以尧的"天子"只是联盟邦族的共主。由此可见，这样的邦族联盟中央，便是结盟邦族间的协调议事机构，它实行的是"协和万邦"的"军事民主制"，从而成为开始向国家过渡的邦国重要阶段，所以我们仍称其为"前国家"时期。由于它是以中原尧的夏民为核心，结盟的又是除极边远地区以外的大多数夷族城邦，故典籍中从这时开始便出现了以夏为中心的"中华"、"中国"之概念和提法。

其次，尧时代的社会结构开始出现分化：一是，进入了铜石并用的新石器时代晚期，历法的不断完善与生产力的大幅提升，促进了农业和手工业的长足发展和进步，从而开始出现剩余产品。二是，社会分工加快，特别是公

权力管理者与被管理者的分化，从而出现公共管理者的身份特权占有和分配不公，并导致私有财富的多寡和贫富的开始分化。三是，母系氏族消失后的"单轨制"父系氏族内部，已进步到"专偶制"（一夫一妻、一夫多妻）的"对偶婚"家庭，财富的继承权的出现导致家族内部的纷争加剧。由于以上这些分化，仍是在自然资源"城邦大同"基础上的分化，因而只是阶层的分化而非阶级的分化，但它显然已是进入了向阶级社会和阶级国家过渡的重要阶段。

再次，尧时代的社会观念和意识形态开始发生分化。 存在决定意识。昔日"天下一家"之大同时代，其"饮食自然，自歌自舞"的原始而自然的生存状态已成昨日黄花，代之而起的是人们对生命的忧虑和对社会分化的质疑与批判。试举例如下：

《庄子·天地》载："尧五十观乎华。华封人曰：'嘻！圣人！请祝圣人，使圣人寿'。尧曰：'辞'。'使圣人富'。尧曰：'辞'。'使圣人多男子'。尧曰：'辞'。封人曰：'寿、富、多男子，人之所欲也，汝独不欲，何邪？'尧曰：'多男子则多惧，富则多事，寿则多辱。是三者非所以养德也，故辞'。封人曰：'始也吾以汝为圣人耶，今然君子也。天生万民，必授之职。多男子而授之职，则何惧之有？富而使人分之，则何事之有？夫圣人鹑居而鷇食，鸟行而无彰。千岁厌世，去而上仙，乘彼白云，至于帝乡。三患莫至，身常无殃，则何辱之有？'封人去之。尧随之，曰：'请问'。封人曰：'退，已！'"

这段话翻译过来就是：帝尧在位50年时巡游华山，华封人（今华阴市辖内）说："太高兴了，这不是圣人吗。请让我们为您祝福：啊，请求上天让您长寿。"尧说："请你千万别这样说。"华封人又说："那我请求上天让你富有。"尧还说："请你千万别这样说。"华封人继续说："那我请求上天让你子孙繁多。"尧再次说道："请你千万别这样说。"华封人不解地问："长寿、富有、子孙繁多，那是世人对幸福的共同追求和梦想，您偏偏这样回辞我们的祝福，这到底是为什么呢？"尧这才掏心窝子地说："子孙越多就会徒增争斗，使人担心而恐惧。财富越多有就会导致贪欲，招惹更多的祸事。寿命越长就会老而无用，蒙受更多的羞辱。这三件事都不是可以用来滋长德行的，因此我才辞绝你们的祝福。"

华封人见尧对世人最基本的共同追求和梦想，原来这样认识问题，对现

实出现的这些社会问题又如此没有作为，十分失望。便很有些冲动地顶撞尧说："开始还以为你是替我们万民着想而努力治世的大圣人，今天才了解你只是一个光顾修养自己德性的平平君子。天生万民，授予每个人的是劳动创造的天职，子孙越昌盛就劳动创造得越多，你有什么担心的？创造的财富越多，只要使人人公平分享，而不是被那些掌握公共权力的人所贪占，你说能发生什么大事情？只要你们为公共服务的当权者（圣人）在物欲追求上仍能像初生待哺的乳鹑，在名利追求上能犹如鸟儿飞过不留踪迹，即使活到千岁，"三患"之殃也不会与你发生关系，那里还来的受辱之说？"华封人说完扭头就走。尧跟在后头说："我还有事请教，让我们继续讨论下去。"华封人说："走了，回去了，和你没啥说的了！"头也不回地扬长而去。"华封三祝"今之流传甚广，但多只知"三多"之祝，而不知尧之"三辞"，更对华封人的这段慷慨陈辞的讽谏很少提及了。

还有，晋皇甫谧《高士传》中，记载了高士许由和巢父的故事：说尧到了暮年，面对世风日下而无力挽回的局面，心力交瘁，决心禅让。尧在考察继位人时，听说阳城的巢父、许由是大贤者，便前去拜访。初见巢父，巢父不受。继访许由，许由不仅也不肯接受，还遁耕于九箕山中去了。尧执意让位，让人紧追不舍，再次寻见许由便恳求他做九州长。许由觉得尧坚持这样做，有辱于自己，遂奔至溪边，清洗听脏了的耳朵。这时遇见巢父也牵着牛来溪边饮水，问清缘由后便奚落许由说：你不接受王位，隐遁起来不吭声便则罢了，还给人大谈洗耳原由，岂不是另一种沽名钓誉。我下游饮牛，你上游洗耳，岂不弄脏了我的牛口？于是牵着牛到上游饮水去了。（原文："时有巢父牵犊欲饮之，见许由洗耳，问其故。对曰，'尧欲召我为九州长，恶闻其声，是故洗耳。'巢父曰，'子若处高岸深谷，谁能见子？子故浮游，欲闻求其名，污吾犊口'，牵犊上流饮之。"）

以上传说中这些观念对立且思想交锋激烈的对话，我们在此前几乎是见不到的。它们之所以在尧时（《尚书》之尧）集中出现，是因为这时社会转型所引起的阶层、家庭及贫富的分化，特别是公权力的异化所引起的社会不公，必然导致社会观念和意识形态的分化、碰撞和纷争，从而为我们认识这段特殊的历史真相，提供了珍贵的历史资料。

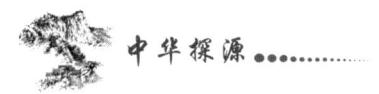

<h1 style="text-align:center">二</h1>

当我们将《尚书》所载之尧在位的元年（根据"夏商周断代工程"之夏的元年倒推，应为公元前2213年）及社会背景搞清之后，此后的介绍便将是编年史的了。

《尚书》对尧在位的前70年介绍只是概念性的。具体只说到，尧设置了"羲和"之官的中央专门机构（下设羲仲、羲叔、和仲、和叔，分管东西南北四方），负责观测天象，推算日月星辰运行的规律，以"敬授人时"指导农业及百业生产。尧对他们的工作成效十分赞赏，高兴地说："干的真不错啊，羲氏与和氏们！你们制定出一周年为366天、并用加闰月的办法确定春夏秋冬四季而成一岁的更为严密的历法，今后用它来授时治理，指导百工事务，天下就一定会百业兴旺的了。"（帝曰："咨！汝羲暨和。期三百有六旬有六日，以闰月定四时成岁。允厘百工，庶绩咸熙。"）这与传说"尧为天子，蓂荚生于庭，为帝成歷"是吻合的。看来这数十年间，应该是一个没有战争和灾荒、生产力得到较快发展的太平盛世。所以《尚书》才说：考查往古之事（"曰若稽古"），帝尧敬事节俭、普照四方、经纬天地、才思有德、诚恭宽厚（"允恭克让"）。他光被四表上下，既能使自己九族亲密和睦（"以亲九族"），又能平等对待和彰显其他各族（"平章百姓"），从而"协和万邦"，使黎民代代友善而和睦相处（"黎民于变时雍"）。

到了帝尧晚年，黄河流域发生了一场大水灾。帝尧把诸侯长四岳召来商讨对策。尧说："哎呀！四岳之长。滔滔的洪水正在危害百姓，水势奔腾咆哮，包围了山岭，浸没了丘陵，浩浩荡荡，弥漫接天。下民百姓嚎啕哭救，你们说派谁去治水最得力？"大家都说："啊，还是鲧吧。"尧说："唉，错了啊！他曾因不服从命令，使他的族人受到过毁坏的。"四岳说："还是用他吧，再给他一次考验和效力的机会。"尧听从了大家的意见，最后做出决定，说："鲧呀，那就派你去吧。千万要谨慎敬业啊！"然而，鲧治水9年，但最后成效并不好。

具体到帝尧在位的70年（公元前2143年），垂暮之年的帝尧更加把接班人的问题提上议事日程，多次开会让大家酝酿推荐。这时管历法四时的羲和年老病故，尧便在一次会上征求意见，说："你们说善治历法四时的还有谁啊，我要提升任用他。"诸侯放齐第一个发言，说："你的儿子丹朱不错

啊，人很开明有为。"帝尧回答说："别提他了，这小子说话不靠谱，又好与人争讼，固执己见，他怎么能胜任呢？"于是尧又征询另一个重要职位的人选意见，说："你们说善于处理政务的是谁呢，我需要他在这方面辅佐我。"这时诸侯欢兜站出来说："嗨！共工在防灾救民方面有经验，做的也很有成效啊！"尧说："唉！共工貌似恭顺而心中常有自己的一套，这怎么能让人放心呢。"

如果说上次议事尧只是试探摸底的话，在另一次议事会上，尧便直接把接班人的问题提了出来，说："啊！我的四方诸侯之长（四岳）。我在位七十年，你能按照我的意图把事情处理得很得人心，还是你来接替我的帝位吧！"四岳听了赶紧回答说："我的德行鄙陋，有辱于你的信任，实在不配升任帝位的。"帝尧实在没了办法，便对大家说："实在不行，你们也可以在中小氏族中、甚至于在平民中帮我考察推荐，选贤任能。"众人于是向尧提起说："在下面还真有一个穷苦的人，名叫虞舜，不知帝你知道不？"帝尧说："呀！真是的，我也听说过。你们把这个人的事详细说说看。"于是四岳便具体介绍了舜的情况，说："他是瞽叟的儿子。父亲瞽叟是个偏心眼、糊涂鬼，后母又是个狠毒贪心、不讲道理的母夜叉。后母所生的弟弟名叫象，傲慢无形，经常对舜找茬陷害。就是在这样的一个家庭里，舜仍能做到'以孝蒸蒸'，包屈克忍地与他们和谐相处得很好。这样德性厚美的人，用他治国是不至于坏事的。"帝尧听大家都这样评价舜，心有所动，说："那让我来试试吧！我把两个女儿嫁给他，以此考察他的治家之法。"于是下令送两个女儿到妫水之湾，予舜为妻。

舜，姚姓，名重华（传说目有双瞳，故名），是有虞氏人，故称虞舜。有虞氏为黄帝血统昌意、颛顼一族的后裔，时处晋西南"河东"（永济）一带。舜之祖上四代皆为庶人，因家境清贫，故为了养家糊口而少年时就到处奔波，从事各种体力劳动。"舜耕历山，历山之人皆让畔；渔雷泽，雷泽上人皆让居；陶河滨，河滨器皆不苦窳"。这里的历山、雷泽之名，皆是我们此前已十分熟悉了的。即说舜在家乡之地，他到了哪里人们都愿意追随，只要是他劳作过的地方，便带动起礼让和敬业的好风尚。在家，对虐待他的父母坚守孝道，对迫害他的弟象友爱不改，到20岁时便以孝贤而闻名当地。

尧把自己两个女儿娥皇、女英嫁给舜后，还替舜筑了粮仓，并陪嫁了许多牛羊。那后母和弟弟见了，又是羡慕，又是妒忌，几次三番用计暗害舜。

有一回，瞽叟叫舜修补粮仓的顶，当舜用梯子爬上仓顶的时候，便在下面着起大火，显然是想把舜烧死。舜在仓顶上想找梯子，梯子早已让人抽走了。幸好舜随身带着两顶遮太阳用的笠帽，他双手拿着笠帽，像鸟张开翅膀一样跳下来。笠帽随风飘荡，舜轻轻地落在地上，一点也没受伤。瞽叟在妻和象的撺掇下，又一次叫舜去淘井。当舜下到井里去后，地面上一块块土石便丢了下来，是想把舜活活埋在里面。没想到舜在井边掘了一个孔道，逃生了出来，又安全地回家了。象不知道舜早已脱险，得意洋洋地回到家里，大声地喊道："这一回准死了！这个妙计是我想出来的，现在财产全是我的了。"说完，他向舜住的屋子走去。哪知道一进屋子，舜正坐在床边弹琴呢。象心里暗吃一惊，极不好意思地改口说："哥哎，我是多么想念你呀！"舜也好像什么事也没发生一样，说："你来得正好，我的事情多，正需要你帮助我来料理呢"。事后，舜不改初衷，不但使二女与全家和睦相处，而且在各方面都表现出卓越的才干和高尚的人格力量，为时人所称扬。

二女将自己所见所闻、亲知亲历的这些情况，一一汇报给父亲。尧十分高兴，便下定了将舜作为接班人的决心。于是就在当年（尧70年），便提任30岁的舜，协助自己处理政务、管理天下大事。

尧对舜的全面考察，换一个角度看，其实是为我们提供了一个最古老的社会学田野调查。它让我们对于这一社会的认知，不再是通过出土之物和神话传说的破读而获得的干涩概念，而是直观地看到这一时代的父系社会中，其家庭、婚姻、财产、道德观念等社会写真的众生相。

三

帝尧在位共98年，舜从30岁时（即尧70年的前2143年）开始，协助帝尧处理政务达20年之久，50岁登"天子"位，后主政8年而尧逝（公元前2115年）。

按照《尚书》和《史记》所载：舜协政三年，各方面表现都十分优秀，尧便提出让位于舜，说：来吧！舜啊。我同你谋划政事，又考察你的言行，你的主意用了都能成功绩（"询事考言，乃言底可绩"）。三年了，现在你登上帝位吧（"三载，汝陟帝位"）。舜还是坚持要让更有德才的人继位，

自己不肯继承（"舜让于德，弗嗣"）。这样，帝尧真正禅位于舜便推到了20年后（《史记》"舜得举用事二十年，而尧使摄政"）。那时为尧90年，舜也已50岁（《史记》舜"五十摄行天子事"）。其后尧在世的8年，实际上已为帝舜主政了（《史记》"摄政八年而尧终"）。

《尚书》载，舜在太庙接受了尧的禅让册命后，祭祀了天地四时和山川群神，选择吉日接受了四方诸侯君长的朝见。并于次年巡视了四岳，以"柴"祭，并颁布新定之历法、音律、度量衡以及"五礼"。以后坚持每五年巡视一次，考察各地的政绩。舜还制定了五种刑罚，并把它刻划在器物上昭示天下（"象以典刑"）：犯有五刑的人最高刑罚是流放（"流宥五刑"），用鞭打作为官员的执法之具（"鞭作官刑"），用木条打作为教化的处罚之具（"朴作教刑"），用铜作为窃贪财物的赎罚之金（"金作赎刑"），因过失犯罪就赦免他（"眚灾肆赦"），仗势而不知悔改的则加重定刑（"怙终贼刑"）。由于这是针对社会分化后的现实，所颁布的中国最早的明文（象形）刑典，故尧反复叮咛说：慎重啊！慎重啊！使用刑罚一定要体恤下民而不可滥用啊（"钦哉，钦哉！惟刑之恤哉！"）。

同时《尚书》还说，舜划定了十二州的疆界，在十二州的名山上封土为坛举行祭祀，又疏通了各州的河道（"肇十有二州，封十有二山，浚川"）。同时，把共工流放到北国的幽州，把欢兜流放到南方的崇山，把三苗流放到西地的三危，把鲧流放到东裔的羽山（"流共工于幽州，放欢兜于崇山，窜三苗于三危，殛鲧于羽山"）。并在最后加上"四罪而天下咸服"的结论。

《尚书》以上所述，对我们了解原始社会末期开始向阶级和国家过渡的"前国家"阶段，其初创的禅让制度、礼乐制度、刑罚制度等，提供了直接的资料。但又突兀地说到舜之"浚川"，及流、放、窜、殛于"四罪"，既语焉不详，且与舜之为人相悖，让人摸不着头脑。

原来尧晚年在世且由舜佐政和主政的这28年，是中华大地洪水肆虐的灾难期。鲧治水的9年与大禹治水的13年，都发生在这一时期，这从《尚书》与《史记》前后文的通读中，完全可以推算出来。由于大禹治水是在舜主政时领导下完成的，所以说舜之"浚川"也是十分确切的。接下来我们所要破解的历史之谜，就是在这大水临头的灾难面前，素有仁君之称的尧、舜，为什么要以灭族的方式来处罚共工、欢兜、三苗和鲧这四大族呢？

其实这完全是一个历史的误会，原来这四大族所遭遇的灭顶之灾，完全是来自于洪水。四千多年前中华大地上所发生的这场特大洪水灾害，并不是孤立的事件，而是因全球气候变化所发生的全世界世纪性的洪水之灾。犹太人的《旧约全书》所能追溯到的西方人最远的历史，就是关于4000多年前这场"上帝"洪水灭世的记忆，此前地中海周边的亚、欧、非各文明古国的历史，都因这次洪水而消亡中断了。而中华悠久的历史之所以没有中断，是因为有尧舜时代城邦联盟强大而统一的中央领导和联盟制度。处于洪水淹没重灾区的共工、欢兜、三苗、及组织治水的鲧等四大族，虽遭灭顶之灾，但他们的部分有生力量多已转移到幽、崇、三危、羽山之四方山地。而大禹治水的最终胜利，则像当年"女娲炼石补天"、伏羲兄妹再造人类一样，使中华民族"凤凰涅槃"一般，又一次重获新生。

四

鲧和大禹治水，是发生在中华大地上一场人类战胜自然的壮丽史诗。然而要真正了解这场史诗的全貌，仅靠《尚书》所述之鲧治水："九载，绩用弗成"、"殛鲧于羽山"；以及大禹治水成功后，舜于尧逝世后提拔大禹居百揆之官辅佐自己时所说："禹，汝平水土，惟时懋哉！"（意为：禹啊，你平水土有大功，而作百揆理政还要勉力啊！）这样几句过于简略的话，是一定会让你失望的。但是如果我们觅之于史载之神话传说，情况则大不同。好在我们此前通过对神话传说的大量破译和解读，对其神话独具之"传其神，赋其灵。得其意，忘其形。诚其心，尽其情"的特质，已经了然于胸，现勉为述之于下。

《孟子．滕文公下篇》说："当尧之时，洪水横流，泛滥于中国，蛇龙居之，民无所定，下者为巢，上者为营窟"。这与《尚书》："汤汤洪水方割，荡荡怀山襄陵，浩浩滔天"所描绘的洪水严重情形是一致的。尧听从大家的意见所派治水的鲧，是当时处于崇地的"崇伯"（即河南嵩山一带的部落首领）。《山海经·海内经》载："黄帝生骆明，骆明生白马，白马是为鲧"。可见他是与舜又不同的轩辕有熊氏黄帝后裔的另一支族，即"白马族"（这与《史记》所记鲧为颛顼之子有异）。

　　然而，神话传说是将鲧描写成天上的一个大神，他怜悯同情在洪水中挣扎求生的人民，反对天帝用洪水对人类施行的惩罚。于是他盗出了天帝的一种叫"息壤"的神物，下到了人间。据说"息壤"是一种生长不息的土壤，看上去没有多大一块，但只要弄一点投向大地，马上就会生长变大而积成山、堆成堤，以此陻塞洪水，神力无穷。鲧用这东西治水，果然灵验，汹涌的洪水不仅再无法逞凶，还在"息壤"面前逐渐干涸，大地又开始出现生机。住在树梢窝巢里和山岗洞窟里的人民都爬了出来，枯瘦的脸上再度展开了笑容，他们的心里满怀对大神鲧的感激，又都准备在这苦难的大地上重建新的家园。可不幸的是，到洪水快要被鲧平息的时候，"息壤"被盗的事终于被天帝发现了。我们可以想象威严的天帝会怎样的发怒呵，他立即派了另一个天神下来，夺回了神物"息壤"，并把鲧殛杀于羽山这个地方。于是洪水比原先更凶狠地反扑过来，人们又一次陷入洪水的灾难之中，既悲哀他们自己的不幸，又悲痛大神鲧的牺牲，痛不欲生。

　　大神鲧治水失败而被天帝所杀，但死不瞑目，精魂不散，尸体三年不腐。不但这样，他的肚子里还逐渐孕育着新的生命，就是他的儿子禹。他把他自己的精血和心魂一齐都来喂养了这条小生命，要让他将来继承自己的未竟之事业。禹在他父亲的肚子里生长着，变化着，三年之中已经具备了种种神力，甚至超过他的父亲。天帝不死心又派了一个天神，来到羽山，用一把叫做"吴刀"的神器，把鲧的肚子剖开。这时更大的奇迹发生了，从鲧被剖开的肚子里飞出一条虬龙，头上长着一对坚利的角，盘曲腾跃升上了天空。鲧本人的尸体也化为了一只黄熊，跳进了羽山下的羽渊。这个神话传说在《山海经·海内经》中亦见所载："鲧窃帝之息壤以堙洪水，不待帝命，帝杀鲧于羽郊。鲧死三岁不腐"，"剖之以吴刀，鲧复（腹）生禹"。

　　在古希腊神话里，也有大神普罗米修斯盗"天火"给人间，被天帝囚锁在高加索的山顶，叫恶鹰来啄食他心肝的传说。这与大神鲧盗"息壤"的传说，实在是东西方的两个姊妹篇。但是中国传说所神话的，是真实的历史人物和历史事件，它所传递给我们的不仅是对治水英雄其与自然抗争精神的崇拜和颂扬，而且还有关于这场历史事件更多的真实信息。这个传说告诉人们：鲧化作黄熊其实是说鲧的身世是黄帝有熊氏的一支后裔。他领导人民筑城池、竖堤坝与洪水作斗争，最初成功保住了人民的家园和土地，只是在九年后更大的洪水到来时才功亏一篑，洪水高过城头和堤防而使鲧族毁身亡。

鲧死三年不腐、剖腹生禹，实际上不是说禹一定是鲧的亲生儿子、而是鲧父系氏族后裔中培育出来的又一治水英雄，他是在鲧死三年后就继承了鲧的遗志，领导了一场更为波澜壮阔的治水斗争。

当我们知道了杀死鲧的"帝"，是洪水的自然神，而不是"天子"的尧或舜，那么"流共工于幽州，放欢兜于崇山，窜三苗于三危，殛鲧于羽山"的历史其真相便已大白于天下。原来这场世纪性的大洪水是分为两个时段的，先是发生在最易改道泛滥的黄河中下游之豫东和黄淮海平原，此后更大的洪水吞没了黄河与长江两大流域。黄河下游的鲧族和共工族分别被洪水驱赶到了"羽山"（沂泰山地）和"幽州"（冀北山地）；而江汉流域其北部的"三苗"，再次被洪水逼退到西汉水又来到"三危"，而南部的"三苗"在欢兜族的带领下进入湘西之"崇山"。从此江汉流域兴盛的石家河文化便消亡了。而处于长江下游北岸的凌家滩文化和南岸杭嘉湖平原的良渚文化，更无一幸免的从此消亡，他们一部分撤到大别山一带向北求生，另一部分则南下经赣闽至粤，成为了早期的百越族。中国大地的版图经此一大变局而再次改写。

史载："禹生于江水"。《地理志》云："安阳，古江国也"，这是我们早已熟悉的少昊和共工曾所都之江水之地。至于章太炎所引《蜀王本纪》："禹本汶山郡广柔县人也，生于石纽"之说，所记当为禹之祖族生地，而非禹本人之生地。年轻的禹这时应该已是一位跟随鲧治水的鲧族副职或地方首领，当他也被洪水从江地逼退到东部"羽山"而劫后余生的三年之后，又被尧和舜召到中央授予指挥全局治水救灾之职。大禹治水，记取了鲧单用堙堵之法治水而失败的教训，采取了以疏导为主、疏堵结合的方法，在外治水十三年，三过家门而不入，终于治水成功。过去有人对大禹治水到底是在黄河流域还是长江流域弄不清，其实这一点在《尚书.禹贡》篇中不仅已经说清楚了，而且还将如何先黄河后长江、先主流后支流的治水过程也告诉了我们，只是有人怀疑大禹一个人哪来如此大的神力，所以并不真正相信罢了。

要知道，大禹治水根本不可能是一个人完成的事情，他是作为总指挥者，其主要任务是：在洪水肆虐之时，首先打破邦国界限而对灾民的妥善迁移安置（即舜所说"汝平水土"），然后才是洪水逐渐减退之后，组织动员全民对大的江河、道路因势利导地进行疏通，实际上也是对全国山河及土地家园的全面整治、恢复和重建。这样一个大的系统工程，即使放在今天亦无胜算，何况是在新石器时代的原始社会末期。如果我们联系这场洪水灭世的世界史，大禹治水的最后成功，不能不说是中华民族史上又一次凤凰涅槃般之惊天地、泣鬼神的壮丽史诗。

关于大禹治水的神话传说，其与鲧治水的神话传说一样，给我们传递的历史信息亦十分丰富而重要。例如"河伯献河图"（河图，即一石上石纹所显示之山川地形图），"伏羲授玉简"（玉简，即能度量天地、测平水土之器），"神女助凿巇门"（神女，即巫山神女，炎帝女儿族也），还有凿"龙门"而跃鲤鱼、断底柱而成"三门"（即鬼门、神门、人门之三门峡）、禹之治水副手伯益献"火攻烧山"之策（很可能是以火烧烤山石后用冷水激之，使其碎裂的一种新的开山技术）等。

除了这些反映各地古老族群献计出力助禹治水之神话外，有的还说到"禹与共工之战"，其实反映的是共工族为保全并恢复自己家园坚持继续引黄河南下入淮的方案，而大禹从全局和长远的实际出发否定了这一意见，最后迁共工族于幽地，导河于北而入海。从此，黄河在历史上时而北流、时而南流，从而创造了广大的黄淮海冲积平原之后，自大禹治水至今其入海走向基本定型。只要我们学会了读懂神话，大禹治水其艰难曲折而气吞山河的壮丽画面，就一定会浮现在你的面前。

《史记》说："唯禹之功为大，披九山，通九泽，决九河，定九州"。正因为如此，洪水平定之后，万民安居乐业，深深怀念尧舜的德泽和大禹的功绩，故史官特记《禹贡》篇（"贡"，功业也）载之《尚书》。现摘录一段，以飨诸公：

"导弱水（即今张掖河）至于合黎（今甘肃张掖、九泉之北），余波入于流沙（指今居延泽一代沙漠区）。

导黑水（此水位置不详）至于三危，入于南海。

导河（黄河）积石（积石山，在今青海西宁西南），至于龙门（在今陕西韩城东）；南至于华阴（华山之北）；东至于厎柱（即今河南三门峡）；又东至于孟津；东过洛汭，至于大伾（山名，在今河南浚县）；北过降水（指漳、泽合流的漳水），至于大陆；又北，播为九河，同为逆河（指兖州之九河，到下游又合为逆河），入于海。

嶓冢（山名，在今陕西宁强县西北）导漾（汉水上游），东流入汉；又

297

东，为沧浪之水（即汉水）；过三澨（水名，在江夏竟陵界），至于大别，南入于江(长江)。东，汇泽为彭蠡（今鄱阳湖）；东，为北江（指北之汉江），入于海。

岷山导江（指岷江，为长江支流），东别为沱（沱江）；又东至澧（澧水）；过九江，至于东陵（在卢江郡金兰县西北）；东迤北，会于汇（指淮水）；东为中江，入于海。

导沇水（水名，济水的上游），东流为济，入于河（黄河），溢为荥（荥泽，汉代已成平地）；东出于陶丘北（今山东定陶县），又东至于菏（今菏泽县）；又东北，会于汶（汶水）；又北东，入于海。

导淮（淮河）自桐柏（山名，在河南桐柏县），东会于泗（泗水）、沂（沂水），东入于海。

导渭（渭水）于鸟鼠同穴（山名，今甘肃鸟鼠山），东会于沣（沣水），又东会于泾（泾水）；又东过漆沮（为古洛河之两支流，即今北洛河），入于河（黄河）。

导洛（洛水，指南洛河）自熊耳（山名，在今河南桐柏县），东北，会于涧、瀍（涧水、瀍水）；又东，会于伊（伊水）；又东北，入于河（黄河）。"

面对灭世之洪水过后大禹所重整之山河，我们不由不从心底发出慨叹："伟哉，壮哉，大禹之神功也！"

五

尧帝在位98年而崩（公元前2115年），葬于山西襄汾。其时舜已佐政20年、并摄位8年，年58岁。禹治大水亦获全面成功。尧崩，群臣百姓好像死了亲生父母一样地悲痛（如丧考妣），三年间，四海之内听不到音乐之声（四海遏弥八音）。第四年的正月，已过花甲之年的舜在尧的大庙，与四方诸侯君长谋划计议灾后军国大事和人事安排。《尚书》对这次议事的全过程是这样记载的：

"咨，十有二牧！"（啊！十二州的君长！）曰："食哉惟时！柔远能迩，惇德允元，而难任人,蛮夷率服。"（舜说：民赖以为命的粮食生产一定不要违时。抚远安邻，厚德信善，而最难的是任人，这样和我们结盟的蛮夷也会真心顺服）。

舜曰："咨，四岳！有能奋庸熙帝之载，使宅百揆亮采，惠畴？"（舜说：啊！四方诸侯的君长！有谁能奋发努力、发扬光大尧帝的事业，使其居百揆之官，辅佐我处理政事最合适呢？）

佥曰："伯禹作司空。"（大家都说：现在作司空的禹治水最有功啊！还能是谁呢？）

帝曰："俞，咨！禹，汝平水土，惟时懋哉！"（帝说：真好呀，禹。你平定水土以安民，并取得治水成功，做百揆之官只要努力也一定能成功。）禹拜稽首，让于稷、契暨皋陶（禹施跪拜叩头之礼后，表示应让稷、契和皋陶他们来做才合适）。

帝曰："俞，汝往哉！"（帝说：好啦，别推让了。大家都推举你，你就上任吧。）

帝曰："弃，黎民阻饥，汝后稷，播时百谷。"（帝说：弃啊，灾后黎民生活困厄，还在忍饥挨饿。还是你来担任"后稷"农官吧，一定要不误农时的种好庄稼，争取好的收成）。

帝曰："契，百姓不亲，五品不逊。汝作司徒，敬敷五教，在宽。"（帝说：契啊，现在各个姓族之间并不亲善，家庭中的父、母、兄、弟、子也不和顺。还是你来主管民之政事和教育吧，你要敬业地布施父义、母慈、兄友、弟恭、子孝的五教，关键在有宽厚之德）。

帝曰："皋陶，蛮夷猾夏，寇贼奸宄。汝作士，五刑有服，五服三就。五流有宅，五宅三居。惟明克允！"（帝说：皋陶啊，蛮夷之邦常扰乱我中之夏邦，内部也常出现抢略杀人，外患内乱常生。还是你来掌管刑狱之长吧。五刑各有使用的方法，这五种用法又分别在野、市、朝三处执行。五种流放也各有去处，分别在三个远近不同的地方。你一定要明察案情，公允的定刑施刑）。

在这次重要的议事大会上，舜还任命了垂和殳斨、伯与，分别担任了"共工"这一掌管百工的正副职；任命伯益和朱虎、熊罴分别担任了"虞官"这一掌管山泽之草木鸟兽的正副职；任命伯夷担任了"秩宗"这一分管礼仪之官；任命夔担任"典乐"这一分管礼乐之官；任命龙担任"纳言"这一了解下情及时谏言之官。最后舜说："啊，你们二十二人，都要敬慎地对

待自己分工的职责，共同领导好天下大事啊!"

从《尚书》所载的这次重要会议的内容中，我们得到的信息是多方面的：一是，它告诉了我们禹被提拔佐舜总领百官的时间，是在尧崩三年之后，即公元前的2112年。二是，舜提拔任命的这些重要官职中，大多我们早已熟悉，有些我们并不了解。这从另一侧面证明了《史记》曾说，颛顼之后有"八恺"，帝喾之后有"八元"，尧时未能举，而舜时皆被重用，使天下"内平外成"，可见其言之不虚。三是，从舜提及蛮夷之邦的口气看，这是一次华夏酋邦内部的高层会议，而伯益和皋陶的入主内阁，也从侧面证明了皋陶的东夷族（山东一带）与伯益的西部少昊族后裔（陇东一带），这时已由联盟性质而通过治水洗礼后，开始成为了夏族的组成部分。四是，从舜"百姓不亲，五品不逊"、"蛮夷猾夏，寇贼奸宄"其对内外情势有针对性的评估，既可看到内部社会分化之巨，亦可看到原来的城邦联盟又开始出现新的危机。

关于洪水之后的城邦联盟危机，《尚书》之中亦有一段记述。是说有段时间苗民不愿再接受联盟的指命（惟时有苗弗率），舜命禹出兵去征讨。经过30天的战斗，还是没有征服苗民（三旬，苗民逆命）。这时伯益对禹说：施德可以感动上天，远人没有不来的（惟德动天，无远弗届）。至诚能够感通神明，何况这些苗民呢？（至诚感神，矧兹有苗）禹拜谢伯益的嘉言，按照他的建议班师回朝。舜帝于是大施文德和教化（帝乃诞敷文德），又在两阶上拿着干盾和羽翳跳起了文舞（舞干羽于两阶）。过了七旬，苗民不讨自来。

这种危机不仅发生在被洪水驱赶到三危的三苗族中，而且也发生在南方崇山的欢兜族与北方幽地的共工族中。这从舜最后巡视安抚欢兜之乱死于南地，禹后来重划九州而无幽，均可反映出来。

六

公元前2090年，舜帝在位第33年，时年83岁。他决心把接班人交给治水有功的禹，于是又郑重地召开了一次议事大会，《尚书》对其议事的全过程，亦作了全面记述。这又给了我们一次了解舜和禹的时代一个难得的机会，故择其要者复述于下：

帝曰："格汝禹！朕宅帝位三十有三载，耄期倦于勤。汝惟不怠，总朕师。"（舜说：来呀禹，我居帝位三十三年了，耄耋之人惓苦于政务。你年轻有为而不懈怠，还是你来协助我总统我的众民吧。）

禹曰："朕德罔克，民不依。（禹答：我的才德的确不能胜任，人民是不会依归我的。）皋陶迈种德，德乃降，黎民怀之。惟帝念功！（皋陶勤励树德，使德惠降施于民，黎民心里装的是他。帝也应该深念他的功绩呀!）"。

帝曰："皋陶！汝作士，明于五刑，以弼五教，期于予治。（皋陶，因了你作刑狱之官，能彰明五刑，以辅五常之教，达到了当初我设刑治国的初衷。）刑期于无刑，民协于中。时乃功，懋哉！（施刑是期待达到无刑，使人民都能协和而合于中道。这是你的功劳，做得真好呀!）"

皋陶曰："帝德罔愆。（皋陶说：这完全是帝德没有失误的原因啊。）临下以简，御众以宽；罚弗及嗣，赏延于世；宥过无大，刑故无小；罪疑惟轻，功疑惟重；与其杀不辜，宁失不经。（帝用简约治民，用宽缓御众；刑罚不株连子孙，奖赏扩延及后代；宽宥过失不论过多大，处罚故意犯罪不管罪多小；罪可疑时就从轻，功可疑时就从重；与其杀掉无辜的人，宁愿使自己陷于失察的指责。）好生之德洽于民心，兹用不犯于有司。（帝爱生命的美德，合于民心，因此人民就不冒犯我们执法的官吏。）"

帝曰："俾予从欲以治，四方风动，惟乃之休。（帝说：佐我依从人民的愿望来治理，四方百姓闻风而动，这都有赖你的美德）"

帝曰："来，禹！降水儆予，成允成功，惟汝贤；（帝说：来啊，禹。天降洪水警戒于我，成就政教完成治水之功，只有你最贤能；）克勤于邦，克俭于家，不自满假，惟汝贤；（能勤功于国，能持俭于家，从不自满自大，只有你最贤能；）汝惟不矜，天下莫与汝争能；汝惟不伐，天下莫与汝争功。（因你不自贤夸能，故天下没有人与你争能；因你不自傲居功，故天下没有人与你争功。）予懋乃德，嘉乃丕绩。天之历数在汝躬，汝终陟元

后。（我赞美你的德行，嘉许你的大功。天下的大任将要落在你的身上，还是你升任大君之位吧。）人心惟危，道心惟微，惟精惟一，允执其中。（如今人心充满危机，而治人治国之大道又是那么精深微妙，你一定要精研专一的去探求，并诚实的永远保持中道才是。）无稽之言勿听，弗询之谋勿庸。（没有根据的话不要听，不经过调查讨论而独断的谋划不要用。）可爱非君？可畏非民？众非元后何戴？后非众罔与守邦。（可敬爱的不是君主吗？可敬畏的不是人民吗？众人除非大君，他们还能拥护谁？君主除非人民，还有谁能保护邦国？）钦哉！慎乃有位，敬修其可愿。四海困穷，天禄永终。（要恭敬啊！慎重对待你的大位，敬行人民可愿的事业。如果你领导下的四海人民困穷有怨，天子的大位也就当到头了。）惟口出好兴伐，朕不再言。（只有天子的口可以赏善，也可以伐恶，所以我今天的话不能再改了。）"

禹曰："枚卜功臣，惟吉之从。（禹说：要不，请对有功的大臣人人也都占卜一遍，然后听从吉卜而定吧。）"

帝曰："禹！官占，惟先蔽志，昆命于元龟。（帝说：禹呀！官占的办法，那是因为自己先拿不定主意，而后才把命运交于大龟。）朕志先定，询谋金同，鬼神其依，龟筮协从，卜不习吉。（现在我的主意已定，与大家征询商谋的意见又都相同，我看鬼神也会依从、龟筮也会协从我们的意见的，没有必要再用占卜求吉了。）"

禹拜稽首，固辞。（禹跪拜叩首，再辞。）

帝曰："毋！惟汝谐。"（帝说：不要这样！只有你最合适啊。）

正月朔旦，受命于神宗，率百官若帝之初。（正月初一大过年这一天的早晨，禹在尧庙接受舜帝的禅让，率领着百官像当年舜帝接受尧帝的禅让一个样子。）

尧死后，舜、禹在位的五六十年间，是中国原始社会即将终结的最后几十年。如果说我们从《尚书》所载的前次舜任禹佐政及授百官的记述中，看到的是这个时期中国社会状况以及官制、礼制、刑制等"前国家"形态之文明，那么我们从以上的这段记述中所感受到的，就是这个时期已成的社会观念、治国理念、主流价值、道德追求、人文关怀等更多意识形态之文明。原来这不就是三皇五帝所创造的河洛文化，它一路走来到此终于自己开口说话，其所透露给我们的中华文明之果么？原来这不就是言必称尧舜的孔子，其所创立的儒家文化之源头么？原来这不就是世界其他各文明古国被洪水灭

302

世，却唯一没有中断而大难不死、浴火重生、源远流长的中华文明之河么？大哉，伟哉，中华民族！

禹继位后的17年，即公元前2073年，舜帝崩。《尚书》载："舜三十征，庸二十，在位五十载，陟方乃死。"是说，舜30岁被启用，佐尧20年，在位共50年，百岁乃崩。《史记·五帝本纪》载：舜"南巡狩，崩于苍梧之野，葬于江南九疑，是为零陵"。

舜帝崩后三年守丧期满，大禹于公元前2070年立国为夏。中国原始社会从此划上了句号。

第五节 原始社会的终结

一

人类的历史是一个渐变与突变相结合的有机体。从具体发生的历史事件看，它们在孕育、成长、又不断后浪推前浪地传导过程中，你中有我，我中有你，不知不觉形成汩汩流淌的历史长河。然而鸟瞰大河，其所呈九曲之势赫然在目，而处于转折之点的某一具体事件便成了导致历史由渐变到突变的标志物。夏禹立国，便是处于这一历史转折点的重要历史事件。

舜帝崩，已在天子位上的禹，立国号曰夏，故称夏禹，为姒姓。夏禹在继承尧舜的事业和遗志上不遗余力。首先，坚持实行禅让制，先举皋陶为继承人，且授政辅佐自己；因皋陶早逝，而后又举伯益，亦任之政。同时，继续发扬光大并完善尧舜所开创的"前国家"制度和维护城邦联盟制度，主要做了两件大事：

其一，刊定九州。

禹定九州，是在战胜洪水之后而大地开始恢复生机的形势下，所进行的中国最早的全面国土整治和普查、区划工程。《尚书·禹贡》对此有全面的记述：

"禹敷土，随山刊木，奠高山大川。（禹划分土地疆界，随山势砍伐树木为路标，以高山大川奠定界域。）

冀州：既载壶口，治梁及岐。既修太原，至于岳阳。覃怀底绩，至于衡漳。（从壶口开始施工，治理了韩城的梁山及支脉。太原治理好了，又治理到霍太山岳之南面。沁阳覃怀一带治理有成，又到了横流入河的漳水。）厥土惟白壤，厥赋惟上上，错，厥田惟中中。（那里的土是白壤，那里的田赋是第一等、也夹杂着第二等，田地是第五等。）恒、卫既从，大陆既作。岛夷皮服，夹右碣石入于河。（恒、卫之水顺河道而下，大陆之泽也已治理完功。住在海上的岛夷之族用皮服来贡，先接近右边的碣石山，再进入黄河而上。）

济、河惟兖州（济水与北向的黄河之间为兖州）：九河既道，雷夏既泽，灉、沮会同。（黄河下游的九条支流都疏通了，雷夏之泽也安定了，灉水和沮水会合流入了雷夏泽。）桑土既蚕，是降丘宅土。（栽种桑树的地方开始了养蚕，于是人们从山丘上搬到平地来住。）厥土黑坟，厥草惟繇，厥木惟条。厥田惟中下，厥赋贞，作十有三载乃同。厥贡漆丝，厥篚织文。（那里的土质又黑又肥，草是茂盛的，树是修长的。田地是第六等，田赋是第九等，耕作十三年后乃与其他八州相同。那里的贡物是漆和丝，还有用竹筐装着的彩绸。）浮于济、漯，达于河。（进贡的船只行于济水、漯水，到达黄河。）

海、岱惟青州（渤海与泰山之间是青州）：嵎夷既略，潍、淄其道。（嵎地夷民已作安置，潍水和淄水也安澜入道。）厥土白坟，海滨广斥。厥田惟上下，厥赋中上。（那里的土质又白又肥，海边有大片的盐碱地。那里的田地是第三等，田赋是第四等。）厥贡盐、绨，海物惟错。岱畎丝、枲、铅、松、怪石。莱夷作牧。厥篚檿丝。（那里进贡的是盐和细葛布，海产品多种多样。还有泰山山谷产的丝、大麻、铅、松材和奇石。莱夷一带可以放牧。进贡的物品是那筐装的柞蚕丝。）浮于汶，达于济。（进贡的船只行于汶水，到达济水。）

海、岱及淮惟徐州（黄海、泰山与淮河之间，是徐州）：淮、沂其乂，蒙、羽其艺，大野既潴，东原底平。（淮河、沂水治理好以后，蒙山、羽山一带已经可以种植了，巨野大泽蓄聚着深水，东平之东原一带开始露出了平地。）厥土赤埴坟，草木渐苞。厥田惟上中，厥赋中中。（那里的土地是很肥的红黏土，草木丛生。那里的田地是第二等，田赋是第五等。）厥贡惟土五色，羽畎夏翟，峄阳孤桐，泗滨浮磬，淮夷蠙珠暨鱼。厥篚玄纤缟。（那里的贡品有五色土之红土，羽山里的大山鸡，邳县峄山之阳特生的桐木，泗水岸边可以做磬的磬石，淮夷之地的蚌珠和鲜鱼。还有那筐子装运的黑色的绸和白色的绢。）浮于淮、泗，达于菏。（进贡的船只行于淮河、泗水之上，到达与济水相通的菏泽。）

淮、海唯扬州（淮河与黄海之间是扬州）：彭蠡既潴，阳岛攸居。三江既入，震泽底定。篠簜既敷，厥草惟夭，厥木惟乔。（洪水归入了鄱阳湖，东南沿海的各岛上开始有人居住。北江的汉水和南江都会入彭蠡之水、中江的岷江都已经能够流入大海，称作震泽的太湖也安定了下来。小竹和大竹开始遍布各地，那里野草茂盛，并能看到高大的乔木。）厥土惟涂泥。厥田惟下下，厥赋惟下上，上错。（那里的土地还是泥淖而尚未完全恢复，田地是最低的第九等，赋税是第七等、也有第六等。）厥贡惟金三品，瑶、琨、篠、簜、齿、革、羽、毛惟木。岛夷卉服。厥篚织贝，厥包橘柚，锡贡。（那里的贡品是铜、美玉、美石、小竹、大竹、象牙、犀皮、鸟羽、旄牛尾和木材。沿海各岛的人还穿着草编的襄衣。这一带把筐装的贝锦、包裹的橘柚作为贡品。）沿于江、海，达于淮、泗。（进贡的船只沿着长江、黄海，到达淮河、泗水。）

荆及衡阳惟荆州（荆山到衡山之南是荆州）：江、汉朝宗于海，九江孔殷。沱、潜既道，云土、梦作乂。（长江、汉水像诸侯朝天子一般奔向大海，洞庭湖的水也大定了。长江的枝江沱水和汉江的潜水皆归入河道，云梦泽一带也初步得到治理。）厥土惟涂坭，厥田惟下中，厥赋上下。（那里的土地也还是一片泥淖，田地只能定为第八等，赋税是第三等。）厥贡羽、毛、齿、革惟金三品，杶、幹、栝、柏，砺、砥、砮、丹惟菌簬、楛。（那里的贡物是羽毛、旄牛尾、象牙、犀皮和三类铜，还有椿、柘、桧、柏，以及粗细磨刀石、造箭镞的石料、丹砂和造箭杆的美竹、楛木。）三邦底贡厥名，包匦菁茅，厥篚玄纁玑组。九江纳锡大龟。（近云梦泽的三个酋邦因生产尚未恢复，故贡品缺名，但还是进贡了杨梅和青茅草，还有装在筐子里的彩绸和珠玑。而九江之地则进贡的是大龟。）浮于江、沱、潜、汉，逾于洛，至于南河。（这些贡品经长江、坨水、潜水、汉水，到达汉水上游，走一段陆路到洛水，再到晋南的黄河段。）

荆、河惟豫州（湖北的荆山与黄河之间是豫州）：伊、洛、瀍、涧既入于河，荥波既潴。导菏泽，被孟潴。（伊水、瀍水和涧水都已流入南洛河而

入黄，荥阳的荥波泽蓄满了水。又疏通了菏泽，并在定陶的孟潴泽筑起了堤防。）厥土惟壤，下土坟垆。厥田惟中上，厥赋错上中。（那里的土质是松软的壤土，低地的土是肥沃的黑垆土。那里的田地是第四等，田赋为第二等，也有第一等。）厥贡漆、枲、絺、纻，厥篚纤、纩，锡贡磬错。（那里的贡物是漆、麻、细葛、纻麻，和那筐装的绸和细绵，还进贡治玉磬的石头。）

华阳、黑水惟梁州（从华山之阳到怒江之间，是梁州）：岷、嶓既艺，沱、潜既道。蔡、蒙旅平，和夷底绩。（川北的岷山和嶓冢山治理以后，沱水、潜水也已经疏通。峨眉山和雅安北的蒙山治理后，对大渡河以东众多夷族的治理也取得成效。）厥土青黎，厥田惟下上，厥赋下中、三错。（那里的土是疏松的黑土，田地是第七等，赋税为第八等，也有七和九等。）厥贡璆、铁、银、镂、砮、磬、熊、罴、狐、狸。织皮、西倾因桓是来。（那里的贡物是美玉、铁、银、镂铁、做箭镞的石料、磬石、熊、马熊、狐狸、野猫。西戎的织皮和西倾之邦沿着桓水即今白龙江而来。）浮于潜，逾于沔，入于渭，乱于河。（进贡的船只行于潜水，然后离船上岸陆行再进入沔水，然后又通过渭水，最后横渡黄河。）

黑水、西河惟雍州（黑水北端之发源地与晋西南的黄河臂弯处之间，为雍州）：弱水既西，泾属渭汭，漆沮既从，沣水攸同。荆、岐既旅,终南、淳物，至于鸟鼠。原隰底绩，至于猪野。（张掖河向西流入了居延海，泾河流入渭河之湾，漆沮水也会合到北洛水流入黄河，沣水也向北与渭河会合。关中的荆山与岐山治理好了以后，秦岭的终南山段、淳物山即太白山段，一直到甘肃的鸟鼠山也都得到了治理。原隰即今彬县、旬邑一带治理成功，然后甘肃的猪野之泽也得以治理。）三危既宅，三苗丕叙。（三危一带可以定居无虞了，迁到这里的三苗族也平顺了。）厥土惟黄壤，厥田惟上上，厥赋中下。厥贡惟球、琳、琅玕。（那里的土质是黄土地，那里的田地是第一等，赋税是第六等。那里的贡物是类玉、美石和珠宝。）浮于积石，至于龙门、西河，会于渭汭。（进贡的船只从西宁的积石山入黄河，行到龙门、晋西南黄河拐弯处，与顺渭水而下的船只相会合。）织皮昆仑、析支、渠搜，西戎既叙。（青海的织皮之族定居在了昆仑、析支山、渠搜山一带，西戎各族也都安定顺从了。）

其二，推行五服。

定九州的国土整治和普查、区划工程的全面完成，为新生的夏王朝其赋税和朝贡制度的诞生打下了基础，这就是九州刊界、田地定等、田赋定级、贡物定种。而新的赋税和朝贡制度地实行，则要靠推行甸服、侯服、绥服、要服、荒服的"五服"制度。《尚书·禹贡》是这样记述"五服"制度的：

"九州牧同（九州成为一体）：四隩既宅，九山刊旅，九川涤源，九泽既陂，四海会同。（四方之地可以居住和耕种了，九州之山伐木筑路可以通行了，九州之河的源流都疏浚畅通了，九州之泽的荒水都归位了，于是四海之内进贡的陆路和水路都畅通无阻而会同京师了。)六府孔修，庶土交征，厎慎财赋，咸则三壤成赋。（水火金木土谷之"六府"都得以治理，各处的土地都要征取赋税，并要求重视财赋征收，全部按照上中下"三壤"九等所定赋额，如数缴征，不得违反。）中邦锡土、姓，祗台德先，不距朕行。（中央之夏邦，赏赐给各诸侯邦以土地和姓氏，要求敬重先王昌导的道德规范，但不能违抗今天子的新政。）

五百里甸服。（国都以外五百里，为天子"治田出谷"，实行甸服。）百里赋纳总，二百里纳铚，三百里纳秸服，四百里粟，五百里米。（最近一百里内的缴纳连杆的谷；二百里内的缴纳禾穗；三百里内的缴纳带壳的谷；四百里内的缴纳粗米；五百里内的交纳精米。）

五百里侯服。（甸服以外再五百里，实行侯服。）百里采。二百里男邦。三百里诸侯。（离甸服最近的一百里替天子服差役；二百里的为国家服差役；三百里的担任监检诸侯的侦察防范之职。）

五百里绥服。（侯服以外再五百里，实行绥服。）三百里揆文教，二百里奋武卫。（其三百里的，考虑推行天子的政教；再其二百里的，奋扬武威保卫国家。）

五百里要服。（绥服以外再五百里，实行要服。）三百里夷，二百里蔡。（其三百里的，约定和平相处；再其二百里的，约定遵守条约。）

五百里荒服。（要服以外再五百里的边远蛮荒地方，实行荒服。）三百里蛮，二百里流。（其三百里的，实行听从其蛮俗的羁縻政策，尽量维持松散的隶属关系；再其二百里，即最远已达2500里的，任其流移扩展，或贡或不贡，亦可自便。）

东渐于海，西被于流沙，朔南暨声教讫于四海。（东方进入大海之岛屿，西方到达流沙之荒漠，还有最边远的北方和南方，天子的同一声教都到

达了夷狄各族居住的地方。）

禹锡玄圭，告厥成功。（于是大禹便被赐予黑色的玉圭，宣告大功告成了。）"

大禹在舜未死之前就已在天子之位达17年，而如今再次被赐玄圭而登上的大位，虽仍为天子，但已是大夏王朝的国王大位了。大禹有治水之大功，有刊定九州、整治国土、恢复家园之大功，而这次"告厥成功"的，是在九州成功推行了"五服"制度之大功。正是"五服"制度在九州的实行，才使大禹登上了夏之王位。

原来在此之前尧舜禹的天子，既是夏邦的共主，也是联盟诸城邦共同的天子。然而这一以夏邦为中心的城邦联盟，经过洪水灾难的洗礼和灾后重建的考验，不仅大大凝聚了各邦人心，而且自身也发生了新的变化。一方面是，原来东帝太昊族后裔的皋陶和西帝少昊族后裔的伯益，这时都加入了夏邦（这从他们都被禹授位为了接班人，完全可以得到证实），使壮大后的夏邦这时已由联盟中心变为了主体。另一方面，因洪水而被迁徙到幽州、三危以及南方崇山的共工、三苗和欢兜，虽历经磨难、身处边远蛮荒之地，但却更加重视对于这一生存共同体的依赖。所有这些都为大禹继黄帝后再次统一中国创造了前提条件，于是一个以九州为"天下"、以"五服"为国体的大夏王朝之中国，便应运而生。

二

公元前2060年，禹建立夏王朝之后的第10年，东巡狩，至于会稽而崩。伯益作为禹生前所选定之接班人，授天下，登王位。

史载，三年之丧毕，伯益按惯例作出姿态，礼让帝位于禹之子启，自己避居箕山之阳。启便毫不客气地遂登夏天子位，是年当为公元前2057年。有扈氏（是为羿之有扈氏，还是丹朱之有扈氏，无考）对启如此破坏禅让制不服，起兵反对。启亦兴兵伐有扈氏，于是在甘地即今之洛阳附近发生了一场战争。《尚书·甘誓》记述了这场战争：

"大战于甘，乃召六卿。（大战即将在甘地展开，夏王启召集了六军的将领。）王曰：嗟！六事之人，予誓告汝。（王说：听着！你们六军的将

士，我有话要告诫你们。）有扈氏威侮五行，怠弃三正，天用剿绝其命，今予惟恭行天之罚。（有扈氏以武力蔑侮五服的实行，怠慢而抛弃三大政事的推行，因此上天要剿绝他的族命，现在让我来奉行上天对他的惩罚。）

左不攻于左，汝不恭命；右不攻于右，汝不恭命；御非其马之正，汝不恭命。（车左之军不努力射箭，你们就是不遵我的命令；车右之军不努力用戈矛刺杀，你们就是不遵我的命令；驾车之军不努力驭马冲向正前方，你们就是不遵我的命令。）用命，赏于祖；弗用命，戮于社，予则孥戮汝。（服从命令的，定会在先祖的神位前赏赐你们；不服从命令的，定要在社神的神位面前惩罚你们，我会将你们变为奴隶，或者杀死你们。）"

有扈氏以己之族的微弱力量而面对启的国家军队，失败是必然的。启灭有扈氏，诸侯皆不敢再有异议，启遂弃平阳迁都安邑（在今夏县）。历史对于有扈氏维护"公"天下其禅让制的正义之举，是肯定的。《淮南子·齐俗训》说："昔有扈氏为义而亡"。高诱对此注曰："有扈氏，以尧舜传贤，禹独传子，故伐启。启亡之。"这里说的"禹独传子"有些不够准确，因为禹生前是先传皋陶，因皋陶早死而又传伯益的。至于夏禹之子启是如何取代伯益的，应该说是历史上的一个谜。史书说是益自己避居箕山而让位于启的，这就有些蹊跷。按说益如果真认为启是可传之人，是应先将其定为接班人而佐政，经过较长时间的锻炼和考验后或再正式禅位、或死后再由其接位，那里有自己还活着就躲进深山一走了事的呢？所以让位之说就破绽明显，是经不住追问的。这从启在讨伐的《甘誓》中，虽以夏王自居，但只字不提甚至有意回避自己王位来源的合法性，完全可以看得出来。

要知道，原始社会末期的尧舜禹时代，仍还属于"天下为公"的原始共产社会。只是这个"天下"，经历了由黄帝时代的"大天下"、到颛顼"绝地天通"后分为"四帝"的邦"天下"，再由尧完成的城邦联盟、到最后由禹完成的九州一统之国"天下"。禹所建之夏王朝的国"天下"，我们应该明白它一开始仍是"天下为公"的。禹为夏王的"五服"制度，其九州的土地等自然资源并不为任何家庭或邦族所私有，而代表"天下为公"自然资源之公有权的为"天子"夏王禹。是"天子"夏王禹以"授土"九州，来确保他的子民在自然资源公有条件下其劳动的权利和生存的权利，而不被他人所抢占或剥夺；即使再遇到干旱或洪水等人类不可抗拒的自然灾害，亦可从迁徙"授土"中和平得到新的生存空间。这便是禹所创立的夏王朝九州一统之

政治基石，也是九州之夏夷"百姓"象"江汉朝宗于海"一样拥护统一的新王朝之社会基础。

大禹实在是一个伟大的人，但他的历史局限性使他在将原始社会的"天下为公"制度推到了极致，并将其"天下为公"之公权力和责任系于"天子"一人之身，还只是把"天子"之位的选贤禅让制度仅寄托以"天子"个人的道德自觉。用看似强大无比而在强力面前不堪一击的道德来维系一个制度的传承，这个制度的现实危机便是不可避免的了。

《史记》载：启"遂灭有扈氏，天下咸朝。夏后帝启崩，子帝太康立"。于是一个走向峰巅的"天下为公"的大夏王国，因"天子"公权力的异化而变天，由此而成为了长达四千年的世袭私有制专制国家的滥觞。

三

"夏传子，家天下"，这是中国人家喻户晓的历史知识。"天子"易人，"天下"易质。转身之间，一个在禅让制下代表公"天下"的天子，蜕变为了在世袭制下代表家"天下"的天子，它导致的是一个大时代的结束和社会的转型突变。从历史学和社会政治学的角度来解读，它所反映的内涵是多方面的。

其一，"三皇"与"五帝"时代的终结。

中国民间传说所表述的史前史，是"三皇"与"五帝"的历史。从本文的逐一解读中我们已经清楚，这里的"三皇"与"五帝"并不是一个绝对的定数，但却有一个绝对的历史传承和排序。"三皇"中的有巢氏代表了由猿进化到人的最早的直立人，燧人氏则代表了以火的发明为标志的早期智人，他们都是处于旧石器时代的原始群。进入新石器时代后"三皇"中的女娲氏代表了早期新人（现代人），她与她所诞生的伏羲氏，不仅创造了制陶和开始种植养殖的定居生活，而且创造了母系与后来父系的族外婚，从而创造了整个母系氏族社会。当历史进入父系氏族社会之后，实际上便也进入到了"五帝"时代。最早被称为"帝'的炎帝神农氏、祝融氏和共工氏，因为他们所经历的是由"三皇"到"五帝"的过渡阶段，所以传说常将他们也列入"三皇"之列而以双重身份出现。蚩尤在炎帝位近二百年，所以按理也是应该被称为帝的。创造"天下一家"大同社会的轩辕黄帝更不用说了,他之后的少昊帝、颛顼帝、帝喾、帝尧、帝舜、帝禹,人人都是各自时代的主人和创造者。是大禹将"五帝"的时代推向了巅峰,然而当他在这个巅峰上建造了中华一统的夏王朝之国家,并自命为夏王时,"五帝"时代便宣告结束。禹的儿子启所抢夺的,是禹的王位,而他所颠覆的是"天子"的禅让制和禹所建立的新生国家的性质,中国历史从此便进入了王位世袭之"家天下"的私有制国家。

其二,原始氏族社会的终结。

社会的起源,来自于上古之时血缘与地缘的结合。如果说旧石器时代族内血缘婚的原始群仅能称作"前社会"的话,中国最早的氏族社会便只能从华胥女娲创立的母系族外婚算起。从族外婚的女娲母系氏族到伏羲父系氏族的诞生、繁衍与迁徙,于是形成以氏族为基本单元的胞族社会、部落社会、部族(姓族)社会等。炎帝时代的炎帝、黄帝、太昊等大的部族(姓族),经过炎黄之战,到了黄帝时代便进入到了部族联盟的"天下一家"大同社会,民族之体由此形成。当"四帝"(东、西、南、北之帝)使部族联盟解体之后,姓族杂居共处的地缘城邦(邦族)社会开始诞生。此后在尧帝之时,各独立的城邦又开始走向以夏邦为中心的城邦联盟,这是一个自觉实行军事民主制的城邦联盟。这个联盟生存共同体经过洪水灭世的考验而显示了强大生命力之后,于是在禹的推动下走向了更高形式的统一国家——以夏邦为中心方国而与四夷方国共同组成的大"中国"。夏启夺取夏王之位而实行王位世袭制度的"家天下",历经母系和父系之"公天下"的原始氏族社会便宣告结束。

其三,原始共产制度的终结。

"天无私覆,地无私载"。天地生人,同时也赋予了每个人生存的空间和劳动创造的条件。天地所生之山川土地等自然资源,为大地所生之每一人类所共有的共产,这一无须任何证明的公理,却需人类在历史的实践中去领悟。中华民族最早领悟这一公理的,不是原始族群在最初劳动创造中对生存空间和自然资源的自然拥有,而是其发展到一定密度的族群,在遭遇自然灾害而引发生存战争、并使各方均受到严重创伤之后,才逐渐醒悟的。两次炎黄大战之后,以黄帝族为核心的包括炎帝族、太昊族在内所实现的"天下一家"、社会大同的部族联盟,这一原始共产社会的最高形态就是反省领悟之

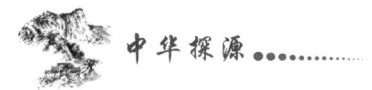

后的具体实践。这里的所共之产，不仅是指劳动创造的物质财富的平等分配，更重要的是指自然资源的天下共有与共享。黄帝时代的千年太平，绝对不是千年无灾，而是面对灾害能够以制度的安排赋予其新的生存空间，确保了千年无战。"黄帝四面"之后逐渐形成的各城邦，其内部虽因父系氏族单轨制的确立而开始出现家庭私有财产，但自然资源仍为本邦各族群所共产；从而确保了虽因社会分工而产生了不同阶层，但却没有产生独占自然资源的统治阶级和丧失自然资源的被统制阶级，所以它仍是邦天下的共产社会。只是这一相互"绝地天通"的邦天下之共产社会，由于其生存战略转移空间相对有限，所以它可以防止内部的生存战争，而无法避免因更大灾害所引发的城邦之间发生的生存战争。由"羿射十日"邦内战争而扩大到"尧征三苗"城邦之间的战争，就是由赤地千里的大旱之灾所引发的又一争夺生存空间的生存之战。大灾所导致的战争促使了新城邦联盟的产生，正是尧舜所领导的新城邦联盟其组织协调作用地充分发挥，才使中华民族在后来遭遇世纪性洪水灾难之时不仅没有毁灭，而且劫后重获新生。组织治水胜利并进一步完成灾后国土整治和重建的大禹，顺应形势将城邦联盟推向了新的阶段，于是在西方洪水灭世之后，一个以自然资源"天下一家"而实行共产的"天下一统"之国家，便出现在世界的东方。然大禹在夏王之位仅十年便匆匆离开了人世，当他的儿子启登上王位后，变禅让制为世袭制，变"公天下"为"家天下"，一个私有的、阶级的专制国家，从此走上了历史舞台。

中国的史前史，主要是指没有文字记载的"三皇"与"五帝"传说时代的原始社会。以上几点是面对这一历史时代的终结，从不同角度所做的回应与小结。至此，我们关于中国史前史的探索也便宣告基本完成。

《中华探源》附表（五）：

颛顼、帝喾至尧舜禹时代(仰韶"晚期"至龙山文化)图表
（距今5300—2070年新石器晚期）

地缘邦族	仰韶文化"晚期"（距今5300—4500年）		龙山文化（距今4500—4070年）	
	颛顼时期（距今5300—5000年）	帝喾时期（距今5000—4500年）	尧时各邦族期（距今4500—4210年）	尧舜禹城邦大联合期（距今4210—4070年）
中原夏族	"绝地天通"、"黄帝四面"而分为"四帝"。颛顼成为"北帝"，并使中原地缘各姓族成为统一的地缘之夏邦。　此时的中原，因父系氏族已占绝对地位，仅剩的少数母系氏族因与固定长期通婚的相邻父系氏族血缘同化而难以为继。故有颛顼帝各种不通常理的法令和织女牛郎悲剧故事的发生。	因气候变冷，使北方红山文化消亡并进入小河沿文化(距今5000—4200年)。因此而南迁的黄帝虎族使原协助颛顼熊族的虎族帝喾，从此成为夏族之邦新主。　帝喾的重要历史贡献是使"履大人迹而生弃（后稷）"、"吞鸟卵而生契（商之祖)"等难以为继的中原母系，顺利转化为以帝喾为祖的"单轨制"父系社会（尧时的嫦娥奔月即标志中原最后一个母系氏族的消亡）。	陶寺遗址（距今4500—4000年）的发现，告诉我们尧接替帝喾而为夏主。　①尧时"羿射十日"，说明在中原大旱，"十日并出"之时，尧对夏邦的统一。　②尧征三苗，为中原大旱尧对江汉南征的生存战争。　③尧时羿"诛凿齿"、"杀九婴"、"缴大风"、"断修蛇"等战争，使以夏族为中心各城邦之联合逐步形成。	《尚书》所记之尧，为尧族最后一个夏主，亦为各城邦联合体的第一个"天子"。　尧实行"天子禅让制"，先后传位于舜和禹。在此期间发生了世纪性洪水。鲧治水失败，禹临危受命，终于带领各族治水成功。并以"五服制"于公元2070年创立夏王朝之中国。　夏启破坏禅让制夺天子位，使夏王朝成为了"家天下"。　夏时北方小河沿文化演变为夏家店文化，成为北夷（狄）之族。
南夷（蛮）之族	黄帝天下一统解体后，祝融族成为南帝　①大溪文化演化为屈家岭文化(距今5300—4600年)，为南部城邦。　②东南之崧泽文化演变为良渚文化(距今5300—4200年)，亦进入城邦时代。		因尧征三苗，导致屈家领文化演变为石家河文化（距今4600—4100年）。	①此时期欢兜为南部城邦首领，参与城邦联盟。江汉发生洪水后，南迁于湘黔"崇山"之地。　②良渚文化于洪水期消亡。
东夷之族	黄帝天下一统解体后，太昊族成为东帝，仍为大汶口文化。		尧时太昊族进入山东龙山文化（距今4500—4000年），并成为城邦时代的鼎盛期。	此时期皋陶作为东夷城邦首领，参与城邦联盟管理。生前亦受过禹将天子之位的禅让。
西夷（戎）之族	黄帝天下一统解体后，少昊族成为西帝。其文化进入马家窑文化（始于距今5000多年）。		因尧迁三苗于三危，使其文化继续向西发展为半山、马厂文化（进入夏朝后演变为齐家文化）。	此时期伯益作为西夷首领协助大禹治水，参与城邦联盟管理。　皋陶死后，禹又传位于伯益。禹死，启夺其位，遂使"天下为家"。

313

第八章 中之国—中华文明之光

内容提要：

1.以"双重证据法"将"三皇、五帝"的史前传说与考古发现对接互证，再将因此而复活的史前史与已知的文字信史相链接，从而还原一个完整的中华历史与文明。

2.中华民族所独具的"天下一统"之国家观，"同源一体"之民族观，"大同理想"之社会观，"天人合一"及"和合"之文化（哲学）观，是自源头滥觞之历史长河基因积淀所形成的历史智慧和精神家园。完整的中华历史与文明的复活，使所有这些观念的形成基因密码得以破解，从而驱散笼罩心头的民族历史文化"虚无主义"之迷雾，点亮我们的心灯，激活我们的信念，增强民族的自信心和凝聚力。

3.以探求"我是谁？我从哪里来？我到哪里去？"为宗旨的中华探源之旅，使世界文明古国中唯一未曾中断的中华历史文明，由此而"名至实归"，且独具价值与意义。实现中华民族伟大复兴的中国梦，需要中华历史文化的复兴来支撑。而有异于西方的中华"和合"文化之复兴，必将给陷入现实种种危机的世界，带来"自赎"而新生的福音。

第一节　历史与文明的链接

一

本著到此终于可以长吁一口气地告诉大家，我们关于中华史前史的探源之旅已基本告成，从此中华史前的传说时代便成为了有考古实证相对应的信史。

此章作为本著之最后部分，它的任务：一是要对史前史与正史的链接，再作一些交代；二是要将中华历史与中华文明，也作一个链接与阐释。因为我们的中华探源，不仅是对中华历史的探源，更重要的是对中华文明的探源。要知道历史是载体，文明才是历史所载之内涵，所以历史与文明二者原本就是一体两面的同一事物。

现在先从史前史与正史的链接说起。所谓史前史，有两个概念。一个概念是指有文字记载的历史之前其纯传说的历史。就这个概念说，对最古老的《尚书》之前的神话传说史，我们的探源工程的确已经完成。另一个概念是指有确切纪年的正史之前的历史。中国正史最早有确切纪年的，是公元前841年国人暴动、周厉王逃亡于彘、周公（周定公）召公（召穆公虎）共同主持朝政的"共和"元年。从这个概念说我们只探源到公元前2070年，离此还相差夏、商、周三代的1200多年。不过这已不是问题，因为国家启动的夏商周断代工程，经过无数专家十多年努力已全面完成。有了国家权威性的学术结论，所以这一悬而未决的中间地带也就不存在了。

其实这一千年悬而未决的中间地带，自古就没有空白过。它不仅也有口耳相传的传说体系，而且还有《尚书》（"尚"者"上古"之意也）这一记载从尧舜禹起到夏商周三代历史档案的文字体系。只是这些最初出现的文字实录其命运比起神话传说来并未好到哪里去，因为对其真实性的怀疑者乃至否定者亦大有人在。要知道文字语言与口头语言一样，它也只有"自明"的功能，而无"自证"的功能。就是说，语言要记载并传递给别人什么，全明明白白地蕴含在它的概念里，所以它是"自明"的；而对于它所说的话别人

懂与不懂、信与不信，它便无能为力了，因为它是无法"自证"的。于是信者恒信、不信者恒不信的局面，便成为了不仅是《尚书》，还有比它更早形成的《山海经》《易经》等所有的文字典籍，其永远无法摆脱的宿命。

好在人们对于《尚书》这些最早文字记载的怀疑而认定它们为后世之作，还有另外一个更重要的理由，那就是关于中国文字到底是什么时候产生的。换句话说，就是他们怀疑《尚书》《山海经》所载的那个时代到底有没有如此成熟的文字？按说传说早已告诉我们，中国的文字是黄帝时代的仓颉创造的，只是人们姑妄言之、姑妄听之，因为传说并不能"自证"而非使你相信它不可。于是能否找到最早成熟的文字实物，便成为了解决这一问题的关键。

中国成熟文字实物的发现有一个过程，秦皇的泰山勒石、战国秦简与石鼓文、还有商周彝鼎上金文的发现等自不必说了，清末之时殷墟甲骨文的出土，则成为至今所发现并公认的最早成熟文字。从光绪戊戌年间起，王懿荣偶尔间于老百姓当做龙骨卖给中药铺的龟甲及牛骨上，发现上有锲刻的文字符号，后继者刘鹗、罗振玉等人便多尽心收藏、辨释和研究。及至清华王国维之《殷卜辞中所见先公先王考》一文出，其由对出土甲骨文中殷先公先王之名的辨释，终于得出了其与后世典籍所传相吻合的考证结论。从而第一次证明了《史记》所依取之材料，包括《尚书》以及孔子所传《五帝德》和《帝系姓》、汉初所辑的《世本》（全书为《三代世表》，而司马迁为谨慎起见，只取其中关于殷后之《世本》部分）等典籍的内容，皆被证明为古之所传之文字。这是一件了不起的大事，只是由于它过于专业而不被世人所广泛了解罢了。

为此，王国维在《古史新证》一文中十分感慨地告诉我们道："至于近世，乃云孔安国本《尚书》之伪，《纪年》（指魏时汲冢出土的《竹书纪年》）之不可信。此疑古之过，乃并尧舜禹之人物而亦疑之。吾辈生于今日，幸于纸上之材料外，更得地下之新材料。由此种材料，我辈固得据以补正纸上之材料，亦得证明古书之某部分全为实录。即百家不雅驯之言亦不无表示一面之事实，而传说之中，亦往往有史实为之素地也。此二重证据法，惟在今日始得为之。虽古书之未得证明者，不能加以否定；而其已得证明者，不能不加以肯定：可断言也。"

王国维所创的以出土古之文字实物，而证古史古籍真伪的"二重证据

法"，是一种创造性的方法，这是我们前边早已熟悉了的"双重证据法"。由于殷人甲骨所刻多为占卜和祭祀文字，故殷人最早的先祖帝喾、契（《祭法》载："殷人禘喾"，而喾又为契父）之名多出现其中，因而所证明的古史已大大超出了殷商的范畴，其实已和黄帝时代末期的颛顼相连接（因颛顼传位于帝喾）。这种客观效果超出"二重证据法"之现象，根本原因在于其所考证的特殊对象是文字。要知道甲骨文今人虽难辨识，但它的确已是十分成熟的象形文字。由于文字的传承及通约性，显然甲骨文绝不是自它起突然而成熟的，在它之前必然早已有了和它一样成熟或接近它成熟程度的文字存在，故而由这些文字所记载并留传后世之《尚书》等典籍，就不是仅靠怀疑就可否定的。

如果我们再次启用"二重证据法"，将甲骨文与此前已提供给你的半坡遗址文字符号、特别是距今6000多年双墩遗址的图画文字相对照，你会发现它们之间虽相隔两千多年，但其传承关系脉络清晰，且相似性已十分明显，二者相距似乎仅剩一步之遥了。有了这样的参照物，你再来想想正好夹在它们中间的黄帝时代所发生的，关于仓颉造字"天雨粟，鬼夜哭"这样感天动地而郑重其事的传说，我们就不会再像从前那样姑妄言之、姑妄听之，而是心中对仓颉造字的真实性、及所造之字到底是个什么样子，便有了八九不离十的判断。从而也为《山海经》及《易经》这些文字加画图的上古之书，还有纯文字的从尧舜禹开始记起的《尚书》，找到了真实性的依据。

语言是思想的外衣，文字是文化的载体。当我们将仓颉造字的传说了解为确切的史实（当然这时的文字是比甲骨文更原始的文字），当我们将最早有文字记载的历史再延展了千余年，中华文化这棵参天大树的根系就会扎得更深更远，中华文明汩汩涌动的源头活水就会在我们的心中澎湃如潮。

二

传说的史前史与文字正史的链接，给了我们一个完整的中华历史，同时也给了我们一个完整的中华文明。

中华历史文明，是世界历史文明的组成部分。我们常说："愈是民族的，才愈是世界的"。这句话运用于中华历史文明、特别是史前文明，其意义尤为特殊。因为在世界众多文明古国中，中国是唯一历史文明没有中断的

国度。如果说得再明白一些，那就是：未曾中断的中国史前文明，实际上已是世界史前文明的唯一遗存。

这一结论是世界历史的常识，但它应该不是中国人说的，而是外国人用他们中断了的历史与中国完整的历史相对比而说的。中国人表述自己文明古国的历史，一般都是历史悠久、源远流长等正面的表述，而不会从反面去说什么"断呀"、"不断呀"这些不吉利的话，况且别人中断与否也不是中国人所能说得清楚的。然而，为了真正弄清中华历史文明在世界历史文明中的地位及其相互关系，我们还是有必要对这句话的真正内涵及相关概念，再作进一步地深入探讨。

其一，何以知道某一文明的中断。

历史文明的中断，一般与一个民族或国度因天灾人祸的消亡相联系。这里实际存在一个悖论关系，就是说如果一个民族或国度因消亡而中断了，而且它的一切历史文明便也因此失忆而归零，那么它的消亡和中断又是怎么知道的呢？

除中国外，世界上的其他文明古国还有古印度、古巴比伦、古埃及、古希腊、古以色列犹太王国等，他们的历史文明都曾经消亡和中断过，有的甚至还不止一次。然而所有这些却是他们自己过去一直浑然不觉的。而让他们知道自己的历史文明原来曾经中断过的，是在直到19世纪末期考古发现兴起之后，其距今也就是一百多年的事。

古印度人所知道的自己最早的历史，是由中亚进入印度河流域的雅利安人从公元前1500—600年所建立的"吠陀时代"。这个时代的后期形成了等级森严的种姓压迫制度，其中种姓等级最高贵的为"婆罗门"，他们是婆罗门教的神权贵族；平民称为"吠舍"；而处在最底层的奴隶是"不可接触的贱民"，称为"首陀罗"，他们大部分是被征服的原土著民。到了20世纪初，考古在印度河流域发现了存在于公元前2300—1700年间的印度河更早的文明。其中发掘出土有大约两千多枚古老的印章，上面刻画的象形文字符号有四百多个，虽至今尚未破译成功，但由其成熟文字的已经诞生则可推断，这一消亡了的古文明已发展到了相当高的程度。

古希腊是整个欧洲最古老的国家，也是欧洲文明的发源地。但希腊人所知道的自己民族的历史，最早也只能追溯到公元前11世纪至9世纪传说的

"荷马时代"。然而19世纪末叶的考古发现告诉人们，"荷马时代"之前还有一个被中断了的已有了自己的音节文字—"线形文字"的"爱琴海文明"。这一文明分为前后两个阶段：前一阶段为公元前2000—1400年的克里特文明，这是一个有着"百城"之称和大型王宫的城邦时期，农业、手工业、特别是海外贸易都已十分发达。后一阶段为公元前1500—1100年的迈锡尼文明，这是一个不仅拥有宏伟宫殿和城堡，而且在金属冶炼和手工业制造技术方面都超过了克里特文明的时期。《荷马史诗》民间口头所传唱的，就是在迈锡尼文明的末期，其最大的斯巴达城邦的公主海伦，被小亚细亚的特洛伊王子拐走，引起希腊诸国的英雄联兵东征，从而爆发长达十年的特洛伊战争。希腊人对此仅有的最早记忆之前的历史，过去一直是一片空白。

这里我还要告诉你的是，中世纪的整个欧洲及地中海周边的亚非地区，其最早的历史教课书实际就是犹太人最早用希伯来文写的《旧约全书》。要知道，《旧约全书》虽以上帝耶和华创造了世界和人类的祖先亚当和夏娃的"创世纪"开头，紧接着就又讲上帝"洪水灭世"仅留下诺亚一家繁衍了新的人类。而从犹太人记载自己作为诺亚的儿子—闪的后代（闪族），其最早于公元前15世纪在迦南（巴勒斯坦地区）定居；其中被移民埃及的一部又于公元前13世纪"逃出埃及"，并于11世纪终于建立起自己以色列犹太王国；后来分裂的北方以色列王国和南方的犹太王国，又先后被亚述帝国和新巴比伦于公元前722年和586年灭亡，成为"巴比伦之囚"……等等历史情形看，其早期记忆中的那场"洪水灭世"，正是公元前22世纪中期的那场世纪性的全球大洪水。原来，《圣经·旧约全书》让西方人一直信奉的人类历史遥远的上限，其实还没有超过中国大禹治水的时代。

直到19世纪达尔文的物种起源与赫胥黎的人类进化学说诞生以后，西方又逐渐兴起了人类考古学。考古发掘不仅发现了最早起源于东非、并随后向中东和欧洲等地迁徙的猿人踪迹，而且发现了大约1万年前先后在北非尼罗河两岸与西亚两河流域（幼发拉底河与底格里斯河）定居并开始发展原始农业的先民活动。这两个地区，都于约公元前3200年左右最早步入早期城邦国家的文明社会，并且拥有了长期并存着的古埃及人用纸草书写的象形文字、和苏美尔人（古巴比伦）用泥板书写的楔形文字。由于此后英法学者对这两种失传的文字及大量出土的文字典籍先后成功解读，从而才有了今天被称为

世界"四大文明古国"的古埃及、古巴比伦历史文明的复活。至于对在此之前更早的原始阶段的考古发现，由于没有任何对应的传说和文字记忆，便就失去复活的可能，从而永远尘封于地下。

正是由于考古的发现，才使西方人知道自己历史文明曾经中断的事实，虽然有文字的部分得以复活，还是缺少了更早的原始社会部分。于是在对比中得出唯有中国的历史文明完整而不曾中断的结论。

其二，何以定义某一文明的中断。

从以上的介绍中，我们可以从中领悟到一个民族和国家历史文明的中断，它既与民族和国家的灭亡有着直接的联系，但二者之间却并不能直接划上等号。

如果我们用以色列犹太民族正反两方面的情况举例说明，你便会明白这其中的微妙区别。犹太民族是世界上最多灾多难的民族，它所建立的以色列犹太古国，自公元前15世纪以来，先后曾被埃及人、亚述人、新巴比伦人、波斯人、古希腊人和古罗马人所多次占领灭亡，最后流亡世界各地，即使到了20世纪第二次世界大战中，仍被纳粹法西斯几乎屠杀殆尽。但是信仰上帝耶和华一神教的犹太人之早期历代先知，用自己闪族的希伯来文字忠实地记录了自己民族的苦难历史和心路历程，其形成的几乎为百科全书式的《旧约全书》，作为经典却一代一代地流传了下来。即使到了耶稣创建了新的基督教后还是将其与《新约全书》一样，作为《圣经》的重要组成部分。这样当基督教后来成为了罗马国教并统治了中世纪的欧洲，《旧约全书》又在不同时代被相继翻译成希腊文、阿拉伯文、拉丁文，甚至还被当成人类最早的历史教课书，传承至今。以此可证，国家的消亡并不等于历史文明的消亡和中断。然而从另一方面看，《旧约全书》所记载的包括其民族最久远的记忆，也只到了距今仅4000多年的洪水灭世时代。这并不说明犹太民族作为自然人真的是从这时才诞生的，而是说明洪水之前他们的所有记忆，因其原有语言文字的消亡而清零了。

历史文明是人类各民族的独立创造，而传承历史文明的载体是各民族所独立创造的语言。当一个民族或因其口头语言的消亡而使其此前的传说失忆，或因其文字语言的消亡而使其此前遗留的文字资料再无法破译，这个民族的历史文明便就真的中断了。这才是问题的实质所在。

其三，何以复活历史文明。

　　何以复活历史文明，不仅是针对中断了的西方历史文明说的，更重要的是针对未曾中断的中华历史文明说的。因为如果传承一个民族历史文明的语言文字真的中断而彻底消亡了，复活就没有了可能。中国"三皇五帝"的史前传说，虽然证明了中华历史文明是不曾中断的，然而如果这些史前传说因为认知和传承的代沟断层而被怀疑和否定，它的意义与价值便会大打折扣，故而对其复活的使命就更为迫切。

　　要知道对于任何文明的获得，都需要解读和领会。然而，解读和领会现代文明的途径是学习，而解读和领会古代历史文明的途径，却首先是要对其复活。古代历史文明有两个载体，一个是未曾中断的语言（口头语言和文字语言），一个是重新发现的考古实物。正是由于它们都是载体，故而考古实物的发现才可以回答何以知道历史文明的中断，语言文字的是否消亡才能够回答何以定义历史文明的是否中断。那么，在回答何以复活历史文明的问题上，这两个载体的各自地位、作用及内在关系，又会是怎样的呢？

　　作为人类创造的历史文明，它的形成原本是由具体的时间、地点、人物、事件等要素条件所构成的"历史本体"。然而随着时间的推移，这些远古要素条件便被一分为二：一方面是以语言为载体，将其已逝的人物、事件传之于后世，从而成为口耳相传的传说或文字记录的"历史文本"；另一方面是以地下遗存为载体，将其时空要素定格其上，从而成为被后世考古发现的"历史实物"。明白了这个道理，复活历史文明的唯一途径就是将"文本"与"实物"二者再次对接，而不可能是由其二者任何一方单打独斗、自说自话地去独立完成。要知道，语言文字所传承的历史传说和典籍，其只有"自明性"而无"自证性"，它是无法强迫人们相信自己的；相反考古实物却只有"自证性"而无"自明性"，它是只有其遗存之体而无其魂的。只有我们通过建立各类的坐标系，以找到创造它们的"人"为纽带，将其魂与体逐一有序地对接起来，使其互为"证明"，复活历史文明的目标才会全面实现。

三

　　这样看来，我们的中华探源其实只干了一件事，那就是将未曾中断的史

前传说及早期文字典籍，与史前考古进行了一次对接互证，从而完成了中华历史文明的复活。这是一个原本未敢奢望一定能够到达目的地的探险之旅。然而当它却出乎意料的最终完成，其意义便是重大而深远的了。具体说：

其一，文明内化。

当西方人通过考古，发现他们原来中断的历史而使自己的历史认知从未超过"洪水灭世"的公元前22世纪，所以他们对唯一未曾中断过的中华历史文明是羡慕的。然而作为一个中国人对此却不仅浑然不觉，而且愈到后来愈怀疑这些古代神话传说和早期文字典籍的真实性，甚至以其轻佻的态度对其进行无端的拒斥和否定。从而使这些别人求之不得的珍贵文明基因不断边缘化、虚无化，导致民族虚无主义、历史虚无主义、文化虚无主义滋生蔓延。更令人不可理解的是，这些情况不光是发生在中国考古取得成果之前而是在之后，不是发生在普通百姓之中而是多在专家学者之中。

现在我们终于明白，未曾中断的历史文明固然重要，然而随着时间的推移和时代的变迁，它原本赋予的信息在后人的认知中是因衰减而变异的，如果我们不能通过复活使其复原，它原本的意义就会逐渐在迷茫中走向消亡。就是我们通过考古使其实物再现，但考古实物是不会"自明"地告诉你谁是它的主人、及发生在它身上的昨天历史。中国的考古发展到今天，其成果不可谓不丰富，然其能明确表明它们都是那位三皇五帝遗迹的几乎没有。结果传说归传说，考古归考古，二者各不相干，故而在抑制虚无主义方面难有作为，亦毫无建树。这便是中国当前的现状与窘境。

史前传说与考古的成功对接，之所以能够使历史文明得以复活，主要体现在它既以考古实物为三皇五帝"证真"，又用神话传说给考古遗迹"还魂"，从而将我们先祖求生图存的生存状态、心路历程、历史业绩与伟大创造，充分而鲜活地呈现在我们面前，从而被我们心悦诚服地所接纳。当这些珍贵的历史传说和专业的考古发现，不再是外在的东西，而是内化为我们血缘的、以及情感、认知、精神的源头，充满我们心胸的就不再是虚无，而是感恩和民族自豪了。

其二，身份认同。

人之所以为人并被称为万物之灵，因为人不仅是有思想、有精神、有自我主体意识的高级动物，而且是有根性群体身份认同的社会动物。离开群体，人就无法生存；没有家庭、民族、国家的群体归属感，人就失去精神家

园。"我是谁？我从哪里来？我到哪里去？"这一既是哲学性、更是精神性的追问，是人类与生俱来并伴其始终的终极追问。承载着中华民族不曾中断的历史文明、而从远古走来的心口相传的历史传说，正是这一终极追问的时代体现和自问与自答实录。它不仅塑造了中华民族寻根重源、崇史敬祖、重视其血缘和精神身份认同的民族特质，而且成为了中华民族生存繁荣其生生不息的内在精神家园。

异化现象，是伴随人类成长进步的衍生品、附着物。从本质上说，它是人类在一个时段中将不该忘掉的东西忘掉了、不该颠倒的东西颠倒了，从而造成自我否定的精神折磨和危机。当历史文明的复活，将人们从一方面怀疑否定祖先留给的神话传说，一方面又苦于无法从寻根不着、灵魂无依的精神痛苦中解脱出来时，当这些原本被误读的先辈留下的集体记忆，在新的解读中因复活还原而不时撞击着人们的心灵、滋润着人们干渴的心田时，从而获得的不仅是贴心的精神慰藉，更是民族团结和复兴的强大精神力量。

其三，以史为鉴。

中国有句古语叫"诗无达诂"。对于历史本质的定义，和对人性本质的定义一样，从来没有一个统一而标准的答案。但我们也从中悟出一个道理：原来历史就是人，二者原本就是一体两面的同一存在。故而，你可以说历史是人的历史，也可以说人是历史的人；可以说是人创造了历史，也可以说是历史创造了人。明白了历史与人的这层本质关系，长期以来关于"到底有没有客观的历史"、"到底有没有历史规律"、"历史到底有无意义"等争论，其答案谁是谁非、谁最让人心服，便就有了可以遵循的标准。

首先，历史不仅是一个真实的存在，而且与人一样是一个绵延而不能割断的整体存在，没有历史，就没有现实。一位意大利哲学家曾说："一切历史都是当代史"。是说历史永远处在进行时，历史不仅仅是人类以前曾经做过的事情，它还会走进今天并决定今天；当今天也变为了历史，它又会走进明天并决定明天。这是因为人的现实创造都是建立在历史的基础之上，是蕴含着历史智慧和思想的创造。可见历史就是人对过去的集体记忆，一切历史都是人的真实存在。但存在过的东西有时也可能会被遗忘，所以如果真的忘记了过去，就意味着必然失去未来。不要以为我们忘记了过去一切还可以重新开始，相反一个民族如果真正忘记过去而陷入集体失忆，他的发展进步就失去了根据，就会迷失前进的方向，更何谈明天。

其次，历史是有规律可循的，但它不是可以重复验证的自然规律，而是不可重复的人的能动性自由规律。唐太宗有句名言："以史为鉴，可以知兴替"。这里包含三层意思：一是人何以为鉴，答曰唯有人以自己创造的历史为鉴，而不是另找其他的参照物；二是人何由为鉴，答曰是为了弄明白历史兴替的规律以创造明天，而不是为了其他的动机和目的；三是人如何以史为鉴，答曰要正确总结自古以来王朝兴替的经验教训，找到并把握其中规律性的东西以理国资政，而不可随心所欲地乱来。所有这些都说明，历史是有其规律性可循的，所以它具有客观必然性；然而人的自由选择却受其主观认知水平、价值判断所限制，既可能正确总结历史的经验教训而推动历史进步，又可能错误总结历史经验教训而开历史的倒车。历史虽然在事实上是不能假设、不可重来的，但历史的规律和潮流必然是"顺之者昌，逆之者亡"的螺旋式上升和发展的。付出巨大代价而换来的正反历史经验教训，又会给后人以理性的启示和抉择，从而推动历史继续前进。"人间正道是沧桑"，这就是历史规律的辩证法。

最后，历史是有意义的，它的意义就在于鉴古知今、察往知来、承古开新，让人超越历史的自己，从自由的低层次超越到更高的层次。历史是客观的，但历史的绵延性又会使客观的历史不断得以丰富和发展，人类正是在自己的历史中这样一步步地走过来的。这里蕴藏其中的辩证关系是，人是在既定历史条件下的人，所以不同国家和民族的特定历史，决定了不同国家和民族的哲学观、宗教观、价值观和文化观，从而构成了自己显明而深沉的精神底色和文化禀赋。与此同时，人的超越也是不同民族在自己既定历史条件下，对自己原有认知、观念和价值的超越，这是别人无法取代的。然而，人是一个类的存在物。如果说在以往封闭的历史条件下，各民族的发展基本都是独立完成的，那么今天进入全球化时代便为打破各自历史的局限性创造了条件。随着国际间的交往愈来愈密切，各民族不同的历史文化在交往中必然为其他民族所了解，从而使其共同成为全人类历史文明的有机组成部分，并为全人类实现新的超越，提供新的更为丰富的历史借鉴。

在这样全球化新的历史条件下，唯一未曾中断并且得以复活的中华历史文明，也必将为中华民族的伟大复兴和全人类的文明与进步，做出自己新的独特贡献。

第二节　"天下一统"的国家观

一

当未曾中断的中华历史文明在新的历史条件下得以复活，它便会以全新的面貌呈现在我们面前。就中国国家形态的形成和发展说，它展现给我们的既有夏王朝建立以来的正式国家形态，更有原初起始时期的"前国家"形态。而且这两大时期内部又可分为明确的不同阶段，从而也使我们对中国古已有之的"天下一统"国家观，其内在发生演化的轨迹有了更深入的了解和认知。

现在先来介绍"前国家"形态时期，以及组成它的"古国"与"邦国"（城邦联盟）两个阶段：

其一，前国家时期的"古国"阶段。

前国家概念，是随着对人类早期政治组织演进和发展过程研究的不断深入而提出的，所以也可以称之为"前国家复杂政治制度"。这个提法一方面表明这些早期制度具有"前国家"性，另一方面也显示其在政治组织发展上有着超出普通氏族部落社会的高度和复杂性，因而它也是一种"准国家复杂政治制度"或"类国家复杂政治制度"，是正式国家形成前的酝酿和孕育时期的政治制度。

西方的前国家时期只有"城邦"一个概念所形成的阶段，因为中断的历史中只有这一离正式国家最近的概念。而中国完整而未曾中断的历史则不同，他提供给世界的是一个完全的"前国家"形态，因为在尧舜禹的"城邦联盟"的"邦国"阶段之前，还有黄帝时代所创造的大天下的"古国"阶段。

我们之所以将黄帝时代所创造的"古国"列入"前国家"时期的更早阶段，那是因为用"准国家"的概念来衡量，它是完全符合所有条件的：

一是，黄帝所建立的大天下的"古国"，不仅是以他的老祖母华胥女娲所创造的"华胥国"为借鉴，是对其女娲血缘氏族繁衍天下的新超越，更是在炎黄大战之后经过历史的沉痛反思而对其各部族（姓族）分治局面的新超

327

越。因而，他所创建的新的大天下的部族联盟，其在政治组织与制度发展方面，明显有着超出普通氏族部落社会的高度和复杂程度。

二是，我们之所以称黄帝所创建的大天下的部族联盟为"古国"，那是因为这一部族联盟既有以维护部族间秩序为己任的中央军队，又有对这一政治共同体进行统一治理的"天子"、中央机构和"九州"概念，从而使其具备了原初国家的基本雏形。

三是，黄帝时代的部族联盟不仅继承了先民发轫之初的"花"与"龙"图腾，创造了新部族联盟自己的"凤"图腾，而且还有祭祀华胥女娲始祖的女神庙坛。祭祀及礼仪建筑的出现，正是文明和国家开始诞生的一个重要象征和条件。

黄帝所创建的部族联盟作为"前国家"的"古国"阶段，其意义在于它所具的"天下一家"和"九州一统"的根性观念。中华文明古国之所以能够一直国运永继而天下一统，完全得益于这一根性国家观念的深入人心。

其二，"前国家"时期的"邦国"（城邦联盟）阶段。

黄帝时代之"古国"，因末代黄帝颛顼的"绝地天通"而解体为东西南北之"四帝"，后经各自的独立发展进入"邦国"阶段。

所谓"邦国"，顾名思义即城邦之国也。城邦的兴起在文明及国家的起源中具有划时代之意义。它表明进入新石器时代末的铜石并用时期，生产力的大幅提升使"城"开始从"乡"中分化了出来，专业的手工业开始从农牧业中分化了出来，脑力劳动开始从体力劳动中分化了出来。"四帝"所居之大的城邦，从而也成为了各自"邦天下"的政治、经济管理和军事中心。

在"四帝"之中，降为北帝而又位居中原大地的颛顼，经由他的继承者帝喾与帝尧的发展，率先进入父系"单轨制"时代，并使其"夏邦"之都城（陶寺遗址）其宫殿、祭坛、天象之台一应俱全，成为当时规模最大、规格最高之都城。"夏邦"的繁荣兴盛不仅使其开始出现了夏、夷之分，同时又经过数次因天灾所造成的生存战争，最后又自发地走到一起结为新的联盟之"邦国"。这一以"夏邦"为中心，四夷之邦均保留相对独立性的新联盟，由于其各邦内部组成仍为原始部落，故我们称其为军事酋邦联盟。新的联盟先后以尧、舜、禹为"天子"，它所实行的军事民主制和天子禅让制，为中华文明在"前国家"时期谱写了浓墨重彩的华章。

新的城邦联盟之"邦国"的实现，不仅使各自独立发展的城邦又一次实

现了"天下一统"，更重要的是这一联盟在世纪洪水面前经受住了考验，显示了强大的生命力，使中华民族大难不死又一次获得新生。而当直接领导了这场治理洪水斗争取得全面胜利的大禹，最后被舜禅让为联盟"天子"时，于是他又顺理成章地将这一联盟推进到原始共产社会"大天下"之国家。虽然他所创建的夏王朝仅仅存在十多年后，便因他的离世而异化为了"天下为家"之国家，但他所曾经创造的"天下为公"之国家，犹如划过太空的一颗哈雷彗星，光耀千古，留给后世中国乃至全人类的启示意义，是永恒的。

二

有了"前国家"这一全新的概念为基础，我们再来看由夏王朝开始的中国正式形成的国家形态，你所获得的概念也将是全新的。

正式国家时期亦分为两个阶段，即：早期国家的"方国"阶段；成熟国家的"帝国"阶段。

其一，早期国家的"方国"阶段。

早期国家的"方国"阶段，包括夏、商、周三代。

夏禹所开创的夏王朝到了他的儿子夏启夺得王位之后，虽然变"公天下"为"私天下"，变"禅让制"为"世袭制"，使中国走进了奴隶制国家，但夏禹所设计的"五服"制度却始终未变，并一直影响到后世。明确了这一点，首先我们对"中国"之名的来源与内涵，就不再会是以往模糊不清的随意解释，而是有了一个明确的定位。最早出现于《尚书》之中的"中国"之名，原本是对以"夏邦"为中心，而与"四夷"之邦实行"军事酋邦联盟"的"前国家"形态而言之"中国"。到夏王朝时实行的"五服"制度，其实是对以"夏邦"为中心的军事酋邦联盟的延伸和提升，只是这一提升的性质是国家的集权化，即原有的各城邦性质，已由平等关系的"城邦"而成为了受中央王朝统治的"方国"，从而成为中央集权国家形态之"中国"。可见，早期国家形态的"中国"概念，是由以"家天下"的天子、天子和中央机构所在的都城、都城所在的中央方国、中央方国以外的四裔方国，其四个方面共同组成的有机体。因为它是一个以"五服制"为国体、以"大天下"的"九州"为国土的，故而无论其内部之以上四个方面，在日后的改朝换代中

各自如何变化，但"中国"以九州为政治共同体的"大天下"之国家实体和国家观，是永远不会变的。

所以简单地说，所谓"中国"实即"有中之国"的简称。这个"中"不仅是指天子和帝都，更是指中央之方国。有中央之方国，必有四边之四裔方国，只是中央方国在日后的改朝换代中实际呈不断扩大之局势，但不管如何扩大，也永远不会将四裔之"方国"放于"中国"概念之外，否则就不成其为"中国"历史。

具体说，夏王朝是先以夏禹开创、以尧之平阳为都城的"公天下"，后以夏启为天子、迁都夏县之安邑（史载最后一个夏王桀的首都，改为处于伊洛的"斟鄩"），成为世袭的"家天下"。它的中心方国是考古发现的河南偃师"二里头文化"，其范围为今豫西和晋南一带，面积并不算大。而它的四裔"方国"，是由考古发现告诉我们的，即：东北方由小河沿文化演变而来的夏家店文化、西北方由马家窑（包括半山、马厂）文化演变而来的齐家文化、东南方重新兴起的淮夷和马桥文化、南方的百越文化等。只是这些文化所在的四裔"方国"，一方面由于夏启的倒行逆施，有些仍坚持着原始酋邦的"公天下"；另一方面由于有穷氏"羿浞乱夏"而使"太康失国"，不少边远方国之酋邦甚至一度由"要服"（互遵协约）而退为"荒服"（亦"蛮"亦"流"），不朝不贡，自行发展。

到了公元前1600年商汤灭夏开创商王朝，并历经4次迁都，最后由盘庚从奄（今曲阜）迁都至殷（今安阳）。这时的殷商之中心方国范围，不仅是原夏之中心方国与商之方国的相加，而且经"武丁中兴"时数十年的征战，先后征服了北部的鬼方、舌方、土方，西部的羌方、羌龙、北羌、马羌，南部江汉强大的"荆楚"方国，还有拒贡的大彭、豕韦诸侯国等，使其均纳入了商朝中央方国的版图。

到了公元前1046年，周武王灭纣而建立起周王朝，定都于镐京。并将商的畿内分为邶、鄘、卫，由其弟管叔、蔡叔监管，又征服商诸侯99国、臣服652国，从而不仅建起了疆域广大的周王朝中央方国，而且也使周边方国归"服"（"五服"）而治。为了巩固已取得的政权，周武王普遍实行了由商时已萌芽的分封制，把以周王室为中心的王族、功臣以及先代降服的遗民贵族，分封到中央方国之各地做诸侯，建立诸侯国，是为"封邦建国"。先后受封的有鲁、齐、燕、晋、虢、郑、卫、陈、蔡、宋、杞等71诸侯国。与此

同时，周王朝还建立起了历史上成熟完备的礼乐、冠冕、祭祀祖宗社稷的周礼制度，把早期国家的政治、文化、礼仪制度推向了高峰。及至公元前770年因犬戎之乱周平王东迁洛邑之后（史称东周），王纲解纽，诸侯割据，天下大乱，遂有春秋五霸、战国七雄之争。而最后以独霸西戎之秦国，扫平六合，结束了战乱，亦使早期国家的"方国"阶段宣告终结。

其二，成熟国家的"帝国"阶段。

公元前221年秦吞并六国，建立大秦帝国，定都咸阳。完成统一大业的秦王嬴政自认自己之功业可以与"三皇五帝"并肩，遂命名自己为始皇帝，从而也宣告了中国进入成熟国家的"帝国"阶段。中华之封建"帝国"，历经秦、汉、魏、晋、隋、唐、宋、元、明、清达两千余年，至公元1911年辛亥革命始得终结。

成熟国家"帝国"阶段与早期国家"方国"阶段相比较，主要表现在以下三个方面：

一是，以中央"帝国"取代中央"方国"。 早期国家的中央方国，从夏的中原较小范围，经由商的扩展，再到周时其疆域已是十分可观了。然而新生的中央大秦帝国疆域，是在周的中央方国基础上不仅再加上秦原先吞并的西戎12方国，还要加上新吞并的地域辽阔的江汉南蛮楚国，东南的吴越国，和边远的蜀地、南越古国等，这便是远非昔日可比的了。

在此后的历史长河中，中央帝国之疆域仍呈继续扩大之趋势。汉时彻底击溃北匈奴，收归南匈奴。隋时结束了南北朝分裂局面，使疆域扩大到曾统一了广大北方的鲜卑族，为大唐民族融合之盛世打下了基础。唐末之藩镇割据所引起的五代十国，到宋时与辽、金、西夏的对峙局面，还有地处西南边陲的大理国，最后在蒙古族的铁蹄下，都归为了疆域广大的中央大元帝国。明灭元，清灭明，统一了东北各族的满族入关，其所建立的又是一个疆域广大的中央大清帝国。中央帝国疆域的不断扩大，既与中央帝国对边疆民族政权的征服有关，更与边疆民族自己多次入主中原有关，是"中"与"边"一体互动矛盾关系的历史反映。

二是，以"郡县制"取代"分封制"。 西周时周王对中央方国通过封土建国而维系的封建领主制经济（即农奴制经济），到了春秋战国之东周，因天下大乱的诸侯兼并战争而破坏殆尽。当秦兼并六国之后，实际所面对的已是各国早已推行的封建地主土地私有制经济。适应这一新阶段和新形势的需

要，秦所实行的是以皇帝为代表的中央集权专制制度，中央机构实行"三公九卿制"，地方上彻底废除"封诸侯，建藩卫"制度，全面实行郡县制度。秦初灭六国设36郡，后又在河套地区设九原郡，在两广地区设南海、桂林、象三郡，共为40郡。郡下设县，万户以上设县令，不满万户设县长。县以下设乡，乡以下设亭，亭以下设里（里即村落）。十里一亭，亭有长；十亭一乡，乡有三老、有秩、啬夫、游徼（分别掌教化、听讼、赋税、循禁贼盗）；最基层的是里，里的头人为里正。皇帝制、三公九卿制和郡县制，是一套完整的封建地主阶级的政治经济制度，在此后两千多年的封建社会中万变不离其宗，基本沿用了这一制度。

三是，以"封贡制"取代"五服制"。"封贡制"既是早期国家阶段对四裔方国"五服制"的遗子，更是成熟国家阶段庞大中央帝国面对四裔边族所采取的新政。随着中央帝国疆域的不断扩大，原来的四裔方国实际上多已仅剩处于北方与东北高纬度地区，和西部与西南高海拔地区的边远游牧及山地民族政权。他们或因生存危机或因对中原王权的觊觎，导致其在历史上与中央王朝的战争从来就没有中断过。以黄河与长江流域农业文明为腹心的中原王朝，面对善于骑射之剽悍游牧民族的边扰威胁，所采取的政策多以"守土相安"为指导思想。在军事上以御边守边为要务，自秦至明倾其国力建造起西自嘉峪关、东至山海关的万里长城，以弭边患。在政治上以实行怀柔的"封贡制度"为主要政策，即在双方自愿盟约的原则下，四裔边族向中原王朝称臣朝贡，中原王朝以藩属之国册封其各类称号或官职，并坚持"厚往薄来"政策赐给朝贡者以更丰厚的经济回报，从而建构起以中央帝国为中心的天下秩序。汉唐时的"和亲"、"纳质"、在边疆设置羁縻府州，元明清后施用的土司制度，均是对封贡制度的提升和强化，从而使四裔边疆成为中国疆域不可分割的组成部分。

<h1 style="text-align:center">三</h1>

当我们将中国的国家概念、国家形成、国家形态的演变，均了然于胸之后，接下来还要探索并回答中国国家形成及发展演变的内在动力和机制是什么。对于这一更深层次问题的回答，正是我们中华探源鉴往知来、把握历史

规律目的之所在。

有人会说，中国国家的历史演变规律，不就是古人所总结的"天下大势合久必分，分久必合"、"一乱一治"吗？我的回答是，这只是从事物现象变化中所总结的规律性表述，而我们所要进一步探求的是这一规律性表现之内在动力和机制。原来任何事物发展变化的规律性，首先都是由它内在对立统一之矛盾运动所决定的。如果我们将大天下、大一统的中国比作太极图的圆，那么圆内矛盾运动着的对立统一的两条阴阳鱼，就是"天下一统"国家观所分立出的"天命观"与"天理观"。这是从中国历史的发展演变过程中，完全可以得到验证的。

其一，公权天子禅让的"天下观"。

中国国家"天下观"的最早形成，是前国家时代"天下为公"的历史反映。在"三皇五帝"中，最早称为"天子"的，第一位是轩辕黄帝和他的继承者，第二位的是帝尧，以及此后禅让得位的舜和禹。他们都是中国前国家时期，或天下部族联盟之"古国"、或天下"邦国"之"联盟"的王，"天子"就是全天下之王。

王字在象形的甲骨文中就是一个具相的用于生产和征战的斧钺，它是氏族部落、部族或邦族头领所手执的代表权力的权杖。人类与生俱来就是一个群体动物，离开群体人类就无法生存和发展。群体由血缘的生命共同体而诞生，然后向地缘的生存共同体而发展，国家则是血缘生命共同体与地缘生存共同体发展到一定阶段而形成的政治共同体。作为任何群体的首领我们都可称其为王，而最初的王权，实质上都是对本族群生存发展的一种担当和责任。在原始社会生产力低下整个社会均无过剩产品的条件下，任何族群之王既是整个族群成员生存发展的组织者和指挥者，更是其族群生存发展的义务担当者和服务者。这种公权之王的产生，多是在率领族群与自然、与他族的生存斗争中自然涌现的智者和勇者，从而也必然被族群成员自觉服从、信赖和推崇。

只对自己族群负责的公权之王，在与他族争夺生存条件的冲突中，常常付出血的代价，历史上发生的"炎黄大战"和"尧征三苗"等大的战争及教训，都充分地说明了这一点。因而"天子"的产生又是由黄帝和帝尧这些作为胜利者之王，通过反思而以自己强大部族所尽的维持天下秩序和公义的自觉担当，从而创造了家国同构的天下一家、天下大同之"公天下"。

然而，在"前国家"时期"公天下"的"古国"和"邦国"联盟前后两个阶段，"天子"的传位制其实是并不相同的。公元前4000年轩辕有熊氏黄帝成为第一位以天下为己任的有担当的"天子"，在此后的近千年间的"天子"之位实际是在他的强大的黄帝族内部自然传承的。传说"黄帝三百岁"，实际是说其前三百年的"天子"，都是由黄帝轩辕有熊氏直系后代一直继任的，而其后的数百年则是由黄帝族的两大分支——少昊族和颛顼族交替继任的。然而，随着生产力的进一步发展，到了公元前2200年铜石并用的新石器末期，帝尧所建立的城邦（邦族）联盟"天下为公"的"天子"及其联盟内部的各城邦之王，他们所掌握的分配之公权已有了大量的剩余产品，从而面临着公权私用的道德考验和危机。这一点不仅从传说中的华封人以及许由与巢父对"天子"的极端态度可以反映出来，更从考古出土的王墓陪葬物之豪华程度可以得以证明。帝尧的伟大之处，在于他面临公权私化道德危机和洪水灭世生存危机的新形势下，自觉对公权之王与天子血缘的自然选择与传承进行改造，从而创造了城邦联盟内部民主协商推荐和监督评议的天子选贤授能的禅让制，为人类社会留下了一份宝贵的历史文化遗产。帝禹的伟大之处，在于他不负众望地完成了治水和对天子禅让继位制的再实践，同时在他的天子声望如日中天之时，又进一步将以夏邦为中心的城邦联盟由"前国家"推向了夏王朝早期国家阶段。夏禹的历史局限性在于，他将理想的"天下为公"的国家仅建立在天子一人的道德自觉之上，从而使权力无边的公权天子失去制度的监督制约和保障，结果使选贤授能的天子禅让制危机四伏，导致人亡政息。

其二，王位世袭的"天命观"。

夏启的天子之位，是他以武力破坏了禅让制而夺得的。夏启的王位仍称"天子"，夏启的中国体制仍为"五服制"。然而当他用世袭制取代了禅让制之后，这个夏王朝便在悄然之中由公权的"大天下"，演变为了私权的"家天下"。在私权"家天下"的国度里，至高无上的王权天子由原来的公权分配者、服务者和担当者，颠倒过来变为了私权的予取予夺、穷奢极欲的占有者、享用者和统治者。这一公权异化为私权社会转型的"变天记"，是由有文字和传说记载的中华历史告诉世界的。

国家作为一个包括血缘共同体和地缘共同体在内的政治共同体，它的存在都必须给自己一个合法性的理由。夏启以"家天下"取代"公天下"的过

程,实际上是以世袭的"天命观"对禅让的"天下观"进行再改造的"否定之否定"过程。它通过对"传贤不传子"公权天子禅让制的再否定,将此前王位的公权担当与责任抛之脑后,而将其血缘的自然传承奉为"天命观",从而为自己公权私化的世袭制披上了合法性、正统性外衣。当然这种世袭制"天命观"的合法性和正统性,是欺世地说给其他血缘和地缘共同体的广大被统治者听的,而它的真正存在理由是维护自己私权"家天下"血缘传承的必然性,和追求传承秩序的稳定性。

私有制"家天下"的国家是家国同构的政治共同体,其内部的政治关系实际是由统治阶级和被统治阶级两大部分构成的。"天命观"王位世袭制的合法性和正统性,是在位的统治阶级为了维护自己的统治地位自我宣扬的。真正维护他统治地位的还有其掌控的国家军队等专政工具。而作为对立面的被统治阶级,对于所有这一切被压迫的现实是被动的质疑的,因而便有了被统治阶级的"天理观"以及以此为理念的"革命"行动。

其三,王朝革命的"天理观"。

中国历史进入私有社会国家阶段的四千余年里,王朝的治乱兴替是在"天命观"与"天理观"因果循环的互动中进行的。"天命观"将在位的私权之王塑造为"天命"所授的"真龙天子",冀其一姓之高贵王权以血统世袭而万代传承。而在王朝统治者的生杀予夺、骄奢淫逸导致民不聊生、天怒人怨之时,共天下的"天理观"站在家天下"天命观"的对立面,高擎批判大旗,以有道诛无道,并用武装的实际行动对统治者进行"天谴"、"天罚",革其"旧命"、取而代之。商汤革夏命,周武革商命,最终夺取中央方国之王权。秦吞并六国,建立中央帝国,而此后两千多年间不断爆发的农民起义和边族入侵而对中央帝国皇权的递夺,均表现了"天理观"的正义性和强大威力。

"天理观"替天行道、吊民罚罪的正义性,来自于对古之公权本质的记忆和呼唤,是被压迫被凌辱阶级对公权私化的失道统治进行现实批判的武器。它唤起了苦难民众,以摧枯拉朽之势惩戒并打垮荒淫暴政,使日后取而代之的新政权都会总结旧王权失败的沉痛教训,多存"水可载舟,亦可覆舟"的儆戒之心,多有改革旧弊、实行轻徭薄赋、与民休戚、励精图治的新政之举,以恢复发展生产。封建社会的所谓"太平盛世"大多都是在这一时期形成的,从而一定意义上推动了社会的进步。

　　然而这样的王朝战争，其最终建立的还是世袭的私权"天子"，于是死而不僵的"天命观"又卷土重来，开始了新的一治一乱的轮回。四千多年的方国王朝和帝国王朝，就是这样走过来的。

　　其四，民权平等的"天赋观"。

　　最终打破这一轮回的，是代表新生产力的新兴资产阶级，是对王权世袭封建制度彻底予以否定的资产阶级革命的民权（人权）"天赋观"。"天赋观"建立在正义的"天理观"之上，又是对"天理观"的新超越。它植根于中国，形成于西方，最后又回到中国，演绎出一场东西方文明交流碰撞的世界近现代史。

　　欧洲文明的起点是希腊文化，在希腊城邦发展到希腊帝国的阶段，东方中国已是东周的春秋战国时代。当罗马帝国取代希腊帝国并统一了欧洲及中东北非之时，其与同时代的大汉王朝通过丝绸之路已有了贸易往来。然而当中国此后历经隋唐宋元明等王朝兴替，成为世界最发达强盛的东方帝国的千余年间，欧洲却在公元476年西罗马帝国消亡之后，陷入了宗教神权与各分裂的诸侯国封建王权相勾结的中世纪"政教合一"之黑暗统治。直到14世纪意大利兴起文艺复兴运动，欧洲人才在自己古希腊、古罗马文明中找到人文主义，并以此打破宗教神权的精神枷锁，使思想和科学的文明之光开始普照欧洲、影响世界。

　　环球航行和美洲大陆的地理大发现，是文艺复兴运动的一个重要组成部分。它迟于中国明朝的郑和下西洋近百年，但却因其血腥的海外殖民与掠夺而完成了资本的原始积累，从而在封建社会内部产生了一个新生的资产阶级。资产阶级所从事的商品生产，需要的是雇佣劳动力和可以自由买卖的土地矿山等生产资料，然而这些条件在欧洲贵族领主其爵位、土地、农奴皆为世袭而禁止买卖的封建制度下，是无法实现的。于是在推翻宗教神权统治、实现精神解放基础上，一场新的推翻封建世袭政权统治、实现人身解放的资产阶级革命，便不可避免地到来了。

　　公元17世纪欧洲发生的启蒙运动，是资产阶级为其未来制度进行政治设计，并为其取代封建世袭制度寻找并制造合法性的又一思想文化运动。要知道欧洲封建王权世袭制给自己制造的合法性是"君权神授"，是说上帝之神把王权授给了人类的始祖亚当，诺亚一家作为洪水灭世之后人类仅存的亚当后代，在方舟上航地中海时，诺亚便将非洲、亚洲和欧洲分派给了他的三个

分别名叫含、闪和雅弗的儿子，而后世各洲的君王权力都是按照这个血统而世袭下延的。如果说撼动基督教神权统治的人文思想，是从复兴希腊和罗马这些基督教创立之前的古文明中找到的，那么洪水灭世前的亚当已是当时欧洲人所知的人类历史的原点，因而要撼动这样一个几乎绝对而天衣无缝的"君权神授"说，对于新生的资产阶级来说便是一个天大的难题。

然而天无绝人之路，当时欧洲已有明末时进入中国的天主教传教士利玛窦等人用拉丁文所翻译的《四书五经》广泛流传。启蒙运动的先驱者洛克等人便在研究这些来自东方古国的异质文化与历史中，发现了人类在封建帝国乃至城邦时代之前，原来还有一个更为原始而真实的人人平等自由的"大同"世界。受此启发，洛克提出了他以"自然状态"和"自然权利"等概念所构建的"天赋人权"新学说。他告诉人们：在一切政治之先的太古之时，曾经有过一个自由幸福的"自然状态"。在自然法的限度内，人有完全自由规定自己的行动，处理自己的财物和人身，不请求许可，不依从任何旁人的意志。那是平等状态的"自然权利"，其中一切权力和支配都是相互的，谁也不比谁多持有，也无任何隶属服从关系。他强调说"理性教导全人类：因为人人平等独立，任何人不该损害他人的生命、健康、自由或财物"。

欧洲资产阶级启蒙运动所创立的"人权观"，其经典表述有两处。1776年的美国《独立宣言》写道，"我们认为下述真理是不言而喻的：人人生而平等。"1789年的法国大革命《人权宣言》（后成为法国第一部宪法前言）强调："自然的、不可剥夺的、神圣的人权"，即"自由、财产、安全和反抗压迫"的权利；在这些权利上"人们生来是而且始终是自由平等的"。新生资产阶级以"自由平等"为号召的"天赋人权"观，显然比伪造的"君权神授"与皇权世袭的"天命观"更接近真理，更能打动人心，故而更具有普世性。

启蒙运动的先驱者洛克、霍布士以及后继者卢梭、孟德斯鸠等人的伟大之处，不仅在于他们以人类共同世界史的眼光从东方找到了灵感，创立了彻底废除封建君主世袭制度的普世理论——新的"天赋人权"观，而且还为彻底取代封建制度的资本主义制度给出了天才的政治设计。这就是我们熟悉的主权在民的"契约论"和"三权制衡"的民主政体。要知道，探索一条前人没有走过的新道路，设计一个经得起时代考验的、更能适应并解放生产力的新制度，比废除一个旧制度更难。应该说资产阶级基本做到了这一点。于是

通过资产阶级革命，代表大机器先进生产力的新生资本主义制度终于取代腐朽的封建制度，在欧美大地上蓬勃兴起。

古老农业文明的中华帝国，一直是在封闭的环境中独立长成的。在长达2000多年的岁月中，它与外部世界的交流除丝绸之路的商旅往来外，虽也有像张迁、玄奘、郑和、马可波罗、利玛窦这些寥若晨星的个案使中外文明擦出一点火花，但外部世界对古老的中华帝国一直是敬畏而神秘的，而中华帝国也一直对外部世界特别是西方天翻地覆的变化懵懂而无知。由17世纪到18世纪，也就是在清王朝前期从顺治到康雍乾的二百多年间，西方的英、美、法、德等资本主义大国都相继建国，并且完成了现代工业革命。到19世纪西方列强用坚船利炮打开古老中国大门之时，开始走下坡路的腐朽清王朝在太平天国农民起义的内外夹击下，风雨飘摇。当在原封建体制内部所进行的"师夷之长技以制夷"的洋务运动以及戊戌变法、制宪运动相继失败之后，中国新兴民族资产阶级在孙中山的领导下，高举"民族、民权、民生"三民主义的大旗，以公元1911年的武昌起义推翻了清王朝，废除了封建帝制。

孙中山资产阶级革命的伟大之处是历史性的：一是他的"民族主义"是由"驱逐鞑虏，恢复中华"的反满族统治而演进为"五族共和"的反帝运动，从而防止了中华亡国灭族的悲剧发生。二是他的"民权主义"既是对反世袭王权"天理观"的继承和超越，更是对西方资产阶级反对"君权神授"、宣扬主权在民之"天赋人权"及先进民主政体设计的学习和运用，从而结束了中国的王朝轮回而把世袭皇权帝制永远赶出了历史舞台。

中国资产阶级的"民权观"及民主政体，是在中西方文化与两种不同社会制度的碰撞中实现的，但它的根仍是中华社会大同的"天下观"和"天视自我民视，天听自我民听"的"天理观"。当中国历史由资产阶级旧民主革命再进入新民主革命和社会主义革命的新阶段，资产阶级的"民权观"必将经受时代的再考验，从而在实践中对其进行再改造、再超越，并赋予其全新的人文内涵而历久弥新。

第三节 "同源一体"的民族观

一

未曾中断的中华历史与文明，造就了"天下一统"的国家观，也造就了"同源一体"的民族观。这两大观念是紧密联系、互为支撑的，但"同源一体"的民族观更具本原性之意义。以至于我们的整个探源工程之主体，基本上都是在论证民族之源这一史实与观念。

论证中华"同源一体"民族观的现实针对性，是对未曾中断的中华历史文明长期以来既抽象肯定又具体否定，从而所造成"民族虚无主义"的思想混乱和危机。应该说"同源一体"的民族观是由史前的传说体系所明白告诉我们的。这一观念在漫长的史前时代像基督教"因信称义"的教义一样，是"因传而信"和"因信而传"的。也正是由于这一传说体系的深入人心，所以中华民族"同种同宗"的观念和历史不曾中断的观念根深蒂固，不可动摇。

使问题发生悄然变化的，是发端于传说体系与正史体系的衔接与转化上。信而好古的孔子删"诗书"（《诗经》与《尚书》）、修"春秋"（鲁《春秋》），却对黄帝之前神话性质的传说，因无法给出正确的解释（孔子也曾试图对"黄帝三百年"、"黄帝四面"等给出过一些解释，但主观猜测的成分多，并不准确），故而使其"缺疑"而不载。战国时代的屈原将从盘古开天以来的众多神话传说铺排成《天问》的壮丽史诗，但却给后世留下的是一串串问号（如"女娲有体，孰制匠之？"等），并不曾给出一句正面的回答。汉司马迁以其史圣的才识与胆略将中华的历史往前记到了黄帝，但却实际意味着将"三皇五帝"的更多更早认为"不雅训"的神话传说，排除到了正史之外。所有这些因历史认知的代沟所造成传说体系的日渐式微，及对民族根性记忆和思考的自我迷惘与动摇，加之疑古派的长期怀疑和否定，使中华民族未曾中断而"同源一体"的观念，因无人再能给出正面的解读和回答，而实际上开始被虚无化了。

今天，当我们用考古获得的丰富成果对历史的传说给予实证，复活了的

历史不仅使"同源一体"的民族观再次回归，而且由原来的混沌状态变得更加清晰和系统。

二

"同源一体"的民族观，是对中华民族起源与形成的历史反映。由于反映的方式不同，故而关于民族起源与形成的历史传说，分为两大体系：一个是形而上哲思的传说体系；再一个是历史记忆的传说体系。这两大体系的区分，是我们从对众多神话传说的破译和解读中梳理出来的，它们之间在内容上虽有某些交叉之处，但"哲思"与"记忆"的内涵均自成一体。

现在，先来说形而上哲思的传说体系。

形而上哲思传说体系的形成，主要缘于人是从哪里来的、即对人类起源的自我追问和思考。它并不排除记忆的传说，而是站立其上作更深层次的根性追问和思考；它并不将自然世界与人类对立起来，而是站立于二者之上作"天人合一"的大哲思。"形而上之思"并不是西方哲学的专用词，而是中国古老哲学的自我创造和运用。它的"形"是指包括人类在内的自然万物之大世界，它的"思"是指对"天人合一"大世界的大哲思。中国式的"形而上之思"要比西方头脚倒置的"形而上学"在哲学观和方法论上更接近真理，而其"万物有灵"及对人类超自然力的描述，则是其孩童时代原始状态的真实反映。这种哲思的传说体系，又分为两个支系：

其一，盘古之巨人的传说。

具体内容包括，开天辟地的盘古，擘山导河的巨灵，炼石补天的女娲，怒触天柱不周山的共工，誓移王屋与太行山的愚公，衔石填海的炎帝女儿精卫，喝断河渭而倒在追日途中的夸父，等等。这些"天人合一"的形上之思，其给"我是谁，我从哪里来"之自我追问的回答是：人是从天地自然中生成的，并是与天地自然一样具有神奇伟力的巨人。

其二，日族与月族的传说。

具体内容为，开天辟地之后的天神帝俊，和他的一个妻子羲和生了十个太阳，和他的另一个妻子常仪生了十二个月亮，不仅构成了天上日升月恒的自然界，而且造就了人间父系的太阳族和母系的月亮族。父系太阳族的图腾是金乌（鸟），母系月亮族的图腾是玉蟾（蛙）。这一源自伏羲时代"双轨

制"的传说体系，在中原夏族父系的帝喾到帝尧时代，因母系氏族在中原的最后消亡，便以"羿射九日"和"嫦娥奔月"给予了回应。而在广大西部地区，因母系氏族的继续存在并由甘青之昆仑向天山向川滇等更远的边陲发展，以蛙为图腾的母系氏族便在"三青鸟"（父系氏族）的伴随下，以西王母的神话给予回应，流传不衰。这些哲思传说显然又进了一步，从中不仅可以看到它是面对母系与父系氏族并存现实所作的"天人合一"形而上之思，而且也明显看到河洛文化"阴阳相生"哲学观念的源头。

三

下面，再来说历史记忆的传说体系。

比起形而上哲思的传说，历史记忆的传说虽仍坚持了"天人合一"的哲学观和一定神话色彩，但反映更多的是口耳相传的真实历史轨迹和具体人物与事件。如果说哲思的传说其贡献主要在心智的启蒙与认知，那么记忆的传说其贡献就主要在历史真实信息的传递，故而更显得弥足珍贵。这一记忆的传说体系，可分为早中晚三个阶段：

其一，早期由原始群到族外婚血缘民族的形成阶段。

自猿进化为人后的200多万年至1万年间漫长的旧石器时代，人类是以原始群散点式分布于南北各地。对于这些以血缘族内婚独自繁衍发展、并以不定居的采摘和狩猎为生存手段的生存记忆，口口相传下来的历史，就只有像猿一样栖居于树上的"有巢氏"、和学会人工取火从而成为早期智人的"燧人氏"。

到了距今1万年人类进入新石器原始农业的定居生活，发展较快的华山脚下华胥氏族开始创立族外婚的母系氏族，并以这种外婚制的血缘关系从原点向四周广泛传播。历史的记忆将这一只知有母、不知有父的血缘繁衍，传说为华胥氏"女娲抟泥造人"，血缘的华族由此诞生。从此"华"（花）成为了华族的图腾，"华山"也成为了华族人的地标和族徽。

华胥女娲履大人足迹生伏羲于华阳（华山之阳）的传说，不仅告诉了我们父系伏羲族诞生之地，而且表明了女娲母系与伏羲父系氏族之间的传承关系。对于华族人此后以母系与父系"双轨制"繁衍的记忆，传说将其表述为更早的一次洪水灭世后，伏羲与女娲兄妹成婚而再度繁衍人类。距今8000多

年辽宁查海石摆龙的出土与龙的古老传说相对接，不仅说明那时各自以志支系血缘图腾的伏羲与女娲的后裔，已分布到了祖国各地，而且证明了龙作为各支系分图腾的概念聚合体，已成为标志整个华族族体的新图腾。

血缘姓族（部族）的出现，是母系与父系"双轨制"由母系氏族社会向父系氏族社会过渡的产物。姓族部落多为从诞生之地到繁衍之地的婚族部落和部族所组成，共姓而共族。到了距今7000年之时，炎帝、黄帝、太昊三大主体姓族已基本形成。当然在这三大姓族之外的更为边远地区，我们也不能排除女娲和伏羲更早传播到那里里的后裔们独立成氏成姓的繁衍存在。生于姜水而以姜为姓的炎帝部族，其内部有夸父、祝融、共工、蚩尤等部族，分布于渭河、黄河、淮河及江汉流域广大地区。与炎帝同宗于以牛为图腾之少典父族的黄帝姓族，生于姬水而为姬姓，内部亦为熊与虎等部族组成，其后沿汾河、桑干河迁徙并定居于渤海沿岸及燕山南北一带。以风为姓的太昊族，是较早迁居于山东半岛的伏羲族后裔，是他保留了早期父系太阳族的鸟图腾，不仅繁衍了后来东夷族的鸟族后裔，而且使与他融合的黄帝族之少昊和炎帝族之蚩尤，亦以鸟为图腾而具双重身份。今天的中华众多姓氏之源头，都可以以血脉的传承追溯到炎、黄、太昊此三大姓族。

到了距今6000年之时，炎黄大战结束，战败的蚩尤等炎帝族，便迁居于江汉与祝融氏汇合（除共工族仍留原处）。而战胜者入主黄河流域的黄帝族，从对惨烈生存战争的反思中，自觉承担起维护天下秩序的义务，开始实行各姓族"天下一家"的大联合，从而建立起"天下大同"的原始古国。于是联合起来的同根同源的各姓族，便组成了一个大民族。这个大民族以他成长期的龙图腾为族体，以他新创造的凤图腾为国族之魂，当然更以他血缘的源头华胥女娲之"华"图腾为其族、其国之名了。古之华族、华国由此屹立于天下。

华族作为"同源一体"的血缘民族，还具体体现在其对始祖华胥女娲的祭祀上。炎帝居于女娲与伏羲的诞生地而作为第一继承人，故将象征女娲的尖底瓶（特制的葫芦口则代表伏羲）作为祭祀的祖神器。黄帝取代炎帝入主中原，不仅继承了祭祀尖底瓶祖神器的身份，而且以"天子"之位将代表整个华族起源的"花图腾"——"华山玫瑰"，传之九州四海。

其二，中期地缘民族的形成阶段。

大天下的古华国、华族，历经千年太平，到距今5300多年时因最后一位

黄帝颛顼不愿再承担维护"天下大同"秩序与责任，从而宣布"绝地天通"，导致"黄帝四面"而分为东南西北"四帝"。"四帝"之国便发展为后来各自独立的部落邦族——"城邦"。只是这些部落"城邦"内部，因黄帝时代"天下一家"的千年相互迁徙与融合，此时已都成为了多姓族部落杂居的生存共同体，故我们称其为地缘"邦族"。颛顼自废"天子"而降为"北帝"，他所统辖的黄河流域中原地区此后便成为了"夏族"之夏邦，而其他四周各帝所统辖的地区则成为了"四夷"之夷邦，始有"夏夷之分"。夏夷各邦族虽有大小强弱之分，但此时在身份上却一直是平等的。夏邦经颛顼、帝喾而到了帝尧时代，又因中原大旱而与周边城邦发生"尧征三苗"等一系列生存战争。最终又在尧（《尚书》之尧）的倡导下实现了各城邦的大联合，实际上也是自黄帝后华族的第二次大联合。以夏夷之分的城邦又组成的天下大联合，在禹为天子之时由"前国家"过渡到了夏王朝的早期国家。由于这个由夏夷之邦联合组成的国家，是以夏邦之方国为中心的政治共同体之国家，故称"中国"，意即有"中"之国；同理再次由夏夷之族联合起来组成的华族，便是以夏族为中心的有"中"的华族，这样便就称为"中华"民族了。

由华国、华族之名，演化为"中国"、"中华"之名，是在血缘关系内涵的基础上又输入了地缘关系、政治关系的新内涵。适应这一发展演化过程的祖神器变化，是到尧的夏邦时代将尖底瓶祖神器改造成为了三袋足斝鬲的祖神器。这一象征各个地缘邦族仍为"同血缘之胞族"的斝鬲祖神器，不仅成为了日后以尧族夏邦为中心的城邦联合体乃至夏王朝国家的共同祖神器，而且一直延续到商周。适应地缘关系之"天下一家"内涵变化的，还有从黄帝铸三鼎以祭"天、地、人"到夏禹之铸九鼎以祭九州社稷，从而使中华一统的血缘之祖宗崇拜与地缘之自然崇拜，成为敬天地、敬祖宗两大根性的精神信仰和完善的礼乐制度而代代传承。

其三，晚期国缘民族的形成阶段。

以中国九洲之地缘承载的中华民族，其国族之名在夏之后4000余载的悠久岁月中一以贯之，然其内部的夏夷之名与各自的组成、辖地却随着时代的变迁互动而发展变化。夏商周三代的中央之族，虽一直称夏，但随着中央方国地域的逐渐扩大，中央夏族的成分实际已在改朝换代中融入了周边许多夷族。与此相对应，周边方国之方族的名称与组成也都发生着变化：夏代时北

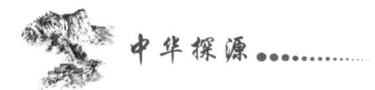

有熏鬻，西有畎夷，东有嵎夷和淮夷，南有有苗。商代时北有肃慎和鬼方，西有羌方，东有人方和淮夷，南有彭濮。周代时北有山戎和北戎，西有严允和犬戎，东有九夷，南有百越等，反映了在不同时代都有不同的互动变化。

自秦中央帝国建立以来的2000多年间，中华四周边族的相互融合与变化在此一言难以尽述，即从中央帝国的王权更迭与中央汉族与边族融合的历史看，中华民族同源一体的内在根性亦顽强显现。过去我们一提大汉族，总把他当做与边疆少数民族截然分开甚至对立的概念来对待，岂不知他作为中央帝国的主体民族，其与夏族形成过程一样，本身就是大中华民族中众多血缘姓族长期融合而成的中央地缘民族。

大汉族的形成起始于秦，中央汉族虽作为中央夏族的继承者，但他从秦开始统一六国时就融入了一直认为是蛮夷的楚和南越等族，而秦族本身原本就是夏族之外的西夷蛮族。汉王朝之时，南下的强大匈奴被汉武帝征服而一分为二，北匈奴继续向外扩展，而南匈奴则融入中央帝国成为了汉族的一部分。南北朝是民族大融合的一个重要时期。自称黄帝后裔的鲜卑族拓跋氏，先后击败北方的库莫奚、高车、柔然，灭掉了贺兰、纥奚、贺讷等部及慕容族之后燕，并与吐谷浑族联合灭掉了西部匈奴后裔的赫连氏大夏国，后建国北魏，由平城（大同）迁都洛阳而入主中原。到隋文帝代北周而建隋并重新统一中国时，此前所提到的鲜卑等众多边疆之族，还有此后唐王朝征服的东突厥等，大多便成为了融入汉族的新成员。此种融合在后来的历史中从未停歇。

还有一种体现中华民族"同源一体"的情况是，自秦统一中国以来中央帝国的皇帝并不都是汉族。细算起来，东晋后的南北朝、唐之后的五代十国、北宋到南宋时期的辽、金、党项、蒙古等，这些边疆少数民族占据半壁江山，而使汉庭中原王朝偏安一隅的时代，再加上元、清两朝蒙古和满族的入主并对中原的统制，其时间真不能算短。这些入主中原的边疆民族，虽然很少能像北魏鲜卑拓跋氏那样将自己的族谱一直上溯到黄帝之子昌意的少子，但他们中没有人不坚信自己是中华龙的后代子孙，没有人登上大位之后不称自己为天命的真龙天子。如果我们真读懂了历史，如果我们将中英鸦片战争之后多次外敌入侵而险遭亡国灭种的历史相对照，历史上中华民族内部的这些生存战争和王朝更迭战争只能算是兄弟阋于墙的常态而已。从宏观的历史角度看，它正好反证了"同源一体"的中华民族其形成和绵延发展的历史真实。

四

一个民族的历史形成，必然要受到复杂的各个因素与关系的影响和塑造，不仅有最基本的血缘和地缘关系，还有自然环境、文化习俗以及社会经济与政治制度等。如果我们再专就自黄帝时代"古国"起之政治关系的历史演化角度来考察，"同源一体"的中华民族其内部个体与群体社会与政治关系的历史演进，展现给我们的又是另一种面貌和形态，它会使我们对中华民族"政治共同体"之历史真实与本质增添更深切的认知。

其一，"共主"的政治形态。

人类作为与生俱来的群体动物，在他从低级向高级发展的每一阶段，个体与群体的关系都是一个永恒的主题。

如果说是劳动创造了人类，那么这个劳动首先是群体的劳动。是群体的劳动才使人类由猿进化为人，最终脱离动物的食物链，并在险恶的自然环境中得以共同生存和发展。在长达200万年的原始社会中，人类的群体形态有一个从独立血缘生命群体到复杂地缘生存群体的发展演化过程。到了距今1万年原始群演化为原始氏族部落（母系与父系）后，便开始在族外婚的发展中一步步地有了胞族部落、婚族部落、姓族部族以及自黄帝时代由所有姓族部族联合组成的原始古国和大华族。当原始古国解体之后，姓族杂居所构成的地缘邦族之城邦各自独立发展；在生存战争之后各自独立发展的地缘邦族又走向邦国联合体，从而又一次构成了以地缘为纽带和支撑的金字塔形"前国家"政治群体形态。

在原始社会，无论是血缘的生命群体还是地缘的生存群体，都必然要产生出能够承担起组织和维护自己族群生产生活秩序的头领，以作为群体成员大家的共主。于是不同层级的群体共主，便在金字塔形的群体结构中，构成了一个多层级的共主形态。在当时低下的社会生产力仅能维持群体成员生存而并无多少剩余产品的大背景下，赋予任何一个层级共主的只是责任、义务与担当，考验任何一个层级共主的只是能力与贡献，而回报他的便只有族群成员及下属族群的信任、服从与尊敬。正是因为如此，史前的传说才会把"三皇五帝"每一个历史时代的共主，都塑造甚至神话为万民敬仰的英雄，

以至历史学家将其称为史前神话的英雄时代。

在这样的政治关系和氛围中，每一个体与群体的关系应是自觉融为一体的。金字塔中任何一个层级群体内部的个体和下属群体，不仅其身份和地位是平等的，而且其权利和义务是平等的，甚至其蒙昧期的精神生活并不为匮乏的物质生活所困累、而是很少禁忌而自由的。正是因为这样，我们今天才会看到当年他们所创造的如此精神瑰丽的神话，和实质上属于群体的英雄史诗。

群体内部身份和权利平等的个体，从逻辑上讲必然会产生民主政治。但是我要告诉你的是，民主政治的产生还要有一个更为重要的条件，那就是必须具有人格独立和心智成熟个体的支撑，这是当时群体生存的原始历史时代所难以具备的。当然，这不是说在原始社会不会自发产生民主的萌芽，只是到了原始社会最后200年间才萌芽的城邦联盟的民主禅让制，由于太过单薄和脆弱，以至于在夏启公然破坏禅让制时轻易得手，共主而"公天下"的原始社会便无疾而终。

其二，"君主"的政治形态。

"大天下"的中华民族，当其金字塔顶端的"天子"一旦由"公天下"的共主，变为了"家天下"的君主，这些无论是中央王朝的君王还是中央帝国的皇帝，便将全天下据为了己有，成为君临天下、至高无上的统治者和专制独裁者。而处于金字塔下层的族群和个体，其原来平等的身份与权利便被剥夺而丧失殆尽，甚至连生命也成为了帝王生杀予夺的私产，彻底变为被任意宰割和统治的奴隶与贱民。

"同源一体"的中华民族遭此之"变天"，其夏禹所创设的"五服制"便由共主对"公天下"的管理和服务，变为了君主对"家天下"实行统治与主宰服务的国家机器。中央王朝与帝国对于四周方国与边族的政治压迫和经济剥夺，使得他们大多选择了脱离中央控制"流而不贡"的"荒服"。在那更为边远的蛮荒之地，他们虽然数千年来仍保留着原始社会公有制、母系氏族走婚制、以及能歌善舞、热爱自然与生活的天性，然而与世隔绝而险恶的生存环境使他们大多处于刀耕火种、有的只有语言而无文字的原始落后状态，慰藉他们精神的便就只有祖宗留下的盘古、女娲、伏羲、炎黄、祝融、蚩尤这些遥远传说与记忆。与此同时，一些边疆少数民族政权也常发动对中原王朝的生存战争和争夺帝位的战争，虽说战争的结果往往带来民族的融合，但更多造成的后果是对中央夏汉之族与边夷之族之间情感的挫伤和生命的戕害。

中原夏汉主体之族的百姓，亦是君主专制统制下的受害者。"时日曷丧!予及汝皆亡"，这是夏末夏民对夏桀暴君暴政的诅咒和反抗。然而"百足之虫，死而不僵"，推翻一个暴君夏桀又会出来另一个暴君商纣，推翻一个汉人之帝王又会迎来另一个边族之帝王。可见，封建君主专制独裁制度，才是造成对各族人民阶级压迫与统治之共同灾难的总根源。

然而历史上的王朝战争，并不会触动封建君主制度，而本质上只是对皇权与王位的争夺，正应了俗语所说的"皇帝轮流坐，明年到我家"。王朝战争亦有两种性质，一种是宫廷政变式的皇室相残、外戚篡政等所引发的皇位更替，它对于历史毫无进步和正义可言。另一种是，包括农民与少数民族起义在内的推动历史进步的反抗斗争。只是这一激发反抗斗争的"天理观"，虽体现了对世袭暴君暴政"天诛、天罚"的正义性，也明显存在对世袭制度下明君德政的祈盼拥戴之局限性。它推翻的只是一个具体王朝皇位，而当自己真正取而代之后，承袭的仍是换汤不换药的皇位世袭制和君主独裁制。所以还是跳不出"其兴也勃，其亡也忽"的历史周期率，结果又重回到了原点。

其三，"民主"的政治形态。

在世界的历史上，最终彻底推翻封建君主专制制度的，是以人权启蒙思想武装起来的代表先进生产力的新生资产阶级。然而，由资产阶级启蒙的"民主"政治，到建设一个真正让人民当家做主的"民主"政治，要比推翻一个封建君主制艰难而复杂得多。中国的"民主"政治建立，经历了整个百余年的近现代史，至今仍是"进行式"而非"完成式"，故任重而道远。

一是，资产阶级旧民主革命。

孙中山领导的资产阶级旧民主革命，不仅推翻了一个清王朝，而且彻底将封建君主制度赶出了历史舞台，建立了历史上第一个"五族共和"的中华民国。

然而建国后的中华民国，又在袁世凯称帝、张勋复辟及北洋军阀混战中度过，使孙中山"民族、民权、民生"的民主建国纲领在其生前并未实现，以至在其临终时留下："革命尚未成功，同志仍须努力"，"和平、民主、救中国"的遗言。从1911年建国仅存在了38年的中华民国，经历了十多年的

新旧军阀混战、八年抗日战争、两次国共内战，便宣告结束。新生资产阶级并未将中国带入真正的自由资本主义，而是陷入了半封建、半殖民地和官僚资本主义的更深泥潭。而其标榜的民选政权，更是与"民权"、"民主"背道而驰，成为了官僚资产阶级的军事独裁统治，最终被各族人民所抛弃。

二是，无产阶级的新民主革命。

1917年俄国十月革命胜利的炮声给中国传来了马列主义。1919年爆发的"五四"新文化运动，标志了新民主主义革命的开始。1921年中国共产党成立，标志了以马列主义为指导的工人阶级和工农革命登上历史舞台。以实现社会主义、共产主义为目标的共产党人，首先将反帝反封建的民族解放作为首要任务，投身并领导了新民主革命，在实现第一次国共合作中为开办黄埔军校和北伐战争胜利做出了贡献。北伐胜利后，在蒋介石背叛孙中山"联俄、联共、扶助工农"新三民主义，屠杀共产党人、解散工农武装的白色恐怖中，共产党人实行城市武装暴动和工农武装割据，并在反共的军事围剿中建立起工农地方红色政权，独立实行反封建地主所有制的土地改革和民主改革，以解放广大农民。第二次国共合作，取得了抗日战争的胜利，又一次挽救了中华民族。然而，抗战胜利后国共和谈破裂所导致的第二次国内革命战争，独裁的蒋家王朝最终被彻底打垮，各族人民终于翻身得解放。

其三，社会主义的民主政体和民主政治建设。

1949年10月1日，毛泽东在北京天安门城楼上宣布中华人民共和国成立，中华民族从此站立了起来。此后废除帝国主义对华一切不平等条约、没收官僚买办资产阶级一切财产、并通过全国范围的土地改革运动没收封建地主土地给各族贫苦农民，终于推倒了压在中国各族人民身上的"三座大山"（帝国主义、封建主义、官僚资本主义）。取得了新民主革命完全胜利的共产党人，又以开展对城市民族工商业的改造和农村合作化运动，把各族人民引向了社会主义。

新民主革命和社会主义改造的全面胜利，使中华民族"天下一家"、"天下为公"的时代，再次回到了现实。然而对于进京赶考的共产党人来说，这只是万里长征走完的第一步，真正的更为严峻的考验才刚刚开始。中国社会主义航船经历的六十多年风风雨雨、急流险滩，世界社会主义运动因苏俄解体与东欧骤变而遭遇的巨大挫折和沉痛经验教训，都使我们深切认识到，建设一个各族人民真正当家做主的民主政治，是多么的重要而艰难。

一切历史都是在承古开新中向前推进的。承古就是继承人类历史遗产中的一切普世价值，借鉴世界各个时代盛衰兴替的经验教训。开新就是用我们把握到的历史发展规律性新知，去理性地对所追求的新制度进行顶层设计，从而在新的实践中超越历史，谱写历史。

具体说，资产阶级启蒙思想自由平等的"天赋人权"观，之所以能够成为推翻封建专制制度的思想武器，说明它的思想体系具有一定普世价值；西方国家的"普选制"和"三权分立"的民主政体，之所以能够取代封建主义世袭独裁制度，证明了它的运行机制的合理性与有效性；但所有这些，都是为私有制的资本主义和资产阶级"主体"所利用和服务的局限性，并刻意制造的对其他劳苦大众的虚伪性和欺骗性，则是应该给予揭露和批判的。

农奴制和封建制社会中改朝换代的"天理观"，其"天视自我民视，天听自我民听"以及"民为贵，社稷次之，君为轻"的民本思想，之所以能够动员民众、推翻暴君暴政，体现了它思想体系的革命性和正义性；而它对封建世袭独裁制度下明君明主的呼唤和拥戴，则反映了它仅是希求明君"为民做主"的"民本"、而非是真正独立人格的"民主"诉求之"民本"，这一农民阶级的局限性，亦是应该引以为戒的。

有了以上分析，如果再进一步追溯到自然状态下的原始共产社会，我们就会从中找到，它"平等"、"自由"的"权利"观，萌芽于"同源同种"（同华之源，同龙之种）其"天赋"之源头；它"正义"的"民本"、"民生"观，萌芽于"同族一体"其"天理"之源头。还找到了以天下为己任的"公权"天子何以将责任、义务与担当为其"天职"之源头；找到了它"民主"的"天子禅让制"，何以由"公权"、"共主"其"天启"之源头。当然，我们也可以从中找到后来"公权"何以异化为"私权"、"共主"何以异化为"君主"、"公天下"何以异化为"家天下"的源头。从根本上说，这些都是因其在原始状态下，民之"主体"并不具备其人格独立和民智开化历史条件所造成的政治形态。

以上从对中华民族"同源一体"历史的全面反思中，不仅找到了社会主义民主政体和民主政治蓝图设计的指导性方案，而且也使我们经历了一场社会主义的思想洗礼和启蒙。民之"主体"独立性的缺失，在以往的不同历史时期均有不同表现，以至到了今天仍成为"民主"政治难以真正确立的内在根源。要知道，民之自己当家做主的"民主"，需要的是民之"主体"的自

觉成长和成熟，而绝不是什么救世主或明君的同情和施予。蒙启运动，打造了资本主义民主制度成熟"主体"的资产阶级；社会主义也需要启蒙运动，因为没有人民"主体"的独立、成熟和自觉，社会主义的民主制度不仅难以确立，甚至还会有再次被异化而丧失的危险。

"人权"的普世思想、"民权"的国家政体、"民主"的政治制度，都是"民主"政治不可或缺的组成部分，都属于上层建筑领域。然而上层建筑是由它的经济基础决定的，所以最终的结论，还是要等到下一节关于"民生"的所有制经济基础的讨论中，将"民权"、"民主"与实现"大同"社会的"民生"联系起来才能给出。这是值得我们期待的。

第四节 "天下为公"之"大同"社会观

一

"天下为公"之"大同"思想，是古代中国所产生且影响深远的社会观与历史观。

其一，思想出处。

"天下为公"与"大同"的思想与概念，其出处于儒家典籍《礼记·礼运篇》中孔子的一段话。原文是这样说的：

昔者仲尼与于蜡宾，事毕，出游于观之上，喟然而叹。仲尼之叹，盖叹鲁也。言偃在侧，曰："君子何叹？"孔子曰："大道之行也，与三代之英，丘未之逮也，而有志焉。大道之行也，天下为公，选贤与能，讲信修睦。故人不独亲其亲，不独子其子，使老有所终，壮有所用，幼有所长，矜、寡、孤、独、废疾者皆有所养，男有分，女有归。货恶其弃于地也，不必藏于己；力恶其不出于身也，不必为己。是故谋闭而不兴，盗窃乱贼而不作，故外户而不闭。是谓大同。

今大道既隐，天下为家，各亲其亲，各子其子，货力为己。大人世及以为礼，城郭沟池以为固，礼义以为纪，以正君臣，以笃父子，以睦兄弟，以和夫妇，以设制度，以立田里，以贤勇知，以功为己。故谋用是作，而兵由

此起。禹、汤、文、武、成王、周公由此其选也。此六君子者，未有不谨于礼者也。以着其义，以考其信，着有过，刑仁讲让，示民有常，如有不由此者，在执者去，众以为殃。是谓小康。"

这段话的意思是说：

昔日，孔子曾参加鲁国的蜡祭（腊月对众神之祭），祭毕，他走出宗庙踱步于观台上，不禁喟然长叹。孔子的感叹，是面对春秋鲁国的乱世有感而发的。言偃就站在孔子身边，便问孔子："先生因何而如此长叹？"孔子说："古之大道施行之世，以及三代（尧、舜、禹"上三代"）的那些英贤，丘我虽无缘赶上，但那是令我一生都心向往之而矢志追求的啊。在那大道施行的年代，天下是为人们所公有的。大家推选出有贤德有才能的人来治理，人与人之间都能讲信修睦，彼此和谐相处。人们不只以自己的亲人为亲人来赡养，不只以自己的子女为子女来抚育，而是使所有的老人都能安享晚年以寿终，所有的青壮年都能人尽其才有用武之地，所有的儿童都能受到抚育健康成长，即就是鳏寡孤独以及残废疾病之人，也都能得到社会的救助供养。男人都会找到自己的职分，女人都会找到自己的归宿。财货虽厌恶其丢弃于地的浪费，但也不必藏于自己私用。力气虽报怨不能出于自身，但人人出力劳作并不全是为了自己。因此，邪谋之心就会闭而不生，盗窃乱贼之人就不会出现，于是连到晚上户门也不用关闭了。这才是真正的大同社会啊。

而今，天下为公的大道已经隐去，天下变为了一家的私天下。人们只以自己的亲人为亲人去赡养，只以自己的子女为子女去抚育，财货和力气都是为了私己而用。天子和诸侯（大人）的权力世袭（世及）已名正言顺的变成了国家礼制，修建城郭沟池作为坚固的防守，制定礼仪规范作为森严的纲纪。以此宰正君臣关系，笃亲父子关系，敦睦兄弟关系，调和夫妻关系；以此设置管理制度，设立田里之官，重用智勇之人，让人人都为了自己建功立业。这样一来，邪谋之人便由此兴起，战争之祸便由此产生。

至于夏禹、商汤、周文王、周武王、周成王和周公旦，他们都不过是在这"大道既隐，天下为家"的大时势下造选出来的人物。这六位君子，没有哪一个不是谨奉于以上这些礼制的。他们彰显这些礼制的义涵，用来考察人们的信用，处罚有过错的人，树立仁让的典范，为百姓昭示礼法的常仪。如果有不遵此而越轨者，即使是在位执政者也要革去旧命，因为百姓已把他看成了祸殃。但与大同社会比，即就是这样的治世，也便只能算作小康了。

其二，历史影响。

孔子的这段话，特别是关于"天下为公"之"大同"社会的具体描述，对于社会和民众思想深处所造成的激荡与震撼，实在是石破天惊。它不仅成为中华民族追求理想和解放的社会蓝图，成为历代志士仁人勇于改造旧社会的精神之源，而且也赋予了历代学者为探求历史发展轨迹而争论不休、历久弥新的话题。

孔子"天下为公"之"大同"世界的思想，对后世的重大影响是有迹可循的。

战国时的孟子，是孔子之孙子思的学生，子思的老师就是曾参，他是孔子七十二高徒中年龄最小的一位。孟子不但用"老吾老以及人之老，幼吾幼以及人之幼"同样的话宣传孔子的"大同"思想，而且将《尚书》中"天视自我民视，天听自我民听"的民本思想，上升到"民为贵，社稷次之，君为轻"的高度，对后世影响至深。

战国时的齐人公羊高，受学于孔子另一个大弟子子夏。他著了一部《春秋公羊传》，用"微言大义"和问答解经的方式，对孔子编定的《春秋》进行阐释，成为后来与《左传》《谷梁传》齐名的传《春秋》的三大家之一。《春秋公羊传》中说，孔子写《春秋》："所见异辞，所闻异辞，所传闻异辞"。本意是说形成孔子历史观的材料来源，一部分是他身处乱世亲眼"所见"得来的；一部分是他深入到宋、杞等安置已亡的夏商之逸民国中搜集调查亲耳"所闻"得来的；至于孔子何以将他所向往的尧舜之世描述成"大同"太平之世，应该是他对古之典籍所传和上古留下的民间传说之"所传闻"，进行综合整理而得来的。这段话原本是对孔子整个历史观形成轨迹与资料来源所作的探讨，绝不会只局限于孔子编定《春秋》，还应包括他删定《尚书》在内。只因原文说得过于含糊，致使长达两千余年的《公羊》"三世"说之争之辨，由此发端。

到了西汉之时，由于"公羊"学独特的理论色彩，是在政治上宣扬孔子"大一统"思想，提倡"改制"，加之董仲舒对这一主张的大加改造发挥，主观认定《春秋》之时就应是"分十二世以为三等，有见、有闻、有传闻"（《春秋繁露·楚庄王第一》），从而使公羊学所说仅局限于"春秋"之世，以适应汉武帝时期的政治需要，并成为西汉今文学的"显学"。东汉时的何休为《公羊传》作注，更进一步推演阐释，提出：孔子著《春秋》是为了拨

乱反正，以春秋时期的242年"著治法式"，故将社会治乱兴衰，分为"据乱世——升平世——太平世"之"三世"，这样"公羊""三世说"便发展成为了具有一定系统性的历史哲学。但是由于今文家所"描述"的"三世"说虽符合"理想"，但并不符合"春秋"本然的历史。事实上春秋时政乱民苦，是愈降则愈不太平，所以必然受到站在对立面的古文学家的反驳。这场争论最后虽无结论，甚至到隋唐之后"治世"与"乱世"循回说又开始占了上风，但争论所迸发出的对历史发展规律富有想象力之探讨的种种可贵思想胚芽，赋予了争论本身以历史意义。

东晋诗人陶渊明的《桃花源记》，亦真亦幻地描写了一邑之族人因避秦乱，终于找到一处宛如世外桃源的地方，于是一代一代"不知有汉，无论魏晋"地世代生存于斯，过着"黄发（老人）垂髫（儿童），悠然自得"、自由而太平的日子。这个并非神仙天国的平常百姓故事，之所以千载以来如此打动人心，令人神往，其真正的秘密在于，它不仅是以诗意的形象画面，更是以春秋笔法的思想内涵，向人们转述了孔子当年所描述的"大同"理想世界，故而普世而不朽。

清朝嘉庆、道光年间，"公羊"学重新兴起。面对西方列强不断入侵、国运日衰的严酷现实，迫使人们的思考开始变得深切而"经世致用"。龚自珍与前辈所不同的是，他重新将"公羊"的"三世"说与《礼记·礼运篇》联系起来，以更为阔大的视野，重新诠释孔子的历史观。认为"通古今可以为三世"的，不是《春秋》这一局部的历史而是中华的整个历史，从而使探讨更趋深入。自龚自珍之后，更将孔子"大同"思想赋予"变法改制"实际行动、并能放眼西方世界的代表性人物，是康有为。

与清朝洋务运动几乎同时开始的日本明治维新，仅仅经历不到30年，便在1894年爆发的中日甲午之战中几乎全歼大清北洋水师舰队，迫使昔日天朝上国的清政府签订了丧权辱国的《马关条约》。当"师夷之长技以制夷"的洋务救国之梦彻底破灭之后，与日明治维新相比，变法改制以图强救国便成为了唯一的出路。于是以康有为为领袖的戊戌（1898年）维新变法（亦称百日维新）运动，在光绪帝的支持下勃然兴起。思考于变法之前、完成于变法失败之后的《大同书》，是康有为长达十余年深入思考的心血之作。现在看，此书被后世称为"托古改制"之作并不正确，且失之轻薄，因为此书在他生前，是一直秘不示人的（正式出版是在他离世后的1935年，生前的1913年也仅仅取书中的甲、乙两部分在《不忍杂志》上发表过）。可见康有

为并不是有意"托"孔子之"古"以征服人心，而是真正以孔子"大同"理念的历史观用来指导自己"变法"的思想和行动。康有为在他的《大同书》中写道："今欲致大同，必去人之私产而后可：凡农工商之业,必归之公。举天下之田地皆为公有。"（282页）"太平世人无私家，无私室，无私产，无私店。"（295页）还主张："去国界"建立"公政府"，让世界无国家，无君主，无贵族，无军队，"人皆平等"。完全体现了儒家"大同"思想中的"天下为公"原则，让人读之动容。

孙中山是伟大的民主革命先行者,他所创立和发展的"三民主义"学说，是比较完备的资产阶级民主革命纲领。而其中的"民生主义"，则既是"民族主义"和"民权主义"的出发点和最终归宿，也是孙中山的"大同"终极社会理想的集中体现。孙中山认为："真正的民生主义，就是孔子所希望的大同世界"（第八卷，324页）。"民生主义就是社会主义,又名共产主义,即是大同主义。"（第九卷，355页）孙中山曾经手书"天下为公"和《礼运篇》之"大同文"以激励人们为实现大同社会而奋斗。与康有为不同的是，孙中山设想的大同世界现实感更强一些，并为如何探索实现大同的道路提出了自己的方案。对于土地问题，他主张"平均地权"、"土地公有"，认为"土地本为天造，而非人工所造……当为公有，盖无疑矣"（第二卷，514页）。而在资本问题上，他设想将关系国计民生的产业归为国家经营的"大资本公有化"，提出"凡铁路、电车、电灯、瓦斯、自来水、运河、森林各业，均应收归国有"(第二卷，493页)。他真诚地希望在资本主义社会化大生产的基础上，建立一个崇尚自由、平等、博爱，人人生活幸福的乐园。

其三，正确解读。

在中国历史的不同时期，人们通过重新诠释孔子《礼运篇》的"大同"思想，并不断赋予其新义，阐发了他们自己具有"本土文化"色彩的"大同"理想。那么孔子的本义到底又是什么呢？这是今天我们必须弄明白的一个大问题。

首先，他描述的是真实历史，而不是虚构的历史。

孔子是对中国上古历史文化搜集抢救、整理研究和继承弘扬的集大成者，而他对《尚书》《春秋》的研究整理，奠定了他在中国历史学上"第一人"不可动摇的地位。孔子对"大道之行也，天下为公"之时，其社会"大同"的种种令人神往的描述，完全是他对尚处于原始社会的尧舜禹时代以及

更早黄帝时代大量传说内容所进行的真实历史概括。这一点如果我们再去重读"黄帝的华胥梦"、帝尧当初也过着"茅茨土阶"生活之时代的"击壤歌"、"康衢谣",心里就一定会明白。正是因为这是孔子心中的历史真实,所以才如此强烈冲击并打动着身处乱世的孔子的心,从而发出"大道之行也,与三代之英,丘未之逮也,而有志焉"的深深感叹,遂使孔子如此魂牵梦萦、思之念之,将其作为最高理想而不懈追求之。

然而,后世宣扬孔子"天下为公"之"大同"思想的后继者,多只看到其理想性的一面,而对孔子"祖述尧舜"其历史的真实性并不真正理解,故很少论及而给予重视。更有甚者,是今天我们已习惯于将其与西方自柏拉图《理想国》以来不同时代的"乌托邦",相提并论。"以史为鉴"的伟力来自于真实,如果阉割了真实性,它就会成为掏空了灵魂的躯壳而失去历史价值,造成的后果是严重的。

其次,他表述的是历史内在的真实逻辑,而非外在的形式逻辑。

在对待历史文化的态度上,孔子坚持"述而不作",即使表达自己的感受和心得,也从不脱离历史真实而空发议论。如果我们对《礼运篇》中孔子所发的感叹和议论细心分析,就可发现他是将之前的《春秋》《尚书》所载及史前传说的整个历史,明明白白地分为了两大阶段:一是史前史尧舜禹的"前三代"阶段,由于它是"天下为公"的,所以它便是人人自由平等的"大同"社会。二是夏商周的"后三代"阶段,由于它是"大道既隐,天下为家"的,所以它便成为了"各亲其亲,各子其子,货力为己"、"故谋用是作,而兵由此起"的社会,亦即"乱世"(夏桀、商纣、春秋之世)与"治世"(夏禹、商汤、周文周武"小康"之世)交替出现的私有社会。孔子正是以真实历史进程所表现出的这些内在逻辑,从而表达了他处于"春秋"乱世,而既有对像夏禹、商汤、周文、周武一样之"小康"治世的期待;更有对超越"天下为家"阶段的"大道之行"、"天下为公"之"大同"理想社会的追求。

历史内在逻辑所展现出的规律性,正是真实历史内在构成之具体矛盾运动的外化形式。它教给我们的是用"具体问题,具体分析"去把握客观规律的正确思想方法,而不是脱离时空条件和客观具体矛盾,仅用固化的形式逻辑去乱套乱用。自汉时董仲舒所臆造的"据乱世——升平世——太平世"《公羊三世说》,走的正是后面的这条"外在形式逻辑"之路。它正如中华

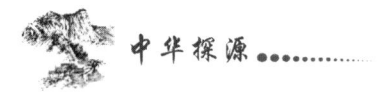

最古老的河洛文明所创造的认识世界的唯物辩证之《易》理一样，它本来是教给人们如何就所处具体位置而对具体问题作具体分析和前瞻的，但却被后世变为以形式逻辑去占卜个人命运、军国大事的"相数之学"，让人对其实在不知该说什么好。

再次，他阐述的是"大道之行"的历史前进方向，而非事事向后看的拉历史倒车。

冯友兰先生曾深刻指出："孔子对于中国文化之贡献，即在于开始试将原有的制度，加以理论化，与以理论的根据"。孔子在《礼运篇》中，通过对真实历史阶段的划分和描述，及其具体历史阶段内在真实逻辑的明晰表述，最终给出了自己的历史观，即："大道之行也，天下为公"。我们之所以对他描述的"大同"世界感到石破天惊，多是因为首先被他描述的"故人不独亲其亲，不独子其子，使老有所终，壮有所用，幼有所长，矜、寡、孤、独、废疾者皆有所养"的内容和画面所打动。然而真正的价值在于，他将这一"大同"社会的产生根源，归之于"天下为公"，并进一步将"天下为公"上升为"大道"的理论层面，从而形成了他真正的历史观。孔子站在"天下为家"之为私的春秋乱世，以他"朝闻道，夕死可矣"的决绝精神，终于给自己同时也是给后世，找到并指明了一条通往"大同"理想社会的方向，这才是真正的石破天惊。

如果我们真正理解了孔子的历史观，你就会发现孔子一生真正做的是两件事：一个是在身处"家天下"的春秋乱世历史背景下，周游列国，向民众及君王宣传"君君臣臣、父父子子"（即君要像君、臣要像臣、父要像父、子要像子）其"仁义礼智信"的道德规范，以图由乱到治，建立像"周革商命"之初的"小康"太平之世。再一个就是超越其"家天下"的现实历史背景，创立儒学"仁之为人"的普世思想，兴教授徒，并告诉世人一个尧舜禹"上三代"时"天下为公"之"大同"世界的真实历史，从而以更大的历史时空为坐标，宣扬一个"大道之行也，天下为公"之理想的历史前进方向。所以孔子的真正伟大之处，不仅在其"入世"的现实部分，更是在其超越的理想部分。

然而今天我们却把孔子为争取实现大一统"小康"治世的"吾从周"之现实部分，和为追求"大同"社会理想的"祖述尧舜"之超越部分，皆断章取义地诬为向后看，是拉历史的倒车。并以此将孔子的历史观，划定为"反

变革"、"守旧"的思想观念。这样就使我们在中国"本土化"历史观的继承上，因"明珠暗投"而陷入混乱和无知。现在该是到了为其拨乱反正的时候了。

二

我们之所以要千方百计地使未曾中断的中华历史文明得以复活，那是因为我们要在自己不曾中断的历史文明中，以史为鉴，寻找解决前进困难的精神力量、思想智慧和方向。我们之所以要为孔子"天下为公"之"大同"历史观拨乱反正，那是我们不仅要继承这一正确的历史观，而且要从继承形成这一历史观的正确思想方法中，寻找解决前进困难的"授之于鱼，不如授之于渔"的方法论支撑。

这一方法论，就是寻找真实的历史，寻找真实历史之内在逻辑及所表现出的客观规律。从而在螺旋形上升的历史长河之大时空坐标中，记取并把握其正反两方面的经验与教训，为我们今天的历史发展方向定位，为我们今天似乎已经实现了"天下为公"的社会主义、但却面临无法实现社会"大同"的历史性难题破局。

破解这一难题的思想智慧，不是来自于空想，而是来自于对人类社会发展全部历史的科学总结，是向历史要答案：

其一，关于原始社会。

人类作为自然之子，大自然不仅创造了人类的生命，而且为人类的自然生存与劳动创造生存，提供了丰富的自然资源。所以人类与自然的原初关系，既是天地自然对于它的每一生民其绝无偏私、必为"天无私覆，地无私载"之天理关系；也是每 生民对于"本为天造，而非人造"的自然资源其绝非私物、必为"天下为公"之公理关系。天理、公理就是"天不言自明、人不证自明"的大道理，故为之"大道"。

人类的原始社会，正是人与自然之"大道"演化出的原初阶段。在百余万年的漫长旧石器时代，各个原始群赖以生存的采摘经济和渔猎经济，都是由野生的自然资源直接供给的。进入到了距今1万年前的新石器时代，人类创造了原始农业，从而有了定居的各氏族到姓族的"血缘部族"，和到后来姓

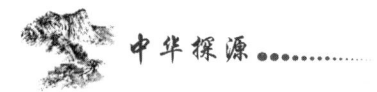

族杂居的"地缘邦族"。水旱等大的自然灾难不断引发的为夺取生存自然资源和空间的族群生存战争，又使其走向联合而组成"天下一家"的生存共同体和政治共同体。这便是黄帝与帝尧先后所组建的"天下为公"的大天下。

在原始社会阶段，无论是全"民族"的大天下，还是"邦族"或"姓族"（部族）的小天下，其对内部成员来说赖以生存的自然资源都是"天下为公"的共有关系。正是有了这一"大道之行也，天下为公"的资源"共有"关系，才使每一社会成员身份"平等"的劳动权利、及分配"共享"的生存权利得以确立和保障，从而实现"大同"之社会。

"天下为公"的自然资源为全体社会成员所"共有"，同时也决定了上自"天子"下至"邦族"、"姓族"、"氏族"之部落酋长的权力，亦是"共主"为所属成员服务之"公权"。然而到了新石器时代晚期，由于生产力的提高，而使劳动剩余产品所积累的公共财富不断增加。而当这些公共财富不再为全体成员所"共享"，而是被掌握公共财富分配大权的公权力所多占侵吞，"天下为公"的"共有"和"公权"便被异化，"共享"的"大同"社会便出现危机。

其二，关于奴隶制社会。

奴隶制的产生并非偶然，而是肇始于"风起于青萍之末"的"公权"异化。后当"天下为公"的"公权"禅让制一旦被破坏，"天下为家"的"私权"世袭制便取而代之。这一"溥（普）天之下，莫非王土；率土之滨，莫非王臣"（《诗经·小雅》）的奴隶制王朝，使原先"天下为公"的"大同"社会全翻了个过。

它使全体社会成员失去自然资源"共有"的平等权利，从而让"公权"的江山易主而变天。它使全体社会成员失去财富"共享"的平等身份，从而使被剥夺了生存权利的众生成为"会说话的劳动工具"。

与此相对应，奴隶主王朝一旦将普天之下赖以生存的自然资源占为"私有"，他便成为了整个社会财富的支配者和"独享"者，成为了全体社会成员命运生杀予夺的主宰者和统治者。

于此我们终于明白，"大道既隐"的"天下为家"取代了"天下为公"，本质上是自然资源的生产资料由全民"公有"，蜕变为了王权"私有"。从此远古的"大同"社会成为尘封的记忆，吃人的奴隶制社会成为黑暗的现实。

"周革商命"而建立的周王朝，对商以前奴隶制政治制度进行了一定改革和改造，实行"封诸侯，建藩卫"（也叫"分土封侯"），及嫡长子世卿世禄继承制。周王把自己的国有土地和农奴"授民授疆土"分封给诸侯，但不准买卖或转让，而是建立"井田制"，并使奴隶变为了农奴身份，人身依附于封建领主并为封建领主的"井田"服役。

其三，关于封建制社会。

奴隶制社会的解体，起始于周"厉王专利"、幽王"烽火戏诸侯"所引起的各诸侯王的离心离德。及至犬戎入侵、平王东迁后的所谓东周，已是"王纲解纽"而衰微，诸侯"群雄争霸"而坐大，于是进入长达500余年的"春秋"与"战国"的乱世。

乱世的"春秋"与"战国"，使奴隶制领主经济开始解体，封建地主经济的萌芽得以孕育。"春秋"初期铁制农具的出现，不仅大大提高了劳动生产率，而且为各诸侯国兴修水利和大面积开垦荒地，提供了条件。当这些新垦的耕地不再报告天子、国君，而是成为据为己有的私田，并可用来转让、交换、甚至自由买卖，这样"田里不鬻"的井田制就开始瓦解。对此各诸侯国为了扩大税源、富国强兵，多顺势而为，推行了变法图强的赋税制度改革。其中有齐之"案田而税"，晋之"作爰（易）田"，楚之"书土田"，郑之"作丘赋"，秦之"初租禾"等，而最著名的为公元前594年鲁国的"初税亩"。"初税亩"就是开始承认私有土地的合法性，不再分公田、私田，一律实行以田亩面积为单位，征收耕地税（税率为亩产量的十分之一）的制度。

秦之统一六国，废分封，置郡县，使以土地私有制为基础的地主经济在全国普遍推行，并经"汉承秦制"在此后的整个封建时代得以确立。与奴隶制领主经济相比，封建制地主经济的特征在于，它是皇帝与地主（包括自耕农）"双重土地私有制"。首先，普天之下（全国）包括土地在内的所有自然资源性生产资料，其最终所有权统归皇帝一人所有。这种所有权是以国家征收土地及盐、铁等资源的税赋来体现，故称皇帝"一人坐天下"。其次，分解并下划土地等资源的占有权（使用权、经营权）给家族的地主或农户，这种占有权（使用权、经营权）是以向国家上缴土地税赋来取得，并可作为私产而继承、转让和买卖。

如果仔细分析你会发现，世袭皇帝的最终所有权与奴隶制国王相比，其

性质是完全一样的，他们都以"天子"的身份使土地等自然资源的所有权，名为"国有"而实为独裁专制的"一人之天下"的私有。因为他们都不仅是这些国家资源及财富的支配者，更是穷奢极欲的享受者，所以都是一样专制腐杇的统治者。

然而"双重土地私有制"，作为不同于奴隶制领主经济的新型经济体制，亦有适应并解放铁器时代生产力之进步性。一方面，它使由奴隶和农奴而变为了有一定自由身份的自耕农，不再是农奴制领主的私有财产和附属物。更为重要的是，昔日井田制时"无田甫田，维莠骄骄；无田甫田，维莠桀桀"（《诗经·齐风》）的公田（甫田）荒草（莠）茂盛而不打粮食的现象，这时通过土地占有权（使用权、经营权）的下划，使土地的收成与它的生产者和经营者的利益直接挂钩，大大调动了人的积极性，使社会财富充分涌现。与欧洲历史上一直处于与中国西周时期相同的世袭领主农奴制相比，长达两千年来的中国帝制封建社会，其经济发展速度与规模一直处于世界领先地位，现在看与其经济体制的先进性不无关系，甚至应该是最主要之原因。

然而中国作为传统的农业帝国，其成也土地，其败也土地。当皇帝为了一己膨胀之私欲而竭泽而渔，其土地赋税苛重到最后压死整头骆驼；当天灾人祸迫使农民到了卖田卖地、卖儿卖女地步；当土地不断向少数大地主阶级手中集中，而丧失生活来源的失地农民和社会游民成为多数，一场推翻旧王朝暴政的农民运动便不可避免地到来了。

其四，关于资本主义社会。

推翻一个旧的封建王朝，并不等于推翻了封建制度。因为新的王朝又实行的是国家土地所有权的皇帝世袭制。可见要消灭封建制度，最根本的是要彻底推翻皇帝世袭的国家土地所有权，而不仅仅是推翻世袭的皇帝。

中国的资产阶级革命，实际上只是推翻了一个世袭皇帝，使他永远不能复辟。但问题的关键是，原来皇帝所据为私有的国家土地所有权现在又归何人？又作何用？弄清了这个问题，才能弄清这个后继新生制度的性质。

历史事实是，辛亥革命后的国家土地所有权（实际是不仅土地，而是所有自然资源），先是被旧的北洋军阀所篡取，后才被蒋介石所代表的新军阀所夺回，成为了新政权的统治者。这个新政权不仅把孙中山三民主义"平均地权"以解决民生问题抛在了脑后，而是利用国家直接掌握的土地矿山所有

权发展官僚资本主义，实际上国有资源又成为了官僚权贵们鲸吞蚕食、中饱私囊的大餐，结果一个个成了土皇帝。这样的制度与西方的自由资本主义是格格不入的，所以从严格意义上说中国从来没有进入资本主义。

那么西方的自由资本主义，到底是什么样子呢？

首先要明白：西方资产阶级所推翻的封建主义，是世袭封建皇帝和贵族领主农奴制。严格意义上说它只是中国西周的领主农奴制，它的封建领主的贵族身份是世袭的，他所有的土地和农奴也都是世袭而不能买卖的。所不同的是，欧洲世袭的封建皇帝仍是一个领主，并没有像中国皇帝那样大一统的国家土地所有权，土地的真正所有权不在皇帝而在各个领主。所以欧洲皇帝若因为战争等原因需要调高土地税率或制定新的法律，必须经各领主组成的议会讨论同意才能决定，这种议会的传统形式也为日后资产阶级权力制衡的民主政治提供了一种借鉴。这样你便会明白，西方资产阶级之所以要推翻这样一个封建制度，主要目标是废除皇帝和领主贵族的世袭特权。一个是要打破对土地的世袭，使其成为能够自由买卖的生产资料，一个是要打破对农奴的人身依附，使其成为能够自由买卖的雇佣劳动者，从而为新生的资本主义开辟道路。

其次要明白：1、西方的资本主义经济制度，在生产资料所有制上，它并没有从皇帝手上接到国家土地所有权。而是在新制度下，所有人都可用货币资本向封建领主购买土地所有权（除法国大革命初期曾一度没收封建领主土地），包括领主未出卖的土地仍有自己的所有权，因此不是国家、而是他们个人才是土地资源的真正主人。马克思称这是"土地所有者支配土地制"，所以是无条件的绝对私有制。2、西方的资本主义经济体制，是商品社会化大生产的"自由市场经济"：一是它将先进的大机器生产力，与工业化、社会化的大生产方式结合了起来；二是它将资源及资产的所有者，与商品的生产者及经营者结合了起来；三是它将生产要素的市场化配置，与平等竞争、反对垄断的"契约精神"、"法制理念"结合了起来，所有这些都使它创造了人类有史以来无与伦比的生产效率。正如马克思所说："资产阶级在它不到一百年的阶级统治中所创造的生产力，比过去一切世代所创造的全部生产力还要多，还要大"。

然而，与高度生产效率形成鲜明反差的，是资本主义对资源的绝对私有制和资本对雇佣劳动剩余价值的剥削，所酿成的社会严重不公。贫富两极分

化所造成的阶级对立，从而引发的社会危机；劳动者贫困化所造成的社会最终消费不足，从而引发生产过剩的周期性经济危机，都成为了资本主义无法克服的死穴和永远的梦魇。

三

以上分析的四种社会形态，多是已成为"过去时"的原始共产社会、奴隶制社会、封建制社会，还有正在"进行时"的资本主义社会。社会制度的内部结构，主要包括政治制度和经济制度等，而经济制度是整个社会建构的基础，是划分不同社会形态发展阶段的主要标志和依据。因此我们的分析主要侧重于经济制度，而且将焦点集中在它的核心部位，即决定"民生"的"资源性"生产资料的土地所有制上。我们以此作为认识不同社会发展制度的一把钥匙，也以此作为打开新的"大同"社会之门的一把钥匙。

中国已经进入了人类社会发展的第五个形态，它就是"进行时"的理想之"大同"社会——社会主义社会。说它是"进行时"，是因为它自诞生以来虽经历了近百年的兴衰际遇，但却仍在艰难的探索中。而且这种探索的自我改革今天已陷入深水区，并因心中无数而处于令人茫然的十字路口，无法破题。

科学发现的破题在于实验，而科学发明的成功在于对实验数据的正确运用。人类社会发展的各个历史阶段，就是人类的社会实验，它的正反两方面的经验教训，就是社会实验所获得的宝贵数据。破坏一个旧社会，不等于就能建设起一个新社会，相反新的制度确立不起来，旧的制度就会死而不僵，就又会复辟。但是，新社会的成功确立并不是仅凭空想就能完成，而是要心中有数地运用人类全部历史的经验教训等宝贵资料，进行理想的顶层蓝图设计，并在新的实践中不断修正完善，舍此别无他途。

中华史前史的复活，不仅使中国而且使世界终于有了一个人类完整的历史图谱。中国史前的"大同"历史，加上世界资本主义和社会主义运动的斗争史，更为我们增添了新的历史经验和教训。而所有这些都告诉我们：一是人类的生存，首先靠土地等地上地下的自然资源提供给我们以劳动对象，即"资源性"生产资料。因为自然资源自身的价值是"天生"的，所以应以

"天理"的原则为全民所"共有"并"共享"，而不应被任何权力所独占，从而需要以制度来保障社会的正义与平等。二是人类的生存，更靠人类自身的劳动。所以他的劳动能力以及劳动在资源之上所创造的劳动价值即劳动成果，应以"公理"的原则为自己"自有"、"自享"，而不被他人所侵占，从而需要以制度来保障劳动者的权利和积极性。三是人类的生存与更大发展，必须是自然资源与劳动创造的能力和积极性，在深度与广度上的更有效结合，所以需要建立完善而有效的经济体制。因此说"天下为公"的"大道"包含着两层意思：即以资源的"共有"、"共享"，确保社会"正义"之"公平"；以劳动的"自有"、"自享"，确保社会"公正"之"效率"，二者缺一不可。

以此观之，以消灭私有制、消灭阶级、消除贫富分化、走共同富裕道路为目标的社会主义，它的"天下为公"之社会"大同"的顶层设计，便呼之欲出：

其一，社会主义的经济制度，必须是以自然"资源性"生产资料"全民所有"的公有制为主体，而不是以"国家"公权力所有的公有制为主体。

社会主义必须消灭私有制，但不是也不应该是消灭个人劳动所得财富的私有，而是将其锁定在消灭自然"资源性"生产资料的私有上。社会主义必须建立公有制，但不是以国家或政府公权力的所有来等同并取代全体国民的所有，而是将目标锁定在自然"资源性"生产资料层面，以真正建立起全民"共有共享"之公有制为主体（而不是以国家所有的国有企业为主体）的根本经济制度。

我们并不否定国有经济本身，而是否定它僭越的"公有制主体"地位。因为这种僭越，影响了我们对真正全民公有制主体实现形式的探寻，导致了国企对资源的垄断和无偿占有而不是惠及全民的"共享"，导致了它借"公有制主体"之名的特殊身份和垄断地位，而与其他民企等资产性所有制市场经济主体的不平等竞争，从而使"天下为公"的"大同"理想变得愈发渺茫，甚至滋生出新的权贵既得利益集团，并成为了进一步深化改革的政治阻力。

其实鉴别自然资源是否为全民所"共有"的方法并不复杂，那就是看其最终能否为全民所"共享"。要知道中国封建社会及至民国时期的土地矿山等自然资源，也都有着国家所有的名义，但它最终是由皇帝和皇帝消灭后的

资产阶级权贵所"私享",故而就只能是骗人的"公有"。所以说"国有"与"全民所有"是两个不容混淆的概念,混淆了就要出问题。如果我们能够走出今天以国有经济主要指国有企业为主体的误区,实现以自然"资源性"全民所有制为主体,从而使土地、矿山、矿产等自然资源自身的庞大"使用权"之价值,不再是被国企、地方政府、私企老板无偿或低价所占有,而是以其"使用权、占用权"的全部出让收益回馈全民,用于全民能够真正"共享"的教育、医疗、养老、住房、低保、社会救助、公共服务体系建设,兜底民生,保障公平,这样"天下为公"之"大同"理想社会就会展现在我们面前。

其二,社会主义的经济体制,必将是以适应并解放生产力为目标,以保护并调动投资经营者与劳动者两个积极性为内核的、平等竞争而高效的市场经济,而不是政府主导下的准市场经济。

社会主义要消灭阶级,不仅要消灭统治阶级对自然资源的"私占"和"私享",还要消灭其对劳动者的人身主宰及对劳动果实、劳动价值的剥夺。解放劳动者就是解放生产力,保护劳动者的劳动权利和劳动果实就是保护生产力,而培育和调动劳动者的积极性、发挥劳动者的聪明才智和创造力,使劳动创造的物质财富充分涌流,则是解放和发展生产力。贫穷不是社会主义,创造比资本主义还要高的劳动生产率,走共同富裕的道路才是社会主义。

所以社会主义需要有两个轮子,一个轮子是创造"公平",再一个轮子是创造"效率"。世间的一切财富都是劳动创造出来的,因此我们的又一历史使命,就是必须创建一个高效的经济体制,它就是现代化的先进生产力与社会化大生产相结合、各种所有制的市场主体平等竞争的市场经济体制。只不过它不再是建立在资本主义绝对私有制度之上,而是建立在新生的自然"资源性"全民所有制的公有制主体之上,因而它便真正成为了社会主义市场经济体制。

由于有了国家层面的"资源性"全民所有这一公有制主体,其他"资产性"企业层面的包括国企在内的多种所有制经济体,便都是以取得全民"资源性"公有制主体所有的自然资源之"使用权"而建立。因而它们便都是同血缘所内生的同胞关系,这样国企的垄断地位就会真正打破,民企的国民身份待遇才能真正落实,从而以平等竞争为要求的市场经济才会真正建立起来。

发挥市场这只看不见的手在资源配置中的决定性作用，实际上就是在法律的保护下，发挥不同所有制企业的平等竞争市场主体，以自身效益最大化为最终目标，在瞬息万变的市场中顽强拼搏的积极性和创造力。当这些市场主体在拼力为自己创造更多劳动价值和财富的同时，不仅会创造更多的社会财富、更多的就业机会、更多的中产阶级，而且自然资源本身的"使用价值"相应也会在深度和广度上得到开发和提升，从而水涨船高地回馈人民，造福社会。当这些庞大的自然资源价值，原来被政府直接出售而用作土地财政，被国企无偿占用而滋生既得利益集团，被民企的金老板、油老板、煤老板所私占而一夜暴富，今日一旦再回归人民、服务民生，拉动内需，从而就会消除社会不公和贫富两极分化，消除社会危机和经济危机。当社会主义将创造"效率"的市场这只看不见的手，与创造"公平"的资源这只看得见的手，二者紧紧拉在一起，更高水平的"大同"世界便就基本建成。

其三，社会主义的上层建筑，必然要探寻出一条服务"民生"之"民权"、"民主"的实现形式，不是"为民做主"，而是真正让人民"自己当家做主"。

国家层面的全民"资源性"公有制主体，与企业层面"资产性"多种所有制经济体平等竞争的市场主体，共同组成了社会主义的根本经济制度和经济体制。而根本经济制度和体制所打造的为"民生"的社会经济基础，决定着社会上层建筑的性质。社会主义国家的性质是"主权在民"、即"民权"；社会主义政治的性质是"人民当家做主"、即"民主"；它们又都是翻转过来为保障社会主义的"民生"、即经济制度和经济基础服务的。

纵观全部历史，土地等自然资源的所有权归那一个阶级所占有，这个阶级便是"坐天下"的统治者。而"王权"或"皇权"的上层建筑，不仅有"君权之神授"、"天命之真龙天子"及封建礼教、伦理道德等一套意识形态为其张目，还有国家政权运作体系和军队、警察、监狱、法律等专政工具为其服务。西方资本主义的特殊性在于，它的绝对私有制使土地等自然资源的所有权不在国家层面，而在为数众多的以资本形式所占有的资产阶级手里。于是作为统治阶级的资产阶级，不仅以"天赋人权"、"民主、自由、平等、博爱"的理念动员民众与其一起推翻封建地主阶级，并以此作为普世价值为其长久统治张目；不仅有法律和内部专政工具保护其私有财产不受侵

犯，并拥有强大的军队对外侵略、殖民统治、划分世界势力范围，以掠夺更多的私有财产。更为特殊的是为数众多的资产阶级群体，为了维护自身的绝对私有和阶级的统制不被新的专制者所攫取，在国家政权运作体系上，他天才的创造了行政、立法、司法"三权分立"等权力制衡的国体，以及"多党制"、"议会制"、"普选制"、"票决制"等民主政治，使为他服务的上层建筑别开生面。

于此可见，社会主义"民权"、"民主"的上层建筑，并不仅仅是一个抚慰人心的观念形态，它还必须像资产阶级一样建立一套国家和政治的权力运作实体和制度。没有上层建筑作保障，人民的"江山"就有得而复失的危险。人民是比资产阶级范围更大的群体概念，为了使人民的权力、权利不再被异化，不再被专制的权力阶层所攫取，他的上层建筑实现形式并不应忌讳向资产阶级学习，而是应以"拿来主义"的态度，至少在"民权"的实现形式上对西方"三权分立"、"普选制"、"议会制"等成熟有效的制度，予以重视和借鉴。

在"民权"与"民主"的关系中，"民主"又是"民权"的保障。由于是"民主"决定着"民权"的实际内涵与性质，因而在"民主"问题上就不应仅仅是借鉴，而是要给以批判性的超越和回归。社会主义"民主"的本质是让人民自己真正"当家做主"，而不应是让他人"为民做主"，所以必须建立起一套管用的、健全而完善的民主监督、民主选举、民主议事、民主决策、民主管理的制度体系。社会主义的上层建筑离不开国家和政府的公权力，但人民必须对国家和政府的公权力实行有效的监督和管理。要把公权力关进法治的笼子，而不使其异化为人民的"主人"。当全体人民觉悟并成熟到能够以自己真正的"民主"权利去确保自己真正的"民权"权力和"民生"权益，以自己实体的上层建筑去确保自己"共有"、"共享"的经济基础，社会主义的人民"江山"和"大同"社会就会永不变色，人类社会"天下为公"的大道就会越走越宽广。

社会主义中国的"天下为公"之"大同"理想的真正实现，其意义和影响是世界性的，它将给人类社会发展以方向。

第五节　和合之文化观

一

本著到了最后这一节，是要以文化观作为中华历史文明的小结，而向大家道别的。这里先必须说清楚文明和文化的关系。

其一，什么是历史文明？

人与动物的重要区别在于，人有历史，动物没有历史。人有历史的原因：一是人有记忆、记载、传递自己历史的能力；二是人有积累总结历史的经验教训以利明天更好发展的需要。我们曾经给出过"历史就是人"这样一个概念，故而推出"历史是人的历史"、"人是历史的人"，或者说"人创造了历史"、"历史创造了人"这样一些同义的表述。所以说，历史文明就是历史本身，就是人在历史长河中的能动创造。研究历史文明，就是研究历史本身的人物、时间、空间和事件，它们是构成历史的四大要素，丢其一便不能构成完整的历史和历史文明。

我们之所以说世界文明古国中，唯一历史文明不曾中断的是中国，那是因为中华民族有自古以来的集体记忆、即口口相传的"三皇五帝"的历史传说。中国有，别人没有，这一结论便自然得出。然而"史不孤证"，当这些虽有人物、故事（事件），但却缺乏明确和完整时间、地点（即使有，也已无实物可证）的历史传说遭到质疑时，便百口莫辩，其本身意义也因此而大打折扣。正是由于考古学的兴起及其所取得的巨大成就，才使这一本来无解的难题，开始有了新的转机。当今天我们将传说与考古完整地予以对接互证，于是站在考古实物之上的人物、时空与事件等等历史要件，悉数齐备。复活了的中华历史文明，便使"同源一体"的中华民族主体、及其他形成与成长过程中"三皇五帝"所生生不息的历史故事更加鲜活；便使"天下一统"的中华之国土、及其他以国家的形态之形成与发展过程中，其祖国母体"厚德载物"之恩德更加厚重；便使"天下为公"之"大同"社会的历史身影，在沧海桑田大变迁的历史长河中，成为永远不灭的心灯而更加珍重。这

便是中华历史文明。

其二，什么是文明？

人与动物的又一重要区别，是人能创造，动物不能创造。所以对于"什么是文明"的回答，我们便可明确地说："文明就是人的人文创造"。历史是人创造的，故而称其为历史文明。然而历史文明却只是一个时空平台，人类在这个时空平台上还创造了更多的具体文明：物质文明，精神文明、制度文明，等等。

由于本著的主要任务，是探源并复活中华历史文明，故对中华民族在历史上所创造的这些浩如烟海的具体文明，不可能全部涉猎。然而就其所已连带介绍的这些具体文明，便足以颠覆我们以往"中华文明五千年"的结论。我们的先祖自发明人工"钻木取火"、使其由猿人变为了智人之后，再到了距今一万年之时劳动工具开始由磨制的新石器逐步取代打制的旧石器，在定居的原始农业中先民们开始发明制陶、对野生动植物进行培育驯化、从刀耕火种进到锄耕、耜（犁）耕农业，以及种茶、医药、蚕丝、指南针、历法、乐器等等的发明，都是自一万年前华胥女娲以"族外婚"的血缘繁衍了伏羲、炎黄，并进入"天下一家"之民族古国以来所创造的。显然这些为中华农耕文明奠基的发明创造，都肇始于华胥女娲和此后的伏羲时代，所以中华文明不应再是五千年，而应该是"万岁"才对。或者是我们将过去所说的"中华文明上下五千年"的内涵，变为上、下两个五千年才对，这才会还历史以本来面目。

其三，什么是文化。

其实人与动物最根本的区别，说到底是人有思想，动物没有思想。这是因为人有与生俱来的主体自我意识，他能在与自然与他人的接触中感知自我、感知外物，并以其能动性的思维形成概念、思想和精神情感。所以人的文明创造，就是人主体自我意识能动思维的实践创造。

有了这样一个基础性的认识，以往我们对文明与文化二者概念混淆不清的情况，就可得以破题。原来，文明的内涵是指人所创造的具体人文成果（物质文明、精神文明、制度文明等），而文化的内涵则是指人为了创造文明，所应具备的内在人文思想、知识积淀、精神情感之能力和水平。语言是思想与情感的外衣。由于我们对某一具体内在思想与情感的了解，往往是通过对它语言的外化而了解的，所以对于语言（包括口头、文字，以及图画、

肢体、音乐语言）所记录、表达、传递的思想与情感，便就统称为文化（包括艺术）。

　　这样我们便会明白，文化就是人认识世界、反映世界、改造世界、从而创造文明的内在知识能力与精神力量。因此，我们的中华探源，不仅要探明中华历史之源和中华文明之源，而且还要将中华文化之源和文化价值体系的探索作为最高使命，从而通过回答好"我是谁？我从哪里来？我到那里去？"最终真正认识自己中华民族的过去、现在和未来，把握好自身的命运和前途。

二

　　现在让我们来了解中华文化的形成与发展状况。

　　一是，启蒙期。

　　我们知道人是既源于自然，又生存于自然之中的动物。但是这种生存于自然的情况又分为两种：一种是早期的采集、渔猎等生存方式，由于它是对自然的现成享用性生存，因而人与自然之间便在一定程度上保持了原初意义上的"合一"状态。另一种是新石器时代以来的农耕、游牧生存方式，由于它是"赞天地之化育"之"补天"的创造性生存，因而人与自然便有了"天人之际"的"天人相分"。当然这种"天人相分"并不是说人可以走出自然，而是说人的主体自我意识可以将人与自然区分开来，从而在观察和体验中认识自然、把握自然界的运行规律，并以这些新获得的知识和能力，为人类"人之为人"的创造性生存和发展服务。中国古人把自然现象称为"天文"，把人类的生存创造活动称为"人文"，而把人对自然之"天文"和人类之"人文"以及二者关系的认知和把握，称为"人文化成"，这便才有了文化概念的形成。

　　中华文化的形成与启蒙的源头，是伏羲时代的"河洛文化"，亦可称为"易文化"。女娲时代就已开始创生的定居原始农业，必然有其对自然与自身认知的女娲文化作支撑。而此后的伏羲文化不仅是对女娲文化的继承和创新，更重要的是它开始创造出记录和表达这些文化认知的符号和图画系统，使内在思想能够外化为可视可传、可推演深化的文化体系。

"河洛文化"的命名传达了这一文化诞生之地的信息（指黄河在南、北两条洛河之东西中间地段，即以华山为中心的中原地区），"易文化"的命名也传达了这一文化反映天地万物之内涵的信息。"伏羲结绳记事"的传说，告诉了我们"易文化"基本符号最原初的创生过程，它是以绳结的最小数"一"与"二"，表达了从无到有和"二进位"的万数概念；表达了"阴、阳"和由它组成的"天、地、山、泽、风、雷、水、火"、并以此代表天地万物的概念。至于《三家注史记.三皇本纪》所说：伏羲"仰则观象于天，俯则观法于地，旁观鸟兽之文，与地之宜，近取诸身，远取诸物。始画八卦，以通神明之德，以类万物之情"，则是告诉我们伏羲如何"象天法地"创造"八卦太极图"的过程和基本原理。也就是说在今天我们看来十分神秘的"八卦太极图"，原来并不是什么凭空的想象，而是伏羲时代先民将自己对天地自然、日月运行之生生不息运动演化的观察和认知，用符号和画图的语言给予客观的记录和演示。

了解于此我们就会知道，随着人们通过千百年来不断日积月累的观察体验和知识积累，这一符号和图画系统所演示的"象天法地"之"八卦太极图"，也就像制定直接与农业生产相连的"历法"一样，必然处在不断修正、完善和深化的过程之中。因而所谓的"先天图"和"后天图"，所谓的《归藏》《连山》《乾坤》之"三易"，所谓早已失传的中华最古老的典籍《三坟、五典》等，实际上都是自伏羲时代创《易》以来，他后继的炎帝时代千年和黄帝时代千年，等不同时代对其不断修正、完善和深化的新作。这样，由伏羲时代所创立的八卦中，其蕴含的"天人谐和"的整体性、直观性的思维方式和对立统一的辩证法思想，便开启了中华民族智慧的文化之源。

由于承载民族智慧的文化形成与发展，是"同源一体"的先祖"三皇五帝"在中华大地上薪火相传、生生不息的生存斗争史，因而在中华民族的精神层面，便形成了深厚的祖宗崇拜和自然崇拜，并在其后上升到"祖祭"和"社祭"最高礼仪的祭祀文化。智慧层面和精神层面的结合，使"祖"（祖宗）与"国"（社稷）与"天"（天地自然）成为了中华民族"天人合一"的最高信仰，同时也成为中华河洛文化的显明特质。

其二，发展期。

伴随着无阶级的"大同"原始社会而滥觞的河洛文化，像一泓清澈的源头活水流入了夏商周"家天下"的阶级社会。这一新质的阶级社会在其"天

命观"与"天理观"此消彼长的斗争中，形成了适应自己的一套社会伦理道德和不同价值观，使得河洛文化由清澈的单纯变为浑浊的复杂，甚至使它的本来面貌也变得模糊不清了。当夏商周三代的阶级社会，在其"一治一乱"的循环中进入到了春秋战国的更大乱世，纷乱的政治局面所激发的对社会前途的深刻反思，掀起了一场"百家争鸣"的文化运动，从而也使河洛文化在争鸣中获得新的发展契机。

中国的春秋战国时代，也正是东西方文明几乎同时进入的"轴心时代"。中国的百家争鸣，希腊雅典的哲学繁荣，印度、犹太人的社会宗教兴起，都是在这数百年间发生的，并先后诞生了释迦牟尼、老子、孔子、苏格拉底、柏拉图、亚里士多德、耶稣基督，等世界性先知先觉和一大批思想者群体。他们从思考包括人类在内之宇宙万物的本源出发，探索人类生存的理由和意义，用自己原创性的思维描绘出不同的世界图景，创造出了影响各自国家和地区文化发展方向的思想文化体系。从此人类文明取得了重大突破，人类的精神基础得以奠定，直至今天世界文明仍依附于这些基础之上。

这里需要说明的是，"轴心时代"的其他文明多是在自己中断了的历史上的又一次重新奠基，从而也便多成为了自己文化的源头。而中国春秋战国的"百家争鸣"却与众不同，它不是源头的奠基者，而是对自己并未曾中断而源远流长之源头—"河洛文化"，在其又经过了大浪淘沙般的不同时代考验后，所进行的再反思、再创造的承古开新。这也是与作为西方文化源头的希腊文化相比，人们总感觉中华文化是"早熟文化"的秘密所在。这其中成就最大者，要数道家、儒家、墨家和法家。

1. 横空出世的老子之学，本身就是对"河洛文化"之《周易》的自我解读和深化。他将《周易》象数的神秘外壳尽净剥离，使其博大精深的哲理内涵全部显现，从而成就了中华历史上第一部真正的哲学专著——《老子》。老子用"道"概括宇宙万物的内在规律，提出了"道生一、一生二、二生三、三生万物"的宇宙生成论；提出了"人法地、地法天、天法道、道法自然"的唯物认识论；提出了"一阴一阳之谓道"、"反者道之动"的命题，从而形成了阴阳互变、有无相生、福祸相依，其弥足珍贵的朴素辩证法。老子以他哲人的智慧和深刻，将包括人在内的世间万物之"道"的本源和本质，概括为"自然"；将对万物发展变化之自然规律的顺应，对人的个体生命的尊重和对自我行为的节制，包括最终对一切政治权力的坚决否定，概括

为"无为"和"无为而无不为"。

身处乱世的老子以其自然的哲学观，又构建了自己独特的社会批判观。这体现在他的一句令人费解但却十分重要的话里："天地不仁，以万物为刍狗。圣人不仁以百姓为刍狗"。其前句"天地不仁"是宣告他的自然之道的"天地"，并不具有情感、意志、目的等"唯心"之意，而是以"自然"为最高的原则。这是以"绝对理念"、"上帝"为最高原则的希腊哲学绝对不可比肩的。其后句"圣人不仁，以百姓为刍狗"（这里的圣人，是指社会统治者），则是明确宣告他与现存"以百姓为刍狗"的阶级制度和道德礼教彻底决裂，并持坚决的批判态度。正是有了这样的新理解，我们再来看老子"天之道，损有余而补不足；人之道则不然，损不足以奉有余"、"智慧出，有大伪"、"绝圣弃智"、"绝仁弃义"、"无为而治"等，其"慕太古敦朴之政，任人性之自然恬淡"的思想，甚至对黄帝时代"无知无欲"、"小国寡民"原始生存状态的追求，便益发彰显出其强烈的现实针对性和批判性。

2.孔子是春秋末期创立儒家显学的又一伟大人物，被后世授以"大成、至圣、先师"之崇高地位。相对于老子，孔子以他完整的历史观对中华的历史和文明兼持批判与继承、并积极入世之态度。孔子对礼崩乐坏、天下大乱的局面深恶痛绝，对诸侯割据、民不聊生的现状，以"苛政猛于虎"相抨击。为了寻找治世的良方，他不遗余力地全面搜索、整理和研究自上古以来的一切典章制度和思想文化，从而成为中国历史文化的第一位集大成者。正是在孔子的努力下，乱世中濒临湮没的中国传统文化不仅得以抢救，而且在批判继承中赋予了新的意义。它所搜集、整理（删订）的《诗经》《尚书》《礼记》《乐经》《易经》《春秋》成为儒家乃至中华文化的经典，故称《六经》。他所创立的以仁为核心的儒学成为后世两千余年封建文化的正统，故有《国学》。他在中国历史上第一个创办私学，设馆授徒，有教无类，遂有弟子三千，贤人七十；并于十三年间率徒周游列国，席不暇暖，以宣扬"仁"道和"大同"之治而救世，虽被困于陈蔡而不悔，虽被讥为"丧家之狗"而欣然自嘲。故司马迁称赞孔子："高山仰止，景行行止"。

3.墨子是百家争鸣中又一大"显学"人物，春秋之时多以孔墨相并称。但墨子作为平民和手工业者之代表，其贡献重点不在形而上之哲学，而在对《易》之形而下的实践应用，和其所总结创造出的经验科学与技能之学。

《墨子》一书的重点组成部分在"墨经"，其主要内容记载了对认识论、逻辑学以至自然科学中的几何学、力学、光学、器械制造，还有心理学等方面的研究和成就。墨子所代表的阶级其特立独行的思想，主要表现在他强调劳动创造是人类生活的基础，推崇大禹重视生产、治水安民的精神，故以"法夏"相号召，更以"兴天下之利，除天下之害"、"摩顶放踵，利天下而为之"的艰苦卓绝实践精神而自励。

墨子站在平民现实生存的苦难立场上，以他朴素实在的直观反映论所形成的社会批判观，主要表现在：他的"非攻"思想，代表了当时人民反对战争、痛恨战争灾难的呼声；他的"非乐"、"节用"、"节葬"等主张，是对当权统治阶级奢侈享乐生活的严正抗议；他的"非命"观和"官无常贵，民无终贱"的呐喊，是对现实世袭压迫制度的警告和宣战；他的"尚贤"和"兼爱"的治世平等观，和"使饥者得食，寒者得衣，劳者得息，乱者得治"的火热理想，更是对未来社会的向往和奋争。墨子的思想局限性，在于他的"天志"、"明鬼"中以天意鬼神"赏善罚暴"之说，说明其已受殷周社会的鬼神思想严重影响。但墨子所代表的平民阶层却是最有实践和行动能力的阶层，他的带有宗教性质并有严密组织和自我牺牲精神的墨家团体，为后世之行帮、游侠、游民之秘密结社起事开一代先河，成为封建统治者永久的梦魇。

4.战国时代的法家，可以让人想起许多为此付出实践的名字，但对法家做出系统理论总结的重要代表人物是韩非。韩非是大儒家荀子的学生，在韩非看来以利害为主的计算之心才是人之本性。他说："夫安利者就之，危害者去之，此人之情也"，故利害计算当然也就构了人和人之间交往的基础。以政治世界中的君臣关系为例，其性质也完全是彼此利益的交换，"臣尽死力以与君市，君重爵禄以与臣市。君臣之际，非父子之亲也，计数之所出也"，是说臣子出卖的是死力，君主用来交换的是爵禄，其间完全是以计算之心相待。故韩非认为，就君主而言不能信任任何人，"人主之患在于信人。信人，则制于人"。在这种理解之下，爱和信任对于这个世界来说就都是多余的，韩非对世界的唯一主张就是"一断于法"。韩非批评了当时流行的其他学说，"儒以文乱法，而侠以武犯禁"，提出："明主之国，无书简之文，以法为教；无先王之语，以吏为师"。并认为有国者"法"之利器的核心，是刑与赏之"二柄"，"因任而授官，循名而责实，操生杀之柄，课

群臣之能"，只有做到法与术的结合，才是治世的理想状态。战国之时的各国推行的变法改革、和后来的秦之统一六国以及治国理念，无疑都是对法家主张的忠实实践。

春秋战国之时社会改制转型中的百家争鸣，是一个群星列汉，争奇斗艳、开宗立派、各逞千秋的时代。以上仅举老、儒、墨、法等极具原创性之四家，以示中华文明之新气象，亦见中华文明与西方希腊文明、基督教文明之有别。

其三，传承期。

文化的形成有两个条件：一是人类所经历的丰富历史实践；二是人对丰富历史实践的能动反思和再创造。中华文化既有"道启鸿蒙"于原始社会的河洛文化，又有进入"大道既隐"的阶级社会"天命"与"天理"、"民本"之文化。而当春秋战国之乱世的"百家争鸣"，对已有这些不再单纯而是复杂纠结、甚至异化对立的各种文化，进行大浪淘沙般的大反思、大批判后，其所形成的新文化便异彩纷呈，变得更为雄浑而博大。

文化的生命在于传承，而传承的生命在于实践。一个普世而超越的文化如果不被传承而被遗忘或扭曲，如果不被实践而被空置或篡改，从而最终无法变为文明的创造，那便是文化的悲哀，民族的悲哀。由于春秋战国"百家争鸣"之后的社会制度，仅是由世袭的专制王国变为了世袭的专制帝国，因而它对新创的现实批判的百家文化，其传承与实践的空间便是十分有限的。两千多年来的封建帝王虽把儒学尊为正统思想，给孔子以至高无上之地位，但多实为"外儒内法"以治世。他们的内在实质都是操法家"权柄之术"以驭万民，而对儒家之学却只是假仁假义的装潢门面以治人心，甚至为我所用的不惜偷梁换柱而加以篡改。当年力谏汉武帝"罢黜百家，独尊儒术"的董仲舒，却首先将儒家"君君、臣臣"（即作君的要像个君，做臣的要像个臣）篡改为"君要臣死，臣不得不死"的"三纲五常"，这样的儒家精神还能剩几何？当年以农民起义而坐上皇位的朱元璋，见到《孟子》中"民为贵，社稷次之，君为轻"，"君之视臣如手足，则臣视君如腹心；君之视臣如犬马，则臣视君如国人；君之视臣如土芥，则臣视君如寇仇"的一段话，大动肝火，下令将这段话从《孟子》中删掉，并要将亚圣的孟子牌位从孔庙里扔出去，在这样的皇权淫威之下，孔孟之道还能剩几何？

现在看来研究文化的具体传承，是绝不能离开当时的政治制度去想当然

地空发议论。孔子生前曾向乱世争霸的各国君主宣扬他的仁义观，结果四处碰壁，被人嘲讽为"惶惶然如丧家之狗"。秦始皇依靠法家思想统一天下，"焚书坑儒"的悲剧便随即发生。汉武帝"罢黜百家，独尊儒术"，而后世帝王对他的"外儒内法"及所尊者为何样之"儒"，皆心领神会。文化的传承只有变为社会的实践，才会成为现实的文明。而一个被篡改阉割了的儒家文化，一旦作为专制政治的"婢女"成为社会实践，它所结出的制度文明之果不仅会是一个怪胎，更会使被封为正统的孔子儒家文化因此而"蒙垢受辱"，难洗清白。

作为正统的儒家文化之传承尚且如此，其他先秦子学的命运便可想而知了。

其四，复兴期。

儒家文化的这种遭遇也并非中国独有。希腊哲学作为欧洲文明的源头，在此后千余年的黑暗中世纪，欧洲神权统治者的基督教都先后把柏拉图和亚里士多德奉为过自己的宗教哲学家，用他们的唯心主义之"逻各斯"或不彻底的唯物主义以论证上帝的存在，使他们的哲学成为了宗教神权的"婢女"。当基督教的神权黑暗统治到了无以复加的地步而人们再也无法忍受之时，十四、十五世纪的欧洲文艺复兴运动终于暴发。与中国所不同的是，这场运动并没有把希腊哲学与基督教神权绑在一起全盘否定、全盘推翻。恰恰相反，而是以复兴古希腊、古罗马文化为号召，用蕴涵在这些古文化之中的人文主义为旗帜，以"人性"批判"神性"，最终使"政教分离"而将神权赶出了政坛，并实现了人的精神解放。欧洲新文明的序幕从此拉开，民主与科学的进步由此兴起，并在数百年间一跃而超越东方，成为世界文明和经济发展的中心。

欧洲的复兴和超越，再次证明了推动社会前进的思想智慧不是来自于空想，而是来自于对自己历史的正确反思，亦即来自于对历史实践正反两方面经验教训的理性总结。因此它所批判否定的，是被历史实践证明了它是阻碍历史前进的腐朽不堪的东西，而它用以批判的武器，则是被历史实践证明了它是可以推动历史前进的正能量的东西。如果找不到用以批判并能构建取代腐朽制度的思想武器，旧的腐朽制度就会依然故我，新的先进制度就会永远成为"乌托邦"的空想。

以此反观中国二百多年来令人屈辱痛心的近现代史，当西方又于十七世

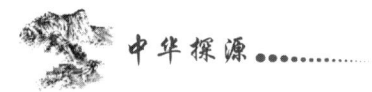

纪完成了资产阶级启蒙运动和十八世纪的工业革命，然后在向外殖民中，于十九世纪以坚船利炮打开了东方中国的大门，清王朝腐朽的封建帝国不堪一击，从此江河日下，国不成国。在亡国灭种的民族灾难面前，中国曾向西方学习走资本主义道路，但并不成功。中国曾向苏联学习走社会主义道路，却遭遇了国际社会主义运动的巨大挫折。中国坚持走有中国特色的社会主义道路并使自己融入经济全球化，但西方资本主义用他的工业化早已把地球生态破坏殆尽，用他不可克服的国内经济危机不断引爆世界经济危机，用他的欧洲文明中心论和基督教文化不断制造世界各民族、宗教、文化之间的流血冲突，用他似是而非的所谓"人权"普世价值推行自己的霸权，使战争甚至核战争的威胁随时可能毁灭全人类。

以西方文明主导的全球化成为了一把双刃剑，它把人类物质财富的创造能力推向了极致，但也把人类的精神危机和生存危机推向了极点。

欧洲文艺复兴把自己拯救出了非人的黑暗中世纪，却把全人类推向了世界的末日。难道全球化的今天，人类就不能在自己全部的历史中再找到一种文化作为批判旧世界、建构新世界的思想武器，从而通过再一次的文艺（文化）复兴运动而拯救全人类吗？

中国作为唯一历史不曾中断的民族，但却在百年的屈辱中全盘否定自己的文化文明，全盘接受西方的文化文明，使得在"去中国化"的浊流冲击下民族精神自我迷失，现在也该到了认真反省反思的时候了。中华自古以来反映自身历史的花文化、龙文化、凤文化的内涵是什么？"凤凰涅槃"的传说再明白不过地告诉我们，它就是中华民族一次次"浴火重生"的生存史，而它所创造的河洛文化也正是这一生存史的智慧结晶。

文化是有生命的种子，它需要的是阳光和雨露。中华民族要再次在"浴火重生"中复兴，就必须再有一次中华文化的复兴运动。

三

创造中华"万岁"文明的中华文化，是一个博大精深的文化体系。既是体系，必有自己体系实质的内核和灵魂，这便是植根并滥觞于河洛文化的中华生存智慧—《易》理之哲学思想。

那么，我们要复兴的中华文化，它的传统哲学思想之实质到底是什么

呢？

其一，"天人合一"之"一元论"。

哲学就是系统化、理论化的世界观。世界观（亦称宇宙观）是人对整个世界（天、地、人）的根本看法，它首先要回答的是包括人在内的天地万物之起源的"本体论"问题。中国先民对于这一问题的回答有两个版本，一是用"盘古开天"神话故事的方式，这个我们前边已经介绍过了；二是用形而上哲思的方式，这便是《易经》所开创的哲学的回答。二者仅是表述方式不同，但内涵与结论一致，即"天人合一"之"同源说"。

中华哲学的"形而上"，是从"天地缊组，万物化醇；男女构精，万物化生"（《易·系辞》）的有形之物推无形之理，即求其天地万物所以生之总原理。它推的结果是"天地万物生于有，有生于无"（《老子·四十章》），并将这个从"无"到"有"的生之总原理，名之为形上之意义的"道"。老子将"道"之"无"的状态，描写为"有物混成，先天地生。寂兮寥兮，独立而不改，周行而不殆，可以为天下母。吾不知其名，字之曰道，强为之名曰大"。在《易经》中，是将"道"之"无"的状态，称为"无极"。然后是"无极生太极"，"太极"便是"有"的开端。《易经》中的"太极"也常称作"太一"，这便更明确地将"一"作为天地万物之"有"的开端，故才有"一划开天"、"天人合一"之说。

故而，老子将天地万物之"同源说"，总的表述为："道生一，一生二，二生三，三生万物"。意思是说："无极"的道生"太极"的一，"太极"的一生"阴阳"的二，"阴阳"的二生"天地人"的三，"天地人"的三共同创生了万物。我这里将"三"解释为"天地人"的依据，既有古之并称"天地人"为"三才"之说，更有"盘古开天"所强调的与"天地"共生、且"神于天，圣于地"的"人"。要知道，离开了"人"就没有"同源说"，离开了"天人合一"对"人"的起源的回答，"同源说"就失去了意义。当后世儒家因有了"天人合一"之"同源说"的支撑，终于明白提出"天地为人父母，人为天地立心"和"民吾同胞，物吾与也"（人和我皆为生之同胞，物和我都是生之同伴）的世界观时，我们不得不感叹中华民族的智慧之源头，大哉《易》也！

中华哲学由"天人合一"之"同源说"，从而构建起了自己的哲学"一元论"。老子曰："人法地，地法天，天法道，道法自然"。这就是明确宣

布，中华哲学之道的"宇宙本体论"就是"自然"，中华哲学"一元论"的最高原则就是"自然"。不仅如此，老子还用"天道无亲"、"天地不仁"、"道常无为而无不为"、"生而不有，为而不恃，长而不宰"等论述，对"自然"的本质进行定义。它通过宣布取消天地自然之道德的意义，强调其自然的物质意义，从而使自己的"一元论"哲学，与一切唯心之哲学和宿命之鬼神迷信划清了界限。

其二，"阴阳二分"之"两点论"。

中华哲学在解决了包括人在内的天地万物之起源问题，即宇宙之"生"的问题，接下来还要进一步回答宇宙从无到"有"之后的"生生"问题，即已生成的宇宙万物何以"生生不息"发展变化及其发展变化之规律问题。对此《易经》的回答是："一阴一阳之为道。继之者善也，成之者性也。仁者见之谓之仁，知者见之谓之知。生生之谓《易》"。这个生生之《易》，便是被具相为一圆（一元）之内两条阴阳鱼互生互动的太极图。具体说：

"道生一"之后的"一生二"，即指太极（太一）所生"两仪"之"阴阳"。是说宇宙万物既是由"阴阳"交感而生成，又是由内在之"阴"与"阳"两部分的运动所构成。大至天地四时之运行、小至万物品类之生灭，皆为内在阴阳互动变化之结果。故曰"日中则昃，月盈则食；天地盈虚，与时消息"（《周易·丰彖》），"日往则月来，月往则日来，日月相推，而明生焉。寒往则暑来，暑往则寒来，寒暑相推，而岁成焉"（《周易·系辞》），"终则有始，天行也"（《周易·蛊彖》），"无往不复，天地际也"（《周易·泰彖》），"反复其道，其见天地之心"（《周易·复彖》）。所有这些都告诉我们，天地万物的生灭运化都是其"阴"与"阳"一对内在矛盾对立统一、相反相成、量变到质变的运动过程。而且这个依一定秩序和规律、永无止期的变化过程，是可重复验证而被人类所把握的。故老子说："反者道之动"，"万物并作，吾以观复"。

一切哲学都是由世界观和方法论两部分所组成的，有什么样的世界观必然会有什么样的方法论。如果说以上所介绍的"天人合一"之"同源说"与"生生谓易"之"阴阳二分"说，就是中华哲学的世界观（自然与社会），那么建立其上的中华哲学之方法论，便必然是把握整体的辩证法之"两点论"。方法论是世界观的目的和运用，它不仅成为《易经》之灵魂，而且成为道家和儒家教给我们如何改造世界、改造自己的思想智慧。

故而，老子以"反者道之动"之理，辩证提出："祸兮福之所倚，福兮祸之所伏"，"飘风不终朝，骤雨不终日"，"物或损之而益，或益之而损"，"正复为奇，善复为妖"，"曲则全，枉则直，洼则盈，敝则新，少则得，多则惑"，"天之道其犹张弓欤，高者抑之，下者举之。有余者损之，不足者补之"，"天下莫柔弱于水，而攻坚强者莫之能胜"。惟其如此，故应"知其雄，守其雌，为天下谿"，"知其荣，守其辱，为天下谷"，"大成若缺，其用不弊；大盈若虚，其用不穷；大直若屈，大巧若拙，大辩若讷"，"持而盈之，不如其已。揣而锐之，不可常保。金玉满堂，莫之能守。富贵而骄，自遗其咎。功遂身退，天之道"，"知足不辱，知止不殆，可以长久"，"圣人去甚，去奢，去泰"，"以其终不自为大，故能成其大"。

故而，孔子以"天行健，君子以自强不息"、"地势坤，君子以厚德载物"之整体精神，来把握"阴阳"互动互变之整体规律，提出了自己与老子有别的"执两用中"之"中道"。孔子的"中道"虽亦以"物极则反"为立论前提，但并不一味地强调"知雄守雌"、"贵柔"、"处下"，而是刚柔相济的"度中"、"时中"和"权中"。

具体讲："度中"就是要"适度"把握"不及"与"过"之间的中，不要"过犹不及"，而是"夫礼，所以制中也"，"知进退存亡，而不失其正"也。"时中"就是要"适时"把握住"天地盈虚，与时消息"的事物发展变化每一时段的中，不是照搬教条，而是"与时偕变"，而不失其时也。"权中"就是要"权衡"把握事物发展变化的局部与整体、条件与机会、战术与战略、手段与目的之大中，不是胶柱鼓瑟、食古不化，而是对"度中"与"时中"出神入化地运用之大智慧。所以孔子将其"中庸之道"的方法论作为人生修为的极高境界，经常感叹与之交往之人中多"可与共学，未可与适道；可与适道，未可与立；可与立，未可与权"，"中庸之为德，其至矣乎! 民鲜能久矣!"

其三，"和谐共生"之"一体论"。

哲学说到底还是"人学"。如果说世界观和方法论是人在认识和改造世界中所获得的"人为之学"的体，那么人生观就是赋于世界观和方法论以对人生之价值与意义的"为人之学"的用。连接这一"体"、"用"关系以指导并服务人生的中华哲学，是通过构建"天人合一"一体之和谐世界，而实

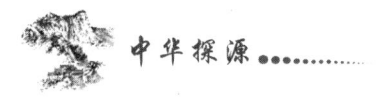

现"真、善、美"一体之和谐人生。具体讲：

一是，"和真"——人与自然一体之和谐。

中华"天人合一"观的实质，是将天地万物与人类作为一个生命共同体来看待的。在这个生命共同体中，自然的价值是创造并抚育人类的生命之母，它给了人类以生的权利。而相对于无知无欲的自然母体来说，人的价值则是能动的思维和实践的创造，故而人负有回报并保护自然母体生命的义务和责任，而没有毁坏母体、毁灭人类的权利。这便是"天地为人父母，人为天地立心"中华世界观与人生观之内涵。

"人为天地立心"之大义，是人作为万物之灵所赋予自己的义务和责任。但是当人类成长成熟到自认为可以对自然为所欲为时，便开始忘掉了自己的根，忘掉了对自然母体保护的义务和责任，最终毁坏的是万物赖以生存的家园，毁灭的是人类自己，这表明人类已到了《易经》所说"亢龙有悔"的危险地步。人类所犯的罪孽不是靠上帝的救赎，而是靠人类的自赎，靠人类改弦更张与自然和谐相处，从而建立起可持续发展的人与自然一体之真的和谐关系。

二是，"和善"——人与社会一体之和谐。

人类之所以是有归属感的群体性社会动物，是因为个体人离开了群体和社会就无法生存。首先人离不开家庭群体，离开了家庭的代际繁衍和抚育，人就不能成活；其次人离不开社会群体，离开了社会对个体劳动的合作组织，维持人类生存发展的劳动创造就无法完成。因而个体与群体的关系，便成为伴随人类的永恒矛盾。维系和调节人与人、人与社会关系的，是伦理道德和社会制度，但在现实中它们往往是亦善亦恶的，甚至像老子所说的"圣人不仁，以百姓为刍狗"。因而追求善的、人际关系和谐的伦理道德与社会制度，也便成为人类的永恒主题。

对此，孔子以他积极入世的人文精神，提出了自己"吾道一以贯之"的、以"仁"为核心和最高原则的儒家学说：仁德和仁政。在《论语》中孔子直接给"仁"下定义的只有两处，一是"仁者人也"，二是"仁者爱人"。是说"人之为人"的同类之间，应该做到将心比心，推己及人。即自己是人，也要把他人当人看，并以同情之心关爱他人，从而做到"己所不欲，勿施于人"，"己欲立而立人，己欲达而达人"。意思是说："你不希望别人怎样对待自己，你就不要怎样去对待别人"。"你若希望自己安身立

命、兴旺发达，你就应该乐见别人也安身立命、兴旺发达"。孔子还告诉人们，他的以"仁"为原则的这些基本伦理道德，不仅是做人应该明白且并不难懂的道理，也是人人都能够做得到的道理，故说："道不远人"，"仁远乎哉，我欲仁，仁斯至矣"。正是由于孔子这一调节并建设和谐人际关系道德原则的普世性，上世纪的1993年，来自世界各地的几千位宗教领袖和伦理学家，于美国芝加哥签署了一个《世界伦理宣言》，孔子的"己所不欲，勿施于人"之古训，成为宣言的核心思想和重大原则。

孔子的仁政思想分"现实"和"理想"两个层次：一是，面对"大道既隐，天下为家"的现实社会制度，孔子痛恨"暴君暴政"的乱世，肯定商汤周武的"革命"，推崇"礼之用，和为贵"的小康治世，企盼以"民为邦本"的"内圣外王"之明君仁政。二是，他从对尧舜之前时代的历史认知出发，向往追求"大道既行，天下为公"的理想社会，即实现"选贤与能，讲信修睦。故人不独亲其亲，不独子其子，使老有所终，壮有所用，幼有所长，鳏、寡、孤、独、废、疾者，皆有所养"的大同和谐社会。从此，大同和谐的理想社会，便成为中华民族永远追求的社会梦想。

三是，"和美"——灵与肉一体之和谐。

人之所以为人的是，人具有自然生命和精神生命之"双重生命"。所以自古以来追求精神生命与自然生命之"灵与肉"一体和谐之"和美"，便成为了人生最高的终极理想。中华民族"花"图腾的寓意，就具体体现了其对人类"和生"与"和美"的理想与追求。终极的追求，往往伴随着终极的困惑。"认识你自己"之所以成为人类哲学的终极命题，就是因为人对自己精神生命的"灵魂"无法认识、更无法把握，从而使"灵与肉"的关系成为永远的谜、"灵与肉"的分裂与对立成为永远的痛。

从不曾中断的中华历史中你会看到，在万物有灵的原始时代，人虽作为万物之灵，却是把自己与万物"天人合一"地融为一体，而且将自己的"灵与肉"并不明确分开。在这种混沌状态下的"日出而作，日落而息"、"自歌自舞"的生存，虽有物质之困，却无精神之苦，灵魂完全是自由天放的。这些你从众多"天人合一"且精神自由天放的神话传说中，完全可以感受得出来。

然而由石器时代进入青铜时代后，随着手工业的第三次社会分工而使人从自然中进一步分化出来，于是万物有灵的神秘自然界开始异化为受人崇拜

的自然之神。随着私有制的产生，人类被分化为统治与被统治、压迫与被压迫的两个对立阶级，现实社会被分裂为地狱和天堂两个世界。而严酷的阶级对立和王朝革命，又使人人朝不保夕、前途未卜，再也无法掌握自己的命运，精神危机由此产生。于是神秘的占卜文化、天命的政治文化、蒙昧的鬼神迷信、宿命的灵魂轮回等，便成为人类灵魂和命运的主宰。

如何走出精神危机并给自己的灵魂以救赎，中国人走的是两条路。一条路是彼岸的宗教救赎。不论是道教还是印度传来的佛教，它们都是将现实世界定义为"无"、为"空"、为"苦"，在轻飘飘地自欺欺人地完成对现实世界的批判之后，又都构筑了成道成仙、成佛成祖、地狱天国、转世来生的虚幻彼岸世界，通过宣扬惩恶扬善、慈悲大爱以普度众生，给人们以心灵的鸡汤和精神的抚慰。但由于这些宗教的救赎，都是视人的肉体欲望为万恶之源，并以严格的清规戒律推行禁欲主义，结果使"灵与肉"的对立与分裂愈走愈远。

另一条路是现世的人文救赎。老子以他"自然"为最高原则的哲学批判，否定了彼岸世界的存在。孔子不仅以他"子不语怪力乱神"、"不占而已矣"的显明态度否定鬼神世界的存在，而且以积极入世的人文精神建构起"仁德"和"仁政"的道德体系，从而使"天视自我民视，天听自我民听"的"民本"之"人本"思想不断深入人心。在此基础上，并通过他独特的儒家"明德"、"体仁"、"内圣"的内修之道，以培养完善的君子人格，最终以达"依于仁，游于艺"，"智者乐，仁者寿"的"灵与肉"和谐一体之"和美"精神境界。

四

综上所述，有根的中华历史所造就的中华哲学，它的全部内容可表述为："天人合一"的"一元论"——"阴阳二分"的"两点论"——"和谐共生"的"一体论"。是为"一元——二分——和一"之"三段式"。中华自古就将自己"天人合一"、"人文化成"的文化称为"和合"文化，今再登其堂奥、观其"和合"之哲学思想体系，是知其对自己的文化认知已达何等自觉之程度。由此可见，中华文化的确是一个"早熟"的文化，而它在后

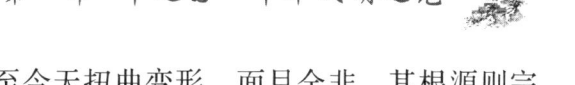

期传承上屡遭挫折而渐趋式微，以至今天扭曲变形、面目全非，其根源则完全在上层政治之异化使然。

不同民族有着自己不同的历史，从而也造就了不同民族有着自己不同的文化和哲学。那么我们进一步要问，西方的哲学又是什么样的呢？过去我们对此并不重视，因而也没有在对比中给出过什么综合的概念。现在有了东方中国的"和合"哲学作对照，于是西方哲学的大概念便清晰起来。原来西方哲学的性质应称为"分斗"哲学，它的构成不是"三段式"而是："唯心论"与"唯物论"的"二元论"——"一点论"的"同一论"。亦即"二元——同一"之"两段式"。具体说：

其一，西方的"唯心论"与"唯物论"之"二元论"。

西方哲学的源头是希腊哲学。我们知道希腊的历史是爱琴海文明（克里特与迈锡尼文明）中断之后，于公元前900年的荷马时代才重新开始的。而希腊雅典的哲学繁荣期，则是到了公元前四到五世纪，这几乎与中国的"战国"同时代了。

希腊哲学的两个代表性人物：一个是柏拉图，他创造了以"绝对理念"为世界本原的唯心主义哲学。另一个是亚里士多德，他创造了以"物质"为世界本原的唯物主义哲学，但他的唯物论是不彻底的，常摇摆于唯物与唯心之间。当亚里士多德在探索形成现实运动着的物质世界的"最初因"之"第一推动力"时，遇到了无法克服的困难，于是便又将其归之于"具有统治目的"的上帝。

对于为什么会出现这一反常现象，自古至今似乎没有人再愿去碰及。现在看，与中国哲学将物质的"自然"作为世界本原的最高原则相对照，西方哲学将自然界的"物质"作为世界本原的最高原则，这事实上就差了一个层级。因为没有找到最高层级的源头，而是用低于"自然"的"物质"层级去替代最高层级，这个不彻底的唯物论在其源头上折戟沉沙便是必然的了。正是由于西方哲学独缺的是宇宙自生的元点，即"自然"一元之"合"的起始部分，所以它便永远沦为了"唯心论"与不彻底的"唯物论"两相对立、谁也无法取代谁的"二元论"。

明白于此，我们便可理解基督教为什么后来能把亚利士多德当作为神学论证上帝存在的哲学家；为什么西方唯物主义在文艺复兴之后能够成为科学发明发现的现代文明之母，但却最后又使自己沦为戕害自然的科学理性之工

具主义，而不能自拔。一切的一切，皆为二者之上缺失"自然之母"的"一"。

其二，西方的"一点论"之"同一论"。

在方法论上，相对于中华哲学"一分为二"的"两点论"，西方哲学是"二分为一"的"一点论"。这是因为西方哲学缺少了总源头的"一"，所以它的"二"便不是由"一"的有机母体内分的"二"，不是处于一体之中"阴阳"互补互变的"二"；而是失去了原初内生关系之失血的、孤立的、相互放逐的"二"，是两个互不关联、各自为体的"二"。于是这两个互不关联、各自为体的东西，便都自尊自大、自说自话，这便就成为"二分为一"的"一点论"。虽然，一直到了19世纪，黑格尔在他的客观唯心主义中，也发现了以"质量互变，对立统一，否定之否定"为内容的辩证法，但由于他的哲学所存在的"体系和方法的固有矛盾"（马克思语），从而使辩证法的精神在西方实际上是被窒息的。

"一点论"的思维特征，是只有对立没有统一，只有相克没有相生，只有相反没有相成。"一点论"的斗争手段，是单边主义、个人主义、丛林法则之零和游戏。是"以我为中心"的水火不容、"你死我活"的主宰与征服。这样导致的"二元"之斗争结果，就必然是要么你被我"同一"、要么是我被你"同一"、要么干脆大家都"同归于尽"。西方人的这种从"二元"起始，而以"一点论"追求一己之私之"同一"的单向发展，结果必然走上一条不归之路。

综上分析，相对于中华的"和合"哲学与文化，我们可将西方哲学与文化，定性为"分斗"的哲学与文化。所谓"分"，就是只"分"不"合"。因为它没有"天人合一"原初的"自然"之源头和母体，所以它对任何两个相关事物的"二元"之间，便没有"上行"的合体、合作、共生共荣的全局认知，而只有"下行"的分立、分解、孤立的具体利害之分的观念。所谓"斗"，就是只"斗"不"和"。因为不论对自然界还是人类社会，它没有万物和人类都同处一个大一统的体系而需要一体之"和"的认知，所以便就只有斗争、征服与主宰的一己之私之"同"的理念。西方人自己的历史一直就是这样在"分斗"中走过来的，而在西方文化与文明主导下的今天现实世界，人对母体自然、人对同类的人以及不同民族、宗教、文化、制度、国家之间的对立、征服与主宰，已使人类走到了毁灭的边缘。

"自作孽，不可活"。基督教的创世纪，是说上帝创造了世界万物和人类，由于人类的祖先亚当和夏娃偷吃智慧树上的禁果，犯有"原罪"，才被上帝赶出伊甸园而来到人间。所以身负"原罪"的人类是不可能以"自赎"而获得幸福的，而是只有来自上帝对其灵魂的"救赎"，才能重新回归天堂。西方千余年的中世纪，就是在基督教的统治下走过的，但它不仅没有使人类得以救赎，却将人类陷入更深重的灾难。人类既不可能自我救赎，上帝的救赎又如此靠不住，看来世界在西方真的是没救了。

现在我们不妨将目光转向东方，看看东方中国因一个世纪以来一直强调向西方学习而"去中国化"，结果使自己也已显得十分陌生的祖宗"和合"哲学与文化，又是怎么说的。

《易经·系辞》说："天地之大德曰生"，"生生之渭《易》"。这是《易经》的自我宣言和自我定义，它明确宣告：天地自然的最大品德，是创生、衍生万物和人类。而中华之《易》的全部价值和意义，就是如何使万物和人类永远生生不息、生生不已。那么为了完成这一"为天地立心"的宏伟誓愿，创立于伏羲时代而成熟于老子、孔子的河洛《易》文化，到底给出了什么答案？

《国语·郑语》载西周之史伯曰："夫和实生物，同则不继。以他平他谓之和，故能丰长而物归之；若以同裨同，尽乃弃矣"。这里给出的"和"与"同"两个对立的概念，是一对哲学概念。所谓"和实生物"，就是对万物一体"和谐"共生而"丰长"之自然法则的阐释。《周易·乾象》云："保合太和，乃利贞。"老子在讲了"道生一，一生二，二生三，三生万物"的原理之后，紧接着便说："万物负阴而抱阳，冲气以为和"。《中庸》说得更清楚："中也者，天下之大本也；和也者，天下之达道也。致中和，天地位焉，万物育焉。"可见他们都是把"和谐"作为追求的一个根本原则或者一种理想状态。认为自然万物的多样性，只有在"在一阴一阳之为道"的对立统一、互通互补、相济相成、交泰成物的"和谐"状态下，才会于寒来暑往的四时中春华秋实、鸢飞鱼跃地共生而共荣。这便是中华哲学"一元——二分——和一"之"三段式"的最终完整表达。

所谓"同则不继"，其实是为了证明"和实生物"的道理而从反面告诉人们，如果不承认差异、不尊重个性地一味"以同裨同"、排除异己，让世界果真只留下"一同"的"阴"（雌）、或孤立的"阳"（雄），这个充满

生机的世界就一定会因"不继"而走向消亡。由此可见"和合"之"和"是一条生路,"分斗"之"同"是一条死路。它不幸而言中的,正是今天西方"二元 —— 同一"之"两段式"哲学,所已造成不可收拾的一切现实恶果。

孔子将"和实生物,同则不继"的"和"与"同"两个哲理概念应用到人类社会,他告诉我们:"君子和而不同,小人同而不和"。是说君子与他人"和谐"相处之道的前提不是"同"、而是有差别的"不同",是对与己"不同"的他人"和为贵"的包容与尊重。君子追求与他人"和谐"相处之理想人生,应犹如用音阶各异的音符谱写出动听的乐章,用味道各异的调料烹饪出美味的佳肴。而小人与人相处之道的前提则是"去和取同",从而为了追求一己之私,或变着法的结党营私、献媚依附他人,或党同伐异、大发淫威地征服、剥夺、主宰以至消灭他人,结果导致人类社会不断出现乱世恶斗而"不继"。有了这样的认知我们便可明白,孔子"己所不欲,勿施于人"之将心比心、推己及人的仁学"忠恕之道",原来的哲学基础正是深深植根于中华"和合"文化土壤之中的。

一个民族作为稳定的共同体而存在,维系它的核心是经过历史积淀和检验所形成的内在文化价值认同。所以对历史的传承,一定意义上说就是对历史智慧积淀和文化价值体系的传承;对历史的尊重,也必然是对国家与民族的人文价值观及思想信仰的尊重。正因为如此,以继承和弘扬中华"和合"文化为己任的后世儒家才郑重宣告,儒学的担当与使命就是:"为天地立心,为生民立命,为往圣继绝学,为万世开太平"。

当我们的中华探源之旅,以究其本源、察其血脉、明其精魂、激活生命的实证方法,终于将中华民族之源、国家之源、文化与哲学之源的秘密,一一揭示了出来,复活了的体现人类完整历史的中华文明,其独具的价值与意义便充分显现了出来。实现中华民族伟大复兴的中国梦,需要中华文化的复兴来支撑。而有异于西方的中华"和合"文化之复兴,必然会在业已全球化的时代贡献于全人类,给陷入现实危机的人类带来"自赎"而新生的明天。

2014年4月14日 完稿

附录：《陕西文化户外大讲堂》（34期）讲座稿：

华山：中华之源的地标 中华民族的族徽

（2014年9月26日）

各位领导，各位专家学者，各位嘉宾朋友：

西北大学陕西文化产业研究院倾情打造的《陕西文化户外大讲堂》，是以发掘和弘扬我省地缘文化为宗旨的一个金牌讲坛，往期一直都是由知名专家学者来主讲。今天户外大讲堂第一次走进华阴在华山脚下举行，当我走上讲台时在座的华阴人一定都不会想到。其实这事来得很突然，连我自己也没有想到。

事情的原委是这样的。大家知道我是一个地道的华阴土著人，生于华阴，长于华阴，一辈子工作在华阴。2007年底我从华阴市人大常务副主任岗位上退休，闲适的退休生活终于使我有了自主支配的时间去干自己喜欢干的事情。于是我把全部的兴趣和精力放在了中华史前史的研究探索上，自得其乐的读书，自得其乐的思考与写作，终于完成了《中华探源》一部40余万字的文稿。这部文稿由我市华山地缘文化学会呈送西大陕西文化产业研究院审阅，没有想到正在筹划这次大讲堂的专家团队看了后，立即拍板：这次在华山就讲这个大课题，就由这位作者自己来讲。这就像刚入行的京剧发烧友，自己突然被推上戏台一样，早已把我吓得半死。在坚辞不成的情况下，恭敬不如从命，只能诚惶诚恐地来完成这个任务。

我今天讲的不是《中华探源》一书的全部学术研究内容，而是告诉大家我的探源研究结论，即向大家讲解一下为什么说：华山既是中华之源的地标，又是中华民族的族徽。这样讲，内容相对集中一些，也许大家都更期待，也更有兴趣听。

我总共讲四个部分：一是为什么要进行中华探源？二是如何探源？三是探源的结论是什么？四是探源成果之现实意义。

一

先讲第一个问题，为什么要进行中华探源？

在世界各大文明古国中，唯一除中国的历史与文明是完整而不曾中断外，其他各古国的历史与文明都是中断的。这些断与不断的话中国人不可能说，而是西方人自己说的。要知道西方最早的历史记忆，是《旧约全书》关于上帝创造人类，之后又对犯有"原罪"的人类"洪水灭世"，只留下了诺亚一家乘坐方舟存活下来的神话传说。到了近二三百年，西方在考古中发掘出了他们此前从不知道的距今四、五千年的古埃及、古巴比伦文明，这才终于明白原来他们的历史文明真的是在洪水灭世后消亡而中断过。

德国哲学家谢林曾说："一个民族，只有当它能从自己的神话上，判断自身为民族时，才能成其为民族。"中华民族是一个具有尊祖重根、慎终追远文化传统和自觉历史观的民族。中国民间自古以来一直流传着有巢氏巢树而居、燧人氏钻木取火、女娲氏抟泥造人、伏羲氏演天创《易》，等等的神话传说。这些都是在尚无文字之前，我们的先祖将其民族在生存繁衍的历史长河中影响最重大的历史事件，一代又一代地心口相传给后世的"古经"，是中华先民赖以安身立命的精神家园。

然而，我们的先祖既为我们留下了关于"三皇五帝"史前史之众多神话传说这一弥足珍贵的历史信息和遗产，同时也给我们留下了解读这些神话传说、确证这些神话人物真实性的历史难题。这是一个哲学上的"二律背反"之命题，也是神话传说自身的"宿命"。

在将中国上古的神话传说史与有文字记载的正史衔接上，以实践的精神而做出重大贡献的，是孔子和司马迁。在春秋礼崩乐坏、天下大乱之际，经过孔子的积极抢救、挖掘和整理，终于使《易经》《尚书》这些上古遗留下来的重要历史典籍，免于湮灭而得以保存和传承。从而使夏、商、周三代及其之前尚处于原始社会的尧、舜、禹传说时代，这才成为了正史。

在古代的传说中，黄帝的内容最为丰富，但却与其他传说一样具有浓厚的神话色彩。是司马迁经过考证又将更早的黄帝也写入了正史。司马迁将他的这一考证和认知过程以"太史公曰"一段十分具体的话告诉了我们。他说：五帝的传说到了汉代时仍然十分流行，然而孔子抢救整理的《尚书》只记载到尧舜以来的历史。虽然当时大家都在传说着更早的黄帝的故事，但疑古的"缙绅先生难言之"，认为这些故事神神怪怪的很不"雅驯"，所以不以为然，更不予采信。为此，司马迁自己几乎走遍中国四方，并到黄帝当年活动过的崆峒、涿鹿等地，对其遗址遗迹进行今天所谓的田野考察和社会调查。最后得出的结论是古之传说"其所表见皆不虚"，更坚定了他对黄帝存在真实性的信念。于是司马迁十分感慨地说，《尚书》之前轶缺和间断的关于黄帝的这段真实历史，其实就在神话传说之中，但如果你自己不做足"好学深思，心知其意"的功课，就很难与"浅见寡闻"的那些人说得清楚。

　　这样，司马迁经过深思熟虑，将黄帝作为自己《史记》开篇的《五帝本纪》之第一人，使其成为中华民族的人文初祖，从而将中国的文明正史从孔子删定的《尚书》又上推了千余年。我们现在常说，中华文明上下五千年，中华民族都是炎黄的子孙，全都是以司马迁的《史记》作为论说基础的。至于神话传说中比"黄帝"更为久远的"三皇"，也就只能留在正史之外而阙疑了。

　　针对上古的神话传说，历史上一直存在着疑古派和信古派的斗争。疑古派的代表不在民间，而正是司马迁所指的"缙绅先生"，即有一定身份地位和学问的人。《史记》诞生近两千年之后，疑古派的梁启超，仍针对司马迁的《五帝本纪》这样批判道："带有神话性的，纵然伟大，不应作传。譬如黄帝很伟大，但不见得真有其人。其余的传说，资料尽管丰富，但绝对靠不住。纵不抹杀，亦应怀疑"。梁启超是何等样的大人物，他对已经写入正史的黄帝态度尚且如此，而对更为久远的"三皇"存在与否，就更可想而知了。

　　历史中断的西方人将上帝创造世界和人类的神话与传说，作为他们的《圣经》；中国民间以"盘古开天"和"三皇五帝"完整的神话传说，作为世代心口相传的"古经"。而中国的"缙绅先生"们打死却不愿相信这些神话传说的"古经"，认为一沾神话的边便是荒诞"不经"。正是因为不能正确理解和对待自己的神话传说，自我怀疑，自我否定，其结果必然陷入民族虚无主义。

　　今天的我们虽自称是历史悠久的伟大中华民族，至今却对自己的民族之源如此莫衷一是；我们自称都是炎黄的子孙，至今却对炎黄的存在如此模糊不清。一个失根的没有精神支柱的民族，就会自断筋脉，灵魂无依，就会出

现精神危机、信仰危机，更何谈自立于世界民族之林和民族的伟大复兴。

所有这些都说明了什么？它不仅说明了中华探源的必要性，更说明了中华探源的艰巨性和迫切性。

二

现在讲第二个问题，如何探源？即如何才能找到正确的探源思路和方法？

应该说，这一破译转化的工程自孔子、司马迁之后，再也少有进展。我们之所以这样说，主要是指再也少有令人信服的破解和实证答案，而不是说没有努力。事实是我们以探求民族之源的考古工作自上世纪二十年代至今，成果极其丰富。近百年来考古发现的遗址遗迹达数以千计，它们都既有科学方法测定的确切年代，又有许多前后叠压、纵向时代交替明确的文化层，其考古成果几乎涵盖了中华人类从猿到人以来的全部历史阶段。这是我们的前人孔子、司马迁时代所根本无法看到的。

然而如果我们要问，今天考古发现的不同历史时期之各类文化遗存，究竟对应的都是史前传说中"三皇五帝"的那段历史？恐怕不仅很少有人回答得出来，甚至反而还要指责你问得太刁钻，太不近情理。原因是我们的考古实际上还是在搞自说自话、只见"物"、不见"人"，其头脑里压根就没有神话传说的位置，甚至受疑古派的影响有意与神话传说撇清。这样的考古当然不愿回答上边所提之问题，想来也是无法回答上边所提之问题。

有人说："史前考古离开神话传说，挖出的只是一堆无主的遗物；神话传说离开史前考古，就无法摆脱荒诞不经的指责"。此言虽则尖刻，但却指出了问题的要害。于是我终于悟出了这其中的道理。应该知道考古出土实物与历史上的神话传说原本是一体的，只是时间的长河将实物的遗迹留在了地下，而将这些实物的主人"三皇五帝"的历史故事，以神话传说心口相传而告诉给我们后世。

话说到这里，大家便就会明白我们的探源所苦苦寻求的正确思路应该是什么样的了。那就是将无人无史之考古实物，与有人有史而无证之神话传说对接还原以互证。这便是我要说的"双重证据法"，舍此别无他途。

　　当然要完成这种对接互证光有正确的思路还不行，还要有一个正确的方法。因为我们的目标是要从考古遗物上找到它的主人，所以就得看那一种独特遗物能够告诉你主人的身份甚至名姓。今天的考古是找墓主人的墓志、印章、器物铭文等，如果找不到这些东西，那就谁也没有办法了。但史前时代根本就没有文字，那该怎么办？

　　我的方法和窍门就是去找与图章、墓志、铭文性质相似的"会说话"的东西，毫无疑问这便是出土的"图腾"之物了。因为传说中的氏族大多也都有自己的图腾，或蛙、或鸟、或牛、或鱼、或虎、或熊等等，等等。如果当那一氏族的图腾在考古遗址中发现了，他们便和这些遗址直接对上了号，成为了这些遗址真正的主人。这样，这些图腾之物出土分布的地区和科学测定的年代，便是实证这些族群的活动地区与年代；而反过来这些图腾的族群其丰富的传说故事，也便就成了这些遗址遗物自己复活了的历史。这一"用考古实物为史前传说立证，以史前传说为考古实物赋魂"的"双重证据法"，其所复活的史前史，必将使遥远的神话传说由此而成为我们中华民族的信史。

<h1 style="text-align:center">三</h1>

　　接下来我就讲大家最期待的第三个问题，即探源到底给出的结论是什么？

　　在未介绍我的《中华探源》给出的结论之前，这里想先给大家介绍一下此前最权威人士所给出的影响最大的两个结论，以便在对比中拓展大家的思路。

　　一个是在中国尚未有考古之前，国学大师章太炎先生给出的结论。章太炎先生关于中华民族发源地问题的探讨，出自于他1907年一篇专为孙中山论证将来新生的"中华民国"之名的文章。他的基本论据是，列举"三皇五帝"中的伏羲、炎帝、黄帝、颛顼、虞舜、夏禹等，多是生于华山两侧的雍、梁二州，故而认定"中华之源"以华山之地为限（即以华山之地，为其起源地之范围界限），"中华之名"以华山之名为名（即以华山之名，为其国土、国族之名）。章太炎的结论显然是由总结典籍所载之传说系统给出

的，影响很大。

到了1987年，考古界的泰斗苏秉琦先生发表了一篇《华人、龙的传人、中国人——考古寻根记》的文章，给出了第二个答案，影响更为广泛。他以距今6000-5000年的仰韶中期庙底沟文化，其华山地区为中心之古陶上的玫瑰花图案，强势向四方传播的文化现象，论证"华族"的发源地应在华山；同时又以龙的图案实物集中出现在辽西地区的考古发现，论证"龙族"的发源地应在东北。结论是两个不同源的"华族"与"龙族"最后相聚于中，故称其族为"中华"，其国为"中国"。苏先生领导的全国考古界，近二三十年来一直宣扬中华民族发源地是"满天星斗"的"多元一体论"，以此否定传统的以黄渭流域为发源地的"同源一体论"。

作为一个中华民族的子孙，我对长期以来这样一些权威而相互抵触的结论感到困惑而纠结；而作为一个华山人，我对传说和考古两者往往都将华人起源之地重叠于华山地区，从中又似乎看到了一线希望。从而激起我寻根探源的情结，且一发而不可收。

现在开始向大家介绍我自己用"双重证据法"使传说与考古对接互证，所得出的中华之源的结论和答案。

（一）先讲探源的第一个结论，为什么说"华山是中华之源的地标"。

人类是由猿进化而来的，这一点已经成为了常识。这里我们将中国考古所发现从猿到人的"人之初"，即整个旧石器时代分为三个阶段：

第一阶段，是"人之初"的"五大原点"。因为人类的祖先不是由任何灵长类的猿类进化的，而是由一种称作"南猿"的古猿进化而来的，所以从第四纪冰川期的距今200多万年到南猿消亡前的110多万年间，可称为人猿相揖别的"猿人"初生阶段。这一阶段考古共发现了"五大原点"性猿人遗址。其中有就在我们华山身边的180万年的山西芮城西侯度人，有写入教课书的170万年的云南元谋人，有160万年的河北阳原泥河湾遗址群，另外还有超过200万年的安徽繁昌人和重庆巫山人。这里需要强调的是，因为这"五大原点"都应是直接从"南猿"进化来的，所以"五大原点"不应在时间上区分谁早谁迟，他们都是辈分一律平等的从"南猿"进化而来的中华"人之初"。

第二阶段，是中华直立"猿人"发育阶段。在"南猿"消亡后的距今110万年到20万年间，"五大原点"在南、北、中各流域，开始繁衍并形成了自己的三条衍生带。其北部桑干河、辽河流域的泥河湾人，衍生了70万年的北京猿人和28万年的辽宁金牛山人。其南部长江流域的三个原点，却只衍生了一个40万年的安徽和县人。而与南北两线形成显明对比是，中部黄河边的西侯度人却显示了强盛的生命力，它先后衍生了110万年的芮城匼河人，几乎与匼河人同时期的蓝田人，65万年的蓝田陈家窝人，50万年的洛南人，还有向南扩展的100万年的南郑梁山人和十堰郧县人等。这一如此众多的中部衍生带之直立猿人遗址，形成了一个围绕华山的C型圈。

第三阶段，是中华"智人"成长阶段。"智人"的大脑已远离猿而接近于现代人。在距今20万年至1万年间，南北两线的发展仍然势头不大，且呈分布遥远的散点状。其中北线只衍生了3.5万年的河套人、3万年的山西峙峪人和1.8万年的北京山顶洞人。南线只衍生了19.5万年的湖北长阳人、12.9万年的广东马坝人、6万年的广西柳江人和3.5万年的四川资阳人。而在中部围绕华山所形成的C型圈则进一步强势加厚和延伸，又先后衍生了20万年的大荔人、10万年的丁村人、5万年的韩城人和黄龙人、10至1万年的河南许昌人、2至1.3万年的安阳小南海人，还有2.4至1万年的晋南地区包括沁水下川、蒲县薛关、吉县柿子滩等在内统称为"下川文化"的遗址群等，从而使华山周边成为了中华"智人"聚集的主体中心区。

我之所以不厌其烦地将这些考古情况告诉大家，实际上是用客观对比的考古遗址分布数据，将百余万年间围绕华山C字型的猿人和智人之主体衍生图，直观的呈现给了大家。这样，不用再加任何解释和论述，"华山是中华之源的地标"这一前所未有结论，便随之悄然确立。其实我今天讲的大多是前人没有说过的话，包括这一结论我是第一次讲，大家也是第一次听，我猜在座的许多人都有点懵，是不是有点不敢相信自己的耳朵？

如果我再将考古与历史传说相对接，告诉你在以上长达百余万年的整个旧石器时代巢居在树上并以采摘野果为食的"猿人"，就是上古传说中的"有巢氏"；以火的发明和学会弓箭狩猎为标志的"智人"，就是传说中的"燧人氏"。而且正是有了钻木取火的发明，才使燧人氏终于渡过了距今2至1万年间第四纪冰川末期最寒冷而严酷的时期，不仅得以存活下来，而且以更快的速度在华山周边繁衍发展，不知你又该作何感想？

我相信你一定会和我当初有了这个发现时一样激动，不由惊呼：天哪！原来我们从小教科书上讲的从猿到人的进化过程，其中心区和主体就在

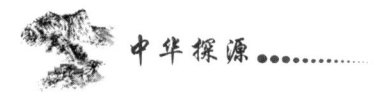

我们的身边！原来我们想象中远古的"三皇"之有巢氏和燧人氏，就是考古发掘出的以华山为中心之众多旧石器时代遗址的主人！原来我们"人之初"的先祖，就是从秦岭深处走出的灵长类"南猿"，在华山下的黄河边上进化为的"西侯度人"！应该说它对我们每个人心灵的撞击和震撼，都是用语言无法表达的。

如此看来，华山既处于旧石器时代南北衍生带的中部，又作为中部更具活力的偎依华山C字型衍生带之中心，所以它作为中华"人之初"的地标，便是确定无疑的了。但我要告诉你这还只是问题的一个方面，而下面我再将进入了新石器时代后，华山地区为什么又是中华血缘民族的中心发源地告诉给大家，那时华山再作为中华"同源一体"之"族之源"的地标，它的"双重性"地标之意义将更加彰显。

（二）我接着再来讲探源的第二个结论，为什么说"华山是中华民族的族徽"。

如果说有巢氏和燧人氏是在百余万年间旧石器时代"人之初"的"三皇"，那么进入距今1万年的新石器时代，他的主体所在的华山地区又发生了那些翻天覆地的变化呢？

原来距今1万多年以前，黄河仍是一个内陆河，在今之秦晋豫交汇处形成了一个巨大的古内陆湖，后因地震而冲开华山与中条山之间的断裂带，黄河才始一泻千里，东流向海。这正是李白诗中所描绘的"巨灵咆哮劈两山，黄河喷流射东海"的壮阔场景。它留下身后的运城盐湖古死海和渭、洛（北洛河）、汾冲积平原，又开始了向下游创造新的冲积平原，从而使黄河真正成为了中华民族由西向东繁衍发展的摇篮。这一历史不仅是亲历这一山河巨变的燧人氏，以"巨灵擘山导河"天人合一的神话传说告诉我们的，也被现代地质学所证明。

黄河东去使原为湖底的渭、洛、汾冲积平原，成为了中华原始定居农业的发祥地。由于它正处于华山之圣山脚下，所以我们的先民亲切地称其为"华胥之州"。新石器时代之中华民族的崭新历史，就是从华山之前黄河三角洲的"华胥之州"这片沧海变为桑田的神奇土地上起始的。以下我讲五个小点，再把此后中华民族又以此为原点之不同阶段的繁衍史，全景式地呈现给大家。

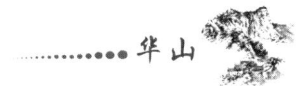

1. 华（花）之源：华胥女娲时代

古籍《拾遗记》载："有华胥之州，神母游其上"。生存并创造于华胥之州上的神母，就是传说称为"三皇"的华胥女娲族。之所以其称为"神母"，有以下两层重要内涵：

一是说，华胥族是创造性地磨制新石器、烧制最早的古陶和培育粟黍原始农作物品种，从此由采摘经济和渔猎经济中又"炼石补天"地创生了原始定居农业的祖宗神。华胥氏族之所以以"花"（华）图腾为其名，不仅与她所在的华山祖地"华胥之州"有关，更与她所创造的原始农业对植物之"花"（古"花"字就写作"华"）的原始自然崇拜有关。

二是说，华胥族通过开创母系氏族的"族外婚"，以改造百余万年以来原始群的"族内血亲婚"。并将这一更为文明而近于今天"优生学"的母系"族外婚"制度，以血缘的婚姻关系像水波纹一样由华山中心圆点向外扩展，从而由近及远地使四周广大地区都成为了以"花"为图腾的母系女娲。这一只知有母、不知有父的母系血缘之传承和传播，即为神话传说的"女娲抟泥造人"，也便使华胥女娲成为了中华民族的血缘始祖母，华山地区也便成为了"花传四海"的"华之源"的原点。

2. 龙之脉：伏羲与女娲"双轨制"时代

随着男性在原始农业生产劳动中的地位和作用不断提高，在华胥女娲族的内部又开始酝酿衍生出了以父系血缘为传承的娶妻生子的"族外对偶婚"，这便是传说所谓的"三皇"之父系伏羲。《太平御览》对这一变化过程是这样描述的："大迹出雷泽，华胥履之，生伏羲于华阳"。这里所说的"雷泽"圣湖就在华山前的黄河北岸，"华阳"即为华山之阳。它不仅告诉了我们伏羲父族是为华胥母族孕育衍化而生，而且将伏羲父族"孕育"和诞生之地的范围也定限于华山南北之"华胥之州"、"河洛之地"。中华文化的源头，是此后伏羲所创造的"河洛文化"，这一名称也正是对伏羲出生和繁衍生存之祖地的明确定位。

伏羲父族的诞生，使伏羲父族与女娲母族携手共同发展的新"双轨制"，取代了此前母系女娲的"单轨制"。随着父系伏羲在比例上逐渐超过母系女娲，从而进入了伏羲时代。由于这时伏羲族与女娲族之间已成为了相伴的族外姻亲关系，于是便又常以兄妹族或夫妻族相称。这样诞生于华山周围的父系与母系"双轨制"，又以第二次冲击波从它的中心圆点向四周传播

开来。这一现象被神话传说描绘为"伏羲女娲兄妹成婚造人"。汉画像砖上所刻画的伏羲女娲兄妹，皆为人首蛇身并尾部缠绕相交，反映的也正是这一繁衍和传播过程。这一如此描述中华先祖的画面，让冬烘的"缙绅先生"或"道学先生"们看了直摇头不已。其实交尾蛇身所蕴涵的深意，是告诉我们伏羲时代的父系和母系为共命运的"兄妹夫妻"，他们繁衍的后代都已成为向四周传播的龙族，是龙脉所系的"龙行天下"。

考古界泰斗苏秉琦先生所说的燕山龙，主要是指燕山北麓兴隆洼文化出土的距今8000多年的阜新查海石摆龙。它作为物的孤证并不能武断地说"龙族"就起源于东北，相反它不仅使我们看到了以"华"为源的龙族之"龙图腾"向北部传播的真实存在，更使我们以此确定了以"龙"为图腾的伏羲时代，其起始点应早于距今的8000多年。这也为我们找到了距今1万至7000年间，华胥女娲时代与伏羲时代的分界点。

以上我所介绍的是新石器的早期阶段，其前一半为华胥女娲时代，其后一半为伏羲时代。这样，我们就将古代神话传说中遥远的"三皇"，先从有巢氏到燧人氏、再从华胥女娲氏到伏羲氏全部复活了出来。特别是进入新石器时代女娲和伏羲两次由圆中心向四周繁衍所出发的冲击波，使我们更进一步加深了"华山是中华之源的地标"其双重意义的强烈认知。同时也通过"花传四海"之"花之源"和"龙行天下"之"龙之脉"的介绍，既确立了华山是中华血缘民族发源地的定位，又弄清了"花"（华）与"龙"之间的孕育和传承关系，从而使华山这一凌空盛开的"花图腾"成为"中华民族的族徽"之结论，已经形成。然而要使它完全确立，还要进一步弄清楚此后以炎黄为代表的"五帝"与"花"和"龙"的关系又是什么？所以讲完了"三皇"，下边我再来给大家讲"五帝"。

3. 花之蒂（帝）：以炎帝为代表的姓族时代。

原来古之"帝"字的本义，就是具象的花"蒂"，在古时实为一字，原是不带草头的。花蒂所托的先是花，后是由花所结的果。这就告诉我们，接替伏羲时代之后的"五帝"时代之所以各族都可以称自己为帝，原来当时所指不仅十分单纯，也是一种自觉的行为，它就是要告诉世界："帝"就是"花族"世代繁衍的"花"的子孙。要知道，"皇"与"帝"的内涵是有严格区分的：所谓的"皇"都带有一种根性意义，它所强调的是与天地一起之创生的起源性。而相对的"帝"则是宣示自己对"皇"的继承性，但又自觉承担

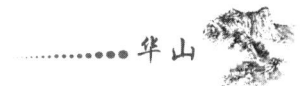

起继往开来之责任。

进入距今7000至4500年间，因这一时期黄河流域以华山为中心数以千计的仰韶文化遗址前所未有的大发现，考古界将其统称为仰韶文化时代。现在看长达2500多年的仰韶文化，其前一个千年即距今7000——6000年的半坡文化，就是"姜"姓炎帝族文化。而后一个千年即6000——5000年才是黄帝时代。半坡文化的代表器物是葫芦口的尖底瓶，我们的教科书至今仍把它错误地解释为古人的汲水器。其实它原来是生于女娲和伏羲祖地之炎帝族的祭祀祖神之器，葫芦口代表伏羲（伏羲亦名"匏羲"，匏即葫芦。西南少数民族至今还有关于伏羲兄妹葫芦娃的传说），而尖底的瓶体代表女娲子宫，反映的是上古时对母体的生殖崇拜。

由于炎帝族将刀耕火种的原始农业由锄耕提高到耜耕、即延及至今的犁耕农业文明，所以后世也将其称为炎帝神农氏。炎帝族的内部又分为夸父"鱼"族、祝融"火族"、共工"水族"、蚩尤"鸟"族等。相信你听到这些名字，不仅会在半坡文化中找到它们的对应图腾之物，而且一定会联想到"共工怒触不周山"、"炎帝女儿精卫填海"、"愚公移山"、"夸父追日"等等神话传说，原来它们所说的就是炎帝族的史诗。

而与炎帝同时代的还有"姬"姓的黄帝族。传说中他与炎帝同为父族伏羲"少典"族所生的亲兄弟，因其生于渭河北部支流的姬水（即古漆水）上游的甘肃清水县之轩辕谷，故称其为"姬"姓轩辕黄帝。到了距今6000多年时发生了一场炎黄大战，战争的地点在北京附近的涿鹿，史称涿鹿之战。但至今没人弄清楚同生于黄渭流域的黄帝与炎帝兄弟俩，为什么会跑到遥远的北方去打仗，这便成为了一个千古之谜。

考古在河北易水地区的北福地二期遗址中，出土了一批熊罴虎豹的陶面具，这给了我一个很大启示。联想到传说的炎黄战争，轩辕黄帝有熊氏带领着熊罴虎豹，大战炎帝族蚩尤于涿鹿，杀蚩尤于中冀，夺其阪泉之都，并大会神仙于华山。如果出土的熊虎等面具就是黄帝族各部落支族的图腾，这就解决了大战前的黄帝族原来早就迁徙定居在了燕山南北这一千古疑案。而且也使一直争论不休的中冀、阪泉应不应在今之山西，还有黄帝大会神仙于华山是胜利者的会师狂欢还是另外一次的黄帝祭山活动等等，终于都真相大白。如果再联系山西至今还有蚩尤村并多黎姓，运城的解州之名传说源于失败的蚩尤在这里被解体分身，运城盐湖红色的卤水被传说为蚩尤血；还有炎

帝族的祝融族和蚩尤族从此被赶到江汉成为"大溪文化"的三苗；一直作为炎帝主体之"鱼"族的夸父，在追日的事业中，因失败而"弃其权杖"轰然倒下于潼关桃林寨，其族西退到甘青之地成为了今日的"姜羌"之族等等一切来自远古的传说，便由此——破读，且串联成章，成为了发生在我们身边鲜活的上古史。

4. 凤之魂：以黄帝为代表的姓族大联盟时代。

到了距今6000——5000的千年间，仰韶文化由半坡类型演变为了庙底沟类型，它实际上进入了黄帝大一统、大天下的时代。

黄帝族于打败炎帝蚩尤后，一方面通过会师华山、合符釜山，最后又与炎帝、太昊各族，包括此前与之战争的蚩尤族在内，"大会鬼神"于西泰山，实现了龙聚中原的大联盟，从而组成了以龙为体的大华族。另一方面从燕山向南先迁邑于涿鹿、后定都于河南新郑轩辕而入主中原，并通过"披山通道"（打破原来姓族疆界）、定制中央，举官治民，铸鼎开国，最终实现了以"凤凰"为图腾的"大天下"之华族古国。

大一统的黄帝时代为考古上的仰韶中期庙底沟文化，这一时期所发生的"华山玫瑰"花图案向四周强劲传播的文化现象，同时期的北部红山文化女神庙和女神头像的出土，特别黄帝是对半坡尖底瓶祖神器的继承，还有典籍所载传说中的"黄帝华胥梦"等，都充分体现了黄帝时代华族子孙对"抟泥造人"之华胥女娲始祖母的根性记忆和追思，更证明了这一龙族凤国是以"花"为源、为名、为精神家园传承的。

以上两千多年间仰韶文化的主人是炎帝和黄帝族，它是整个父系氏族社会的主体，并把花之源、龙之脉的女娲和伏羲母系氏族社会所开创的"河洛文化"，又创造性地推向了一个全新的阶段。炎帝的最大贡献是"立农"，他把农业生产力提升到了新阶段，并为后世中华"以农立国"创造了条件。黄帝的最大贡献是"立族"、"立国"。他使分流天下的花的后代、龙的子孙，通过姓族大联合而形成了"同源一体"的大华族。他使为争夺土地自然资源而发生残酷生存战争的各族，实现了"天下一统"的古华国，从而进入"大天下"原始共产的"大同社会"。正是由于炎黄对"花"与"龙"承古开新的历史性贡献，故后世华族才尊其为"人文初祖"，并称自己都是炎黄子孙。

5. 夏之中："夏夷之分"的"城邦"时代，与邦族联盟的"大中华"

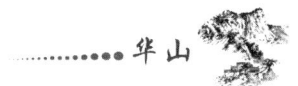

之"大中国"。

到了距今5300——4070千年间的父系氏族原始社会末期，其前段的700年为仰韶文化的晚期（距今5300至4600年），后段的600年过渡为了龙山文化（距今4600至4070年）。它们都是继炎黄之后其他"五帝"所创造的文化。

"五帝"和"三皇"的称谓一样，都是约定俗成的一个概数，《辞海》中并列了多种说法，但他们之间的先后顺序却是基本不变的。其实黄帝的称谓其内涵是多重的，除领导其族大战蚩尤、并开国铸鼎、死后葬于桥陵的轩辕有熊氏黄帝是指具体一个人外，其他多指身处"天子"之位的黄帝之族、甚至也指千余年的整个黄帝时代。史书所载"黄帝三百年"，孔子的学生宰予曾问孔子："黄帝者人耶抑非人耶？何以至于三百年乎？"其实这里说的是包括轩辕黄帝在内的他的有熊族共在位300年，而不是轩辕黄帝自己活了300岁。

其后继黄帝熊族"天子"位的，是黄帝虎族少昊帝。因少昊虎族早就从燕山一带南下定居"空桑"江地，并长期与相邻太昊鸟族通婚而变为了鸟族，所以黄帝时代的"凤凰"图腾，就是他"以鸟为师为官"和"凤鸟饮食自然，歌舞自然"治国理念的新创造。"凤凰"图腾还寓意"衔木自焚，浴火重生"、"和合祥瑞"、"天下太平"，更为"大天下"的华族古国赋于了它新的时代精神内涵。

虎族少昊帝于距今5300年将其"天子"位又交予熊族的侄子颛顼，自己来到儿子蓐收所在的西部地区，以昆仑为下都。以后又成为了"西帝"，故被后世尊为主管西方的西岳华山之主神。今天你到西岳庙看到有两座石牌坊，一个上刻"少昊之都"，一个上刻"蓐收之府"，反映的正是黄帝时代这段历史。

颛顼帝是黄帝时代的最后一位"天子"。因其否定而不再坚持"平水土"（即山川水域和土地自然资源，为天下各族平等共有）的大天下之基本国策，先后与共工族、蚩尤苗民发生战争，并由此而实行"绝地天通"、划疆分治，导致天下大一统的局面彻底破坏。从而出现"黄帝四面"而分为"四帝"，颛顼自己也因此由天下共主变为了"北帝"。

"黄帝四面"而分为的"四帝",即：西帝少昊，东帝太昊，南帝祝融，北帝颛顼。"四帝"的分治发展，使各自进入了新的邦族之城邦时代。只是

由于在地域方位上，颛顼之夏族仍占据着中原中心地区，所以古之"大华族"从这时才开始有了中原夏族与四夷边族之"夏夷之分"。

中原夏族城邦之帝，由颛顼交帝喾，由帝喾交帝挚、帝尧。而距今4500年便都于山西临汾"平阳"的帝尧族接替夏邦之主的过程，是在中原夏地遭遇特大干旱的情况下，通过与"有扈氏"的羿联合"羿射九日"和"尧征三苗"而实现的。尧的重要历史功绩是像当年轩辕黄帝一样，通过对自身争夺自然资源残酷生存战争的深刻反省，最终使各自分立发展的夏、夷城邦，又实现了历史上第二次邦族大联合的城邦大联盟。由于中原夏邦之族不仅是在地域上，更是在与四夷族的联盟体中处于中心与主导之地位，故使原为夏夷之分的大"华族"，这才又成为了以夏为"中"的大"中华"。"中华"之名由此而起。

在"天子"位的最后一位帝尧，在城邦联合体中推行了"天下为公"的"天子禅让制"。他在任命鲧治水失败后，又领导他禅位给的舜和禹终于战胜了世纪性大洪水，使中华民族免于毁灭而又一次浴火重生。

继"天子"位的大禹，于公元前2070年立国为夏。大天下的夏王朝实行中央方国对四夷方国的"五服制"，这才正式有了"中国"之称。意即它是包括四夷方国在内的以夏为中心的"有中"之国。"中国"也就是"中华之国"。

大禹在夏王朝"天子"位10年而崩。禹的儿子夏启破坏禅让制，夺取"天子"位自立为夏王。中国历史从此便由"天下为公"的原始社会，而进入"夏传子，家天下"的"大道既隐"之私有制社会。

以上我们将由神话与考古中复活了的中华民族之发祥与成长史，全面介绍给了大家。我们最后从中得出的必然结论是什么？那就是：花是族之源，龙是族之脉，凤是族之魂，夏是族之中。故不论黄帝时之古"华族"、"华国"，还是后来以夏为"中"的大"中华"、大"中国"，自始至终皆是以"华"为其名的。

要知道将名字以图形或者文字挂了出来就叫"徽"。小有校徽、院徽，大有国徽、族徽。当所赋予人文意义的中华民族之"花图腾"，天造地设、直竖天际地挂在了中华之源的地标华山之巅，华山就成为了中华民族永恒的族徽，成为了中华民族的圣山。而华山之下其肇始中华文明的"华胥之州"、"河洛之地"，就成为中华民族发祥圣地了。

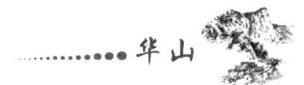

今天，当我站在华山"华之源"的地标、"族之徽"的圣地，向大家讲解我的《中华探源》结论，使我激动不已、感动不已。这里我还要特别告诉大家的是：正是从这些结论出发，我们中华民族的历史文明，就不再是当年司马迁给出的肇始于黄帝的"上下五千年"，而是应上推到肇始于华胥女娲及伏羲"河洛文明"的一万年，实为"中华万岁"！如果这一观点将来能被世界所公认，那么我们今天在座的大家，便就是这一观点首次公之于世的见证者。

四

现在讲最后一个部分，探源成果之现实意义。这一部分我原本准备了三个问题，由于时间关系我今天只讲一个问题。即如何鉴古知今、察往知来，如何实现社会主义之"大同"的"我到哪里去"问题。

历史是最智慧的老人，这些智慧并非来自什么神明的启示，而是来自饱经沧桑的历史实践所检验了的正反两方面的经验和教训。当我们终于探明了中华历史与文明的源头，对"我是谁，我从那里来"作出了回答，它所获得的完整而全新的历史参考系，也便为我们回答"我到那里去"提供了全新而完整的智慧和思想。

人们今天所做的一切正确的事情和努力，都是为了实现理想的明天。西方建立在无根历史基础之上的理想社会，多为空想的"乌托邦"。而中国的孔子给出的理想社会是"天下为公"之"大同"社会。但它不是凭空的臆想，而是孔子"祖述尧舜"的真实历史。它就是我们教科书上所说的原始共产社会的真实存在。

孔子曰："大道之行也，与三代之英，丘未之逮也，而有志焉。大道之行也，天下为公，选贤与能，讲信修睦。故人不独亲其亲，不独子其子，使老有所终，壮有所用，幼有所长，矜、寡、孤、独、废疾者皆有所养，男有分，女有归。货恶其弃于地也，不必藏于己；力恶其不出于身也，不必为己。是故谋闭而不兴，盗窃乱贼而不作，故外户而不闭。是谓大同。"

孔子的"大同"理想之社会观与历史观，对两千多年来的中国社会影响极其深远，是中华民族自黄帝"华胥梦"之后又一个为之不懈追求的理想社

会之梦。它与我们今天中华民族伟大复兴的中国梦一脉相承，共同构成了中华理想之梦系列。当我们将孔子理想的"大同"社会之"天下为公"的"大道"，破解为原始社会之黄帝和尧舜时代其自然资源为全天下共有共享之"大同"，我们就会在今天观察并判定中国与西方社会制度的根本分野，以及中国今天在实现公有经济制度方面存在的问题和破解路径，心中有了一个"定盘星"。

建国以来一直到改革开放前的30年，我们实行"平均主义"和"一大二公"的计划经济，强调了"公平"却失掉了"效率"，建成了一个贫穷的社会主义。改革开放后的30多年，我们找到了能够解放和发展生产力的市场经济，使中国很快成长为了世界第二大经济体。但在有了"效率"的同时，却出现了严重的社会不公和贫富两极分化，使我们的改革又一次陷入"公平"与"效率"两难选择的困境。毋庸讳言，今天中国的改革与其说是进入了令人纠结的深水区，不如说它已处于令人迷茫的十字路口。

"公平"与"效率"的两难魔咒，本来只应是资本主义私有制无法克服的死穴。绝对私有制下高效的市场经济，不仅造成了贫富两极分化的社会危机；而且因大多数人贫困而低下的消费能力，造成了产能过剩的周期性经济危机。当今天的西方，处心积虑地以高税收实行福利社会的"防火墙"来延缓这些危机时，庞大的社会福利开支却又造成了它不堪重负的国家债务危机，使其愈陷愈深而难以自拔。

取代资本主义私有制的社会主义公有制，理应能够避免并消除这些危机，但却并没有避免这些危机的发生而使自己同样陷入了"公平"与"效率"的两难困境，这到底又是为什么？破解这一问题的答案我们在马列的本本中没有找到，但却在孔子的"大同"社会观和历史观中找到了。原来孔子站在"大道既隐，天下为家"而导致"普天之下，莫非王土"的奴隶制私有社会之春秋乱世，他所想往和追求的尧舜时代之原始共产社会，所实行的正是其"天下为公"的自然资源为全天下之民的实际共有与共享。

这样看来，马克思所讲的决定生产关系性质的生产资料所有制，原来是可以分解为"资源性"和"资产性"两个不同层面来理解的。而社会制度性质是"公有"还是"私有"的区分，主要是由自然"资源性"生产资料归谁所有而决定的。

有了这一"分解"后的理论破题，让我们再来看中国市场经济改革的成功实践，它事实上也是告诉我们：代表社会主义本质的，并不在"资产性"所有制的层面。在这一层面，社会主义不应该实行"一大二公"的计划经济体制，而应该实行"多种所有制经济共同发展"的市场经济体制。这样一来，既有别于资本主义而又能体现社会主义本质的东西，毫无疑义就不应再在"资产性"所有制层面去寻找，而应在更高一层的自然"资源性"所有制层面去探寻。

有人可能会说，自然资源的土地矿山等不是早已全民公有化了吗？问题的要害是，如果"天下为公"的自然资源只是名义上的全民"共有"，而没有全民"共享"的实体公有制度去实现，"公有"的社会主义就是虚的。这样不但社会主义的"大同"难以实现，而且西方私有制社会的各种乱象和危机便会不可避免的照样发生。

现在的问题是，这一层窗户纸还一直没有被捅破。今天我们在致力于深化改革的理论与实践的突破中，仍旧视而不见地将"自然资源性"之"公有制主体"的顶层设计忘在了脑后，眼睛只盯在"资产性"一个层面上。致使一度陷入"国进民退"或"民进国退"之争的搅局的伪命题，要么主张"国进民退"而动摇市场经济，要么主张"民进国退"而效法西方社会。两种主张不同，但后果只有一个，那就是断送社会主义。

其实只要问题的真正根源找到了，解决起来便就不再那么复杂，也就不再令人迷茫而"病急乱投医"。那就是我们深化改革的实践，首先要在顶层制度的设计上，将已为全民所共有的山河土地、矿产能源等自然资源及其所产生的庞大"使用权"出让收入，统统交还给人民。从而彻底铲除权力寻租和利益输送的灰色地带，建立起独立于国家税收功能的全民公共财政体制。这样国家和政府运行的一切行政性支出应来源于税收，而所有公权力作为全民自然资源和"资源性"收入的"守门人"，对其只负有依法监管的责任，却再无自己占用和支配的权利。当人民共有的自然资源其庞大的"使用权"出让收入，不再因流失变为滋生既得利益集团并导致贫富两极分化的土壤，而是以制度性的安排直接用以兜底民生、普惠民生，实行教育、医疗、养老、救助等社会保障与公共服务的全民均等化，这样一个"老吾老以及人之老，幼吾幼以及人之幼"的"大同"社会，便会从"远在天边"而立马变为我们眼前的现实。

当我们真正找到了社会主义"公有制主体"的实现形式，其结果又会出

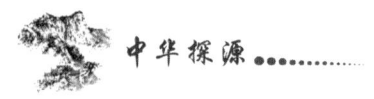

人意料地使"公平"与"效率"的两难魔咒，得以完全破解。具体说：

一方面，一旦我们将打通根本经济制度层面"最后一里路"的顶层设计，放在了以自然"资源性"生产资料为"公有制主体"的制度建设上，这样创造效率的"多种所有制经济"各市场主体，从此便就有了共同的公有制母体。从而就会使"资产性"的国有企业，就不再"错位"为公有制的"主体"，最终打破国企对全民资源的侵占和垄断地位。也就会使极具生命力的民营企业不再沦为受歧视的"二等公民"，不再被排斥在许多产业领域市场准入的"玻璃门"、"弹簧门"之外，而是还其以平等的国民身份待遇，形成"人人自主创业"、"万众自主创新"的全新局面。政府也就会由此成为有限型、服务型和法制型政府，它监管资源而无权占有资源，它监管市场而不再干预市场，使市场在资源配置中真正发挥其决定性作用。当创造"效率"的市场这只看不见的手，与创造"公平"的资源性"公有制主体"这只看得见的手，相得以彰地紧紧握在了一起，就会消除两极分化，创造巨大内需，就会真正实现没有社会危机、经济危机和可持续发展的社会主义"经济新常态"。

另一方面，一旦人民不再是名义上、而是真正成为了"打天下，享天下"的国家主人，就必然会将"民权"、"民主"为核心价值观的社会主义上层建筑，真正提上议事日程并贯彻始终。原始共产社会解体的历史经验告诉我们：公有制"大同"社会的最大天敌，是公权力的异化与变质。所以人民只有在党的领导下实现真正的当家做主，就会把已经开始异化并在今后随时都存在着异化危险的"公权力"，彻底关进法治的"笼子"；就会实现民主民权民生、安民富民乐民的社会主义"政治新常态"。从而永葆"大道之行，天下为公"之中国特色社会主义的"大同"社会，万代长青。

各位领导，各位嘉宾同仁：

中国是世界上唯一历史完整并一脉相承的文明范型。中国历史之所以没有发生文明断裂，且能永续地衰而复兴、蹶而复振，始终充满着凤凰涅槃、浴火重生、旧邦新命的价值特质，根本原因在于中国有着自己内在且源远流长之文化禀赋和民族精神。

当今天我们站在华山脚下中华民族的发源之地，将中华探源所复活的中华文化的基因禀赋和中华民族博大的精神魂魄展现给大家，其意义不仅是

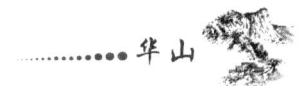

"鉴古知今"，而且是"察往知来"、"返本开新"，并对"我是谁？我从哪里来？我到哪里去？"也终于给出不负于我们时代的回答，我今天照本宣科地念稿式讲座，也就到此结束。

《中华探源》参考书目

一、典籍"经部"

《尚书》　　　　　《周易》　　　《礼记》

《大戴礼》　　　　《诗经》　　　《春秋·公羊传》

《春秋·左传》　　《国语》

二、典籍"子部"

《老子》　　　　　《论语》　　　《孟子》

《墨子》　　　　　《列子》　　　《庄子》

《韩非子》

三、典籍"史部"

《山海经》（汉刘向注）《三五历记》　　《帝世系》

《帝王世纪》　　《周书·尝麦篇》　　《史记》

《史记三家注》

四、典籍"集部"

《楚辞·天问》　　　《吕氏春秋》　　《淮南子》

《汲冢竹书》　　　　《水经注》　　　《太平御览》

五、典籍"述异部"

《拾遗记》　　　　《述异记》　　　《搜神记》

《风俗通义》　　　《路史》　　　《绎史》　《白虎通》

《列仙传》　　　　《神仙传》　　　《高士传》

六、中国近现代著述

康有为《大同书》　　　《孙中山全集》

章太炎《中华民国考》　王国维《古史新证》

袁珂《中国神话故事》　张传玺《中国古代史纲》

苏秉琦《华人，龙的传人，中国人——考古寻根记》

七、其他参考资料

《圣经·旧约全书》

《希腊神话》

摩尔根《古代社会》

恩格斯《家庭、私有制和国家的起源》

罗素《西方哲学史》

现代自然科学、社会科学普及读物

中国考古有关发掘报告及学术研究论文